本丛书由中国社会科学院俄罗斯东欧中亚研究所与社会科学文献出版社共同组织出版

当代俄罗斯东欧中亚
研究丛书

中国社会科学院创新工程学术出版资助项目

当代俄罗斯东欧中亚研究丛书

巴尔干地区合作与
欧洲一体化

REGIONAL COOPERATION IN THE BALKANS AND
EUROPEAN INTEGRATION

徐 刚◎著

社会科学文献出版社
SOCIAL SCIENCES ACADEMIC PRESS (CHINA)

序 一

记得初识徐刚是几年前在海淀区万柳中路附近的一个公交车站，那时的他貌似一个青涩的大学生，典型的"外省人"，怯生生地拿着他的博士论文，希望我能够作其博士论文答辩的评委。3 年过去了，当他把这个要我写序的打印稿递到我面前时，他脸上的青涩已经褪去了很多，但学术自谦依然写在脸上。

徐刚是 3 年前从北京大学国际关系学院拿到博士学位来中国社会科学院俄罗斯东欧中亚研究所做博士后的。博士毕业时，他被广西壮族自治区政府选中去地方做"副处级"，这是很多人经过"九九八十一难"都未必能够修成的正果。不知道他脑袋里哪根筋搭错了地方，毅然决然地放弃了这条有无限可能的仕途，执意选择了东城区张自忠路 3 号东院这个喧闹的市中心作为继续锻造学术筋骨的地方，并曰"我内心偏向学术"。

还是在博士期间，经过业内奇人孔凡君教授的言传身教，徐刚已经具备了独立进行学术思考和研究的基本功力。进入博士后阶段，他虚心求教如程门立雪，虽不能说韦编三绝，但阅读广泛，其学术上的进步自然被他人感知。天道酬勤，两年之后，徐刚按时且高质量地提交了出站报告，获得所有评委的高度评价。如今，他的《巴尔干地区合作与欧洲一体化》一书的打印本摆在我的面前，这是他通往学术巴别塔（作者原书名中含"通往巴别塔之路"）的第一步。

在历史上，与谜一般的"欧罗巴"这个术语相比，"巴尔干"更像一座"移动迷宫"。巴尔干半岛地处欧亚大陆的战略要冲，自古以来便是文明碰撞、宗教分裂、种族对峙以及大国或大国集团割据的角斗场，其漫长的历史进化留给人们诸多以血腥为底色的斑斓画面。宗教在巴尔干的历史发展进程中发挥了巨大的影响力。自18世纪以降，民族情感的表达大都以其宗教属性为底蕴，并在民族集团中间起着民族觉醒催化剂的作用，致使巴尔干民族解放运动具有强烈的宗教色彩，从一定意义上说，巴尔干地区很多民族的一体化是在宗教框架内完成的。宗教是民众心目中的常驻信仰，是他们至高无上的信念和行动准则。

数百年间，外来势力轮番在巴尔干地区驰骋征战。他们的统治延缓甚至改变了巴尔干各族人民原有的政治、经济生活进程。长期的异族统治阻断了巴尔干同欧洲大陆的主要历史潮流和社会经济联系，致使巴尔干与文艺复兴和宗教改革无缘，也没有沐浴到第一次工业革命的阳光，因而推迟了资本主义在巴尔干地区的发展，导致巴尔干社会发展形态严重滞后，市民阶层不发达，农民占社会主体，长期处于前工业社会。

在巴尔干的历史中，不同的宗教和欧洲大国的利益角逐是发挥关键作用的两个经常性因素。欧洲列强为了争夺奥斯曼帝国遗产，竞相公开和秘密地在巴尔干划分势力范围（这是严格意义上的巴尔干化）。他们还经常利用宗教因素破坏巴尔干国家的团结，致使原本是基本利益一致的巴尔干各民族之间，以及民族国家之间的摩擦不断增多，甚至不惜兵戎相见。1913年保加利亚为争夺马其顿而引发的第二次巴尔干战争即是一证。所有这些，导致巴尔干半岛成为欧洲的一个战争爆发最频繁的地方。

巴尔干的历史表明，这一地区之所以成为欧洲的"火药桶"，并不是因为巴尔干土地上的民族好斗善战，而是多少世纪以来外族入侵巴尔干地区并用火与剑干涉巴尔干各族的生活所致。巴尔干火药桶不是巴尔干各族人民造成的，也不是他们所点燃的，而是外部入侵的强国及其追随国造成和点燃的，巴尔干民族通常总是巴尔干土地上进行的战争的最大受害者和唯一受害者。冷战后南斯拉夫解体和由此引发的波黑战争就是这种论证的一个最新证明。

1991年南斯拉夫联邦解体，并引发了一系列不同程度的冲突和战争。而1992～1995年的波黑战争成为第二次世界大战后欧洲大陆发生的最为惨烈的武装冲突。经国际社会多方斡旋努力，交战各方最终在1995年11月签署了《代顿协议》。但欧盟当时并未趁热打铁，利用欧洲一体化洪流，洗涤攀附在巴尔干地区的民族间的仇恨与隔阂，导致科索沃问题横空出世，一度险些因此爆发更大的战争。直到这时，欧盟的政治家们才如梦初醒，意识到，只提供经济援助不能根除导致地区长期动荡的祸根。根本的解决方法，是督促这一地区国家的民族之间实现和解，国家之间进行地区合作。

但对巴尔干国家而言，如果要进行成功的地区合作，最重要的先决条件是这些国家的政治家持久的政治意志。而使巴尔干国家产生并保持对地区合作兴致的唯一方式是将其纳入欧洲一体化的轨道。

欧洲人第一次提及巴尔干国家与欧洲远景之间的关系是在葡萄牙费拉召开的欧盟首脑会议上，而转折点是 2003 年 6 月在萨洛尼卡召开的欧盟首脑会议。当时欧盟成员国认识到，巴尔干地区是欧洲的一部分，巴尔干的问题也是欧洲的问题。巴尔干地区的稳定与经济发展对欧洲一体化进程十分重要。《萨洛尼卡宣言》首次正式承诺，只要愿意接受欧盟价值观，并在国内进行必要的政治和经济改革，西巴尔干国家便具有加入欧盟的前景。

巴尔干"欧洲化"的决定意义非凡。因为，自 1878 年柏林会议以来，有关巴尔干地区秩序的许多理念均告失败，原因是欧洲列强的利益相互冲突。如今，通过几十年的合作发展，欧共体/欧盟成员国学会了为共同的利益目标而相互妥协，通过多边合作，实现民族和解，国家睦邻，以及经济发展。而且，欧盟拥有最新的成功案例。正是在哥本哈根入盟标准的驱动下，中东欧国家按照欧盟的标准建立起民主制度和市场经济、基本实现了民族之间的相互尊重，经济获得长足的发展。如今，欧盟希望这一相同的激励同样可以成为东南欧国家稳定和发展的外部稳定器。

西巴尔干地区国家的很多政治精英也意识到，在欧洲一体化的背景下，不纳入欧洲化的轨道没有前途。巴尔干国家和各民族的未来在欧洲，巴尔干国家应该成为"统一和自由"欧洲不可或缺的一部分。而且，只有在欧盟共同大家庭内，才能兄弟般地，以文明的方式解决彼此的分歧，逐渐消除贫穷和落后的结构性根源。而且，也只有融入欧洲一体化进程才能培养起地区合作的文化，才能不断克服地区的"历史遗产"。

为了推动西巴尔干国家融入欧洲一体化的洪流，欧美国家的各路贤达尽显神通，纷纷献出锦囊妙计。如今，域外的相关研究已是汗牛充栋，通过本书末所列参考书目可见一斑。

　　反观中国大陆，巴尔干研究问津者寥，其状戚戚然。与欧盟国家的百年研究历史不同，中国的巴尔干研究尚在初途。诚然，巴尔干问题的研究对从业者要求甚高，如同一个"贵族"产品，需要经年的修养。不仅要通晓当地的语言、了史于心，而且只有拨开拜占庭耀眼的光辉、穿过奥斯曼帝国的刀光剑影、在欧洲王宫觥筹交错之间的阴谋背后，才能摘取巴尔干野性花园中带刺的玫瑰。而在当下，社会环境异常浮躁，还有多少青年才俊舍得一身刚，潜心修炼这十八般武艺，成为巴尔干研究的达人呢？况且，如果按中国的国际政治问题研究的热点衡量，巴尔干问题的位置堪比冥王星。

　　而如今，《巴尔干地区合作与欧洲一体化》一书即将问世。它向我们昭示了两层含义：其一，依然有"我内心偏向学术"这一类知识青年，不睬周遭的喧闹，坚持行走在通向学术巴别塔的满是荆棘的道路上；其二，探究西巴尔干国家加入欧洲一体化进程对中国今天不断融入全球化和地区合作不无裨益。不断深化对欧洲一体化功能的研究，或许对我们认识刚刚问世的东盟共同体具有重要的理论和现实意义。

　　本书是国内第一部集中讨论巴尔干地区合作与欧洲一体化进程及其相互关系的作品，书中折射出来的学术精神想必读者自有体会。它的问世不仅会丰富中国的欧洲研究，特别是巴尔干问题研究，或许也会激发同样"内心偏向学术"的知识青年，果敢地投身到中东欧和巴尔干问题研究中来，为繁荣中国的中东欧和巴尔干问题研究而共同努力。

　　诚望我们的队伍向太阳。徐刚已在其中。

　　代为序。

朱晓中

2015 年 11 月于海淀区万柳寓所

序 二

　　呈现在读者面前的《巴尔干地区合作与欧洲一体化》一书是作者的第一部专著，实际上也是国内第一部系统论述巴尔干国家加强地区合作和融入欧洲一体化进程的新作。作者在借鉴国内外最新图书资料和研究成果的基础上，用大量的事实和图表、翔实的引证，以积极研究和探索的态度，重点向我们展示了20多年来巴尔干国家在进行地区合作和加入欧洲联盟方面所取得的成绩和存在的问题，进而从身份认同、国家建构的视角对巴尔干与欧洲的关系进行了思考。读后总是令人回味无穷，激励我们去认识巴尔干，关注巴尔干的昨天、今天和明天。

　　巴尔干国家经历社会、政治、经济激烈变革已经20余年。在欧洲一体化大潮中，它们中有的已经加入了欧盟，有的获得了同欧盟谈判入盟的资格，有的还在欧盟大门之外排队，等待欧盟向它们敞开大门。研究工作者和读者都是这个进程的见证人，比较熟悉这段历史。但是，人们对这个过程的历史与现状，尤其是对巴尔干国家开展地区合作和它们融入欧洲一体化进程的关系了解不够。作者所做出的努力，正是力图诠释"这两个双向的趋势"。

　　东欧剧变，社会西化，巴尔干国家深陷灾难泥潭，难以自拔。出路何在？巴尔干地区的有识之士认识到，一是要抛弃前嫌，加强合作；二是要"回归欧洲"，参加"富人俱乐部"。如果解决了这两个问题，巴尔干国家将会有效治愈"巴尔干化"这种顽症，开启"西欧化"这扇大门，迎来美好的前景。

　　从历史到现实，巴尔干地区突显出作者在书中强调的两种趋势：巴尔干地区如何加速实现地区合作？欧盟怎样解决西巴尔干国家与欧洲一体化问题？

　　长期以来，外界对巴尔干地区产生了一种扭曲的看法：暴力、对峙、分

1

裂、领土纠纷、种族冲突与战争、强制同化少数民族、大量移民，等等。似乎命中注定该地区是"仇恨与对抗"的场所，是落后的代名词；似乎巴尔干不是欧洲的一部分，而是"另一个欧洲"。所以，巴尔干地区常被冠以"欧洲火药桶"等不雅称号。西欧人往往像对待吉卜赛人一样对待巴尔干人，以城市人的傲慢嘲笑巴尔干山里人。这些都是历史的成见或说偏见。如果说真存在"巴尔干化"现象，那也是欧洲大国的政策造成的，是19世纪列强在解决欧洲问题时拿巴尔干中小国家做交易的结果，而没有尊重它们的自主选择。

关于这一点，作者做出了公正的解释。他认为，自近代以来，在巴尔干地区不仅和平年代多于动荡岁月，而且出现了许多追求和平、联合与合作的尝试。退一步说，"那些历史上的消极面不是巴尔干的专利，甚至大多是非巴尔干国家造成并留在了巴尔干的"。考察一个国家或一个地区的历史，应该是多角度、大范围而且是长时段的。若不坚持这一点，就很难全面理解和认识巴尔干地区的发展。在巴尔干的历史演进中，人们能发现许多至少对于该地区来说是积极的因素，它们理所当然也是该地区历史遗产的组成部分。

早在19世纪中期，关于建立巴尔干联邦的思想和实践就是巴尔干知名思想家和政治家的抱负和愿望，而且深入社会和人心；20世纪20年代巴尔干国家尝试改善双边关系，加强合作；接着，30年代巴尔干公约组织成立，其各领域的活动全面启动，并取得了一些影响至今的成果。合作的愿景变成了现实。20世纪40年代起，巴尔干半岛处于"冷战"之中，巴尔干国家分别属于彼此对立的阵营。巴尔干社会主义国家政治经济转轨以来，巴尔干各国更是捐弃前嫌，积极建立政府间和非政府间地区合作组织，加入欧洲和国际机构。

当然，巴尔干国家的地区合作尚处于初级阶段。尽管巴尔干国家之间合作形式众多，合作组织一个一个先后成立，也尽管"地区合作的广度和深度无疑是向前的"，但正如作者所言，"和解、合作、共同繁荣"还有很长的路要走。

最近20多年的事态发展表明，巴尔干国家的转轨要比中欧国家更加困难、更加痛苦、持续的时间更长。其原因在于该地区经济落后，政治斗争尖锐激烈，民族和宗教矛盾突出，人民生活水平低下，融入欧洲一体化进程缓慢。巴尔干地区的前途是加入欧盟，但道路崎岖且遥远。巴尔干地区迄今仍是欧洲最不稳定、最动荡的地区，备受各方关注和重视。1989 年 12 月罗马尼亚发生蒂米什瓦拉流血事件；1991 年南斯拉夫联邦解体，伴随着塞尔维亚与斯洛文尼亚、克罗地亚战争以及波黑内战的爆发；1999 年以美国为首的北约发动对南斯拉夫联盟的战争；2008 年科索沃单方面宣布独立；2010 年希腊陷入主权债务危机，殃及整个巴尔干和欧洲；目前，这个多事之端的西巴尔干国家又是欧盟的软肋。当然，这么说不是在责怪巴尔干国家，而是说明欧洲大国在该地区推行双重标准和两面政策遭遇了失败。

1000 多年来，巴尔干国家社会经济发展的主要特点是：（1）文明和地缘政治的重心基本位于半岛的东部地区，先是拜占庭文明，后是奥斯曼文明，始终处于欧亚大陆的接壤地带。同时，半岛中西部的多个中世纪巴尔干国家，如保加利亚、塞尔维亚和克罗地亚也创造了历史的辉煌；（2）在拜占庭帝国、奥斯曼帝国和奥匈帝国终结的过程中，欧洲列强开始主宰巴尔干国家事务，在巴尔干国家中制造分裂，造成该地区冲突不断、战乱频发；（3）巴尔干国家多、面积小、民族成分复杂、边界领土争端不息，给这些国家的社会发展和国家关系带来严重不利影响；（4）当代巴尔干国家希望"回归"欧洲，加强地区间合作，融入欧洲一体化进程，使历史发展进入一个新的阶段。

欧盟在巴尔干地区面临欧洲一体化和地缘战略的严峻选择。巴尔干地区是欧盟与俄罗斯之间的桥梁。多数巴尔干国家同俄罗斯有着悠久的历史联系，今天又在能源和经贸方面有着巨大的实际利益。巴尔干国家入盟首先要克服巴尔干经济落后的状况，要减少和消灭贫困现象，其次才是巩固和深化民主化进程。特别是南斯拉夫解体后的国家在经历了几场冲突和战争后，如果其经济得不到恢复和发展，整个欧洲就得不到稳定和发展。所以，巴尔干国家实现同欧洲一体化是为了推动该地区的经济、贸易、基础设施和文化合作，缩小同欧盟在各方面的悬殊差距，而不是成为欧盟针对俄罗斯的政治工具或一张地缘政治牌。

令人遗憾的是，欧盟并没有这么思考和这么行动。谁都知道，剧变之初，欧盟对巴尔干地区并不感兴趣。只是在南斯拉夫危机、战乱爆发和美国主宰巴尔干事务后，欧盟才意识到不能放弃巴尔干地区而让"美国说了算"。欧盟对西巴尔干的东扩比对其他中东欧国家晚了十多年！

3

巴尔干国家的前途在于同欧洲一体化。希腊早在 1981 年就加入了欧洲经济共同体。2010 年起深陷主权债务危机，迄今国家到了崩溃的边缘。希腊本来是欧洲民主、自由和文明的发祥地，却反过来接受了西欧的所谓普世价值观。是欧洲的一体化模式存在机制和体制缺失，还是希腊也染上了"巴尔干病"？读者自有公论。

1963 年土耳其与欧共体签订联系协议。1987 年土耳其申请成为欧共体的正式成员国。土耳其入盟并不是欧盟的共识，而仅仅是欧盟的一种策略。欧盟的主要目的是支持土耳其进行欧洲式改革，利用土耳其的地缘战略和能源战略位置，而不是真心诚意要接纳土耳其。土耳其入盟的道路漫长，面临许多困难和问题，其前景堪忧。土耳其自身也没有做好入盟的准备。到底是欧盟从长远的能源战略和安全利益出发需要土耳其，还是土耳其有求于欧盟？读者也有目共睹。

今日巴尔干地区已经不再是"欧洲火药桶"，但也远非"和平区"。第一，巴尔干国家的出路或者说大势是加入北约和欧盟。该地区的一部分国家——希腊、斯洛文尼亚、保加利亚、罗马尼亚和克罗地亚已经加入欧盟；一部分国家——希腊、土耳其、斯洛文尼亚、保加利亚、罗马尼亚、阿尔巴尼亚、克罗地亚已经加入北约。这些国家捷足先登，开始融入欧洲一体化进程。第二，大部分西巴尔干国家——阿尔巴尼亚、马其顿、塞尔维亚、黑山、波黑，特别是土耳其尚未加入欧盟，它们的入盟愿望强烈，社会经济改革还需要做出重大努力。第三，还有一些巴尔干国家如波黑、马其顿的政权脆弱，政治局势尚不稳定，国家独立主权还受到外来因素影响。第四，民族主义势力、分裂主义和"伊斯兰国"极端组织的活动在巴尔干地区时生时灭，难以绝迹。这里虽已经不是"火药桶"，但埋着"定时炸弹"。第五，巴尔干国家仍然是美、欧、俄等大国和大国集团争夺的焦点，因此这些国家的内政外交均受到外部势力的掣肘和干扰。

显然，欧盟在东扩时没有统一的原则和标准，也没有尊重一些国家的民族利益和国家利益。它的这种地缘政治战略必然给它的东扩政策带来诸多问题，蒙上层层阴影。

巴尔干国家早就是古老欧洲大陆不可分割的一部分，而且历史上为欧洲文明做出过重要的贡献，可为什么至今仍处于欧洲的边缘，成为多事之端？不管是什么原因，巴尔干各国人民今天面临的任务十分明确：他们需要终止历史恩怨，面对现实，急起直追，争取早日融入欧洲大家庭。

作者是一位刚参加工作的青年，是中国社会科学院很有发展前途的研究人员。他也是我的"忘年交"，谈不上是我的"学生"，因为本人除在杭州铁路中学教过不到一年的书外，从来没有上过大学的讲台。当我有幸读到该著作的书稿，得知书稿即将出版时，感慨良多，可以说大开眼界，饱尝了一顿知识大餐。我为年轻人的迅速成长而高兴，我更为有青年学者关注巴尔干历史而自豪。此刻，我的巴尔干情结油然而生，因为这是我学习、生活、工作十三四年的地方，后又考察访问过许多次。很想跟读者共享我的读后感，唠叨几句，谈不上是什么"序言"。

准确地说，笔者只是顺着作者的思路，以作者的论述为主线，结合自己的研究和观点，谈到了巴尔干国家开展地区合作和融入欧洲一体化进程的问题。班门弄斧，聊表一隅之见。也是作为第一读者的一点感受，以表祝贺。

青年作者的处女作也许还存在这样或那样的问题，也许还不是很成熟，略显粗糙。热心的读者应该怀着爱护的心态，接受作者，阅读其作品。通过阅读这部作品，我们可以认识一个人，熟悉一个地区，了解一个陌生的世界，何乐而不为？我相信，本书的问世既有助于开展这个领域的讨论和研究，又有益于促进中国与巴尔干国家的学术和文化交流。我深信，该书将受到学术界同仁的重视，得到读者的好评。

让我们一起认识巴尔干，走进这座欧洲的"后花园"！

马细谱

2015 年 7 月 31 日于华沙"幸福"公园旁女儿家

CONTENTS 目 录

1

图表目录

图目录

表目录

绪　论

人类已经生活在物质生产和精神生产极大丰富的全球化时代。仅从精神层面看，全球化进程不仅催生了各种各样的思维创新，也对历史思考提出了新的挑战与路径。认识论上的挑战之一是如何在借鉴、推崇"全球史观"的同时，注意"地方化"或"本土化"的问题。① 新路径则不仅包括对历史思考的文化程序和发展过程的逻辑、结构和功能进行深入的认识，而且包括倡导诠释人类过去的新观点，这些新观点是从占主导地位的过去的经验中形成的。②

过去相当长一段时期且至今仍具主导地位的经验是，欧洲是改变和影响世界的主要角色，欧洲占据世界历史的叙述中心，其他区域则是欧洲表述的对象。卡尔·马克思（Karl Marx）在《路易·波拿巴的雾月十八日》

① "全球史观"的提出者杰弗里·巴勒克拉夫（Geoffrey Barraclough）在其代表作《当代史学主要趋势》一书中指出，世界史的主要特征之一是"建立全球的历史观——即超越民族和地区的界限，理解整个世界的历史观"，"公正地评价各个时代和世界各地区一切民族的建树"，"把某个地区或国家放在一个更大的空间范围内来考察"。参见〔英〕杰弗里·巴勒克拉夫《当代史学主要趋势》，杨豫译，上海：上海译文出版社 1987 年中文版，第 242～258 页。随着全球化进程的发展，边缘国家、边缘地域、边缘民族也逐步获得文化话语权，对西方文化中心主义产生了消解与重构的作用，这一进程被称为"全球本土化"（Glocalization）。它不仅在理论界为后现代主义者、经济学家所诠释，也在全球各地被实践着。
② 〔德〕约恩·吕森：《历史思考的新途径》，綦甲福、来炯泽，上海：上海人民出版社 2005 年中文版，第 6 页。

中论及法国复辟时代的农民时指出："他们无法表述自己，他们必须被别人表述。"① 此言被爱德华·萨义德（Edward Said）引作其经典著作《东方学》的题记②，直指与西方文明、语言相对的东方区域在近代化和现代化进程中的存在状态。西方在近代国际体系形成以来所凸显的中心、主导地位无须佐证，也无法抗辩。"人们所谓的欧洲中心主义，并非我们的主观臆断，而是显然的历史事实。"③ 尽管由于非欧洲国家（亚非拉）的发展使这一现象越来越遭受冲击，但它仍然没有被彻底颠覆。只是说这个中心已经从地理上的西欧转向了美国或者说美欧④，但其核心阐释和逻辑的变化并不大。不加掩饰地说，我们今天仍然处在一个西方中心主义盛行且"深入人心"的时代⑤，但这种统治性的叙述和思维方式必然会与日益呈现的世界多样性面貌发生冲突。

　　且不提讨论非欧洲地区的历史进程无法摆脱西欧中心地位的影响，或言西欧影响在非欧洲地区的历史叙述中占据主导，即便对欧洲历史发展的进程加以考察，亦会发现如此。但是，欧洲历史的书写绝不只是对已知事实的综合，或根据其相对重要性的次序来排列的各个区域的历史或各种文化的历史，相反，它是对超越政治和文化界限相互联系和相互关系的探索。⑥ 在历史发展的进程

---

① 中文版是这样翻译的："他们不能代表自己，一定要别人来代表他们。"马克思：《路易·波拿巴的雾月十八日》，《马克思恩格斯选集》第1卷，北京：人民出版社1995年中文版，第678页。查看英文是"They can not represent one another, they must themselves be represented"。represent译成中文有"代表"、"表述"的意思，但中文的"代表"和"表述"意思不尽相同。从上下文的语境看，译成"代表"更为恰当。萨义德文中文译成"表述"，能明显地释放出作者的引申含义。所以，本书也沿用萨义德文的中文译法。

② 〔美〕爱德华·W.萨义德：《东方学》，王宇根译，北京：生活·读书·新知三联书店2007年中文版。

③ 〔英〕赫德利·布尔、〔英〕亚当·沃森主编《国际社会的扩展》，周桂银、储召锋译，北京：中国社会科学出版社2014年中文版，第2页。

④ 这里是从大体意义或文明属性相似性上说的，事实上美欧之间的分歧已经越来越大，欧洲公共知识分子如哈贝马斯等人一直强调欧洲与美国的不同。详细论述参见童世骏、曹卫东编《老欧洲新欧洲》，上海：华东师范大学出版社2004年版。

⑤ 指出这一点，并不与中国官方提出的建设中国特色社会主义理念和学术界所进行的"中国学派"自觉以及"中国观"重构相矛盾。只是客观地承认，过去几百年来，西方人以及西方观念——西方表述的"中心观"和"东方主义"——在世界历史进程中占据着重要影响，想要彻底改变欧洲中心主义是难以做到的。

⑥ 〔英〕杰弗里·巴勒克拉夫：《当代史学主要趋势》，杨豫译，上海：上海译文出版社1987年中文版，第258页。

中，欧洲内部不统一、不协调的因素一直存在着，民族化、区域化与欧洲化的进程相互交织，在不同时期表现的重点可能各有差异。甚至说，由于近代以来西欧中心主义以及历史切割——主要是苏联模式社会主义的强加——的影响，在一些欧洲国家的历史记忆和思维基因中，历史发展进程的叙述或将出现一定的紊乱。

从地理上看，欧洲被分成南欧、西欧、中欧、北欧和东欧五个地区，南欧又包括亚平宁半岛、伊比利亚半岛和巴尔干半岛等区域。与其他区域稍有不同，但凡略知巴尔干地区①（the Balkans）历史的朋友都知道，在过去较长的一段时间里，"要想找到人对巴尔干美言几句实在很难，想要不计善恶来讨论它更是难如登天"。②虽然饱受诟病，但巴尔干国家（抑或是巴尔干地区）的历史是一部复线的历史，而非线性的历史。大约从中世纪结束起，欧洲东南部的大多区域基本上脱离了西欧的发展轨迹，成为奥斯曼帝国的一部分。伴随奥斯曼帝国衰落与灭亡进程的是，欧洲东南部掀起了民族独立与解放的浪潮。独立后的国家普遍采取"追赶西欧"以实现现代化的战略，遗憾的是，战争、意识形态的对抗使这一进程延滞。直到冷战结束，现代化进程在新环境下启动，"追赶"的目标以"回归欧洲大家庭"的方式实践。所以，欧洲东南区域在欧洲发展的潮流中一直是"局外者"、"受动者"、"化外之地"和"边缘人"，它们始终处于"被表述的状态"。如今，这个区域的国家集体步入"被约束的进程"——进入欧洲一体化轨道，地缘政治特征发生显著变化，获得现代化的"历史最好机遇"。很大程度上说，它们迎来了"500多年的未有之变局"③，

---

① 从地理上讲，巴尔干半岛（Balkan Peninsula）是欧洲南部三大半岛之一，位于欧洲东南部，襟三洲（欧洲、亚洲和非洲），通两洋（印度洋和大西洋），临五海（亚得里亚海、爱奥尼亚海、爱琴海、马尔马拉海和黑海）。与巴尔干或巴尔干地区具有政治含义不同，巴尔干半岛仅仅是个地理概念。本书在表述中，交互使用巴尔干、巴尔干半岛和巴尔干地区，并不加以区分。至于巴尔干地区与东南欧地区的关系，后文会有专门论述。

② 〔英〕马克·马佐尔：《巴尔干：被误解的"欧洲火药库"》，刘会梁译，天津：天津人民出版社2007年中文版，第8页。

③ 1453年前后，巴尔干区域的国家先后被奥斯曼帝国征服、统治。一直到第一次世界大战结束再到冷战结束，大约有500多年的历史。

将欧盟[①]和北约主导的欧洲—大西洋进程视为通往和平与繁荣的"巴别塔"[②]。

在融入欧洲—大西洋进程尤其是西欧国家主导的欧洲一体化进程中，巴尔干国家经历了怎样的"欧盟认知"、"欧盟认证"、"欧洲认同"以及"认同较量"？[③]一体化在巴尔干引发的反应及其背后的逻辑是什么？欧盟——作为欧洲联合的最新实践——之于巴尔干、欧洲甚至世界的意义何在？欧洲是什么？一体化语境下的巴尔干又是什么？巴尔干地区会变得更好吗？带着这些问题，摒弃"中心论"思维，立足于双向互动的视角，充分挖掘被动者的行为及其意义，除了重构中国学界之于巴尔干的客观表述之外，更不啻在新的时代背景下对欧洲观念的一次拷问。

一 巴尔干基本问题与研究缘起

自近代国际关系体系形成亦即西欧国家成为世界主导以来，巴尔干地区一直是国际政治领域中的一个多事之端。随着国际格局的变动，巴尔干地区的发展进程及其影响因素在不同的时期出现不同的变化。在第一次世界大战结束以前，巴尔干问题从属于或基本等同于东方问题[④]（Eastern Question），巴尔干地区的发展主线是欧洲大国对奥斯曼帝国"遗产"的争夺与巴尔干各民族为追求解放与独立而进行的斗争。从一战结束到冷战结束期间，巴尔干国家多半处于不同阵营体系的拉扯之中，冷战时期的两极体系更为明显，各国发展的依

---

① 1993 年 11 月，欧洲共同体改称欧盟。为叙述方便，除特别指出外，在提及 1993 年以前的称谓时本书也统一使用欧盟。

② 巴别塔（Tower of Babel），或称巴贝塔、巴比伦塔、通天塔。《圣经·旧约·创世记》第 11 章宣称，当时人类联合起来兴建希望能通往天堂的高塔；为了阻止人类的计划，上帝让人类说不同的语言，使人类相互之间不能沟通，计划因此失败，人类自此各奔东西。此故事试图为世上出现不同语言和种族提供解释。此比喻在学术界被广泛引用，意指获得通往理想的途径。

③ 在这里，"欧盟认知"，是指巴尔干国家对欧盟的认识；"欧盟认证"，即通过努力达标实现入盟；"欧洲认同"，即在身份属性、主权让予等方面形成共同的欧洲意识；"认同较量"，即指民族认同、国家认同与"欧洲认同"（以及可能的巴尔干地区认同）之间的纠结与博弈。

④ 也称"近东问题"（Near Eastern Question），是"由于奥斯曼（土耳其）帝国的衰落及其各继承国之间的对抗而在东南欧引起的各种问题的总称"。参见〔英〕艾伦·帕尔默编著《二十世纪历史词典》，郭健等译，北京：社会科学文献出版社 1988 年中文版，第 126 页。奥斯曼土耳其帝国由非洲藩属国（埃及和突尼斯）、土耳其亚洲部分和土耳其欧洲部分三大块组成，就巴尔干半岛来说，其焦点是对土耳其欧洲部分怎么办的问题。

附性（尽管有的是不自愿的）色彩很浓，发展主线是大国集团的争夺和分化与巴尔干国家的驯化和反抗。冷战结束后，巴尔干地区的外部环境相较以往要宽松得多，一定程度上说巴尔干国家的自主性获得历史性的提升，追求独立国家性和"回归欧洲"成为巴尔干国家的主要动力和基本诉求。该地区民族国家构建的进程仍在进行中，欧洲化的前景与巴尔干化之间的张力依然非常明显，发展主线是"回归欧洲"进程中各国"接受改造"与"抵制改造"的困境。总之，近代以来，受国际格局变动的影响，不同时期巴尔干地区的发展进程有所差异，但该地区一个恒定的基本问题一直存在着，即如何在追求民族国家的独立进程中实现现代化，同时寻找民族/国家的身份定位与认同。

从历史进程看，上述三个阶段不仅勾勒出了巴尔干地区近现代发展史的清晰图景，同时揭示了该地区拥有的三次现代化机遇。然而，伴随整个过程的是，战争与和平、分裂与联合、民族主义与外部干预，影响或打断了现代化的进程。自19世纪始，巴尔干地区相继爆发了1806～1812年、1828～1829年、1853～1856年和1877～1878年四次俄土战争、1912～1913年和1913年两次巴尔干战争以及冷战结束后的波黑战争、科索沃战争，等等。[①] 此外，这里还是第一次世界大战的起点和第二次世界大战的一个重要战场。其他小范围或一

[①] 在学术界，有一部分学者将冷战结束后在南斯拉夫地区发生的一系列战争称为"第三次巴尔干战争"，参见 Misha Glenny, *The Fall of Yugoslavia: The Third Balkan War*, Lodnon: Penguin Books Ltd, 1996; Nicholas X. Rizopoulos, "A Third Balkan War?", *World Policy Journal*, Vol. 10, No. 2, 1993, pp. 1 – 5; Josip Novakovich, "Shrapnel in the Liver: The Third Balkan War", *The Massachusetts Review*, Vol. 34, No. 1, 1993, pp. 144 – 160; Mojmir Križan, "New Serbian nationalism and the Third Balkan War", *Studies in East European Thought*, Vol. 46, Issue 1 – 2, 1994, pp. 47 – 68; Lene Hansen, "Past as Preface: Civilizational Politics and the 'Third' Balkan War", *Journal of Peace Research*, Vol. 37, No. 3, 2000, pp. 345 – 362; R. Craig Nation and Strategic Studies Institute, *War In The Balkans*, 1991 – 2002, Raleigh: Lulu. com, 2014。也有不少学者将"萨拉热窝事件"引起的第一次世界大战在巴尔干的分战场称为"第三次巴尔干战争"，参见 Piotr Mikietyński, "World War I in the Balkans, 1914 – 1918-Third Balkan War?", *Journal of Social Science*, Special Issue on Balkans, Issue 2, 2009; Christopher Merrill, *The Old Bridge: The Third Balkan War and the Age of the Refugee*, Minneapolis: Milkweed Editions, 1995; Joachim Remak, "1914-The Third Balkan War: Origins Reconsidered", *The Journal of Modern History*, Vol. 43, No. 3, 1971, pp. 353 – 366。为避免出现争议，本书并没有统称"第三次巴尔干战争"，而是使用具体的战争名称。

国内部的战争与冲突则不计其数。

由此，对国际政治或世界历史稍有了解的人们在谈及近代以来的巴尔干地区时，便下意识地给其贴上了"欧洲火药桶"的标签。研究巴尔干问题的学者和政治家们大多认为，在历史上的许多时候，巴尔干各国之间的仇恨多于信任，对立多于和睦，分裂多于联合，似乎这是巴尔干各国关系中的一种正常现象。① 所以，巴尔干一词"在欧洲人意识中受到诅咒"，② 成为人们对这一地区的刻板印象。事实是，巴尔干成为一个极不稳定的地区仅仅是近代以来，尤其是 1878 年《柏林条约》签订之后的事情，③ 伴随冷战结束而出现的解体浪

---

① 马细谱：《巴尔干纷争》，北京：北京大学出版社 1999 年版，第 52 页。

② 〔英〕马克·马佐尔：《巴尔干：被误解的"欧洲火药库"》，刘会梁译，天津：天津人民出版社 2007 年中文版，第 17 页。有学者认为，巴尔干比欧洲更不稳定的想法是根深蒂固的，参见〔南斯拉夫〕兰科·佩特科维奇《巴尔干既非"火药桶"又非"和平区"》，石继成等译，北京：商务印书馆 1982 年中文版，第 35 页。也有学者指出，"'巴尔干'这个词使人联想到种族冲突和大国的地区性争夺"，参见〔美〕兹比格纽·布热津斯基《大棋局——美国的首要地位及其地缘战略》，中国国际问题研究所译，上海：上海人民出版社 1998 年中文版，第 162 页。甚至还有学者指出，"一些政论作家已经断言，如果东部欧洲沉入海底，那么西欧的和平将得以保证"，参见 Theodore I. Geshkoff, *Balkan Union: A Road to Peace in Southeastern Europe*, New York: Columbia University Press, 1940, p. xi。

③ 参见马细谱《巴尔干纷争》，北京：北京大学出版社 1999 年版，第 12 页。从世界近代史的演进来看，这个判断是站得住脚的，本书也持这个立场。不过，近代以前的巴尔干地区是不是已经开始走向衰落、分裂和对抗，这仍然是一个值得专门讨论的话题，因为它牵涉对奥斯曼帝国的重新认识，关系到如何看待巴尔干地区历史遗产的问题。围绕这个问题，西方史学界至今仍存在争论。一种观点是将巴尔干地区的衰落和分裂归因于奥斯曼帝国时期，把奥斯曼帝国的影响当成唯一"替罪羊"，参见 Wayne Vucinich, *The Ottoman Empire: Its Record and Legacy*, Princeton: Van Nostrand, 1965; Peter Sugar, *Southeastern Europe under Ottoman Rule*, 1354 – 1804, Seattle: University of Washington Press, 1977; 还有学者认为，巴尔干历史遗产受拜占庭帝国和奥斯曼帝国的双重影响，但后者更为明显，参见 Maria Todorova, *Imagining the Balkans*, New York: Oxford University Press, 2009。另一种观点认为，在奥斯曼帝国统治该地区以前很长的时间里，巴尔干半岛就已经出现了政治、经济、文化衰落和分裂的征兆，参见 L. S. Stavrianos, *The Balkans since 1453*, New York: Rinehart & Company, Inc. , 1958; Charles Jelavich and Barbara Jelavich, eds. , *The Balkans in Transition*, Berkeley: University of California Press, 1963; Vesna Goldsworthy, *Inventing Ruritania*, New Haven: Yale University Press, 1998; Robert Bideleux and Ian Jeffries, *A History of Eastern Europe: Crisis and Change*, New York: Routledge, 2007。

潮和地区动荡也很快被地区化和一体化的大趋势所掩盖。① 总的看，自近代以来，在巴尔干地区不仅和平年代多于动荡岁月②，而且出现了许多追求和平、联合与合作的尝试。退一步说，那些历史上的消极面不是巴尔干的专利，甚至大多是非巴尔干国家造成并留在了巴尔干的。③

因此，考察一个国家或一个地区的历史，应该是多角度、大范围而且是长时段的。年鉴学派重要代表人物费尔南·布罗代尔（Fernand Braudel）指出："在历史时间的种种不同形式中，长时段是一个棘手、复杂和陌生的任务。把长时段接纳到史学研究中来不是件好玩的事。这不是简单地扩大研究和兴趣的范围，也不是仅仅对史学研究有利的一种选择。对历史学家来说，接受长时段意味着改变作风、立场和思想方法，用新的观点去认识社会。"④ 若不坚持这一点，就很难全面理解和认识巴尔干地区的发展。从政治上看，巴尔干历史（主要是近代史）充满着冲突与对立；从民族进程看，巴尔干民族国家的构建夹杂着仇怨与暴力；而从人类文明发展的长河来看，巴尔干文明无疑是人类文明的一个组成部分，是进步、开放和融合的，尽管速度可能缓慢而且受外部环境的影响较大。放宽历史的视野，人们对巴尔干地区的印象或许会产生不一样的看法。换言之，在巴尔干的历史演进中，人们能发现许多至少对于该地区来说是积极的因素，它们理所当然也是该地区历史遗产的组成部分。讨论这些积极方面在方法论上的重要价值在于它为认识和研究巴尔干地区提供了另外一个视角，同时有助于提示人们在历史叙述中更少地为欧洲中心论或大国中心论做注脚。

在巴尔干历史演进中有许多重要的节点，冷战的结束无疑是最为重要的一个，原因在于它使该地区的地缘政治特征发生了显著变化，使这些国家获得了

---

① 这只是一个总体判断，正如后文将要探讨的，该地区不稳定的因素仍然很多，除克罗地亚（2013 年 7 月 1 日入盟）外，其他西巴尔干国家入盟进程还非常艰难，科索沃地位问题、马其顿国名问题尚未解决，波黑前途充满变数。

② 冷战期间，除了 1949 年结束的希腊内战以外，巴尔干地区几乎没有发生战争与冲突。之所以如此，在很大程度上得益于两极格局的对立。

③ 〔保〕亚历山大·利洛夫：《文明的对话：世界地缘政治大趋势》，马细谱等译，北京：社会科学文献出版社 2007 年中文版，第 182 页。

④ 〔法〕费尔南·布罗代尔：《资本主义论丛》，顾良、张慧君译，北京：中央编译出版社 1997年中文版，第 182 页。

共同向"回归欧洲"进程迈进的客观环境，同时也意味着欧洲首次可能实现全大陆的联合与统一。① 从学术上讲，"回归欧洲"进程所具有的意义也非常明显。诚如一位欧洲学者所言，冷战结束及其后来的进程使巴尔干和中欧国家成为转型研究（transformation studies）的焦点、民主研究（democracy studies）的主要场域、和平与冲突研究（peace and conflict studies）的新情境，以及一体化研究（integration studies）的重要样本。② 此外，这个进程也使得我们去思考这样一个问题，如果没有欧盟（以及欧盟的投入），这一地区将会是怎样一番景象？这样的思考不仅具有历史的纵深感，而且能够为人们理解该地区的现状提供更大的空间。

事实上，冷战结束后巴尔干国家"回归欧洲"的进程既显露出积极的成果，也充满着曲折和不确定性。一方面，民主转型和一体化实践在朝着趋好方向发展；另一方面，潜在的冲突和不稳定因素起着阻碍作用。换言之，巴尔干地区存在一体化和巴尔干化的两种相反趋向，③ 从理论上解释，体现的是民族主义与地区主义的相互交织与博弈。一体化的趋向在一定程度上对巴尔干化的扩散起到了抑制作用，同时，巴尔干化的扩散成为一体化的阻碍，影响着一体化的深入。二者之间的相互关联和影响已经成为观察后冷战时期巴尔干地区发展的一个重要线索。特别是南斯拉夫④的解体及后南斯拉夫（Post-Yugoslav）

---

① Gergana Noutcheva, *European Foreign Policy and the Challenges of Balkan Accession*: *Conditionality*, *Legitimacy and Compliance*, London; New York: Routledge, 2012, p. 1.
② Mario Telò, ed., *European Union and New Regionalism*: *Regional Actors and Global Governancein a Post-Hegemonic Era*, Aldershot: Ashgate, 2007, p. 235.
③ 朱晓中：《中东欧与欧洲一体化》，北京：社会科学文献出版社 2002 年版，第 233 页。
④ 南斯拉夫（Yugoslavia）作为国名的简称先后指三个国家。第一南斯拉夫指 1918～1941 年的南斯拉夫王国，在 1918 年 12 月成立时称为塞尔维亚—克罗地亚—斯洛文尼亚王国，1929 年改称为南斯拉夫王国。第二南斯拉夫指 1945～1991 年的南斯拉夫联邦国家。1945 年 11 月成立时称南斯拉夫联邦人民共和国，1963 年改称南斯拉夫社会主义联邦共和国，简称南联邦。第三南斯拉夫指 1992～2003 年的南斯拉夫联盟共和国，由塞尔维亚共和国和黑山共和国组成，简称南联盟。2003 年 2 月，随着南联盟改名为塞尔维亚和黑山，南斯拉夫作为国名已经成为历史名词。此处指的是第二南斯拉夫。后文再次出现时统一使用简称。

空间①的发展趋向充分表明了这一点。

在一体化层面，巴尔干地区又存在两个双向的趋势。一个是巴尔干国家的地区合作和"回归欧洲"进程。二者既存在相互促进的一面，又存在不协调的状况。另一个是欧盟扩大与巴尔干国家入盟的过程，确切地说是欧盟成员国/候选国主动欧洲化与受动欧洲化双向的运动过程。主动欧洲化指的是，成员国/候选国向欧盟投射其偏好和政策，使其偏好和政策欧洲化（自下而上）；受动欧洲化则是指，欧洲一体化对成员国/候选

---

① 近年来，在英语学界中，有关后南斯拉夫以及后南斯拉夫空间（Post-Yugoslav Space or Post-Yugoslav Area or Post-Yugoslav Sphere）的用法越来越多见，如 Soeren Keil and Bernhard Stahl, eds., *The Foreign Policies of Post-Yugoslav States: From Yugoslavia to Europe*, London: Palgrave Macmillan, 2014; Gordana P. Crnkovic, *Post-Yugoslav Literature and Film: Fires, Foundations, Flourishes*, London: Bloomsbury Academic, 2014; Branislav Radeljic and Jelena Dzankic, eds., *Europe and the Post-Yugoslav Space*, London: Ashgate Pub Co., 2013; Đorđe Tomić, "On the 'right' side? The Radical Right in the Post-Yugoslav Area and the Serbian Case", *Fascism*, Vol. 2, No. 1, 2013; Vedran Džihić and Dieter Segert, "Lessons from 'Post-Yugoslav' Democratization Functional Problems of Stateness and the Limits of Democracy", *East European Politics & Societies*, Vol. 26, No. 2, 2012; Vedran Džihić, Dieter Segert and Angela Wieser, "The Crisis of Representative Democracy in the Post-Yugoslav Region. Discrepancies of Elite Policies and Citizens' Expectations", *Southeastern Europe*, Vol. 36, No. 1, 2012; Cabada Ladislav, "Political Culture and its Types in the Post-Yugoslav Area", *Politics in Central Europe*, Vol. 5, No. 2, 2009; Christophe Solioz, "Critical Thoughts on Civil Society in the Post-Yugoslav Sphere," Keynote presented at the international conference- "War (s) n Yugoslavia. Twenty Years Later. Challenges of a European Culture of Peace" organized by the Alps-Adriatic University of Klagenfurt 29th November-1st December 2011。同样地，比这更早、使用也更常见的"后苏联空间"（Post-Soviet Space）概念已经成为学者们熟知的领域，并逐渐形成一个研究现象，中国学界对其也有较多的关注与研究。参见 Anatoly Kulik and Susanna Pshizova, *Political Parties in Post-Soviet Space: Russia, Belarus, Ukraine, Moldova, and the Baltics*, New York: Greenwood Press, 2005; Thomas Sherlock, *Historical Narratives in Soviet and Post-Soviet Space: Destroying the Settled Past, Creating an Uncertain Future*, London: Palgrave Macmillan, 2007; Laure Delcour, *Shaping the Post-Soviet Space? EU Policies and Approaches to Region-Building*, London: Ashgate, 2011; David Lane, *Elites and Identities in Post-Soviet Space*, London: Routledge, 2012; 李文昌《"郁金香革命"与后苏联空间的混乱》，《国外理论动态》2005 年第 6 期；〔俄〕K. C. 哈吉耶夫《后苏联空间》，常玢译，《俄罗斯中亚东欧研究》2006 年第 2 期；欧阳向英《欧亚联盟——后苏联空间俄罗斯发展前景》，《俄罗斯中亚东欧研究》2012 年第 4 期；程亦军《后苏联空间一体化前景暗淡》，《俄罗斯学刊》2013 年第 1 期；杨辉、毕洪业《普京对后苏联空间的整合及前景——以欧亚经济联盟的成立为例》，《世界经济与政治论坛》2014 年第 4 期。

国形成适应性压力，它们随之调整偏好、政策，逐渐被欧洲化（自上而下）。① 有学者指出，这样的两个过程简单地说就是成员国从欧盟"下载"（download）规范适应欧洲化，以及向欧盟"上传"（upload）动机和行为并使其欧洲化。② 对处于入盟进程中的巴尔干国家来说，"欧洲化双向运动"的趋向可能要弱一些，特别是主动欧洲化这一块，但是从欧盟的发展进程来看，这些国家仍具有非常重要的自下而上的塑造和投射功能，对欧盟的政策和机制调整产生影响。事实上，欧盟共同外交与安全政策、欧盟安全与防务政策等机制的建立，在很大程度上"受益于"巴尔干地区所出现的危机。③

从地区合作的角度看，虽然一些尚未解决的因素（如波黑国家认同问题、科索沃地位问题和马其顿国名问题等）对合作进程和水平有抑制作用，但巴尔干地区合作的广度和深度无疑是向前的，多种类型的地区合作组织不断建立并逐渐产生影响。同时，虽然除克罗地亚以外的西巴尔干国家入盟进程尚不明确，甚至有人据此认为西巴尔干国家已成为欧洲的阿喀琉斯之踵（Achilles' Heel），④ 但将所有巴尔干国家纳入欧洲一体化、给予其入盟前景是既定无疑的。这么看来，巴尔干地区的合作趋势和一体化特征日渐明显，成为该地区发展的主流。

通过考察中东欧国家特别是维谢格拉德集团⑤（Visegrad Group）四国入盟

---

① 张骥：《欧洲化的双向运动：一个新的研究框架》，《欧洲研究》2011年第6期，第131页。作者在该文提出"欧洲化的双向运动"这一新的研究框架，并通过"欧洲化双向运动"的互动性、不对称性、历史性和开放性来系统研究欧洲一体化进程中成员国与一体化之间的互动关系。

② Tanja Börzel, "Pace-setting, Foot-dragging, and Fence-sitting: Member State Responses to Europeanization", *Journal of Common Market Studies*, Vol. 40, No. 2, 2002, pp. 193 – 214.

③ Gergana Noutcheva, *European Foreign Policy and the Challenges of Balkan Accession: Conditionality, Legitimacy and Compliance*, London; New York: Routledge, 2012, p. 2.

④ Gergana Noutcheva, *European Foreign Policy and the Challenges of Balkan Accession: Conditionality, Legitimacy and Compliance*, London; New York: Routledge, 2012, p. 1.

⑤ 1991年2月15日，匈牙利、波兰和捷克斯洛伐克三国为加强彼此间合作，在匈牙利的维谢格拉德城堡举行会议，三国总统和总理决定在取消华约和经互会组织方面密切合作，在建立多党议会制和向市场经济过渡方面相互交流经验，在加入欧共体方面协调行动，加强彼此间合作，商定成立区域合作组织，并发表声明。因会议是在维谢格拉德举行的，所以把参加会议的三国称作维谢格拉德集团。1993年1月1日，捷克斯洛伐克解体，捷克和斯洛伐克分别独立，成员国变为四国。

的经验发现，双边、多边以及次区域的合作进展是它们敲开入盟大门的重要砝码。东欧国家政局变动后，欧盟尚未立即考虑接纳中东欧国家入盟，只是强调用援助（如"法尔计划"①）来帮助它们实现政治经济转型，并美其名曰"为巩固新生民主制度和市场经济投资"。② 维谢格拉德国家形成一个集团所具有的竞争力和共同的入盟要求使得欧盟开始调整其政策，成为最终促动欧盟开启东扩进程的一个重要因素。近年来，维谢格拉德集团国家以成员国身份支持西巴尔干国家入盟，同时又将自身的经验与西巴尔干国家分享，帮助它们进行改革并推进地区合作。维谢格拉德集团在 2012 年 10 月与西巴尔干国家发表的共同声明中强调了这一点。③ 在 2013 年 10 月底举行的维谢格拉德集团外交部长会议上，不仅除克罗地亚以外的所有西巴尔干国家外交部长应邀与会，立陶宛外交部长、土耳其外交部长、奥地利一体化与外交部副部长以及欧盟扩大与睦邻政策委员会委员也悉数出席，更为重要的是，本次会议的首要议题便是西巴尔干国家的发展与一体化。④ 2014 年 10 月底，会议的名称直接变成了维谢格拉德集团与西巴尔干国家外交部长会议，即将上任的欧盟委员会副主席、欧盟外交与安全事务高级代表、奥地利一体化与外交部长以及地区合作委员会秘书长应邀参加。在发表的共同宣言中，特别要提到的是，维谢格拉德集团愿意帮助西巴尔干国家以"维谢格拉德集团国际基金"（International Visegrad Fund）的原则和模式建立"西巴尔干基金"（Western Balkan Fund），推动西巴尔干地区合作。⑤ 在 2015 年 11 月中旬举行的例行会议上，维谢格拉德集团国家外交

① 全称是"援助波兰和匈牙利经济改造计划"（PHARE），1990 年 1 月开始实施。从 1990 年中旬起，"法尔计划"的援助国家不断增多，基本涵盖原东欧国家和波罗的海三国（南斯拉夫1991 年被除名）。除了"法尔计划"外，欧盟还通过各种贷款形式对中东欧国家进行援助。具体贷款情况，参见朱晓中《中东欧与欧洲一体化》，北京：社会科学文献出版社 2002 年版，第 101～107 页。

② 朱晓中：《中东欧与欧洲一体化》，北京：社会科学文献出版社 2002 年版，第 79 页。

③ "Joint Statement of the Visegrad Group on the Western Balkans", http://www.visegradgroup.eu/calendar/2012/joint-statement-of-the.

④ "Western Balkans Top of the Agenda during V4 Ministers' Meeting in Budapest", November 1, 2013, http://www.mfa.gov.pl/en/news/western_balkans_top_of_the_agenda_during_v4_ministers__meeting_in_budapest_.

⑤ "Visegrad Group Joint Statement on the Western Balkans", October 31, 2014, www.visegradgroup.eu/calendar/2014/visegrad-group-joint.

部长发表"我们为你们融入欧洲提供帮助"的共同宣言，再次重申集团四国坚持西巴尔干国家加入欧盟的坚定立场。[①] 可见，与维谢格拉德集团加强联系与合作，西巴尔干国家收获的不仅仅是欧盟（及成员国）的认可与支持，更多的是这些国家自身在入盟进程中所获取的经验，包括地区合作。

冷战结束初期，欧盟没有确定向中东欧国家打开大门，但并不意味着停止扩大。[②] 随着中东欧国家政治经济转型的推进以及要求加入欧盟的呼声日渐强烈，欧盟不得不加以正视。从 1991 年 12 月起，中东欧国家陆续同欧盟签订《欧洲协定》，获得欧盟联系国地位（因而该协定也被称为《联系国协定》）。1993 年 6 月，欧盟哥本哈根首脑会议提出中东欧国家入盟的框架标准，即哥本哈根标准（Copenhagen criteria），主要对候选国国内政治、经济和法律等方面提出了要求。[③] 哥本哈根标准公布之后，如何帮助中东欧国家"达标"成为欧盟发展与中东欧国家关系的重要议题。1994 年 12 月，在德国埃森召开的欧盟首脑会议提出给予中东欧联系国更加具体、明确的入盟路线图，除了哥本哈根标准所强调的国内改革外，联系国之间的合作也被重点提出。[④] 1995 年，欧洲理事会在马德里首脑会议上提出了候选国实施行政改革的要求，称为马德里标准。[⑤] 1996 年 2 月，欧盟启动针对西巴尔干国家的地区立场（Regional Approach），确立了发展与西巴尔干五国（阿尔巴尼亚、波黑、克罗地亚、南联盟和马其顿）双边关系的政治和经济条件，其中地区合作就是重要内容之一。[⑥] 与此同时，欧盟也将推进地区合作与一体化视为其对外政

---

① "V4 Ministers in Joint Article: We Offer You Our Helping Hand on the EU Path", November 11, 2015, http://www. visegradgroup. eu/calendar/2015/v4-ministers-in-joint.

② 奥地利、芬兰、瑞典 1995 年加入欧盟。

③ "Copenhagen Criteria", http://europa. eu/legislation_ summaries/glossary/accession_ criteria_ copenhague_ en. htm.

④ 参见 "Resolution on the Strategy of the European Union to Prepare for the Accession of the Countries of Central and Eastern Europe, with a View to the European Council in Essen", November 30, 1994, http://www. europarl. europa. eu/enlargement/positionep/resolutions/pdf/301194_ en. pdf; 朱晓中《中东欧与欧洲一体化》，北京：社会科学文献出版社 2002 年版，第 130 ~ 131 页。

⑤ The European Council, Meeting in Madrid on 15 and 16 December 1999, http://www. europarl. europa. eu/summits/mad1_ en. htm.

⑥ 孔田平：《欧盟的东南欧战略与东南欧的"欧洲化"》，《俄罗斯中亚东欧研究》2003 年第 3 期，第 65 页。

策的首要目标。① 候选国要实现入盟，地区合作的进程与成效是一个重要考量指标。在 2004 年、2007 年两批中东欧国家入盟前，在涉及双边或多边的问题（如边界划定、边境管理、少数民族问题等）上都达成了谅解。1999 年 6 月，欧盟启动稳定与联系进程（The Stabilisation and Association Process，SAP），为西巴尔干国家在签署《稳定与联系协议》②（Stabilisation and Association Agreement，SAA）、改善贸易关系、获得金融援助以及推进地区合作和睦邻关系等方面做出规范，并给予相应支持。

在中东欧多国为加入欧盟做准备的同时，欧盟于 2003 年提出了向西巴尔干国家打开大门的"萨洛尼卡进程"（The Ssaloniki Process），对稳定与联系进程给予确认，第一次赋予了西巴尔干国家入盟前景。此后，西巴尔干国家与其他中东欧国家一样，将入盟作为国家发展的优先任务。截至目前，西巴尔干国家中除克罗地亚于 2013 年加入欧盟外，其他国家均处于入盟的不同进程之中。同样，对于西巴尔干国家的"达标"来说，国家内部改革是一方面，解决国家间存在的诸种问题、推进地区合作也至关重要。其中有一点对于前南地区的国家来说均很重要，即与前南斯拉夫问题国际刑事法庭（以下简称前南刑庭）进行合作，这是推进地区合作、加入欧盟和北约的必要条件。

在加入欧盟的"条件性"（Conditionality）规范下，巴尔干地区合作已经成为与欧洲一体化、民主巩固、和解以及经济发展具有相同重要性的理念和实践。几乎在每一个巴尔干国家政府官员的讲演、政策报告和媒体评论中都能找到这一表述。③ 这一点与巴尔干地区合作的实践是相吻合的。1995 年《代顿协议》（Dayton Agreement）签署，特别是 1999 年欧盟稳定与联系进程启动后，巴尔干地区的一体化进程加快，各种类型的巴尔干地区合作组织相继建立。一类是巴尔干国家自我创议的地区合作机制，主要有"黑海经济合作组织"（Black Sea Economic Cooperation，BSEC）、"东南欧合作进程"（The South East

① Karen Smith, *European Union Foreign Policy in a Changing World*, Cambridge：Polity Press, 2003, p. 2.
② 《稳定与联系协议》的签署即是稳定与联系进程的具体实施，具有非常重要的意义，一般被视为加入欧盟的第一步。
③ Dimitar Bechev, *Constructing South East Europe：The Politics of Balkan Regional Cooperation*, Basingstoke：Palgrave Macmillan, 2011, p. 1.

European Cooperation Process，SEECP）和"布尔多—布里俄尼进程"（Brdo-Brijuni Process）；另一类是域外国家或国际组织创设的地区合作机制，如《东南欧稳定公约》（Stability Pact for South Eastern Europe，2008 年改为地区合作委员会）、《中欧自由贸易协定》（Central European Free Trade Agreement，CEFTA）、"亚得里亚—爱奥尼亚倡议"（Adriatic-Ionian Initiative）、《亚得里亚宪章》（Adriatic Charter）和"能源共同体"（Energy Community）等。由巴尔干国家和域外国家（国际组织）共同创议的合作机制主要有"中欧倡议国"组织（Central European Initiative，CEI）和"东南欧运输观察站"（South East Europe Transport Observatory，SEETO）。这些地区合作机制的建立与运转，在推动巴尔干地区合作的同时，也对欧洲一体化进程起到了重要促进作用。

当然，在地区合作和一体化的进程中，巴尔干地区仍然存在民族主义与地区主义（欧洲主义）之间的张力，国家构建与地区构建仍然存在不协调的局面。① 这种张力是除了经济因素以外导致不同国家入盟进程出现快慢以及其他国家尚未入盟的一个重要原因。甚至，欧盟成立以来特别是近些年来凸显的欧洲怀疑论（Euroscepticism）也可以从这种张力中找到解释。

因此，探讨巴尔干地区合作与欧洲一体化之间的关系具有重要的理论价值与现实意义。这种研究至少带来了对如下一些问题的思考：巴尔干地区合作是不是冷战结束后才开始的进程？巴尔干地区合作与欧洲一体化的互动程度如何？影响这种互动的因素又是什么？巴尔干的冲突与合作给欧盟（甚至欧洲）的发展本身带来了哪些变化？巴尔干欧洲化的动力与阻力分别有哪些？巴尔干地区的国家构建与地区构建是否存在冲突？巴尔干地区是否存在一个共同的地区认同或地区意识？在巴尔干各国的"身份建构"与入盟进程中，民族认同、国家认同、地区认同以及欧洲认同的关联是什么？"巴尔干性"与"欧洲性"以及"巴尔干化"与"欧洲化"的逻辑关系又是什么？本书尝试对这些问题进行回答。

---

① Christophe Solioz and Paul Stubbs，"Regionalisms in South East Europe and Beyond"，in Paul Stubbs & Christophe Solioz，eds.，*Towards Open Regionalism in South East Europe*，Berlin：Nomos Publishers，2012，p. 22.

二　相关概念的界定

为便于理解本书的研究对象，还需要对一些概念进行界定。

首先是一组与巴尔干相关的概念。

一是关于巴尔干一词的含义与词源。多数学者接受并使用《不列颠百科全书》的说法，认为"巴尔干"一词源于土耳其语，意为"山脉"。[①] 有学者具体指出："中东欧下属的第三个地理区域是巴尔干山脉……整个半岛即由此山脉而得名。"[②] 也有不少学者认为，传统的土耳其语把山称为 dag，所以 balkan 一词很可能来自波斯语 balkanhana，意为"高出平原的山"。[③] 不过，除去语源上的差别，就巴尔干意为山来说是一致的，后逐渐引申泛指整个半岛。美籍保加利亚裔学者玛丽娅·托多罗娃（Maria Todorova）对巴尔干一词做了比较全面的解释：其一是一个名字，15～19 世纪指称山脉，19 世纪之后指称半岛；其二是一种比喻，20 世纪初成为一个贬义词（pejorative）；其三是一个地理区域，与东南欧同义；其四是表示一种历史遗产，充分体现了该地区冲突与落后的特征。[④]

二是关于巴尔干一词的使用时间。对此，学者们存在不同的看法。有学者认为，巴尔干一词出现于 17 世纪初[⑤]；也有学者认为，巴尔干一词出现于 19 世纪初。[⑥] 西尔维亚·帕维奇（Silvia Pavic）通过研究发现，早在 1490 年意大利人文学家博纳科尔西·加里马尔科（Buonaccorsi Callimarco）就在一封通信中用土耳其语来指称巴尔干山，到 18 世纪英国旅行家约翰·莫里特（John

---

① *The New Encyclopaedia Britannica*, Vol. 14, Chicago: Encyclopaedia Britannica, Inc., 1988, p. 562.

② 〔英〕艾伦·帕尔默：《夹缝中的六国——维也纳会议以来的中东欧历史》，于亚伦等译，北京：商务印书馆 1997 年中文版，第 18 页。

③ 参见朱晓中《从巴尔干到东南欧——冷战后巴尔干地缘政治变迁》，《东欧中亚研究》1998 年第 3 期，第 48 页；李明《巴尔干风云——简析科索沃问题的由来》，《地图》1999 年第 3 期，第 51 页。

④ Maria Todorova, *Imagining the Balkans*, New York: Oxford University Press, 2009, pp. 193 – 194.

⑤ 参见孔寒冰《科索沃危机的历史根源及大国背景》，成都：四川人民出版社 1999 年版，第 9 页；李明《巴尔干风云——简析科索沃问题的由来》，《地图》1999 年第 3 期，第 51 页。

⑥ *The New Encyclopaedia Britannica*, Volume14, p. 562; Francis W. Carter ed., *A Historical Geography of the Balkans*, London: Academic Press, 1977, pp. 7 – 8；陈志强：《巴尔干古代史》，北京：中华书局 2007 年版，绪论第 2 页；朱晓中：《从巴尔干到东南欧——冷战后巴尔干地缘政治变迁》，《东欧中亚研究》1998 年第 3 期，第 48 页。

Morritt）首次在英文文献中使用巴尔干。① 玛丽娅·托多罗娃对巴尔干一词的出现与使用做了更加详细、全面的考察：19 世纪以前多数欧洲旅行家习惯于使用哈伊莫司山（Haemus）来指代巴尔干山，1808 年德国地理学家奥古斯特·措伊内（August Zeune）第一次提到了"巴尔干半岛"，1827 年英国旅行家罗伯特·沃尔什（Robert Walsh）则第一次使用巴尔干来描述整个半岛。② 虽然关于巴尔干一词出现的时间莫衷一是，但其概念仅仅停留在地理领域，在相当长的一段时间里没有得到广泛使用。直到 1912 年第一次巴尔干战争爆发后，巴尔干才成了通用词。③ 英国当代历史学家马克·马佐尔（Mark Mazower）进一步指出，19 世纪 80 年代之前很少有人提到"巴尔干"民族，多数人都沿用更普遍的"欧洲的土耳其"一词来指称这块区域，但随着社会政治的变迁，必须为它寻找新的名称，"巴尔干半岛"、"巴尔干地区"或"巴尔干"便获得了新的、更加广泛的使用。④ 20 世纪以来，尤其是巴尔干战争爆发后，巴尔干一词不仅得到了广泛使用，而且具有了政治上的意义。

三是关于巴尔干的空间范围。有西方学者指出，定义（中）东欧地区不是什么比定义它是什么要容易得多，因为很难断定其确切的地理边界。⑤ 定义巴尔干地区同样如此。按照 1999 年中文版《不列颠百科全书》的说法，它是"指 1699 年《卡尔洛维茨条约》签订后仍处在奥斯曼帝国直接控制下的地区，但现在该名词还包括了过去属哈布斯堡帝国的一部分、目前为某些巴尔干国家

① Silvia Pavic，"Some Thoughts about the 'Balkans'"，November 22，2000，http：//geography. about. com/library/misc/ucbalkans. htm.

② Maria Todorova，*Imagining the Balkans*，New York：Oxford University Press，2009，pp. 21 - 25。他们的著作，参见 August Zeune，*Goea. Versuch einer wissenschaftlichen Erdbeschreibung*，Berlin，1808；Robert Walsh，*Narrative of a Journey from Constantinople to England*，London：Frederick Westley and A. H. Davis，1827.

③ 〔英〕马克·马佐尔：《巴尔干：被误解的"欧洲火药库"》，刘会梁译，天津：天津人民出版社 2007 年中文版，第 4 页。

④ 参见〔英〕马克·马佐尔《巴尔干：被误解的"欧洲火药库"》，刘会梁译，天津：天津人民出版社 2007 年中文版，第 3～4 页。译文"欧洲的土耳其"不准，应为"土耳其欧洲"或"土耳其的欧洲部分"。

⑤ Stephen White，Judy Batt and Paul G. Lewis，*Developments in Central and East European Politics* 4，Durham，NC：Duke University Press，2007，p. 7.

部分领土的地方"。① 这个概括虽然较为模糊，但它实际上将巴尔干国家的区域分成了政治和地理两大类别。"在政治上，'巴尔干'一词明确涵盖下列现代国家的领土：阿尔巴尼亚、波斯尼亚—黑塞哥维那（以下简称波黑）、保加利亚、克罗地亚、希腊、马其顿、摩尔多瓦、罗马尼亚、斯洛文尼亚和南斯拉夫（塞尔维亚和门的内哥罗）"，"土耳其的欧洲部分在地理上为巴尔干半岛的一部分，但在政治上却不属于巴尔干"。② 法国历史学家米歇尔·伏舍（Michel Foucher）认为，政治上的巴尔干"是指从伯罗奔尼撒半岛（希腊南部）到多瑙河的这一地区，包括五个国家：希腊、阿尔巴尼亚、南斯拉夫、保加利亚和罗马尼亚"。③ 可见，政治上的巴尔干国家即是以奥斯曼帝国为参照，包含历史上遭受其统治的东南欧区域。然而，从地理上来看，至少土耳其的欧洲部分应该属于巴尔干。④ 在中国学界，一般认为现在的巴尔干国家有十一个，分别是阿尔巴尼亚、保加利亚、罗马尼亚、斯洛文尼亚、克罗地亚、波黑、马其顿、塞尔维亚、黑山、土耳其和希腊。⑤ 需要提到的是，科索沃于 2008 年单方面宣布独立，中国尚未承认其独立国家地位，本书只是出于研究需要和行文方便，将其作为一个研究对象对待，并不承认其为独立国家。

四是关于一些国家的巴尔干属性。国际社会关于巴尔干半岛北部界限的划分存在多种意见。⑥ 具体到一些国家来说，其是否属于巴尔干地区存有异议。其一是斯洛文尼亚。关于斯洛文尼亚的巴尔干属性，斯官方不承认，⑦ 但学界存在

---

① 《不列颠百科全书国际中文版》（第 2 卷），北京：中国大百科全书出版社 1999 年版，第 166 页。

② 参见《不列颠百科全书国际中文版》（第 2 卷），北京：中国大百科全书出版社 1999 年版，第 166 页。有趣的是，该书英文原版将土耳其的欧洲部分纳入，但没有将摩尔多瓦包括在内（参见 *The New Encyclopaedia Britannica*，Volume14，p. 562）。本书认为，无论从地理还是从政治角度来看，摩尔多瓦都不是巴尔干国家。

③ Michel Foucher, "The Geopolitics of Southeastern Europe", *EUROBALKANS*, Summer, 1994, p. 17.

④ Francis W. Carter, ed., *A Historical Geography of the Balkans*, London: Academic Press, 1977, pp. 2 - 9.

⑤ 多数学者在 20 世纪末撰文指出，巴尔干国家有十个，因为黑山当时还没有分离出来。参见王逸舟主编《单极世界的阴霾——科索沃危机的警示》，北京：社会科学文献出版社 1999 年版，第 286 页；朱晓中《从巴尔干到东南欧——冷战后巴尔干地缘政治变迁》，第 48 页；弘杉《巴尔干百年风云》，北京：知识出版社 2000 年版，第 3 页。

⑥ 陈志强：《巴尔干古代史》，北京：中华书局 2007 年版，绪论第 1 ~ 2 页。

⑦ "What are the Balkans?", http://www.wisegeek.com/what-are-the-balkans.htm.

不同的看法。持赞同立场的观点主要基于南斯拉夫的共有经历。比如，玛丽娅·托多罗娃认为斯洛文尼亚的巴尔干属性不明显，它的奥斯曼现象并不多，只是它在南斯拉夫历史上起过特殊作用，这才属于巴尔干国家之列。[1] 持反对立场的人更多，他们从更加久远的历史或文明的角度加以论证。比如，斯洛文尼亚著名学者斯拉沃热·齐泽克（Slavoj Žižek）坚定地指出，斯洛文尼亚不是巴尔干国家，是中欧（Mitteleuropa）国家，斯洛文尼亚是西欧文明与巴尔干的边界，巴尔干则起于克罗地亚或波斯尼亚。[2] 另有论者认为，斯洛文尼亚继承了原奥匈帝国的遗产（地理、建筑甚至法治），其经济发展与民主进程不同于巴尔干地区的其他国家，因而它不是巴尔干国家。[3] 还有论者虽然没有明确表态，但倾向于认为斯洛文尼亚不是巴尔干国家。如英国学者罗伯特·拜德勒克斯（Robert Bideleux）和伊恩·杰弗里斯（Ian Jeffries）认为，虽然 20 世纪的多数时间里与其他南部斯拉夫人有着相同的命运，但在历史上的大部分时间，后来成为斯洛文尼亚与中欧国家（特别是奥地利）的共性要远远大于其南部的邻国，20 世纪 90 年代以来斯洛文尼亚在政治、经济与社会等方面显示出与中欧的"结构类似性"也要远远大于巴尔干地区。[4] 本书认为，无论是从地理位置还是从经济、社会结构来说，斯洛文尼亚都与中欧国家更加相像，只是由于本书讨论的是更大的欧洲一体化进程，而且它曾经是南斯拉夫的一个组成部分，所以也将其纳入巴尔干地区。其二是罗马尼亚。对于罗马尼亚是不是巴尔干国家也存在不同的看法。[5] 在西方国家，倾向于认为罗马尼亚是巴尔干国家。比如，美国学者罗伯特·卡普兰（Robert D. Kaplan）认为罗马尼亚是巴尔干国家[6]；由美国资

---

[1] 转引自〔保〕亚历山大·利洛夫《文明的对话：世界地缘政治大趋势》，马细谱等译，北京：社会科学文献出版社 2007 年中文版，第 181 页。

[2] Slavoj Žižek, "The Spectre of Balkan", *The Journal of the International Institute*, Vol. 6, No. 2, 1999, http://quod. lib. umich. edu/j/jii/4750978. 0006. 202？rgn = main；view = fulltext.

[3] "Why Slovenia is not the Balkans", Nov. 20, 2003, http://www. economist. com/node/2206879；Lindstrom Nicole, "Between Europe and the Balkans: Mapping Slovenia and Croatia's 'Return to Europe' in the 1990s", *Dialectical Anthropology*, Vol. 27, No. 3 - 4, 2003, pp. 313 - 329.

[4] Robert Bideleux and Ian Jeffries, *The Balkans: A Post-Communist History*, London and New York: Routledge, 2007, p. 21.

[5] "Romania: To be Balkan or Not?", http://alina_ stefanescu. typepad. com/romania_ revealed/2009/03/romania-to-be-balkan-or-not. html.

[6] Robert D. Kaplan, *Balkan Ghosts: A Journey Through History*, Picador, 2005.

助的东南欧新闻网（SETimes. com）等网络媒体也视罗马尼亚为巴尔干国家。另外，《巴尔干学》（Balkanology）网站认为罗马尼亚是最大的巴尔干国家。① 西尔维亚·帕维奇认为，地理上的巴尔干与东南欧同义，在此意义上可将罗马尼亚看作巴尔干国家。② 但不同的看法也并非没有，如维基问答网页认为从地理上看罗马尼亚不是巴尔干国家，只是从历史、文学和文化等角度看，它接近于巴尔干国家。③ 早在20世纪20年代，罗马尼亚历史学家并短暂担任罗马尼亚总理的尼古拉·约尔加（Nicolae Iorga）对罗马尼亚的巴尔干属性质疑，认为仅仅以罗马尼亚语使用拉丁字根就应该将其从巴尔干国家名单中删除。④ 其三是塞浦路斯。多数学者将塞浦路斯列入地中海国家。不过，也有一些学者认为，因为该国的地理位置、人种和宗教同希腊、土耳其两国关系十分密切，所以也是巴尔干国家。⑤ 本书不认为该国具有巴尔干属性，基于过去的研究经验，该国一般被纳入地中海国家的研究范畴，本书也遵循这一习惯。此外，关于克罗地亚、希腊等国家的巴尔干属性也存有争论，在这两个国家也曾出现"去巴尔干"的主张。⑥

五是关于一些与巴尔干相关的词语。其一是"巴尔干化"（Balkanization）。该术语出现于19世纪末20世纪初，是西方对于伴随奥斯曼帝国崩溃出现在巴尔干的政治暴力、种族冲突和国家的分崩离析等现象的描述。⑦ 具体地说，这

---

① "Romania：Introduction," http：//www. balkanology. com/romania/.

② Silvia Pavic，"Some Thoughts about the 'Balkans'"，November 22，2000，http：//geography. about. com/library/misc/ucbalkans. htm.

③ "Is Romania a Balkan State"，http：//wiki. answers. com/Q/Is_ Romania_ a_ Balkan_ state#slide2.

④ Nicolae Iorga，*History of Romania*，New York：Ams Pr Inc，1925.

⑤ 参见马细谱《巴尔干纷争》，北京：北京大学出版社1999年版，第3页；弘杉《巴尔干百年风云》，北京：知识出版社2000年版，第2页；张立淹、曹其宁《欧洲火药桶——巴尔干史话》，成都：四川人民出版社1993年版，第2页。

⑥ Boyko Vassilev，"Balkan Eye：The Region no One could Name"，*Transitions Online*，April 27，2010，p. 3；Lindstrom Nicole，"Between Europe and the Balkans：Mapping Slovenia and Croatia's 'Return to Europe' in the 1990s"，*Dialectical Anthropology*，Vol. 27，No. 3 - 4，2003，pp. 313 - 329. 顺便提及的是，《大英百科全书》还将希腊排除在'巴尔干国家'之外。参见陈志强《巴尔干古代史》，北京：中华书局2007年版，绪论第1页。

⑦ 参见 Maria Todorova，*Imagining the Balkans*，New York：Oxford University Press，2009，pp. 33 - 34；〔保〕亚历山大·利洛夫《文明的对话：世界地缘政治大趋势》，马细谱等译，北京：社会科学文献出版社2007年中文版，第184页；孔田平《对东南欧"巴尔干化"的历史解读》，《欧洲研究》2006年第4期，第16页。

个词首次出现是在 1918 年 12 月 20 日的《纽约时报》上。① 显然，从时间上看，这与一战结束、奥斯曼帝国解体密切相关。在国际政治学界，"巴尔干化"已经成了一个"民族、边界和其他问题引起相互冲突的同义词"，② 专门用于形容那些分裂、动荡、冲突不休的地区，③ 具体说是"地区分裂、种族冲突、低度发展、缺乏经济与政治自主以及极度缺乏活力"。④ 当前，"巴尔干化"的含义已经跳出巴尔干的地域限制，成为全球范围的一个现象，成为国际政治学界、民族学领域的一个常见术语。甚至，在地理、文学、信息技术等领域也出现了"巴尔干化"的用法。需要提及的是，在 20 世纪 70 年代，国际社会曾出现将"巴尔干化"一词从字典中取消的提议，但这个提议没有得到广泛的认同。⑤ 其二是东南欧（Southeast Europe）。近代以来，欧洲的东南区域一般被称为"土耳其欧洲"（Turkish Europe），奥斯曼帝国统治后期有了"巴尔干"的称谓，随着东欧社会主义国家发生剧变，该地区的地缘政治色彩逐渐淡化，地理意义上的东南欧和巴尔干互通使用。⑥ 最早将该地区称为东南欧是在一战结束奥斯曼帝国解体后。⑦ 20 世纪 90 年代，"巴尔干"和"东南欧"都被

---

① Maria Todorova, *Imagining the Balkans*, New York: Oxford University Press, 2009, p. 33.

② 〔南斯拉夫〕兰科·佩特科维奇：《巴尔干既非"火药桶"又非"和平区"》，石继成等译，北京：商务印书馆 1982 年中文版，第 35 页。

③ 郝时远：《帝国霸权与巴尔干"火药桶"》，北京：社会科学文献出版社 1999 年版，前言第 1 页。

④ 〔英〕罗伯特·拜德勒克斯、〔英〕伊恩·杰弗里斯：《东欧史》（上册），韩炯等译，上海：东方出版中心 2013 年中文版，第 3 页。

⑤ "The Balkans: Safety in Numbers", *The Economist*, September 27, 1975, p. 55, 转引自陈志强《巴尔干古代史》，北京：中华书局 2007 年版，绪论第 6 页。

⑥ Silvia Pavic, "Some Thoughts about the 'Balkans'," November 22, 2000, http: //geography. about. com/library/misc/ucbalkans. htm.

⑦ John R. Lampe, *Balkans into Southeastern Europe: A Century of War and Transition*, New York: Palgrave Macmillan, 2006, p. 4; John R. Lampe, "Reconnecting the Twentieth-Century Histories of Southeastern Europe," in John R. Lampe and Mark Mazower. eds. , *Ideologies and National Identities the Case of Twentieth-Century Southeastern Europe*, Budapest: Central European University Press, 2004, p. 1. 有德国学者认为，早在 19 世纪就有人使用"东南欧"代替"土耳其欧洲"，参见 Geier Wolfgang, Südosteuropa-Wahrnehmungen, Wiesbaden: Harrassowitz, 2006。转引自 Andrea Komlosy and Hannes Hofbauer, "Identity Construction in the Balkan Region-Austrian Interests and Involvement in a Historical Perspective," in Aldo Milohnić and Nada Švob- Đokić, eds. , *Cultural Transitions in Southeastern Europe-Cultural Identity Politics in the (Post-) Transitional Societies*, Zagreb: Institute for International Relations, 2011, p. 1.

广为使用，但争议很大。一般认为，"巴尔干"一词映射着历史上诸多的负面含义，而东南欧则较为中立并具包容性，也容易被人接受。① 因而，使用"东南欧"有助于忘却历史上特别是 20 世纪 90 年代发生的民族、宗教和国家间的战争与冲突，② 同时有助于去除将其视为外围的、边缘的、不能完全选择自己命运的地区。③ 也有学者不赞同使用东南欧这一说法，其理由是 20 世纪 30 年代纳粹德国赋予"东南欧"（Südosteuropa）地缘政治的含义败坏了其名声。④ 不过，这种看法并不占主流。有学者甚至观察到，20 世纪 90 年代科索沃战争爆发和《东南欧稳定公约》出台后，巴尔干一词在媒体中淡失并迅速被东南欧代替。⑤ 目前，不少国际组织都使用东南欧表述，但联合国统计署在其关于次区域的分类中将欧洲只分为西欧、北欧、南欧和东欧。⑥ 历史上看，无论是巴尔干还是东南欧都有其负面含义，但它们所指代的区域基本是同一的。⑦ 本书统一使用巴尔干，但并不带有任何贬义色彩。在使用东南欧时，其意义等同于

① 参见 Dimitar Bechev, *Constructing South East Europe: The Politics of Balkan Regional Cooperation*, Basingstoke: Palgrave Macmillan, 2011, p. 134; Nada Švob-Đokić, "Balkans Versus Southeastern Europe", in Nada Švob-Đokić, ed., Redefining Cultural Identities: Southeastern Europe, Zagreb: Institute for International Relations, 2001, pp. 35–41。
② Andrea Komlosy and Hannes Hofbauer, "Identity Construction in the Balkan Region-Austrian Interests and Involvement in a Historical Perspective," in Aldo Milohnić and Nada Švob-Đokić, eds., *Cultural Transitions in Southeastern Europe-Cultural Identity Politics in the (Post-) Transitional Societies*, Zagreb: Institute for International Relations, 2011, p. 1
③ Christophe Solioz and Paul Stubbs, "Regionalisms in South East Europe and Beyond", in Paul Stubbs and Christophe Solioz, *Towards Open Regionalism in South East Europe*, Baden-Baden: Nomos Verlagsgesellschaft, 2012, p. 15.
④ Maria Todorova, *Imagining the Balkans*, New York: Oxford University Press, 2009, p. 27.
⑤ Dusan I. Bjelic and Obrad Savic, eds., *Balkan as Metaphor: Between Globalization and Fragmentation*, Cambridge: The MIT Press, 2005, p. 16.
⑥ "Composition of Macro Geographical (continental) Regions, Geographical Sub-regions, and Selected Economic and Other Groupings", http://unstats.un.org/unsd/methods/m49/m49regin.htm#europe. 有意思的是，同属联合国的贸易与发展会议则使用东南欧。
⑦ 有学者不赞同这个看法，认为东南欧地域没有一个确切的定义，它至少包括巴尔干半岛、奥斯曼帝国的欧洲部分以及意大利南部与乌克兰西南部的区域等几种解释。参见 Enriko Ceko, "South East Europe: Trade Liberalization, Economic Integration, Quality, Security and Guarantee of Products and Services", *Mediterranean Journal of Social Sciences* Vol. 4, No. 9, 2013, p. 494。

巴尔干。统一使用巴尔干的意义在于，巴尔干一词具有较强的学科属性，[①] 而东南欧充其量只是一个区域研究的概念。其三是西巴尔干国家（Western Balkans）。西巴尔干是一个政治地理概念，指除斯洛文尼亚以外的前南斯拉夫继承国——波黑、克罗地亚、马其顿、塞尔维亚和黑山——加上阿尔巴尼亚五个国家，以及科索沃地区。在地理上，它是巴尔干或东南欧的一个组成部分。国内不少学者指出，西巴尔干作为一个概念首次使用是在 1999 年[②]，这主要是根据欧盟出台的官方文件而推定的。实际上，早在 1996 年，欧盟就对东南欧与西巴尔干进行了区分，前者指从里雅斯特湾到黑海的所有国家，而后者包括阿尔巴尼亚和不含斯洛文尼亚在内的前南斯拉夫国家。[③] 顺便提及的是，欧洲复兴与开发银行并没有将克罗地亚列入西巴尔干国家。[④] 其四是东巴尔干国家（Eastern Balkans）。前面提到西巴尔干国家，理论上应该有东巴尔干国家。不过，这种叫法在学术界并不常见，也不规范，原因很简单：一方面，所谓的东巴尔干国家（主要指保加利亚和罗马尼亚）均已经是欧盟成员国；另一方面，西巴尔干是欧盟使用的一个特殊政治地理概念，东巴尔干有自造之嫌。

可见，对巴尔干进行单独一个学科或一个视角的解释会有失偏颇，它是地理、历史、文化、民族、宗教、政治的融合，是历史与当下的交会，是本体与他者的碰撞。抑或说，巴尔干之所以成为一个认识单元或研究整体，就在于它所具有的文明性，而这个由多样性组成的文明与斯托扬诺维奇（Traian

---

① 西方有一些学者提出了巴尔干学（Balkanology）的概念，参见 Victor A Friedman，"Balkanology and Turcology：West Rumelian Turkish in Yugoslavia as Reflected in Prescriptive Grammar"，*Studies in Slavic and General Linguistics*，Vol. 2，1982；Aleksandar Palavestra and Staša Babić，"Balkanology，Archaeology and Long-term History"，*Balcanica*，Vol. 25，No. 1，1994；Nikola Janović，"Balkanology：A Theoretical Contribution to the Understanding of the Role of Culinary Otherness in European Culture，or Why are the Balkans so Hated even Though They have such Great Food？"，*Dve domovini / Two Homelands*，2010，31。法国巴尔干研究协会（Association française d'études sur les Balkans）于 1997 年创办了《巴尔干学》（*Balkanologie*）学术期刊，旨在从多学科的视角研究中世纪至今的巴尔干地区，推动巴尔干学的形成。该刊物是半年刊，以法语为主，兼有部分英语文章。

② 参见朱晓中《欧洲一体化与巴尔干欧洲化》，《欧洲研究》2006 年第 4 期，第 3 页；柯静《西巴尔干入欧盟前景分析》，《国际论坛》2007 年第 6 期，第 29 页。

③ Lucia Vesnic-Alujevic，*European Integration of Western Balkans：From Reconciliation to European Future*，Brussels：Centre for European Studies，2012，p. 6.

④ EBRD，"Western Balkans Initiative Launched"，May 21，2006，http：//archive. is/0CDs8.

Stoianovich）所主张的一个"巴尔干文明"（Balkan Civilization）① 是否同一回事，具有深远的研究价值。很大程度上说，本书将巴尔干地区看作一个整体并没有忽略其多样性特征，同时试图讨论这些具有"原始意义"的多样性特征如何影响现今的一体化进程。

其次是几个学理性的概念。

一是关于地区（Region）。地区是一个较为广泛且难以明确界定的概念，在汉语中易与"区域"、"地方"、"地域"等词语相混淆。地区一词，既有自然地理学意义上的解释，也有地缘政治学上的界定，还有生态学、经济地理学等方面的定义。陈峰君等主编的《新地区主义与东亚合作》一书对国际学术界关于社会科学中的地区概念、地区性的五个层次以及构成地区的条件进行了比较系统、全面的梳理与总结，并对地区做了一个综合性的解释，即地区是人类根据自然地理分布、历史习惯、政治文化活动的范围等划分出来的、具有一定规模的社会生活空间结构，是一种介于个别国家和全球整体之间的中间层次或过渡层次的次级体系。② 也就是说，地区不是有关其构成单元（无论是个人、群体或是国家）共享的语言、文化、宗教或其他特征的，而是关于联系的，人群或社区之间深远而持久的联系是把一个空间与另一个空间区别开来的特征。③ 本书研究的即具有广泛联系特征的欧洲东南区域，也就是巴尔干或东南欧地区。

二是关于地区合作（Regional Cooperation）。在国际政治学中，现实主义、新现实主义、新自由主义以及建构主义对地区/国家合作均有着不同的规范和定义。④

---

① 斯托扬诺维奇通过历史、地理、人类、社会、文化、经济等层面的综合考察，将巴尔干看作一个由这些元素组成的多样性的文明整体。参见 Traian Stoianovich, *A Study in Balkan Civilization*, New York: Alfred A. Knopf, 1967。

② 参见陈峰君等主编《新地区主义与东亚合作》，北京：中国经济出版社 2007 年版，第 55 ~ 68 页。

③ 〔美〕查尔斯·金：《黑海史》，苏圣捷译，上海：东方出版中心 2011 年中文版，第 6 页。

④ 参见莫金莲《亚太区域合作研究》，长沙：湖南人民出版社 2007 年版，第 2 ~ 22 页；宋秀琚《国际合作理论：批判与建构》，北京：世界知识出版社 2006 年版；全家霖《区域合作理论的几种看法》，《国际论坛》2001 年第 4 期；伊枚《对区域主义基本理论内容的再整合》，《亚太纵横》2003 年第 5 期；郭关玉《新现实主义、新自由主义和建构主义关于国际合作的条件的理论述评》，《社会主义研究》2005 年第 6 期。

它们的定义不展开论述,其中心概念分别是权力合作、制度合作、文化与社会合作。在本书中,地区合作是这样一种行为,它是一定地区范围内的若干国家为维护本国和本地区的利益而进行国际合作与交往的总和。也就是说,本书研究的地区合作主体主要是国家。

三是关于一体化或整合(Integration)。这个词最初来源于企业之间的联合,后来被借以表述国际经济、政治等领域的一种互动现象。具体来说,它是基于共同的规范、价值、利益和目标,有许多国际行为体(主要是国家)参加和互动的进程。这个过程既涉及国家间经济的,也涉及政治、法律和文化的,或整个社会的整合,是一种单一或综合性的互动。一体化理论在国际政治经济领域有较多的使用。本书研究的一体化是一种全方位的互动,即欧洲一体化进程。需要提及的是,在中国大陆学者的研究中,英文"integration"基本都被译成或理解为"一体化",然而这样的译文有失偏颇,它只是抓住了欧洲联邦主义者的观点,却忽视了欧洲怀疑主义者的看法。"其实,该词对欧洲联邦主义者与欧洲怀疑主义者都是合适的,是个中性的术语,就欧洲的情况,可能意味着一体化,也可能只是国家之间在地区框架下的深入合作。把integration翻译成'整合',这是一个比较正确的理解,虽然'整合'一词是个新造的中文术语。可能再没有比'整合'更适合的中文词来对应英文的integration了。"① 对于巴尔干地区来说,在冷战结束后开启欧洲化进程的同时,其区域内的整合也不断加强。

四是关于"欧洲化"(Europeanization)。"欧洲化"一词的出现是欧洲一体化理论和实践发展的结果,主要源于学者们对欧洲一体化是否和如何影响国内政治这一问题的兴趣。对其进行概念化操作比较困难,但至少应该与一体化加以区分。欧洲一体化是指在欧盟层级紧密度的加深以及特征的加强,欧洲化则是指一体化对国家行为体、结构和进程的塑造与影响。② 欧洲化研究主要集中于国家对欧洲一体化的适应,其中可以对欧洲

---

① 陈峰君、祁建华主编《新地区主义与东亚合作》,北京:中国经济出版社 2007 年版,第204 页。

② Johan P. Olsen, "The Many Faces of Europeanization", *Journal of Common Market Studies*, Vol. 40, No. 5, 2002, pp. 921 – 952.

一体化的兼容性和一致性要求进行区别。① 换言之，之所以引入欧洲化的概念，是因为它揭示了欧洲一体化（特别是欧盟）对民族国家（成员国以及非成员国）国内结构的影响和冲击。② 所以，欧洲化关注的不是欧洲层面的一体化，而是注重探讨"国内政治的国际来源问题"。③ 同样，欧洲化的反向运动也越来越受到学者们的关注，即民族国家国内结构对欧盟决策和机制的刺激与投射。进一步说，欧洲化进程既包括自上而下和自下而上的垂直运动模式④，又包括国家间的水平运动进程。⑤ 需要强调的一点是，欧洲化并不等于欧盟化，欧盟外的其他一体化机制以及非欧盟成员国均受到了欧洲化的影响。⑥ 顺便提及的一个概念是欧洲主义（Europeanism），它不同于强调欧洲中心地位的欧洲中心主义（Eurocentrism），"欧洲主义一词出现在1800 年，当时是指同欧洲本土有关的趣味。到 1830 年，欧洲化以动词出现，体现了一种欧洲给世界贡献了最好文明的意识"。⑦

　　五是关于新地区主义（New Regionalism）。毫无疑问，新地区主义是相对于地区主义而言的。⑧ 在中国，"地区主义"这一术语很少被使用，

① 〔德〕赖纳·艾辛：《欧洲化和一体化：欧洲研究中的概念》，吴非、吴志成译，《南开学报（哲学社会科学版）》2009 年第 3 期，第 7 页。

② James Caporaso, "The Three Worlds of Regional Integration Theory", in Paolo Graziano and Maarten P. Vink, eds., *Europeanization: New Research Agendas*. London and New York: Palgrave Macmillan, 2007, p. 27.

③ Peter Gourevitch, "The Second Image Reversed: The International Sources of Domestic Politics", *International Organization*, Vol. 32, No. 4, 1978.

④ 布泽尔（Tanja A. Börzel）对此进行了较为详细的研究，参见 Tanja A. Börzel, "Pace-setting, Foot-dragging and Fence-sitting: Member State Responses to Europeanization", *Journal of Common Market Studies*, Vo. l40, No. 2, 2002, pp. 193 – 214。

⑤ Elizabeth Bomberg and John Peterson, "Policy Transfer and Europeanization: Passing the Heineken Test?", *Queens Papers on Europeanization*, No. 2, 2000.

⑥ 关于这一点的详尽讨论，参见李明明《"欧洲化"概念探析》，《欧洲研究》2008 年第 3 期，第 18~33 页。

⑦ 〔法〕埃德加·莫兰：《反思欧洲》，康征、齐小曼译，北京：生活·读书·新知三联书店 2005 年中文版，第 25 页。

⑧ 有学者指出，英文（regionalism）对应中文有"地区主义"和"区域主义"两种译法，许多学者是混用的。因此，中国学界使用"地区主义"指示国际意义，而将"区域主义"用于国内政治意义。参见陈峰君、祁建华主编《新地区主义与东亚合作》，北京：中国经济出版社 2007 年版，第 17 页，注 1。

只是近年来才陆续出现题目中包含"地区主义"的论文或专著，但数量仍然相当有限，大量的研究成果选择使用了"地区一体化"、"区域（经济）合作"等概念。① 对地区主义的定义如同地区概念一样，在不同语境和场合下有不同的解释，不同的理论学派有不同的解释视角。② 英国学者安德鲁·赫里尔（Andrew Hurrell）将地区主义分成地区化（regionalization）、地区意识和地区认同（regional awareness and identity）、地区国家间合作（regional interstate cooperation）、国家推动的地区一体化（State-promoted regional integration）以及地区聚合一体（regional cohesion），较好地对地区主义在不同层次的特点进行了概括。③ 受该五个层次的启发，有中国学者对新地区主义做出如下定义：即同一地区内的各种行为体（包括政府、政府间组织、非政府组织、民间团体或个人等）基于共同利益而开展地区性合作的全部思想和实践活动的总称。④ 同时，新地区主义具有高度开放的特征，因此也称"开放地区主义"（Open Regionalism）。本书主要研究国家政府和政府间组织的实践活动，其他行为体的地区主义实践只是稍带提及。

三 国内外相关研究评述

在中国学界，对巴尔干地区进行整体性研究主要是冷战结束以后的事，这些研究显示出两大特点：一是对战争和冲突研究的偏好，二是对转型研究的关注与跟踪。这两个特点与冷战结束以来该地区的巴尔干化与一体化两种趋向紧密相关。关于战争与冲突的研究，一部分是受巴尔干历史的"启发"，⑤ 另一

---

① 郭定平主编《东亚共同体建设的理论与实践》，上海：复旦大学出版社 2008 年版，第 7 页。

② 关于不同理论派别对地区主义的界定，参见韦民《民族主义与地区主义的互动：东盟研究新视角》，北京：北京大学出版社 2005 年版，第 14～15 页。

③ Aandrew Hurrell, "Regionalism in Theoretical Perspective", in Louise Fawcett and Andrew Hurrell. eds., *Regionalism in World Politics: Regional Organization and International Order*, Oxford: Oxford University Press, 1995, pp. 39－45.

④ 陈峰君等主编《新地区主义与东亚合作》，北京：中国经济出版社 2007 年版，第 72 页。

⑤ 比如，张立淼、曹其宁：《欧洲火药桶——巴尔干史话》，成都：四川人民出版社 1993 年版；赵庆波、张世文：《巴尔干：走过铁血时代》，呼和浩特：内蒙古人民出版社 1997 年版；马细谱：《巴尔干纷争》，北京：北京大学出版社 1999 年版；郝时远：《帝国霸权与巴尔干"火药桶"》，北京：社会科学文献出版社 1999 年版；弘杉：《巴尔干百年风云》，北京：知识出版社 2000 年版；金重远：《百年风云巴尔干》，上海：复旦大学出版社 2010 年版。

部分是跟踪于南斯拉夫分裂而来的几场战争。① 关于转型和一体化的研究，前者偏重于经济、金融领域的研究，巴尔干国家如保加利亚、罗马尼亚和塞尔维亚等被纳入中东欧②或原东欧国家范畴进行个别探讨；③ 后者表现出了较强的西欧中心主义，很少有从巴尔干地区角度来进行的研究④。换言之，从国内

---

① 比如，郝时远：《旷日持久的波黑战争》，北京：中央民族大学出版社 1995 年版；魏坤：《喋血巴尔干：南联邦解体与波黑冲突》，北京：世界知识出版社 1997 年版；孔寒冰：《科索沃危机的历史根源及大国背景》，成都：四川人民出版社 1999 年版；王逸舟主编《单极世界的阴霾——科索沃危机的警示》，北京：社会科学文献出版社 1999 年版；孙云编著《世纪末的热战——聚焦科索沃》，北京：当代世界出版社 1999 年版；马细谱：《南斯拉夫兴亡》，北京：社会科学文献出版社 2010 年版。

② "中东欧"是冷战结束后对原东欧社会主义国家的一个概称。原巴尔干社会主义国家及其衍变国，从大的范围讲，属于中东欧。

③ 张颖主编《中东欧走向市场经济》，北京：社会科学文献出版社 1998 年版；徐明威：《中东欧国家金融体制比较》，北京：经济科学出版社 2002 年版；孔田平：《东欧经济改革之路——经济转轨与制度变迁》，广州：广东人民出版社 2003 年版；王义祥：《中东欧经济转轨》，上海：华东师范大学出版社 2003 年版；曾康霖、黄平：《中东欧转轨经济国家股票市场制度研究》，北京：中国金融出版社 2006 年版；刘锡良、凌秀丽：《中东欧国有银行产权改革研究》，北京：中国金融出版社 2006 年版；庄起善等：《中东欧转型国家金融银行业开放、稳定与发展研究》，上海：复旦大学出版社 2008 年版；项卫星：《国有商业银行改制后的公司治理结构问题研究：中国如何汲取中东欧转轨国家的经验与教训》，北京：经济科学出版社 2012 年版。此外，还有一些对于国家发展总况、政治转轨、农业发展、少数民族问题等方面的研究，如，王正泉主编《剧变后的原苏联东欧国家（1989~1999）》，北京：东方出版社 2001 年版；程伟主编《中东欧独联体国家转型比较研究》，北京：经济科学出版社 2012 年版；金雁、秦晖：《十年沧桑：东欧诸国的经济社会转轨与思想变迁》，北京：东方出版社 2012 年版；金雁：《从"东欧"到"新欧洲"：20 年转轨再回首》，北京：北京大学出版社 2012 年版；朱晓中主编《中东欧转型 20 年》，北京：社会科学文献出版社 2013 年版；殷红、王志远：《中东欧转型研究》，北京：经济科学出版社 2013 年版；马细谱、李少捷主编《中东欧转轨 25 年：观察与思考》，北京：中央编译出版社 2014 年版；高歌：《东欧国家的政治转轨》，北京：世界知识出版社 2003 年版；张月明、姜琦：《政坛 10 年风云——俄罗斯与东欧国家政党研究》，上海：上海社会科学院出版社 2005 年版；孙敬亭：《转轨与入盟：中东欧政党政治剖析》，北京：中国文史出版社 2006 年版；张海森等：《中国与中东欧国家农业合作战略研究》，北京：中国农业科学技术出版社 2008 年版；杨友孙：《欧盟东扩视野下中东欧少数民族保护问题研究》，南昌：江西人民出版社 2010 年版。

④ 关于欧盟或欧洲一体化的研究著作太多，这里列举几个有代表性的，比如，张淑静：《欧盟东扩后的经济一体化》，北京：北京大学出版社 2006 年版；房乐宪：《欧洲政治一体化：理论与实践》，北京：中国人民大学出版社 2009 年版；余南平主编《欧盟一体化：共同安全与外交政策》，上海：华东师范大学出版社 2009 年版；黄正柏：《欧洲一体化进程中的国家主权问题研究》，武汉：湖北人民出版社 2011 年版；张涛华：《欧洲民族主义与欧洲一体化研究》，北京：世界图书出版公司 2013 年版。

研究现状来看，以巴尔干地区为基点对地区合作与欧洲一体化的互动进行的研究尚不多见。所以，无论从巴尔干地区之于欧洲的意义还是从近年来中国与中东欧国家关系加强的趋势来讲，该项研究都必要且迫切。

就巴尔干地区合作与欧洲一体化的关系而言，国内学术界的研究主要集中于巴尔干地区欧洲化以及欧盟的巴尔干战略两个方面。在巴尔干地区欧洲化层面，朱晓中的《中东欧与欧洲一体化》① 一书以中东欧国家为基点，探讨了中东欧地区与欧洲一体化的关系，其中就包含了巴尔干有关国家的情况。该书视角独特，遗憾的是成书的年份较早，不可能涉猎部分巴尔干国家加入欧盟以来的情况。或许正是因为这个缘故，他在后来的《从巴尔干到东南欧——冷战后巴尔干地缘政治变迁》② 和《欧洲一体化与巴尔干欧洲化》③ 等文章中对巴尔干地区合作的可能性、巴尔干地区欧洲化的现状与前景进行了探讨，是国内有关该项研究比较少见且具有价值的宝贵资料。在欧盟的巴尔干战略层面，刘作奎的《国家建构的"欧洲方式"——欧盟对西巴尔干政策研究（1991~2014）》一书是国内关于欧盟对西巴尔干国家构建政策研究的最新专著。该书全面系统地介绍了欧盟对西巴尔干政策的历史演进及具体内容，分析了欧盟对西巴尔干入盟政策的战略考虑、运行机制以及投放的政策工具和政策前景等问题。最具学术创见的是，该书以"国家性"为立论核心，深入细致地研究了西巴尔干各国的"国家特性"，认真考察了西巴尔干国家构建中的"欧洲方式"及其成效。④ 而张鹏的《对外援助的"欧洲模式"——以欧盟援助西巴尔干为例（1991~2012）》一书集中讨论

① 朱晓中：《中东欧与欧洲一体化》，北京：社会科学文献出版社 2002 年版。在他与薛君度主编的《转轨中的中东欧》（北京：人民出版社 2002 年版）一书中也贯穿了这种思维和视角。此外，他主编的《十年巨变（中东欧卷）》（北京：中共党史出版社 2004 年版）第十三章也对巴尔干与欧洲一体化的问题进行了探讨。
② 朱晓中：《从巴尔干到东南欧——冷战后巴尔干地缘政治变迁》，《东欧中亚研究》1998 年第 3 期，第 48~57 页。
③ 朱晓中：《欧洲一体化与巴尔干欧洲化》，《欧洲研究》2006 年第 4 期，第 3~14 页。
④ 刘作奎：《国家建构的"欧洲方式"——欧盟对西巴尔干政策研究（1991~2014）》，北京：社会科学文献出版社 2015 年版。

了冷战结束以来欧盟在不同阶段通过不同援助政策对西巴尔干地区进行的改造。① 此外，还有不少学者对欧盟的巴尔干政策或战略、西巴尔干地区尤其是单个国家的入盟进程与前景进行了探讨。② 其中，孔日平的《欧盟的东南欧战略与"东南欧"的欧洲化》③ 一文对东南欧与欧盟一体化的进程及困境进行了有力的阐释和论述。

相比来说，国内学术界对巴尔干地区合作本身给予了较多关注，并集中在《东南欧稳定公约》上，如李丹琳的《东南欧政治生态论析：冷战后地区冲突的起源和地区稳定机制的建立》和《〈东南欧稳定公约〉——新区域主义的一个积极尝试》④、童天齐的《〈东南欧稳定公约〉及其实施前景》⑤、郭永斌的《巴尔干地区的"新马歇尔计划"——〈东南欧稳定公约〉评析》⑥，等等。客观地讲，这些论著对《东南欧稳定公约》的产生、发展及其地区主义的解释有可取之处，但仍缺乏欧洲一体化理论的解释高度。另外，有学者对"中欧自由贸易协定"给予了一定关注，但也多是梳理和介绍性的论著，如陈广嗣的《中欧自由贸易区》、聂元贞的《论中欧自由贸易区的建立和发展》和《"CEFTA"的运行特征、取向与进程》⑦；贾瑞霞的《中东欧国家区域经济合

---

① 张鹏：《对外援助的"欧洲模式"——以欧盟援助西巴尔干为例（1991～2010）》，北京：经济科学出版社2013年版。

② 参见扈大威《欧盟对西巴尔干地区政策评析》，《国际问题研究》2006年第2期；柯静《西巴尔干入欧盟前景分析》，《国际论坛》2007年第6期；张学昆《欧盟的西巴尔干政策及西巴尔干国家的入盟前景》，《德国研究》2011年第1期；左娅《克罗地亚与欧洲一体化》，《欧洲研究》2006年第4期；左娅《克罗地亚入盟及其对西巴尔干国家的启示》，《俄罗斯东欧中亚研究》2013年第6期；张鹏《欧盟援助西巴尔干政策评析》，《欧洲研究》2014年第2期。

③ 孔田平：《欧盟的东南欧战略与"东南欧"的欧洲化》，《俄罗斯中亚东欧研究》2003年第3期，第64～71页。

④ 李丹琳：《东南欧政治生态论析：冷战后地区冲突的起源和地区稳定机制的建立》，北京：社会科学文献出版社2013年版；李丹琳：《〈东南欧稳定公约〉——新区域主义的一个积极尝试》，《东欧中亚研究》2002年第2期，第79～84页。

⑤ 童天齐：《〈东南欧稳定公约〉及其实施前景》，《国际问题研究》2000年第2期，第32～35页。

⑥ 郭永斌：《巴尔干地区的"新马歇尔计划"——〈东南欧稳定公约〉评析》，《国际展望》1999年第16期，第11～13页。

⑦ 陈广嗣：《中欧自由贸易区》，《东欧中亚市场研究》1997年第7期；聂元贞：《论中欧自由贸易区的建立和发展》，《今日东欧中亚》2000年第2期；聂元贞：《"CEFTA"的运行特征、取向与进程》，《东欧中亚研究》2000年第3期。

作转型》一书第四章对"中欧自由贸易协定"进行了专门介绍和论述。① 近年来，国内有学者开始尝试在欧盟扩大背景下对巴尔干地区合作进行历史和理论分析。② 不过，总的看来，国内尚没有学者对巴尔干地区合作进行整体研究，这既没有关照到冷战结束以来巴尔干地区合作的现实，又与国内学者注重其他区域性或次区域性合作，如东亚合作、东盟合作、拉美地区合作、海湾地区合作以及大湄公河次区域合作等，形成了鲜明的对照。这个对照背后显现的是中国国内巴尔干研究的滞后与不足。仅从研究力量上便可见一斑，至今国内没有一家专门的巴尔干研究机构、一份巴尔干研究刊物。

反观国外学界，巴尔干研究或东南欧研究一直得到重视和关注。从研究机构以及学术期刊的设立便可见一斑。比如，希腊、保加利亚、马其顿和塞尔维亚等国家都建立了巴尔干研究所（The Institute for Balkan Studies）③，希腊还设有巴尔干国家间关系研究所（Institute of Inter-Balkan Relations）和东南欧研究中心（The South-East European Research Centre），斯洛文尼亚则有中东和巴尔干国际研究所（The International Institute for Middle-East and Balkan Studies），波黑建立了巴尔干解决冲突、责任与和解研究所（Balkan Institute for Conflict Resolution, Responsibility and Reconciliation）。巴尔干域外也有一些著名的研究机构，如英国的拜伦勋爵巴尔干问题研究基金会（The Lord Byron Foundation for Balkan Studies）和伦敦大学巴尔干研究中心（Centre for the Study of the Balkans），加拿大的巴尔干和平中心（The Centre for Peace in the Balkans），德国的东欧和东南欧研究所（Institute for East and Southeast European Studies），以及匈牙利的巴尔干研究中心（The Centre for Balkan Studies），等等。④ 这些研究机构出版发行了一些相关的学术期刊，如《巴尔干研究》（*Balkan*

---

① 贾瑞霞：《中东欧国家区域合作转型》，北京：中国发展出版社 2013 年版。

② 胡勇：《欧盟扩大视野下的东南欧地区主义与地区合作》，《俄罗斯东欧中亚研究》2015 年第 4 期，第 66～73 页。

③ 需要指出的是，除了塞尔维亚科学与艺术院早在 1934 年即已建立的巴尔干研究所外，来自塞尔维亚科学、媒体、公民社会组织的专家于 2011 年倡议成立了新巴尔干研究所（The New Balkans Institute），主要对塞尔维亚和巴尔干国家在民主化进程中出现或关心的优先议题进行回应。

④ 美国有很多关于斯拉夫的研究机构，关于东南欧或巴尔干的研究基本都置于斯拉夫研究之下，这里不做列举。

Studies）、《巴尔干》（*Balcanica*）、《巴尔干评论》（*The Balkan Review*）、《东南欧研究》（*The Journal Southeastern Europe*）、《巴尔干与近东研究》（*Journal of Balkan and Near Eastern Studies*）、《东南欧与黑海研究》（*Journal of Southeast European and Black Sea Studies*）、《东南欧国际关系研究季刊》（*South-East Europe International Relations Quarterly*）、《东南欧政治与社会》（*Southeast Europe Journal of Politics and Society*，原文是 *Südosteuropa. Zeitschrift für Politik und Gesellschaft*）、《东南欧政治学》（*Southeast European Politics*）以及《东南欧经济学》（*South-Eastern Europe Journal of Economics*），等等。从这里可以看出，在学术领域，巴尔干与东南欧的提法几乎得到了同等程度的使用。

与中国学术界相同的是，和关于巴尔干冲突与战争的研究相比，国外学界对巴尔干联合与合作的研究也显得相对薄弱，尤其是在进入 21 世纪之前。希腊学者路吉阿诺斯·哈西奥提斯（Loukianos Hassiotis）认为，造成这种现象的主要原因是资料的缺乏与思想认识的偏差，其中后者最为重要，表现为巴尔干各国历史学家们过于注重对本国或本民族的发展以及巴尔干持续冲突的历史的研究，进而给人们造成误解。①

随着过去十多年来巴尔干地区合作与融入欧洲实践的推进，有关这方面的研究渐渐出现。但是，研究成果仍然有限。正如保加利亚学者迪米塔尔·贝切夫（Dimitar Bechev）指出的那样，巴尔干地区合作很少成为学术研究的对象，尽管它与其他巴尔干问题相比在学术上显得更重要。② 而且，相关的研究也主要选取了欧盟的视角，以巴尔干地区为维度的研究直到近些年来才陆续出现。这一点仍不难理解，在近现代化进程中，处于落后区域国家的政治精英将重点放在"追／赶"发达国家上，知识精英则往往将所有事物的基本参照系置于欧美经验之上。直到近年来，本土的思维方式、区域的解释路径才有

---

① Loukianos Hassiotis，"The Ideal of Balkan Unity from a European Perspective（1789 – 1945）"，*Balcanica*，Vol. 41，2010，p. 210.

② Dimitar Bechev，*Constructing South East Europe: The Politics of Balkan Regional Cooperation*，Basingstoke: Palgrave Macmillan，2011，p. 3.

所崭露[①]，越来越多巴尔干国家的学者开始关注区域内部的互动以及区域与欧盟的互动研究，逐渐体现出他们较强的本体意识和学术自觉意识。

因此，有关的学术成果也应从两个方面加以考察。第一，从欧盟出发研究巴尔干地区合作、一体化的成果比较多，这里不一一列举。其中比较有代表性的，在著作方面，依时间顺序，英国学者亚当·费根（Adam Fagan）的《欧洲的巴尔干困境：通往公民社会还是国家建设?》一书重点对欧盟在塞尔维亚、波黑和科索沃的援助与介入进行了讨论，在提出这些国家在一体化进程中所取得的成就时也对它们存在的一些问题表示了担忧。[②] 英国学者玛丽·巴尼夫（Máire Braniff）的《整合巴尔干：冲突解决与欧盟扩大的影响》一书集中探讨了欧盟对巴尔干地区的整合及其影响，考察了欧盟在巴尔干区域冲突解决中的重要作用。[③] 英国学者安德鲁·泰勒（Andrew Taylor）等人合著的《欧盟与东南欧：欧洲化与多层治理的动力》一书从治理的视角讨论了欧盟对于东南欧国家欧洲化的影响。[④] 意大利学者阿罗尔达·艾巴辛尼（Arolda Elbasani）主编的《欧洲一体化与西巴尔干国家转型》一书从欧洲化“自上而下”和“自下而上”的双向视角对欧盟与西巴尔干之间的关系进行了比较全面的研究，既有理论考察——包括入盟“条件性”和“国家性”的分析，也有国别讨论——包括统一国家（克罗地亚、塞尔维亚、马其顿和阿尔巴尼亚）及对有争议国家（科索沃和波黑）的讨论，还有案例研究——对稳定联系进程在欧盟扩大进程中作用的研究。[⑤] 最后要提到的是英国帕尔格雷夫·麦克米伦出版社出版的《东南欧新视角》丛书，多数著作都是从一个领域出发来讨论东

---

① 近年来，国际学术界改变“以欧美作为方法”的尝试不断涌现，特别是“印度作为方法”、“中国作为方法”、“亚洲作为方法”已经成为比较有影响力的知识路线。南方日报出版社出版的《从西天到中土：印度新思潮读本》系列译作、日本学者沟口雄三提出的《作为方法的中国》、日本已故中国研究专家竹内好和台湾学者陈光兴提出的《“亚洲”作为方法》都是有力的尝试。

② Adam Fagan, *Europe's Balkan Dilemma*: *Paths to Civil Society or State-Building*, London: I. B. Tauris, 2010.

③ Máire Braniff, *Integrating the Balkans*: *Conflict Resolution and the Impact of EU Expansion*, London: I. B. Tauris & Co Ltd. , 2011.

④ Andrew Taylor, Andrew Geddes and Charles Lees, *The European Union and South East Europe*: *The Dynamics of Europeanization and Multilevel Governance*, London: Routledge, 2012.

⑤ Arolda Elbasani ed, *European Integration and Transformation in the Western Balkans*: *Europeanization or Business as Usual*? London: Routledge, 2013.

南欧国家与欧盟的关系，如《西巴尔干国家欧洲化：波黑和塞尔维亚的环境治理》、《后南斯拉夫国家的外交政策：从南斯拉夫到欧洲》、《后社会主义巴尔干国家的政治精英与分权改革》、《公民社会与西巴尔干国家转型》、《东南欧国家的医疗改革》和《极端紧缩的政治学：欧债危机中的希腊》等。① 论文则比较多，不作列举。其中有代表性的主要有迪米塔尔·贝切夫的《胡萝卜、大棒与规范：欧盟与东南欧地区合作》，该文探讨了欧盟使用"硬"和"软"规范推动东南欧地区合作及其融入欧洲进程的情况。②

此外，单独就巴尔干地区合作进行研究的成果也非常多。两位希腊学者帕纳约提斯·格蒂米斯（Panayiotis Getimis）和格里戈里斯·卡夫卡拉斯（Grigoris Kafkalas）共同主编的《防止东南欧分裂：空间发展趋势与一体化潜能》一书，对东南欧地区历史上存在的问题及其对当前地区发展与一体化进程的影响进行了探讨。③ 一位在科索沃公共政策分析研究中心工作的学者详细讨论了地区合作政策作为欧洲化动力的工具价值及其在西巴尔干国家的实践效果。④ 而其他关于《东南欧稳定公约》（地区合作委员会）和稳定联系进程的

① Adam Fagan and Indiraneel Sircar, *Europeanization of the Western Balkans: Environmental Governance in Bosnia-Herzegovina and Serbia*, Basingstoke: Palgrave Macmillan, 2015; Soeren Keil and Bernhard Stahl, *The Foreign Policies of Post-Yugoslav States: From Yugoslavia to Europe*, Basingstoke: Palgrave Macmillan, 2014; Alexander Kleibrink, *Political Elites and Decentralization Reforms in the Post-Socialist Balkans: Regional Patronage Networks in Serbia and Croatia*, Basingstoke: Palgrave Macmillan, 2015; Vesna Bojicic-Dzelilovic and James Ker-Lindsey, *Civil Society and Transitions in the Western Balkans*, Basingstoke: Palgrave Macmillan, 2013; William Bartlett and Jadranka Bozikov, *Health Reforms in South-East Europe*, Basingstoke: Palgrave Macmillan, 2012; Georgios Karyotis and Roman Gerodimos, *The Politics of Extreme Austerity: Greece in the Eurozone Crisis*, Basingstoke: Palgrave Macmillan, 2015.
② Dimitar Bechev, "Carrots, Sticks and Norms: The EU and Regional Cooperation in Southeast Europe", *Journal of Southern Europe and the Balkans*, Vol. 8, Issue 1, 2006, pp. 27 – 43.
③ Panayiotis Getimis and Grigoris Kafkalas, eds., *Overcoming Fragmentation in Southeast Europe: Spatial Development Trends and Integration Potential*, Aldershot: Ashgate, 2007.
④ Elvana Tafilaku, *The Dynamics of EU Approach towards the Integration of Western Balkans: Regional Cooperation Policies as a Means of Facilitating the European Perspective of the Region*, LAP LAMBERT Academic Publishing, 2011.

研究成果也层出不穷。①

第二，以巴尔干地区为本体的研究直到近些年才渐渐兴起，特别是在一些中东欧国家相继加入欧盟以后，巴尔干国家学者的本体意识和学术自觉意识逐渐加强，出现了一批相关的研究成果。

在 21 世纪初及更早一些时候，学者们主要从（新）功能主义视角来讨论巴尔干地区合作与欧洲一体化的互动。一方面，国家间的相互依赖推动了巴尔干地区合作；另一方面，外部力量包括欧盟与其他国际组织导引了巴尔干地区合作。这方面的优秀成果是希腊学者迪米特里·索提奥坡罗斯（Dimitri A. Sotiropoulos）和萨纳斯·弗雷米斯（Thanos Veremis）共同主编的《东南欧地区注定走向动荡？地区的视角》，该书集结了一批东南欧国家学者的相关研究。他们的主要观点是：为避免政治上陷入孤立和提高促进经济稳定与社会凝聚力的机会，东南欧国家应该重新建构并关注他们的政策以表述自身存在的问题。这就要求东南欧国家在政治上和经济上融入欧洲一体化，同时在地区层次上加强彼此的合作。当然，外部援助和与区域外行为体的互动也不可缺少。同时，该书还试图通过阐明这些观点，让更多的学者以及国际社会尤其是政策制定者进一步了解并支持东南欧的发展。② 此后，从功能主义进行讨论的成果仍有不少。由德国学者谢丽尔·克罗斯（Sharyl Cross）、黑山大西洋理事会主席萨沃·肯泰拉（Savo Kentera）、萨格勒布大学教授、克罗地亚大西洋理事会主

---

① 前者如 Will Bartlett and Wiśnja Samardžija, "The Reconstruction of South East Europe, the Stability Pact and the Role of the EU: An Overview", *Economic Policy in Transitional Economies*, Vol. 10, Issue 2, 2000; Lykke Friis and Anna Murphy, " 'Turbo-charged Negotiations': The EU and the Stability Pact for South Eastern Europe", *Journal of European Public Policy*, Vol. 7, Issue 5, 2000; Hanns-D. Jacobsen, "The Stability Pact for South East Europe-Did it Work?", Contribution to the Isodarco 15th Winter Course "South-Eastern Europe-Internal Dynamics and External Intervention", Andalo, Italy 20 – 27 January, 2002; "Regional Coopetation in Southeast Europe the Post-Stability Pact Period", *Analytica Report*, No. 31, Skopje, October 2009。后者如 Bartlomiej Kaminski and Manuel Rocha, "Stabilization and Association Process in the Balkans: Integration Options and Their Assessment", *Word Bank Policy Research Working Papers*, August 2003; Arolda Elbasani, "The Stabilisation and Association Process in the Balkans: Overloaded Agenda and Weak Incentives?", *European University Institute SPS Working Papers*, No. 3, 2008。

② Dimitri A. Sotiropoulos and Thanos Veremis, eds., *Is Southeastern Europe Doomed to Instability? A Regional Perspective*, London: Frank Cass & Co. Ltd., 2002.

席拉多万·武卡迪诺维奇（Radovan Vukadinovic）和美国学者克雷格·内申（Craig Nation）共同主编的《建构 21 世纪东南欧安全共同体：信任、合作与一体化》一书从安全（包括传统安全与非传统安全）出发，运用新功能主义路径讨论了东南欧国家建构安全共同体面临的挑战及其可能性。① 另外，阿尔巴尼亚学者德丽娜·茜茜（Delina Cici）关于地区合作与欧洲一体化的关系及其在西巴尔干地区的实践研究值得介绍，她以阿尔巴尼亚为案例，充分讨论了欧洲化背景下阿尔巴尼亚在地区合作政策上取得的进步与不足，进而管窥整个西巴尔干地区的情况。②

然而，从内外两个方面对巴尔干地区合作与欧洲一体化的关系进行解释也遭到了其他学者的批评，因为这种解释降低了相互依赖中角色的主体地位，当观察地区架构产生、机制化和扩展的时候更是遭到了怀疑。更加不足的是，巴尔干地区过去 20 多年的发展同功能主义和地区主义共同促成的合作、繁荣局面不相符合。③ 换句话说，如果巴尔干国家理性地追求福利而不是在认同政治上出现问题，后冷战时代尤其是 20 世纪 90 年代的巴尔干地区应该是合作压倒冲突的局面。

为了更好地解释上述现象，有不少学者开始尝试引入认同（身份）政治来进行研究。保加利亚学者迪米塔尔·贝切夫的《建构东南欧：巴尔干地区合作的政治学》一书就是这种尝试的代表作。贝切夫认为，除了相互依赖和外部推动外，还应引入认同政治或身份政治的概念对巴尔干地区合作与欧洲一体化进行讨论。因此，贝切夫摒弃了功能主义和观念意识的两分法，认为物资刺激（material incentive）和认同政治（identity politics）都是推进巴尔干地区合作的重要因素。由此，他指出，巴尔干地区合作不仅仅得益于大国和国际组织的善意（well-meaning），而且也有地区自身的价值，即认同政治与友好合作

---

① Sharyl Cross, et al., *Shaping South East Europe's Security Community for the Twenty-First Century：Trust, Partnership, Integration*, Basingstoke：Palgrave Macmillan, 2013.

② Delina Cici, *Regional Cooperation and European Integration in the Western Balkans：The Effectiveness of Regional Cooperation Policies on Albania Achievements and Shortcomings*, LAP Lambert Academic Publishing, 2011.

③ Dimitar Bechev, *Constructing South East Europe：The Politics of Balkan Regional Cooperation*, Basingstoke：Palgrave Macmillan, 2011, p. 10.

是协调的。① 保加利亚另一位学者盖甘娜·努切娃（Gergana Noutcheva）的《欧洲对外政策与巴尔干国家入盟的挑战：条件性、合法性与适应性》一书也是较新的一部代表作，该书引入认知—反应模式，将巴尔干国家对待入盟的态度与反应分为认同、部分认同以及抵抗三个层面，对巴尔干地区合作与欧洲一体化的互动关系进行了探讨。② 来自科索沃、塞尔维亚、波黑、保加利亚、马其顿、克罗地亚和斯洛文尼亚的学者共同撰写了《巴尔干和平心理学》一书，取乐观主义与现实主义的折中手法，通过分析学校教育、艺术、媒体、民族符号及其他文化标识等具有认同成分的要素来讨论巴尔干地区的暴力消除与和平建构。③ 而一位毕业于科索沃普里什蒂纳大学的学者以共同利益作为分析框架，讨论了西巴尔干国家的地区合作进程及成效，特别分析了《东南欧稳定公约》的作用，以及西巴尔干国家如何通过加强地区运输网络构建进而整合到跨欧洲运输网络中。④

此外，还有学者从巴尔干"地区认同"（regional identity）、"地区自主"（regionally owned）、"地区所有权"（regional ownership）对地区与外部的互动进行了探讨。⑤ 其中，托多罗娃关于历史遗产之于巴尔干性（balkanness）的意义以及巴尔干国家入盟与认同转型的分析值得思考。托多罗娃在 1997 年出

① Dimitar Bechev, *Constructing South East Europe：The Politics of Balkan Regional Cooperation*, Basingstoke：Palgrave Macmillan, 2011.

② Gergana Noutcheva, *European Foreign Policy and the Challenges of Balkan Accession：Conditionality, Legitimacy and Compliance*, London；New York：Routledge, 2012.

③ Olivera Simic, Zala Volcic and Catherine R. Philpot, eds., *Peace Psychology in the Balkans：Dealing with a Violent Past while Building Peace*, Berlin：Springer, 2014.

④ Shqipe Kajtazi, *Common Interests as Impetus for Regional Integration：Regional Cooperation of Western Balkan Countries*, LAP Lambert Academic Publishing, 2010.

⑤ Maria Todorova, "What is or is There a Balkan Culture, and Do or Should the Balkans Have a Regional Identity?", *Journal of Southeast European and Black Sea Studies*, Vol. 4, Issue 1, 2004, pp. 175 – 185；Wolfgang Petritsch and Christophe Solioz, eds., *Regional Cooperation in South East Europe and Beyond*, Baden-Baden：Nomas, 2008；Michael Weichert, ed., *Dialogues：Ownership for Regional Cooperation in the Western Balkan Countries*, Sarajevo：Friedrich Ebert Stiftung, 2009；Othon Anastasakis and Vesna Bojicic-Dzelilovic, *Balkan Regional Cooperation & European Integration*, London：The Hellenic Observatory, 2002；Christophe Solioz and Paul Stubbs, "Emergent Regional Co-operation in South East Europe：Towards 'Open Regionalism'?", *Southeast European and Black Sea Studies*, No. 9, No. 1 – 2, 2009；Christophe Solioz and Paul Stubbs, eds., *Towards Open Regionalism in South East Europe*, Berlin：Nomos Publishers, 2012.

版的《想象的巴尔干》一书中提出了"巴尔干主义"（balkanism）的概念。她将"巴尔干主义"与爱德华·萨义德诠释的东方主义（orientalism）进行了区分，认为前者不是后者的亚类别或者说是东方主义在巴尔干的变种。[①] 与东方主义不同，巴尔干主义有明确的历史与地理边界，没有殖民主义历史，有着确定的叙事本体而不仅仅具有隐喻功能。[②] 在此基础上，托多罗娃试图找到一个独特的巴尔干叙事逻辑与框架。在她看来，奥斯曼帝国的历史遗产是巴尔干性（balkanness）的显著特征，它是巴尔干民族主义的重要基石，它的消失就是巴尔干国家的全部欧洲化。[③] 一定意义上说，托多罗娃对巴尔干的"想象"就是建立在奥斯曼遗产之上的，而她认为巴尔干性的销蚀即是欧洲化的加强。这种关于巴尔干与欧洲关系的分析逻辑具有重要的方法论价值。

身份、认同往往来源并存在于历史与现实、传统与现代的对话当中。托多罗娃把当前巴尔干国家的变化与该地区的历史遗产联系起来，并着重强调后者的重要性。循着这种逻辑，托多罗娃在 2004 年主编的《巴尔干认同：国家与记忆》一书中指出，巴尔干国家正经历一场巨大的身份与认同转型[④]，需要注意的是，该地区几乎不存在一个共同的"巴尔干认同"（Balkan Identity），而多以巴尔干各国的国家认同或者民族认同出现。[⑤] 该书的其他作者（主要是巴尔干国家的学者）也多从巴尔干国家如希腊、保加利亚、罗马尼亚和阿尔巴尼亚等层面来讨论国家的历史记忆与认同的关系。强调这一点非常重要，它对于分析历史上巴尔干联合运动的失败以及时下巴尔干国家民族主义与地区主义之间的张力及其对巴尔干地区合作与欧洲化进程的影响具有较强的解释力。

除了托多罗娃以外，来自巴尔干国家的其他学者也对巴尔干性进行了阐释。塞尔维亚学者杜尚·比杰利奇（Dušan I. Bjelić）和奥布拉德·萨维奇

① Maria Todorova, *Imagining the Balkans*, New York: Oxford University Press, 2009, p. 8.
② Maria Todorova, *Imagining the Balkans*, New York: Oxford University Press, 2009, p. 194.
③ Maria Todorova, *Imagining the Balkans*, New York: Oxford University Press, 2009, p. 199.
④ Maria Todorova, ed., *Balkan Identities: Nation and Memory*, New York: New York University Press, 2004, p. 3.
⑤ Maria Todorova, ed., *Balkan Identities: Nation and Memory*, New York: New York University Press, 2004, pp. 9 – 10.

（Obrad Savić）是突出的代表。他们共同主编的《作为隐喻的巴尔干：介于全球化与碎片化之间》一书汇集了十多位主要来自巴尔干国家的学者对"巴尔干主义"、"巴尔干认同"等问题的思考。[1] 这些作者沿用了萨义德关于东方主义的表述逻辑来解析巴尔干主义，但和托多罗娃一样并不认为巴尔干主义是东方主义的亚类别。与东方主义的被动表述不同，巴尔干主义还包括主观互动的过程。[2] 有趣的是，这些作者运用的分析工具恰恰是西方学者创立的，如后现代主义、后结构主义、解构主义、精神分析和批判多元文化主义，等等。即便如此，从这些学者的阐释中能清晰看到他们对巴尔干区域进程的本体思考，对于理解巴尔干的历史与现实提供了有益启发。

四 研究思路与本书结构安排

对于想致力于学术研究或刚刚"登堂入室"的青年学者来说，研究方法之重要性，不言而喻。著名生理学家、心理学家巴甫洛夫曾言："初期研究的障碍，乃在于缺乏研究法。无怪乎人们常说，科学是随着研究法所获得的成就而前进的。研究法每前进一步，我们就更提高一步，随之我们面前也就开拓了一个充满着种种新鲜事物的、更辽阔的远景。因此，我们头等重要的任务乃是制定研究法。"[3]在学术研究中，我是不折不扣的一名新兵，理应首先熟练掌握研究方法。然而，就我自己的方法训练以及关注到的一些著作的方法介绍来说，总觉得存在"两张皮现象"，这一部分显得关联性很弱。一方面，我自己的研究方法训练不精，常难灵活运用于写作的字里行间，方法与知识之间有所脱节；另一方面，不少业内著作常以"马克思主义"、"唯物辩证法"等为研究方法开篇，并接"比较分析法"、"历史分析法"及本专业领域的一些方法进行介绍，就此结束，是为研究方法一节，至于如何体现在写作中则交给读者朋友们自己来体悟，不免有自说自话之嫌。

---

① Dusan I. Bjelic and Obrad Savic, eds., *Balkan as Metaphor*: *Between Globalization and Fragmentation*, Cambridge: The MIT Press, 2005.

② Dusan I. Bjelic and Obrad Savic, eds., *Balkan as Metaphor*: *Between Globalization and Fragmentation*, Cambridge: The MIT Press, 2005, pp. 4 - 6.

③ 〔苏〕巴甫洛夫：《巴甫洛夫选集》，吴生林等译，北京：科学出版社 1955 年中文版，第 49 页。

由于突破不了上述困境，本书也索性决定不列研究方法。但是，研究方法的缺失无疑是学术研究的破绽，正如方法论之于世界观形成的重要性一样，研究方法也是一本著作的构思基石。作为弥补和突出学术研究的合理性，交代本书的研究思路必不可少。同时需要指出的是，在前面提出巴尔干基本问题及对国外研究进行评述时，实际上本书的研究思路与路径已经有所显露。

本书的研究主题是巴尔干地区合作与欧洲一体化，在分述地区合作和巴尔干国家欧洲化的同时，讨论两者之间的相互性。虽然这两类实践主要是冷战结束以来的事情，但它们均具有很强的路径依赖特征，历史的因素极其显著，结合欧洲的发展来说则具有大历史的背景和含义。同时，无论是区域合作还是一体化实践，西欧国家都是先行者，它们在相关实践中享有话语权，而在它们主导的一体化实践中，新入者的自主精神和反应话语也值得重视，这种平衡是突破西欧中心主义的一种尝试，也是在历史实践中尊重本土性的应有之义。于是，本书在叙述和讨论时尤其注重平衡性和双向性，尽可能引用巴尔干国家学者的研究成果。在"大历史"和"本土性"的导引下，希望能较为客观地还原巴尔干区域进行的社会历史实践。

具体到地区合作，所谓的新地区主义与其说是一种方法，不如说是对区域合作实践进行到当下的一个自然的内容延伸，它强调了全球化的新发展，突出了多层次、宽领域的叙述。在对巴尔干地区合作的研究中，本书尽可能在形式上做到全面，从政府间合作机制与非政府间合作机制两大类加以叙述，同时结合功能领域，对这一合作实践给巴尔干国家政治、经济、社会以及安全方面带来的影响给予分析。在欧洲一体化层面，本书特别注重从欧盟到候选国/对象国及候选国/对象国到欧盟的双向视角，考察巴尔干国家欧洲化的进度及其实践对于欧洲一体化的深远影响。在此过程中，巴尔干各国不同的国家性特征呈现，既反映不同国家转型的程度差异，也体现它们在国家认同与欧盟认同中所存在的张力。

在结构安排上，本书第一章从大历史、长时段视角考察巴尔干地区的民族国家演变，为讨论现实的巴尔干地区合作与一体化实践提供了宏大的历史背景。文章首先梳理了巴尔干主要民族的历史演进和国家化的历程，其次对近代以来巴尔干地区出现的各种联合思想与实践尝试进行总结，最后基于历史遗产与现代国际关系体系的演进对巴尔干的地理政治变迁做一说明。第二章重点讨论巴尔干地区合作实践。首先回顾的是冷战期间的巴尔干地区合作，其次分政府间合作机制与非政府间合作机制对巴尔干地区安排进行介绍和叙述，最后从新地区主义视角对巴尔干地区合作进行评估。接下来的两章集中考察巴尔干国家欧洲化的进程与影响。第三章从希腊入盟开始谈起，逐次叙述巴尔干国家入盟的不同进程，并分析入盟"条件性"战略的变动及其背后的考量。这是从欧盟向候选国/对象国自上而下的解读。第四章对巴尔干国家的欧洲化进程进行评估。首先考察巴尔干国家政府与民众对待入盟态度的差异及其变化，其次对克罗地亚之后的其他西巴尔干国家入盟前景进行评述，最后以欧盟共同安全与防务政策为例分析巴尔干地区的冲突与合作对欧盟政策的塑造。这是从候选国/对象国向欧盟自下而上的解读。第五章重点从身份认同与国家性的角度讨论巴尔干与欧洲的关联，分析巴尔干地区的民族化与欧洲化的双向运动，阐释巴尔干国家转型进程中的国家建构问题。显然，无论是区域内国家关系的发展还是加入欧盟，身份认同与国家性问题均居首位。结语部分以一战结束100周年为楔子，客观评述巴尔干地区自冷战结束以来所发生的进步变化，理性回应欧洲一体化进程中欧盟及巴尔干国家所遇到的困难。而要对欧洲历史上这个伟大的事业进行深入讨论，自然还有相当多有价值的问题尚未涉猎，文中一一列出，以便于后续跟踪研究。

第一章　巴尔干民族与地理政治的变迁

　　理解一个国家或地区的社会发展进程，历史和地理是两个重要的因素。英国学者艾伦·帕尔默（Alan Palmer）在讨论夹缝中的中东欧地区时开明宗义："欧洲各族人民截然不同的命运是地图预先决定的。"[①] 他还指出："长期以来东欧各族人民把死的历史当作现时的政治。"[②] 我国已故知名欧洲问题研究专家陈乐民先生也指出：只要是打开巴尔干地区的地图，就不难直观地发现，民族的交错、纠纷的严重程度是非常惊人的。[③] 英国学者罗伯特·拜德勒克斯和伊恩·杰弗里斯对巴尔干和中欧历史进行长期研究后发出感叹：遥远的过去对现今越来越复杂的问题具有的影响力，在这一地区尤为明显。[④] 过去几个世纪尤其是奥斯曼帝国统治后期，关于欧洲的东南部分，有一个广为人知、耳熟能详的名字——巴尔干——作为对这片区域的指称。人们对它充斥着较为复杂的情感，对其有无限的遐想空间，或是诅咒，或是同情，或是怜悯，或是惊叹。

[①]〔英〕艾伦·帕尔默：《夹缝中的六国——维也纳会议以来的中东欧历史》，于亚伦等译，北京：商务印书馆 1997 年中文版，第 3 页。

[②]〔英〕艾伦·帕尔默：《夹缝中的六国——维也纳会议以来的中东欧历史》，于亚伦等译，北京：商务印书馆 1997 年中文版，第 26 页。

[③] 陈乐民：《欧洲——分与合，衰落与中兴》，资中筠主编《冷眼向洋：百年风云启示录》（上卷），北京：生活·读书·新知三联书店 2001 年版，第 431 页。

[④]〔英〕罗伯特·拜德勒克斯、〔英〕伊恩·杰弗里斯：《东欧史》（上册），韩炯等译，上海：东方出版中心 2013 年中文版，前言第 2 页。

这片区域的民族或国家①遭遇的诸多不幸，特别是由此联想到的纷乱与冲突使得人们惯常将此定义为它的历史形象或遗产。直到冷战结束，这种观念才渐渐受到冲击并得到一定程度的改变。巴尔干国家在历史上首次拥有自主选择命运的客观环境，它们不无二致地选择"回归欧洲"。因此，回溯该地区的民族进程以及地理政治的变迁，特别是将巴尔干国家作为叙事本体，是理解现今巴尔干地区各种趋向的重要基石。

第一节　巴尔干民族及其国家形态的演变

从一开始，人们并没有将这片区域称作巴尔干，至少200年前，各个国家都尚未成形。那时整片区域还未被称为巴尔干，而是奥斯曼土耳其人统治下的"鲁米利"，征服自原来拜占庭帝国的"罗马"土地。② 而且，"至少在土耳其人提出'巴尔干'概念以前，没有人将该半岛视为一个整体"③。这就意味着，要研究这块区域的历史至少要从奥斯曼土耳其人占领后开始，而这块区域曾经的主人是比土耳其人还要早的罗马人以及其他民族。所以，当我们回眸这个东南欧半岛各种不同历史遗产的时候，一般都要从古希腊文化时期说起。④

马克思、恩格斯指出："人是全部人类活动和全部人类关系的本质、基础"，"历史不过是追求着自己目的的人的活动而已"。⑤ 也就是说，研究历史，人的活动是主线。人具有类属性和集体身份，由无数拥有共同语言、共同地域、共同经济生活以及共同心理文化特征的单个人构成的人们共同体形成了民族。进入近代以来，虽然有关民族的定义充满争议，但并不能否定它

---

① 这里所指的是国家具体说来是民族国家，它是近代以来的概念，是资产阶级革命后建立起来的区别于以前的帝国、王国、公国等形态的现代理性国家。

② 〔英〕马克·马佐尔：《巴尔干：被误解的"欧洲火药库"》，刘会梁译，天津：天津人民出版社2007年中文版，第1页。

③ 陈志强：《巴尔干古代史》，北京：中华书局2007年版，绪论第5页。

④ 〔保〕亚历山大·利洛夫：《文明的对话：世界地缘政治大趋势》，马细谱等译，北京：社会科学文献出版社2007年中文版，第182页。

⑤ 〔德〕马克思、〔德〕恩格斯：《神圣家族》，《马克思恩格斯全集》第2卷，北京：人民出版社2005年中文版，第118~119页。

已成为考察人类历史发展进程和理解政治社会变迁的一个关键词。民族是"想象的政治共同体——并且，它是被想象为本质上有限的，同时也享有主权的共同体"，①继近代主权概念产生后，民族国家的形态出现。在民族国家的形成过程中，其成员利用"前民族主义时代继承过来的文化、历史和其他方面的遗产，把它们作为自己的原材料"②，建构起一种共同的认同意象和身份。巴尔干各主要民族同样经历了这样的过程，只不过它们建立民族国家的时间有先有后——一定意义上说这个进程至今尚未结束，其疆域与想象的或大体相当，或存有出入。

众所周知，巴尔干半岛是一个多民族的大熔炉。③ 历史上，有许多民族来到这个舞台上，或成为来去匆匆的过客，或占据舞台中心当主角，或变为摇旗呐喊的小角色。有的长期称霸半岛，有的游离于核心地区，有的日益强盛繁衍直到今天，有的自生自灭没有留下历史踪迹。④ 在现存的民族中，有一部分是半岛的土著民族，如阿尔巴尼亚人，其祖先是伊利里亚人（Illyrians）；另一部分是迁徙至此的"外来人"，其中最重要的是南部斯拉夫人。⑤ 这些民族相互交融、汇合、纷争，发展至今，构成了半岛纷繁复杂的民族分布格局：希腊人在南部，阿尔巴尼亚人在西部，罗马尼亚人在东北部，斯拉夫人则居住在从亚

---

① 〔美〕本尼迪克特·安德森：《想象的共同体：民族主义的起源与散布》，吴叡人译，上海：上海人民出版社 2003 年中文版，第 5 页。

② 〔英〕厄内斯特·盖尔纳：《民族与民族主义》，韩红译，北京：中央编译出版社 2002 年中文版，第 65 页。

③ 国内外很多学者将（中）东欧和巴尔干民族复杂的现象称为马赛克，并多从其否定层面来解读它。本书认为，这应该是近现代以来的情况。一开始尤其是斯拉夫人入主以后，巴尔干各民族之间总体上保持着比较融洽的关系，尤其是南部斯拉夫各民族之间。因此，当时巴尔干半岛的民族状况应该是一个大熔炉。在法国学者德尼兹·加亚尔等著的《欧洲史》中，他们也是用种族和文化熔炉来形容欧洲的，参见〔法〕德尼兹·加亚尔等《欧洲史》，蔡鸿滨、桂裕芳译，海口：海南出版社 2000 年中文版，第 5 页。

④ 陈志强：《巴尔干古代史》，北京：中华书局 2007 年中文版，前言第 1 页。

⑤ 随着历史的变迁，斯拉夫人形成了三个分支，即西部斯拉夫人、东部斯拉夫人和南部斯拉夫人。其中，西部斯拉夫人包括现代的波兰人、捷克人、斯洛伐克人和人数不多的塞尔维亚-卢日支人；东部斯拉夫人形成了俄罗斯、乌克兰和白俄罗斯三个分支；南部斯拉夫人则包括今天的保加利亚人、塞尔维亚人、斯洛文尼亚人、克罗地亚人、黑山人、波斯尼亚-黑塞哥维那人和马其顿人。参见马细谱、辛田《古代斯拉夫人》，北京：商务印书馆 1986 年版，第 8~9 页。

得里亚海到黑海的广阔地带①，土耳其人②在第一次世界大战后建立的现代土耳其国家分布在半岛的东南部和东南方向。③

在民族大迁徙时代，东、西哥特人（Goths）、匈奴人④（Huns）和阿瓦尔人（Avars）先后来到巴尔干半岛。在 6 世纪前期甚至更早一些时候，斯拉夫人南下至巴尔干半岛，但他们"并不以占据地盘为目的，他们只满足于掠夺财物、牲畜和奴隶，然后就返回多瑙河北岸"。⑤ 6 世纪下半叶，尤其是拜占庭皇帝查士丁尼一世（Justinian I）去世后，帝国发生混乱，斯拉夫人大举入侵，从此"在这里再不是来去匆匆的掠夺者，而成了长住的居民"。⑥ 到 7 世纪初，阿瓦尔人昙花一现的强大势力被斯拉夫人推翻，这片土地因而就为后者腾空了。⑦ 至此，斯拉夫人成了巴尔干半岛的真正主人。他们逐渐与当地不同的土

---

① 参见〔美〕斯塔夫里阿诺斯《全球通史：1500 年以前的世界》，吴象婴、梁赤民译，上海：上海社会科学院出版社 1988 年中文版，第 320 页。

② 这是 1923 年土耳其共和国建立后的叫法。同样是这群人，他们在 1923 年以前属于奥斯曼帝国这个政治体，也是该帝国建立者，但帝国的上层自称"奥斯曼人"，对那些操突厥语不同方言的农民则蔑称"土耳其人"。参见昝涛《现代国家与民族建构：20 世纪前期土耳其民族主义研究》，北京：生活・读书・新知三联书店 2011 年版，第 7 页。

③ 此外，在巴尔干半岛北部和西部还有匈牙利人、奥地利人和意大利人居住区，以及分散各地的犹太人、吉卜赛人，但他们都不是当地的古代居民，还因为他们不是现代巴尔干国家的主体民族，因此不被论及。

④ 在学界，关于匈牙利人（Hungarian）与匈奴关系的争论一直存在。详情可参见蒲彩军《匈奴与匈牙利人的渊源》，《中学历史教学参考》1999 年第 4 期；方毓强《匈牙利人与匈奴关系的历史之谜》，《上海采风》2006 年第 10 期；张林《匈牙利人是匈奴后裔吗?》，《世界文化》2007 年第 10 期；余太山《古代地中海与中国关系史研究》，北京：商务印书馆 2012 年版，第 234～274 页。

⑤ 马细谱、辛田：《古代斯拉夫人》，北京：商务印书馆 1986 年版，第 19 页。

⑥ 马细谱、辛田：《古代斯拉夫人》，北京：商务印书馆 1986 年版，第 19 页。关于斯拉夫人似乎仅遭遇相对微弱的抵抗便成功在巴尔干半岛扎根，不少学者将其归因于当时发生的一系列鼠疫致使拜占庭帝国人口大幅下降。参见 E. Biraben, J. N., and J. LeGoff, "The Plague in the Early Middle Ages", in E. Forster and O. Ranum, eds., *Biology of Man in History*, Baltimore, MD: John Hopkins University Press, 1975, pp. 62 – 71; Warren Treadgold, *A History of the Byzantine State and Society*, Stanford: Stanford University Press, 1997, pp. 216 – 278. 同时，也有学者指出，波斯人和阿拉伯人的威胁在客观上有助于斯拉夫人入侵和定居巴尔干。参见〔英〕罗伯特・拜德勒克斯、〔英〕伊恩・杰弗里斯《东欧史》（上册），韩炯等译，上海：东方出版中心 2013 年中文版，第 73 页。

⑦ John Bagnell Bury, *A History of the Later Roman Empire from Arcadius to Irene*（395 – 800 AD）, Vol. II, London and New York: Adamant Media Corporation, 2000, p. 114.

著居民相融合，形成了诸多南部斯拉夫民族，进而改变了巴尔干半岛的民族版图。其中，斯洛文尼亚人、克罗地亚人和塞尔维亚人在 7 世纪前半期先后由北方进入今南斯拉夫一带；"融有匈奴、乌克兰和突厥人血统的保加尔人一支，于公元 679 年越过多瑙河进入巴尔干半岛，他们建立了保加利亚王国，在奴役统治当地斯拉夫人的同时自身也融解于斯拉夫人中"。① 这样，从地理分布来看，南部斯拉夫人大体分为聚居于亚得里亚海岬角的斯洛文尼亚人，聚居于德拉瓦河与亚得里亚海之间的克罗地亚人，聚居于亚得里亚海和多瑙河之间巴尔干半岛中部的塞尔维亚人，聚居于黑海西岸地区的保加利亚人。②

接下来将对这些民族的历史进程及其民族国家的形成作一概要回溯。公元 6 世纪，斯拉夫人来到今天斯洛文尼亚及其北部地区并且衍生成了后来的斯洛文尼亚人，他们是最先随同阿瓦尔人来到巴尔干半岛的南部斯拉夫人，由于居住在阿尔卑斯山区（the Alps），因而也被称为阿尔卑斯斯拉夫人③。随后，斯洛文尼亚人"以克拉尼为首都（后迁至卢布尔雅那）建立了卡林西亚公国"④，是南部斯拉夫人建立的第一个独立国家，存在到 8 世纪中期，此后臣服于法兰克帝国。⑤ "在后来发展的历史中，斯洛文尼亚人与日耳曼人构成的奥地利有着密切的关系，绝大多数斯洛文尼亚人分布在哈布斯堡王朝统治下的奥地利的两个行省的几个单独行政区里"⑥，直到 1918 年一战结束后才与克罗地亚人和塞尔维亚人联合组成独立国家。

几乎在同一时期，克罗地亚人从今天乌克兰的下多瑙河谷地开始西迁，到 7 世纪初到达今天的克罗地亚一带，逐渐走上独立的进程。对克罗地亚走向独立和强盛的进程，有学者进行了比较细微的总结："880 年布拉尼斯拉夫（约 800 ~ 892）成为第一个独立的克罗地亚大公，克罗地亚国家诞生……925 年托米斯拉夫大公（约 910 ~ 930）始称国王。在国王佩塔尔·克雷希米尔（约

① 郝时远：《帝国霸权与巴尔干"火药桶"》，北京：社会科学文献出版社 1999 年版，第 9 页。
② 郝时远：《帝国霸权与巴尔干"火药桶"》，北京：社会科学文献出版社 1999 年版，第 8 ~ 9 页。
③ 孔寒冰：《东欧史》，上海：上海人民出版社 2010 年版，第 49 页。
④ 刘祖熙主编《斯拉夫文化》，杭州：浙江人民出版社 1993 年版，第 374 页。
⑤ 汪丽敏编《斯洛文尼亚》，北京：社会科学文献出版社 2006 年版，第 44 ~ 45 页。
⑥ 孔寒冰：《东欧史》，上海：上海人民出版社 2010 年版，第 49 页。

1059～1074）统治期间，克罗地亚走向鼎盛。其疆域北达德拉瓦河，东抵德里纳河，南边的亚得里亚海岸从伊斯特拉的拉沙河一直延伸到门的内哥罗境内的塔拉河与皮瓦河流域。"① 不过，存在两个世纪的王国由于 1089 年国王死后无嗣引起贵族之间的长期斗争而陷入混乱，之后并入匈牙利，后又随匈牙利受到哈布斯堡王朝和奥匈帝国的统治，到 1918 年与斯洛文尼亚人、塞尔维亚人共同组建新的国家。

稍晚些时候，大约在 7 世纪中期，活动在潘诺尼亚（Pannonia）地区以北的塞尔维亚人应拜占庭皇帝的邀请开始向巴尔干半岛中部地区迁移并定居下来，其范围 "约在西自迪拉纳阿尔卑斯山脉和东至莫拉瓦河之间，南至杜克利亚，北到多瑙河与萨瓦河之间"。② 随着塞尔维亚人数量的增长以及自然资源的缺乏，他们逐渐向南部和西部扩张。向外扩张势必与其强邻发生冲突，尤其是与保加利亚国家发生纷争。所以，"塞尔维亚国家是在同强邻保加利亚的拜占庭作长期斗争中形成的"。③ 出于对拜占庭帝国文化的敬仰，更多的是出于出身生存的需要，塞尔维亚人在 10 世纪前后与拜占庭保持着良好的关系，"他们在克罗地亚和保加利亚两国之间一直通过保持与拜占庭人的稳定关系来维持自身利益，获得了成功"。④ 11 世纪期间，塞尔维亚人的实力进一步增强，在巴尔干半岛事务中发挥越来越重要的作用。他们在斯库台湖周围直到亚得里亚海滨的科托尔湾之间活动，势力范围向南伸展到阿尔巴尼亚北部山区，向东深入蒙特内哥罗山区。⑤ 塞尔维亚实力的增强以及拜占庭帝国实力的相对衰弱为塞尔维亚人摆脱拜占庭帝国的控制提供了机会，于是双方的军事对抗频频发生。不过，塞尔维亚人进入巴尔干半岛以后的 5 个世纪，乃是各以一个 "茹潘"⑥ 为首的许多氏族（克兰）之间的斗争史,⑦ 他们视时局需要与拜占庭帝

---

① 张世满：《试析克罗地亚走向独立的历史进程》，《世界历史》1997 年第 4 期，第 19 页。

② 章永勇编著《塞尔维亚和黑山》，北京：社会科学文献出版社 2005 年版，第 36 页。

③ 刘明翰主编《世界史》，北京：人民出版社 1986 年版，第 145 页。

④ 陈志强：《巴尔干古代史》，北京：中华书局 2007 年版，第 343～344 页。

⑤ 陈志强：《巴尔干古代史》，北京：中华书局 2007 年版，第 344 页。蒙特内哥罗，多称为门的内哥罗。

⑥ 茹潘是当时塞尔维亚各公国统治者的称谓。

⑦ 〔英〕斯蒂芬·克利索德主编《南斯拉夫简史》，黑龙江大学英语系翻译组译，哈尔滨：黑龙江人民出版社 1976 年中文版，第 138 页。

国时而结盟，时而对抗，出现了泽塔（Zeta）和拉什卡（Rascia）两大力量中心。这种分散的局面直到 12 世纪后期才发生变化，弱化了对抗拜占庭帝国的力量。1169 年，斯蒂芬·尼满雅（Stephen Nemanya）成为拉什卡的大茹潘，中世纪的塞尔维亚帝国即由尼满雅王室以拉什卡为起点而建立起来。[①] 尼满雅王朝在斯蒂芬·杜尚（Stephen Dusan）时期达到鼎盛。杜尚去世后，塞尔维亚国家迅速瓦解，又分裂成众多的小国。与此同时，奥斯曼土耳其人大举侵入，开始了对塞尔维亚人长达近 500 年的全面统治。直到一战结束，塞尔维亚人才与其他南部斯拉夫人共同组建南斯拉夫国家。

可见，南部斯拉夫人以"外来者"的身份扎根巴尔干半岛并成为该地区的主人已经有十几个世纪了，他们在封建化、现代化和国际化的洗礼中分分合合，到第一次世界大战结束时再次成为一个整体。随之建立起来的南斯拉夫国家又先后经历了王国和社会主义联邦国家时期，并从 20 世纪 80 年代末起开始了近 30 年的分离进程，至今仍没有看到完全终结的迹象。联想最初南部斯拉夫人来到巴尔干半岛并分据各地的情景，历史好像走过了一个轮回，他们似乎再次回到了原初状态。这真是一个耐人寻味的现象。

除了斯洛文尼亚人、克罗地亚人和塞尔维亚人外，在巴尔干半岛还有一个被同化了的斯拉夫民族，即保加利亚人。作为一个自中亚地区迁徙进入巴尔干半岛的外来民族，保加利亚人有着比其他外来民族更为复杂多样的历史，他们经历了"斯拉夫化"和"拜占庭化"两个过程。[②]

保加利亚土地上最早的居民是色雷斯人（Thracians）。他们在这里生活了数个世纪，直到公元前 2 世纪被罗马人征服。又过了几个世纪，在斯拉夫人南下的冲击和影响下，当地的色雷斯人开始了斯拉夫化。几乎与此同时，巴尔干半岛上的原始保加利亚人也开始活跃了起来。他们属于突厥人种，2 世纪时同其他一些突厥族部落一起从中亚细亚来到欧洲，定居在里海和黑海之间的地

---

① 〔英〕斯蒂芬·克利索德主编《南斯拉夫简史》，黑龙江大学英语系翻译组译，哈尔滨：黑龙江人民出版社 1976 年中文版，第 142～143 页。
② 陈志强：《巴尔干古代史》，北京：中华书局 2007 年版，第 187 页。

区，分成数个部落，被称为"保加尔人"。① 此后，他们先后加入匈奴人和土耳其人的部落联盟，到 6 世纪末自立出来，组建成一个"大保加利亚"部落联盟。7 世纪上半叶，"大保加利亚"分裂成数个部落，其中的阿斯巴鲁赫（Asparuch）实力迅速壮大，并与"斯拉夫七部落联盟"南斯拉夫贵族达成协议，共同建立一个斯拉夫、保加利亚国家（Kingdom of Slav-Bulgaria）。这个在历史上被称为第一保加利亚王国的国家于 681 年建立。它的建立至少带来了两个方面的影响。其一，"推动了巴尔干半岛斯拉夫人和原始保加利亚人在政治和民族上的团结，为保加利亚民族的形成奠定了基础"。② 在此后的几个世纪里，原始保加利亚人逐渐被同化，成为纯粹的斯拉夫人，其国家也渐渐发展成近现代的保加利亚国家。其二，"这是拜占庭帝国历史上第一次将巴尔干半岛重要部分的主权让渡出去，是罗马人的耻辱"。③ 保加利亚人的兴起和保加利亚国家的建立改变了巴尔干半岛的政治格局，半岛从此"进入了两强对抗和群雄逐鹿的历史阶段"。④

第一保加利亚王国对拜占庭帝国构成了威胁，但在社会发展、文明程度等方面明显逊色于拜占庭帝国。正是认识到这一点，保加利亚人在与强大的拜占庭帝国进行对抗的同时，也加紧向其学习。9 世纪，保加利亚人仿造拜占庭帝国建立起国家机构、制度，皈依基督教，仿效拜占庭的法制，学习拜占庭的文学，采用拜占庭的宗教绘画和宗教建筑等，逐渐实现"拜占庭化"。第一保加利亚王国在 9～11 世纪与拜占庭帝国时战时和的过程中逐渐强大起来，到西美昂一世（Simeon I）统治时期达到了鼎盛，但它的兴盛时间并不长，在内忧外患的交困下于 1018 年被拜占庭帝国所灭。此后，在拜占庭帝国相对衰落的进程中，保加利亚人不满其残酷的统治频繁发动起义，于 1185 年建立了保加利亚第二帝国（the Second Bulgarian Empire）。在这一时期，保加利亚的社会、经济、文化等领域获得长足发展，直到 14 世纪中期国家陷入分裂，各种矛盾

① 〔保〕科谢夫等《保加利亚简史》，黑龙江大学英语系翻译组译，哈尔滨：黑龙江人民出版社 1974 年中文版，第 23 页。

② 刘祖熙主编《斯拉夫文化》，杭州：浙江人民出版社 1993 年版，第 302～303 页。

③ Dimitri Obolensky, *The Byzantine Commonwealth*, *Eastern Europe* 500 – 1453, Crestwood, NY: St Vladimir's Seminary Press, 1971, p. 64.

④ 陈志强：《巴尔干古代史》，北京：中华书局 2007 年版，第 193 页。

凸显，最终被奥斯曼土耳其人所灭，与其他巴尔干民族一同进入奥斯曼帝国数百年的统治时期。到 19 世纪 70 年代，保加利亚人在俄国的帮助下获得独立，建立保加利亚王国。此后，保加利亚经历了多次国家形态——从王国到社会主义人民共和国再到共和国——的变化，但从民族以及地理区域上看并没有出现大的变动（一战和二战结束后有部分领土变动）。

在巴尔干半岛，除了南部斯拉夫民族外，还有四个重要的非斯拉夫民族，他们是希腊人、罗马尼亚人、阿尔巴尼亚人和土耳其人。其中，希腊人自成一族，罗马尼亚人是达契亚–罗马人的后裔，阿尔巴尼亚人是古伊利里亚人的后裔，土耳其人则是突厥族的一个部落。

相比其他巴尔干民族来说，希腊人较早形成了民族意识与民族认同。从公元前 3000 年代末到公元前 2000 年代初，埃奥利亚人（Aeolians）、爱奥尼亚人（Ionians）、亚该亚人（Achaeans）和多利安人（Dorians）进入希腊半岛，并于公元前 1000 年左右定居于此，由此成为现代希腊人的祖先。[1] 这些民族征服并同化了当地的居民，逐渐形成了希腊民族的自我认同，自称"希伦人"（Hellenes）。这个时期，希腊进入了城邦国家时代。然而，随着希腊城邦制度的没落，各城邦国家的命运也发生了变化，从此前城邦之间的争夺转向受命于外族的统治。这一事件发生在公元前 146 年，希腊全境落入罗马的管辖，在后来分裂的东罗马帝国中希腊成为一个省区。希腊人也不再称自己为"希伦人"，而改称为"罗美伊人"（Romaioi），意为"罗马帝国臣民"或"罗马帝国的希腊人"。[2] 拜占庭帝国统治下的希腊地区先后遭到一些部族的侵扰，尤其是哥特人，他们曾侵入希腊半岛，但没有在此定居下来。6 世纪，斯拉夫人的南下入侵在对希腊社会生活产生影响的同时，这些人也大规模地定居下来，并渐渐被同化为希腊民族的一部分。此后，还有其他民族如保加利亚人、瓦拉几亚人、阿尔巴尼亚人以及土耳其人等相继融入希腊民族。

希腊人的民族意识再次被唤醒是在奥斯曼帝国统治衰落时期。在帝国统治下的希腊作为一个行政省受辖。17 世纪开始，帝国对各个行省的控制力越来

---

[1]　宋晓敏编著《希腊》，北京：社会科学文献出版社 2008 年版，第 ∠5 页。

[2]　〔英〕休特利·达比、〔英〕克劳利·伍德豪斯：《希腊简史》，中国科学院世界历史研究所翻译小组译，北京：商务印书馆 1974 年中文版，第 64 页。

越弱，与此同时，希腊人在商业、航运等事业上的成功，培育了一大批新的商业阶层和贵族集团。他们为传播西方先进的理念、启蒙希腊人的民族意识做出了贡献。也正是在这一时期，希腊人继塞尔维亚人后发展独立运动，以摆脱奥斯曼帝国的统治，其结果是 1832 年希腊王国成立，但其国王是英国、俄国、法国协议后选定的巴伐利亚奥托王子。此后的希腊朝两个方向前进，一个是收复领土，解放土耳其统治下的希腊；另一个是真正迈向民主政体。后一个进程直到 1974 年才真正完成。从时间上讲，希腊是最早从奥斯曼帝国下解放出来的国家，希腊人也较早与西欧接触，希腊文明本身是欧洲文明的摇篮，加之完成了民主转型，所以 1981 年它成为巴尔干地区中第一个加入欧共体的成员国也就不难理解了。

尽管"罗马尼亚人"的提法首先出现于 9 世纪，但罗马尼亚人的祖先可能是巴尔干半岛北部地区最古老的民族达契亚人（Dacians）[①]，他们作为当地土著居民早在罗马征服以前就生活在该地区。[②] 大约公元前 1 世纪，布雷比斯塔斯（Burebistas）成功地将散居在喀尔巴阡山地区、多瑙河流域、尼斯特鲁河流域以及巴尔干山等地区的各部族统一起来，建立起第一个中央集权和独立的达契亚奴隶制国家。但是，"由于存在的时间比较短，还由于此时的达契亚人与后来的罗马尼亚人仍有区别，这个国家通常并不被视为罗马尼亚人的最早国家"。[③] 布雷比斯塔斯去世后，达契亚又陷入了分裂，然而更大的威胁是罗马人的入侵，双方的摩擦和冲突时常发生。公元 106 年，达契亚人被罗马人征服，随后开始了"罗马化"进程，他们采用了拉丁语，越来越少使用达契亚语，还接受了罗马的信仰，也就是接受了基督教。从此，达契亚人和定居于此的罗马帝国居民融合成一个民族，自称罗马尼人（Romani），意即从罗马来的

---

① 亦称盖特－达契亚人，由两部分人组成。习惯上，将主要居住在北部喀尔巴阡山区和特兰西瓦尼亚高原的部族称为达契亚人，而将居住在南部多瑙河平原的部族称为盖特人。达契亚人和盖特人的血缘、语言、习俗和信仰相同，他们不同的名称，只是因为居住的地区不同，以及希腊和罗马对他们的称呼不同所致。在古希腊时代，希腊人把他们经常接触的居住在较南部的盖特－达契亚部族称为盖特；达契亚则是晚于希腊的罗马人对这一地区的称呼。随着罗马对达契亚的征服，达契亚逐渐成为整个古代罗马地区的统一名称而流行开来。参见李秀环编著《罗马尼亚》，北京：社会科学文献出版社 2006 年版，第 38～39 页。

② 陈志强：《巴尔干古代史》，北京：中华书局 2007 年版，第 366 页。

③ 孔寒冰：《东欧史》，上海：上海人民出版社 2010 年版，第 56 页。

人，成为罗马尼亚的主要居民。① 在这个过程中，达契亚 – 罗马人经历了民族大迁徙时代：开始是哥特人入侵，随后是斯拉夫人到来，最后是匈牙利人和古突厥人纷至沓来，以当地的达契亚人罗马化开始，经过数百年，到公元 10 世纪，以斯拉夫人被达契亚 – 罗马人完全同化告终。② 各个部族相继入侵罗马尼亚的区域，使得这一地区的纷争不断，"匈牙利和罗马尼亚的历史学家都试图证明自己的祖先是最早定居在这里的"。③ 这种主张一直表现为双方在此后的争夺中，其影响至今仍然存在。

与巴尔干其他民族的建国方式不同，罗马尼亚境内并不是一开始就出现了一个统一的国家，而是在 14 世纪前后诞生了三个封建性质的国家，即瓦拉几亚公国④、摩尔多瓦公国和特兰西瓦尼亚公国。然而，奥斯曼帝国的崛起和入侵打断了罗马尼亚国家的统一进程，三公国交往甚密又各自独立，均受奥斯曼土耳其人统治。19 世纪上半叶，罗马尼亚境内掀起了革命风暴，统一和复兴的思潮兴起，开启了国家的统一进程。1859 年瓦拉几亚公国和摩尔多瓦公国合并，称罗马尼亚，仍隶属奥斯曼帝国。1877 年 5 月，罗马尼亚宣布独立，次年就获得了国际社会承认。不过，另外一个公国特兰西瓦尼亚直到一战结束后才回到罗马尼亚，直到那时罗马尼亚国家才真正完成了统一。同保加利亚相类似，此后除了国家性质和形态有所变化以外，罗马尼亚民族和地理区域的变动不大。

阿尔巴尼亚人最早的历史可以追溯到伊利里亚时代，他们是伊利里亚人的后裔，最初活动在巴尔干半岛的西部地区。伊利里亚人早期受希腊文化影响比

---

① 邵献图等编《外国地名语源词典》，上海：上海辞书出版社 1983 年版，第 265 页。

② 〔罗〕康·康·朱雷斯库：《统一的罗马尼亚民族国家的形成》，陆象淦译，北京：人民出版社 1978 年中文版，第 38 ~ 39 页。还有学者指出，现代罗马尼亚人还先后吸收和融合了蒙古人、库曼人、潘臣涅格人、土瓦本人、犹太人、波兰人、俄罗斯人等多民族的因素。参见陈志强《巴尔干古代史》，北京：中华书局 2007 年版，第 368 页。

③ Jean W. Sedlar, *East Central Europe in the Middle Ages*, 1000 – 1500, Seattle and London: University of Washington Press, 1994, p. 8.

④ 也称罗马尼亚公国。称作瓦拉几亚公国，是因为罗马尼亚人在证实其生存于特兰西瓦尼亚的最早的历史资料中被外族称为瓦拉几亚人。不过，罗马尼亚人本身始终只用罗马尼亚人或鲁马尼亚人称呼自己。参见〔罗〕米隆·康斯坦丁内斯库等主编《罗马尼亚通史简编》，陆象淦等译，北京：商务印书馆 1976 年中文版，第 171 ~ 172 页。

较大，经济活动获得发展的同时，社会组织也发生了变化。公元前 5 ~ 公元 2 世纪，伊利里亚人的部落联盟逐渐演化为王国，出现了恩卡莱耶（Enchelei）、陶兰特（Taulantii）、伊庇鲁斯（Epirus）和阿尔迪安（Ardiaei）王朝①。前三个王国相继瓦解，阿尔迪安领导的伊利里亚国家也在公元前 168 年被罗马人打败，从此作为一个行省受罗马帝国统治长达 5 个多世纪。此后，伊利里亚地区先后遭到哥特人、匈奴人和斯拉夫人的侵扰，后者在帮助伊利里亚人冲破奴隶制束缚的同时也将其驱散到巴尔干半岛西、北部的山区里。也就是说，伊利里亚人先后经历了罗马化、日耳曼化和斯拉夫化的进程。"11 世纪，他们开始了相互融合的过程，同时逐步形成了一个称为'阿尔巴诺伊人'的新族称。据说，这一名称来自伊利里亚一个部落的名称。现今'阿尔巴尼亚'这一名称就是由它演变而来。"②

12 世纪，阿尔巴尼亚利用拜占庭帝国衰落的机会开始封建国家的建设进程，先后出现了数个公国，其中影响最大的是 1190 年建立的阿尔贝里公国（the Duchy of Arbei）。但是，阿尔贝里公国存在的时间不长，因为它四面受敌，"北面有塞尔维亚人建立的泽塔国，在西边有强大的威尼斯共和国，在南方有 1024 年建立的伊庇鲁斯专制国家"。③ 随着周边国家的互相攻伐，尤其是塞尔维亚国家的衰落给阿尔巴尼亚的封建主提供了争夺地盘的机会，在 14 世纪后半期，阿尔巴尼亚形成了几个比较大的封建公国，"中部有以培拉特为中心的穆扎卡家族建立的公国；南部有吉诺卡斯特周围的扎内比什家族建立的公国；在当时阿尔巴尼亚历史上起最重要作用的两个公国属于托皮亚家族的公国和巴尔沙家族的公国"。④ 这些"本来应该导致所有公国和面积较小的封建领地联合并导致一个统一的国家——阿尔巴尼亚民族国家——建立的各封建主之间的混战兼并局面，由于奥斯曼土耳其人侵占阿尔巴尼亚而停顿下来，没有能够继续发展下去"。⑤ 在奥斯曼土耳其帝国侵占前期，阿尔巴尼亚人的反抗斗

---

① 陈志强：《巴尔干古代史》，北京：中华书局 2007 年版，第 369 页。
② 马细谱、郑恩波编著《阿尔巴尼亚》，北京：社会科学文献出版社 2004 年版，第 5 页。
③ 马细谱、郑恩波编著《阿尔巴尼亚》，北京：社会科学文献出版社 2004 年版，第 30 页。
④ 马细谱、郑恩波编著《阿尔巴尼亚》，北京：社会科学文献出版社 2004 年版，第 31 页。
⑤ 〔阿尔巴尼亚〕克·弗拉舍里：《阿尔巴尼亚史纲》，樊集译，北京：生活·读书·新知三联书店 1972 年中文版，第 79 页。

争接连不断，特别是 1443 年斯坎德培（Skanderbeg）的起义不仅延缓了奥斯曼土耳其人对该地区的彻底征服，促进了阿尔巴尼亚族意识的觉醒和民族的最终形成，而且鼓舞了巴尔干其他民族抵抗土耳其征服的信心。奥斯曼帝国直到 16 世纪才完全征服了阿尔巴尼亚，随后对其进行伊斯兰化。18 世纪中后期，阿尔巴尼亚比其他巴尔干国家稍晚加入反抗土耳其统治的斗争，直到 1912 年获得独立。独立后的阿尔巴尼亚共和国历经了君主制的改行、社会主义的移植和共和制的建立，其民族及地理区域没有大的变动，但是对科索沃和相关地区的渴求及由此引发的"大阿尔巴尼亚主义"（Greater Albania）主张一直延续至今。①

土耳其人（或称突厥人、塞尔柱人）的祖先由两部分组成——从中央亚细亚及中亚迁到安纳托利亚和鲁米利亚的突厥语诸部落和一部分地同这些突厥语部落混合的当地居民。② 最早与巴尔干地区发生联系的土耳其人是 558 年来自中亚地区的土耳其使节，他们访问了拜占庭帝国的首都君士坦丁堡③。突厥人在 6 ~ 7 世纪创建了自己的国家——突厥汗国，但这个汗国没有多久便发生了解体，此后中央亚细亚广大地区成为突厥世界的一个中心，获得突厥斯坦（突厥人之地）的称号。8 世纪，中亚突厥承认占据其大部分地区的阿拉伯哈

---

① 近几年来，阿尔巴尼亚人推出"自然阿尔巴尼亚"（Natural Albania）的理念，提出了"同一个民族，同一部历史，同一个立场，同一个国家"的口号，要求通过全民公决的方式建立阿族人唯一的民族国家。"Plans for 'Greater Albania' by 2015, South Serbia Leader Says", November 3, 2010, http://www.balkaninsight.com/en/article/greater-albania-to-be-formed-by-2013-south-serbia-leader-say; Koço Danaj, "Platform for Natural Albania," http://www.albaniapress.com/lajme/15394/Platform-for-Natural-Albania.html. 2015 年 2 月以来，伴随着马其顿政治危机出人意料地愈演愈烈，马其顿境内外的阿尔巴尼亚族"极端组织"趁火打劫，借政治危机制造安全危机；同时又利用社会混乱和流血事件，使旷日持久的政治危机进一步发酵，从而达到实现马其顿的联邦化——撕裂马其顿——建立"族群阿尔巴尼亚"（外界称为"大阿尔巴尼亚"）的最终目的。参见王洪起《马其顿危机折射美俄在巴尔干地缘博弈》，《世界知识》2015 年第 12 期。如果"大阿尔巴尼亚"具有很重的政治和地理倾向，那么"自然阿尔巴尼亚"则主要是精神上、意识上和民族传统上的指向。另见"Macedonia: Commentary says US to help creation of 'natural Albania'", February 5, 2009, http://www.slobodan-milosevic.org/news/fakti020509.htm。

② 〔苏〕Д. М. 叶列梅耶夫：《匈奴人、突厥人和土耳其人》，张云译，《民族译丛》1991 年第 4 期，第 51 页。

③ 陈志强：《巴尔干古代史》，北京：中华书局 2007 年版，第 407 页。

里发政权，并成为它的盟友，接受了征服者的宗教——伊斯兰教。不过，这种统治并没有持续很长时间。9世纪，突厥斯坦人建立起以乌古斯可汗为首领的国家，并将佩切涅格人（Pechenegs 或 Patzinaks）从中亚排挤出去。后者进入俄罗斯草原，遭遇基辅人的抵抗，便游牧到巴尔干半岛。在那里，他们落入拜占庭的统治之下，接受了东正教，遂散居于伏拉基亚和安纳托利亚地区。11世纪中期，新的外来突厥人——钦察人（Cumans）由东部进入中亚，排挤了乌古斯人（Oghuz 或 Oğuz），他们中的一部分人前往基辅罗斯，一部分人与佩切涅格人一样迁徙至拜占庭，还有一部分人到达中亚最南部和伊朗东北部，在那里组成新的突厥人联合体——土库曼人。10世纪，土库曼人和乌古斯人建立了以塞尔柱王朝命名的国家，他们也被称为塞尔柱突厥人（Seljuk Turks）。11世纪中期，他们大举西迁，于1071年打败拜占庭人之后，几乎占领了整个安纳托利亚，并在此定居，从此开始了土耳其部落的历史。有学者指出，拜占庭人完全有能力清除土耳其人，但他们或是未能预见其潜在的威胁，或是忙于内战而任其发展，重要的是将土耳其人作为雇佣兵，为土耳其人扩张提供了借口，并在不到一个世纪的时间里完成了对小亚细亚和巴尔干半岛地区的征服。[1] 在拜占庭实力下降的同时，土耳其人建立起了强大的奥斯曼帝国，先后征服了塞尔维亚人、保加利亚人、罗马尼亚人、拜占庭人、阿尔巴尼亚人。从此，整个巴尔干半岛进入了奥斯曼帝国长达5个世纪左右的统治时期，直到第一次世界大战后奥斯曼帝国解体，巴尔干其他民族完成现代民族国家的独立事业后，"剩下的帝国境内的土耳其人也别无选择了——只好考虑建立自己的民族国家"[2]，并于1923年建立起了土耳其共和国。自此之后，土耳其坚定不移地实现政教分离和国家现代化政策，试图"脱亚入欧"。虽然土耳其在1963年就已经成为欧共体联系国，但其入盟之路还非常坎坷。

纵观历史，巴尔干地区受外族侵扰和更为繁复的民族纠葛及冲突所累，各主要民族的愿望一直受到压抑，以致建成民族国家的道路充满无止境的曲折，

---

① 陈志强：《巴尔干古代史》，北京：中华书局2007年版，第431页。
② 昝涛：《现代国家与民族建构：20世纪前期土耳其民族主义研究》，北京：生活·读书·新知三联书店2011年版，第137~138页。

这份沉重的遗产直到今天还压在这里各民族的身上。^① 甚至可以说，巴尔干人民获得现代民族国家和领土的独立意识在一定程度上源于欧洲大国的恩赐和仁爱，而不是根据自己的利益和需要行动。^② 从奥斯曼帝国统治下解放出来的胜利部分应归功于巴尔干人自身的努力，但若没有欧洲列强的干预，这样的努力也只能是徒劳无功。^③ 伴随巴尔干国家民族构建的缓慢与被动的另外一个特征是，巴尔干"种族"或"内在的"民族主义占有突出地位。^④ 一定程度上说，巴尔干国家独立的结果也是基于民族主义而取得的胜利。

同时，通过回溯巴尔干各民族的历史变迁及其民族国家的形成历程可以发现，除了斯洛文尼亚人和克罗地亚人以外，巴尔干其他民族的中世纪史及之后，特别是近代史与奥斯曼帝国息息相关。确切地说，巴尔干半岛错综复杂的民族宗教格局在奥斯曼统治时期得到强化，只是半岛内部多样性所具有的负面意义在帝国的压制下没有显现出来，随着国际体系的变动尤其是奥斯曼帝国的衰弱直至解体，半岛内部的碎片化特征日益凸显，形成了此后巴尔干各民族（国家）的历史记忆。同时，在一定意义上讲，不同民族的来来去去、分分合合已经构成了巴尔干半岛的全部历史，只不过随着社会组织形态的变化，体现各民族的政治实体有所不同而已。

此外，在各个帝国相继统治的过程中，巴尔干半岛的宗教地图也逐渐明晰——虽然它并没有确切的地理界线，并在一定程度上影响着半岛的政治进程。"塞尔维亚和保加利亚的中世纪文明便是将拜占庭原则强加给原始的斯拉夫社会的一种尝试；而塞尔维亚人与门的内哥罗人（他们的基督教与文化来自拜占庭）和克罗地亚人与斯洛文尼亚人（他们的基督教与文化来自西方）之间的界限却始终是根深蒂固的障碍，妨害了南斯拉夫各族人民的团结。"

---

① 陈乐民、周弘：《欧洲文明的进程》，北京：生活·读书·新知三联书店 2003 年版，第 106~107 页。

② 〔英〕罗伯特·拜德勒克斯、〔英〕伊恩·杰弗里斯：《东欧史》（上册），韩炯等译，上海：东方出版中心 2013 年中文版，第 1~2 页。

③ 〔英〕马克·马佐尔：《巴尔干：被误解的"欧洲火药库"》，刘会梁译，天津：天津人民出版社 2007 年中文版，第 83 页。

④ 〔英〕罗伯特·拜德勒克斯、〔英〕伊恩·杰弗里斯：《东欧史》（上册），韩炯等译，上海：东方出版中心 2013 年中文版，第 29 页。

"值得注意的是，将希腊基督教与拉丁基督教分隔开来的这条线恰恰符合公元385年划定罗马帝国东西两部分之间的行政区域的分界线。"① 希腊人和罗马尼亚人在1054年基督教大分裂后各自成为东正教和天主教的成员。土耳其人信仰伊斯兰教，并在其统治期间将伊斯兰教传播到波黑、阿尔巴尼亚和科索沃等地区。这样，巴尔干半岛真正成了一个民族繁杂、宗教多样的区域。

第二节　巴尔干联合的思想与实践

在对巴尔干各民族的历史变迁以及民族国家的构建历程进行了粗线条的勾勒后，一个较有意思的问题出现了。"巴尔干半岛上的种族混合已显著地存在许多世纪，在绝大多数时间中，根本没有冲突；那为什么就在最近这一两个世纪中，各种政治因素都变得骚动不安呢？"② 也就是说，巴尔干各民族之间能否联合起来甚至形成一个政治实体？与之相关的是，巴尔干半岛的历史全部是分裂与战争史吗？只有对这些问题做出解答才能还原一个较为真实的巴尔干。甚至一定意义上说，这样才能做到以巴尔干民族为本体进行历史叙事，而不是简单地以大国中心主义——以战争及秩序的安排——作为历史叙述的全部。

这种叙事同样应从古希腊罗马时代谈起。古希腊是欧洲历史的源头③，而从地理上讲它同时是巴尔干半岛的一部分。古罗马在巴尔干半岛留下的诸多遗产，更是奠定了半岛此后千余年社会历史发展的基础。简言之，"没有希腊文化和罗马帝国所奠定的基础，也就没有现代的欧洲"。④ 另外，虽然人们将巴尔干半岛作为一个整体的历史来看待是近代以来的事情，但是在古希腊罗马以及拜占庭帝国时期整合半岛的努力和尝试就一直存在着。

---

① 〔英〕艾伦·帕尔默：《夹缝中的六国——维也纳会议以来的中东欧历史》，于亚伦等译，北京：商务印书馆1997年中文版，第24页。

② 〔英〕马克·马佐尔：《巴尔干：被误解的"欧洲火药库"》，刘会梁译，天津：天津人民出版社2007年中文版，第20页。

③ 有学者不同意这样的看法，认为古希腊罗马文明与后来的欧洲文明有很强的断裂性。参见〔美〕彼得·N.斯特恩斯：《世界历史上的西方文明》，李丹译，北京：商务印书馆2015年版。本书并不就此展开讨论，只是从历史过程看西方文明的发展。

④ 〔德〕恩格斯：《反杜林论》，《马克思恩格斯选集》第3卷，北京：人民出版社1971年中文版，第524页。

在古希腊时代，巴尔干半岛的地理环境和资源分布使其形成了南部的海洋生存形态和北部的丘陵农牧业生存形态。前者凭借海上交通的优势和便利，与古代地中海其他文明相交流，日益强盛和开放起来；后者则处于原始和封闭状态，逐渐与前者拉开距离。南部以希腊人为主，发展出辉煌、灿烂的文化，对巴尔干半岛甚至更远地区有不同程度的文化影响。不过，由于当时生产力的低下以及交通工具的落后，南北交融尚未实现。虽然巴尔干半岛南北两种生存形态未能融合，但是相对独立的国家机构和社会机制也使它们相安无事，保持各自独立的发展。①

如果说希腊是一个思想的民族，那么罗马则是一个实践的民族。换言之，希腊展示给世人的是精神，罗马展示给世人的是行动。② 罗马人用他那把战斧咆哮地中海世界，将希腊文化广泛传播开来，不仅在精神上，而且在地域上将欧洲人统一起来。③ 同时，罗马人通过武力将其自身的军事建制扩大到巴尔干半岛，将这块区域纳入帝国的统辖范围和管理体系中，通过建立巴尔干各行省实现了半岛的强制性结合。④ 罗马帝国"以地中海为中心，扩展到离海岸很远的地方，尤其是欧洲，并在那里传播希腊、罗马文明，也给那里带来相对然而是真正的统一"。⑤ 这里所指离岸很远的地方，就是巴尔干半岛及其向欧洲大陆的延伸区域。正是从这个时候起，欧洲开始被当作一个整体来看待。罗马时代的"统一"对半岛后来的发展产生了深远的影响，不仅从区域形态上使其成为一个整体，而且给该地区留下了诸多精神遗产和物质遗产，比如政治理念的建构、宗教信仰的产生——基督教的诞生、法律观念的出现以及交通网络的通达，等等。这些进步在拜占庭帝国时期日益显现并不断推动半岛文明的发展，甚至成为巴尔干国家"现代性"的重要来源。

"希腊的文化成就和罗马的帝国统治构成了今日欧洲走向统一的一个重要

① 陈志强：《巴尔干古代史》，北京：中华书局2007年版，前言第2页。
② 陈乐民、周弘：《欧洲文明的进程》，北京：生活·读书·新知三联书店2003年版，第22页。
③ 李小圣：《欧洲一体化起源与发展研究》，北京：世界知识出版社2007年版，第5页。
④ 陈志强：《巴尔干古代史》，北京：中华书局2007年版，第74~91页。
⑤ 〔法〕德尼兹·加亚尔、〔法〕贝尔纳代特·德尚等：《欧洲史》，蔡鸿滨、桂裕芳译，海口：海南出版社2000年中文版，第112页。

的历史基因。"① 遗憾的是，这种统一的趋势随着奥斯曼土耳其帝国的入侵再次被打断，巴尔干半岛的整合进程也未能幸免。在这里面，除了外部力量的破坏性作用以外，还有巴尔干半岛的民族大迁徙（以及中世纪国家建立的过程）和宗教分裂的影响，在很大程度上说这种影响直到今天仍然有深刻的体现。从形式上看，由奥斯曼帝国建立起来的统治再次使半岛地区实现了统一，但实际上其内部的分裂进一步加剧，突出表现为拜占庭帝国斯拉夫传统与土耳其伊斯兰力量之间的张力。② 所以，当威斯特伐利亚体系开始形成近现代国家主权原则和国家交往规则时，巴尔干半岛从中世纪遗留下的分裂局面被强化，古代的遗产成为近现代民族国家对立的基础。③

因此，在一定程度上讲，巴尔干地区所具有的一系列特征多半是在奥斯曼帝国统治时期确立或者强化的。换句话说，在奥斯曼土耳其帝国统治时期（尤其是后期），巴尔干内部的整合力量仍然存在，只是这种消解分裂因素的力量显得较为软弱罢了。随着奥斯曼帝国势力的不断衰弱，半岛内部积聚的矛盾在近现代国际体系的冲击下日益显现，并在第一次世界大战结束后完全得以释放。

但是，我们还要看清楚的一点是：虽然巴尔干地区在古希腊罗马并未形成一个真正的统一实体，但它并非一直远离和平，甚至中世纪时期的战火也不比欧洲其他地区频繁。④ 只是在近代民族主权国家运动兴起后，巴尔干地区的分裂和对立才逐渐显现。这种发展的趋势此后一直是该地区的一个重要特征，但也绝不是其全部内容。至少在 1878 年之前，"没有人称它为'欧洲的火药桶'，只有在柏林条约后它才成为古老大陆的多事之端"。⑤

倘若对 1878 年以来巴尔干地区所发生的冲突与战争进行叙述，那将是一部鸿篇巨制需要的内容。这里要叙述的是另一番景象：即使是在 1878 年以来甚至更早些时候，巴尔干各民族在追求民族国家独立和建立现代国家之后的进

---

① 郭华榕、徐天新主编《欧洲的分与合》，北京：人民出版社 2015 年版，第 25 页。
② 尽管奥斯曼帝国实行了宗教宽容政策，但并不能完全消除宗教间的对立。
③ 陈志强：《巴尔干古代史》，北京：中华书局 2007 年版，前言第 3 页。
④ 马细谱：《巴尔干纷争》，北京：北京大学出版社 1999 年版，第 52 页。
⑤ 马细谱：《巴尔干纷争》，北京：北京大学出版社 1999 年版，第 12 页。

程中，也不断地尝试着合作与联合，出现了两种关于国家组建的联合思想与实践，即南部斯拉夫人联合和巴尔干联合。"如果说前一种思想依靠斯拉夫民族主义维持生存（斯拉夫民族主义是对外部扩张和欧洲大国帝国意图的反映），那么巴尔干联邦的思想……是对纯巴尔干呼唤的回应，表现在巴尔干各民族和各个国家之间形成了极其不一般的关系，这是巴尔干各民族历史发展和外部影响形成的结果。两种思想在形式和内容上经常相互配合和相互补充。"①

18 世纪初，欧洲一些大国的帝王或君主提出了用巴尔干联合来解决"东方问题"的计划。但是，这些计划不是以解放巴尔干各民族为目的，而是要建立一个希腊帝国或重建拜占庭帝国来实现扩张。法国国王路易十四（Louis XIV）、俄国沙皇彼得大帝（Peter the Great）以及叶卡捷琳娜二世（Catherine the Great）等都是这种主张的代表人物。② 在欧洲各大国争夺霸权的背景下，单独由一个国家主导的巴尔干联合计划均未获得成功。这些计划的失败表明，重建一个帝国或恢复拜占庭的企图失去了可能，解决"东方问题"的方式将发生新的变化，即巴尔干人更加自主地依靠自身的力量来摆脱外族的统治。③ 在这个过程中，巴尔干地区不断出现建立巴尔干联合国家或巴尔干联邦的主张。④

在巴尔干地区，希腊人最早提出各民族联合的主张，突出的代表是里加斯·维列斯迪利斯（Rigas Velestinlis）。他的思想理念主要体现在 1797 年撰写的三部著作中，分别是《希腊共和国》（*Hellenic Republic*）、《战歌》（*Thourios or Battle-hymn*）和《新政治管理》（*New Political Constitution*）。在这三本著作

---

① 〔俄〕А. Г. 扎多欣、〔俄〕А. Ю. 尼佐夫斯基：《欧洲的火药桶——20 世纪的巴尔干战争》，徐锦栋等译，北京：东方出版社 2004 年中文版，第 204 页。

② 关于这些计划的具体介绍，参见 L. S. Stavrianos, *Balkan Federation, A History of the Movement toward Balkan Unity in Modern Times*, Wisconsin：George Banta Publishing Co.，1944，pp. 5 - 11；Theodore I. Geshkoff, *Balkan Union：A Road to Peace in Southeastern Europe*, New York：Columbia University Press, 1940，pp. 13 - 17。

③ L. S. Stavrianos, *Balkan Federation, A History of the Movement toward Balkan Unity in Modern Times*, Wisconsin：George Banta Publishing Co.，1944，p. 11。

④ 巴尔干联邦计划最早是 19 世纪初由波兰亲王亚当·耶日·恰尔托雷斯基（Adam Jerzy Czartoryski）提出的。1804~1806 年，在他担任俄国外交部长时期提出建立巴尔干联邦防止拿破仑分化巴尔干并引起俄土战争。参见 Piotr Zurek, "Prince Adam Jerzy Czartoryski and the Plan of the Balkan Federation（1804 - 1806）", *Izvorni ananstveni rad Primljeno*, 2002，pp. 159 - 166。

中，里加斯第一次提出巴尔干各族人民应联合起来反抗奥斯曼帝国统治，主张巴尔干各族人民应该平等互助友好相处，并提出建立巴尔干共和国的思想。虽然后来也有不少人对巴尔干共和国及其设计存在不同的看法，或视里加斯为"泛希腊理念"（pan-Hellenic idea）之父①，或依据他所主张希腊人的主导地位以及革命的色彩将这个共和国称为"多元文化雅各宾共和国"（multicultural Jacobin republic）②，甚至还有人将此设计视为"乌托邦"③，但不能据此否定里加斯思想的可贵之处。受其影响，希腊以及巴尔干其他地方先后出现了不少思想家和活动家来宣传和推动巴尔干联合的思想与实践。

塞尔维亚王国的思想家斯维托扎尔·马尔科维奇（Svetozar Marković）④ 就是其中一位。他也通过撰写论著宣传巴尔干各族人民应该友好相处的理念，主张建立一个在各民族平等基础之上的巴尔干联邦共和国。1874 年，他在《东方的塞尔维亚》（*Serbia in the East*）一书中指出，民族的统一和自由只有通过总的革命和建立一个巴尔干联邦共和国才能实现。⑤ 实现这个联邦分三个步骤：通过革命途径使南斯拉夫各族人民摆脱奥斯曼帝国和奥匈帝国的统治，推翻阻挠南斯拉夫各族人民联合成自由的人民和平等的劳动者的所有国家机器，建立自由平等的巴尔干联邦共和国。⑥ 1875 年，他撰写了《事业》（*Work*）一书，进一步对其主张的巴尔干联邦共和国进行解释：这个国家首先是塞尔维亚

---

① Varban N. Todorov, *Greek Federalism during the Nineteenth Century*, New York：Columbia University Press, 1994, p. 6.

② P. M. Kitromilides, "An Enlightenment Perspective on Balkan Cultural Pluralism：The Republic vision of Rigas Velestinlis", in Panagiota Manoli, *The Dynamics of Black Sea Subregionalism*, Burlington：Ashgate Publishing, Ltd., 2012, pp. 465 – 479.

③ Varban N. Todorov, *Greek Federalism during the Nineteenth Century*, New York：Columbia University Press, 1994, pp. 6 – 7.

④ 关于马尔科维奇生平的详细介绍，参见朱庭光主编《外国历史名人传》（近代部分中册），北京、重庆：中国社会科学出版社、重庆出版社 1981 ~ 1982 年版，第 349 ~ 354 页；Woodford D. McClellan, *Svetozar Marković and the Origins of Balkan Socialism*, Princeton：Princeton University Press, 1964.

⑤ 转引自 L. S. Stavrianos, *Balkan Federation*, *A History of the Movement toward Balkan Unity in Modern Times*, Wisconsin：George Banta Publishing Co., 1944, p. 116。

⑥ 〔南斯拉夫〕斯·斯托扬诺维奇主编《南斯拉夫共产主义者联盟历史》，杨元恪等译，北京：人民出版社 1989 年中文版，第 14 页。

人与保加利亚人的联合，最后是与所有巴尔干民族的联合①；在这个联邦中，各族人民都是平等的一员，并享有广泛的自治权利。② 马尔科维奇的思想为南部斯拉夫人和巴尔干其他被压迫民族的解放事业指明了道路，也影响和培养了许多思想家和革命家，包括社会民主党人，尤其是他提出首先与保加利亚人联合的主张在后来的历史进程中经常被提起。

在保加利亚人争取民族解放运动的进程中，也先后出现了几位倡导巴尔干联合的革命领导人和思想家，如留宾·卡拉维洛夫（Lyuben Karavelov）、瓦西里·列夫斯基（Vasil Levski）和赫里斯托·鲍特夫（Khristo Botev）等。

卡拉维洛夫反对通过大国援助，而主张建立一个联邦来实现民族独立和各民族和平共处。他所主张的巴尔干联邦构成主要有塞尔维亚（包括波斯尼亚、黑塞哥维那和黑山）、罗马尼亚、保加利亚（包括色雷斯和马其顿）、阿尔巴尼亚、希腊（包括色萨利和伊庇鲁斯）以及自由城市君士坦丁堡。一旦奥匈帝国解体，塞尔维亚将获得达尔马提亚、克罗地亚和巴纳特的南部，罗马尼亚将获得巴纳特的剩余部分以及特兰西瓦尼亚。在这个联邦内，保加利亚、塞尔维亚和罗马尼亚三个国家将形成紧密的联盟，拥有一个共同的议会，但各自行使独立的行政权。③

列夫斯基是保加利亚著名的革命家，除了宣传和发动革命外，他也对未来的国家建构进行了思考。他支持建立巴尔干联邦的主张，并结合保加利亚的实际，认为第一步是推翻现有的保加利亚专制体制，建立起民主共和国。一旦保加利亚的革命获得彻底成功，立即与巴尔干其他民族基于"团结、博爱和完全平等"的原则缔结协定建立联邦。这样"两步走"的思想主要体现在他的《争取保加利亚人民解放工作者条例》，即《组织章程草案》一书中。④

与前两位革命者不同，鲍特夫更像是社会主义者，他同情和赞扬塞尔维亚

---

① 转引自 L. S. Stavrianos，*Balkan Federation*，*A History of the Movement toward Balkan Unity in Modern Times*，Wisconsin：George Banta Publishing Co.，1944，p. 116。

② 马细谱：《巴尔干纷争》，北京：北京大学出版社 1999 年版，第 61～62 页。

③ L. S. Stavrianos，*Balkan Federation*，*A History of the Movement toward Balkan Unity in Modern Times*，Wisconsin：George Banta Publishing Co.，1944，p. 117.

④ 关于《组织章程草案》的基本思想，参见马细谱《保加利亚史》，北京：中国社会科学出版社 2011 年版，第 93 页。

人马尔科维奇的巴尔干联邦主张。他指出，对于保加利亚来说，摆脱奥斯曼帝国封建统治和民族压迫的唯一出路就是人民大众的革命。同时，他鼓励与保加利亚人民具有同样遭遇和命运的其他巴尔干民族起来发动革命，最终建立各民族绝对平等的巴尔干联邦共和国。[1]

总的来说，虽然巴尔干革命民主主义者提出的诸多关于巴尔干联合的思想对于推动巴尔干各民族争取解放与独立以及促进各民族的和解与合作有着积极的作用，但由于自身的局限性以及欧洲列强对巴尔干的分割而未能实现。随着19世纪后期巴尔干地区一些工人团体和社会民主主义政党组织的相继出现，推动巴尔干联合的力量转移到了社会主义者身上。

由于巴尔干地区的工业比较落后，君主专制势力强大，所以社会民主主义政党的群众基础比较薄弱。其中，保加利亚和塞尔维亚的社会主义力量较为强大，罗马尼亚次之，希腊和土耳其则比较弱小。所以，在那时，保加利亚和塞尔维亚两个国家的社会主义政党在推动巴尔干工人运动以及促进巴尔干联合中发挥了主导作用。

被誉为保加利亚"马克思主义之父"的季米特里·布拉戈耶夫（Dimitar Blagoev）在推进社会主义运动的同时，还对如何解决巴尔干民族问题，尤其是马其顿问题进行了思索，并在此基础上提出建立巴尔干联邦的主张。1885年，布拉戈耶夫发表《巴尔干联邦与马其顿》（Balkan Federation and Macedonia）一文，重申保加利亚革命民主主义者曾经提出的巴尔干联邦思想，认为这是巴尔干所有被压迫民族摆脱土耳其封建制度和巴尔干各国资产阶级专制统治的正确途径。[2]

塞尔维亚社会民主党领导人德米特里·杜采维奇（Dimitrije Tucović）也赞同布拉戈耶夫的主张，认为建立巴尔干联邦共和国是解决欧洲东南部民族问题的途径。他在《塞尔维亚与阿尔巴尼亚：对塞尔维亚资产阶级扩张政策的批判》（*Serbia and Albania: A Contribution to the Critique of the Conqueror Policy of the Serbian Bourgeoisie*）一书中详细阐述了关于"在充分民主和平等的基础上

---

① 马细谱：《巴尔干纷争》，北京：北京大学出版社1999年版，第62~63页。
② 转引自朱庭光主编《外国历史名人传》（近代部分下册），北京、重庆：中国社会科学出版社、重庆出版社1981~1982年版，第264页。

成立巴尔干各国人民的联邦共和国作为解决巴尔干民族问题的惟一可能的一种形式"① 的理念。可见,保加利亚和塞尔维亚的社会主义者均强调通过建立巴尔干各民族的联邦国家来解决历史上存在的问题,但至于要建立一个怎样的联邦国家并没有进行具体的设计与构划。19 世纪末 20 世纪初整个巴尔干地区以及欧洲形势的变动未能给社会民主党人提出的巴尔干联邦主张提供客观环境,再加上巴尔干社会主义力量本身还很脆弱,失败是不可避免的。

一战临近结束,巴尔干地区的共产党力量不断壮大,它们成为推动巴尔干联合的主要力量。与社会民主党人不同,巴尔干共产党人强调无产阶级的暴力革命是解决巴尔干问题的根本途径,主张以劳动人民的大团结作为联邦的基础。具体就是,通过无产阶级革命和专政使巴尔干各民族从各种压迫中解放出来,最终联合成一个巴尔干苏维埃社会主义联邦共和国 (Balkan Socialist Federated Soviet Republic)。

1919 年 5 月,保加利亚共产党在成立大会上通过的一项纲领指出,其目标是建立一个保加利亚社会主义苏维埃国家,与邻国保持友好同盟,最终建立一个巴尔干社会主义联邦苏维埃共和国。② 南斯拉夫共产党人也提出,经济问题以及少数民族遭受的压制不能通过联邦化来解决,而要通过阶级斗争和革命来解决,最终建立一个苏维埃国家和巴尔干共产主义联邦。③ 1920 年,南共二大通过的纲领明确提出,建立 "南斯拉夫苏维埃共和国,这个南斯拉夫苏维埃共和国将加入巴尔干苏维埃联邦,最终将加入世界共产主义联盟"。④

1920 年 1 月,由保加利亚共产党、南斯拉夫社会主义工人党、希腊社会主义工人党和罗马尼亚社会党组成的巴尔干社会主义联盟 (Balkan Socialist Confederation) 召开代表会议,决定改名为巴尔干共产主义联盟 (Balkan

---

① 转引自马细谱《巴尔干纷争》,北京:北京大学出版社 1999 年版,第 65 页。

② L. S. Stavrianos, *Balkan Federation*, *A History of the Movement toward Balkan Unity in Modern Times*, Wisconsin: George Banta Publishing Co., 1944, p. 208.

③ L. S. Stavrianos, *Balkan Federation*, *A History of the Movement toward Balkan Unity in Modern Times*, Wisconsin: George Banta Publishing Co., 1944, pp. 212 – 213.

④ 转引自《战后世界历史长编》编委会主编《战后世界历史长编 1948 年》(第一编第四分册),上海:上海人民出版社 1978 年版,第 304 页。

Communist Federation），加入共产国际，组成它的巴尔干支部。① 1924 年，巴尔干共产主义联盟还出版了两大机关刊物《巴尔干联盟》和《巴尔干联盟公报》。② 这样，巴尔干共产主义联盟成为巴尔干各国共产党开展工人运动和宣扬巴尔干联邦理念的共同组织和阵地。巴尔干共产主义联盟认为，巴尔干民族问题的解决必须通过无产阶级革命的胜利以及巴尔干苏维埃社会主义共和国的建立才能实现。但是，该联盟关于巴尔干联邦的主张仍然显得有些模糊，甚至在较长一段时间内都"未提出解决民族的具体方案，也没有说明巴尔干联邦将包括哪些，而对那些尚未获得独立或自治地位地区的民族问题更不知道如何去解决"。③ 随着巴尔干各国共产党遭受压制转入地下，该联盟的影响也日益式微，其主张也失去了根基。

　　两次世界大战期间的"强制和平"使欧洲国家间的交往方式发生了改变，也为巴尔干国家走向联合提供了新的基础。继共产党人倡导以革命手段实现巴尔干联邦的主张失败后，在 20 世纪 20 年代末和 30 年代前期，一场非暴力的、半官方性质的、以建立巴尔干国家联盟（Balkan Union）为目标的联合运动再次出现。这场联盟运动的实践主体是巴尔干国家的一些知识分子和政治家，实现手段是半官方的巴尔干会议（Balkan Conference），目标则是实现巴尔干主权国家间的联盟。从 1930 年 10 月到 1934 年 4 月，先后在雅典、伊斯坦布尔、布加勒斯特和萨洛尼卡④召开了四届巴尔干会议，同时召开了十次理事会会议。在这个过程中，第一，不仅许多协定和公约获得通过，一些合作机构以及局部的合作组织也已经形成，有的机构甚至到今天还存在，如巴尔干医疗联盟（Balkan Medical Union），其成员不仅包括巴尔干国家，还扩大到了塞浦路斯和摩尔多瓦。⑤ 第二，"巴尔干人的巴尔干"的理念深入人心，巴尔干人在历史上首次尝试通过自己的意志来改变自己的命运，尽管他们的最终目标没有实

---

①　中共中央编译局国际共运史研究所编《共产国际大事记》，哈尔滨：黑龙江人民出版社 1989 年版，第 67 页。

②　中共中央编译局国际共运史研究所编《共产国际大事记》，哈尔滨：黑龙江人民出版社 1989 年版，第 67 页。

③　马细谱：《巴尔干纷争》，北京：北京大学出版社 1999 年版，第 69 页。

④　又称塞萨洛尼基。

⑤　巴尔干医疗联盟官方网站，http：//www.umbalk.org/index_ en.html。

现。第三，由巴尔干会议构成的联合运动在巴尔干历史上第一次包含了所有巴尔干国家，会议的倡导者与践行者多半是知识分子和政治家，他们推动巴尔干联合的方式是通过教育和宣传来影响民众，通过劝说和建议来影响政府，而不是主张进行根本的社会变革或推行激进的民众运动，因而具有明显的"二轨外交"性质。然而，由于巴尔干各国固有的矛盾与争端尤其是少数民族问题的存在、各国政府的非民主化以及欧洲和平体系的脆弱并逐步走向崩溃，通过半官方的巴尔干会议来实现巴尔干国家联盟的尝试最终走向失败。

二战开始后，巴尔干一些国家的流亡政府也提出了巴尔干联合的主张，但影响不大。① 随着力量的增强，巴尔干共产党人重新提出了建立巴尔干联邦的设想。1944 年底，南共和保共领导人提出首先建立保南联邦并将其作为建立巴尔干联邦的第一步。两国共产党领导人为此进行了多次会晤，而且不少会晤都是在莫斯科进行的。最终，经历了四年左右的时间，到 1948 年初保南联邦计划搁浅，巴尔干联邦计划破产。该计划没能成为现实的原因是多方面的，其中主要的是南斯拉夫和保加利亚之间的分歧、两极格局的对立以及南斯拉夫与苏联的冲突。换言之，内部矛盾未解决以及两大集团的对抗显现特别是苏南关系恶化后，保南联邦计划注定走向失败。

至此，近代以来以建立巴尔干联合国家（联盟或联邦或邦联）为目标的思想和实践均没有实现。冷战结束以来的全球社会发展和巴尔干地区秩序不再为巴尔干联合思想与实践提供土壤。借用一位保加利亚学者的话说："巴尔干联邦的思想已经过时，不再符合今天的现实。这种思想在今天可能成为整个地区发展的障碍……在全球化和欧洲一体化进程条件下解决巴尔干问题（包括'巴尔干化'问题）的途径不是要建立巴尔干联邦，而是要建立欧洲联邦，以

① Sava N. Kosanovich, "Common Aspirations of the Nations of Eastern Europe", *New Europe*, No. 2, 1941, pp. 6 – 11; Eduard Beneš, "Toward Peace in Central and Eastern Europe", *Annals of the American Academy of Political and Social Science*, Vol. 232, No. 2, 1944, pp. 163 – 168; Feliks Gross, "Peace Planning for Central and Eastern Europe", *Annals of the American Academy of Political and Social Science*, Vol. 232, No. 2, 1944, pp. 169 – 176; L. S. Stavrianos, *Balkan Federation*, *A History of the Movement toward Balkan Unity in Modern Times*, Wisconsin: George Banta Publishing Co. , 1944, p. 266.

使巴尔干国家加入欧洲联盟。"①但是，巴尔干联合运动对该地区的影响是不言而喻的，至少对于人们认识和理解其历史来说又多了一个视域。更为重要的是，这些思想与实践告诉人们，在巴尔干这片区域上从来不缺乏联合的力量，只是这种力量与其内部的分化和外来的影响相比要弱得多。

第三节 从"断裂带"到"实验室"的地缘走向

在国际社会中，弱小国家进行"选择的条件总是由大国提出的，规则是由大国制定的，修改规则的可能只有在得到大国的认可之后才能转化为现实。协调也好，规定也罢，不论有哪些例外，归根到底，有实力的国家，起着主导的、支配的、整合的、调节的作用"。② 在封建时代③，大国直接以军事力量作为规则的"发言者"。民主时代以来，大国或大国集团则往往通过规则的制定来掌握话语权。

自 19 世纪初期维也纳会议甚至更早时期以来，巴尔干及中欧地区均被视为"夹缝中的地带"，这个地域的国家并没能"左右逢源"，而是常常"左右为难"。处于大国夹缝中的地位使它们在选择发展道路的关键时刻，往往仰仗大国或大国集团的保护，因而极易受到国际关系变动的影响。这种特征在巴尔干民族国家建立的进程中有着鲜明的体现，正如一位希腊历史学家所指出的："它们反抗奥斯曼帝国统治的民族统一战争和由此形成的边界，都受到了外部支持者的密切监管，并受到了那些支配欧洲关系的基本原则的制约。"④ 两次

---

① 〔保〕亚历山大·利洛夫：《文明的对话：世界地缘政治大趋势》，马细谱等译，北京：社会科学文献出版社 2007 年中文版，第 187 页。

② 王逸舟：《当代国际政治析论》，上海：上海人民出版社 1995 年版，第 372 页。

③ 法国历史学家马克·布洛赫（Marc Bloch）指出，封建一词在世界上一直歧义纷呈，经历了许多曲解。参见〔法〕马克·布洛赫《封建社会》（上、下），张绪山等译，北京：商务印书馆 2004 年中文版。冯天瑜对欧洲和中国西周的封建制进行区分，认为前者称之为"契约封建制"，后者可称为"宗法封建制"，详细的讨论参见冯天瑜《"封建"考论》，武汉：武汉大学出版社 2007 年版，第 140 ~ 144 页。

④ Thanos Veremis, "Perspectives from the Region, South Eastern Europe: The Predicament of the Western Balkans", in Lotte Machon, ed., *Security and Peace building in South Eastern Europe*, Copenhagen: Report from Danish Institute of International Affairs Conference, 2000, pp. 21 – 34.

世界大战期间的东欧国家虽然获得了"半独立性"（semi-independence），但其走势与更广泛的欧洲安全态势联系在一起。[①] 二战结束后，在大国和大国集团的操纵下，实行人民民主制度不久的东欧国家又丧失了发展的自我掌控力，集体漂移到苏联的"怀抱"，开启了一段新的"断裂的历史"。[②] 这段历史留给巴尔干国家的遗产不仅仅是遭受外来的压制，更多的是成为地缘政治的"牺牲品"——地缘政治语汇给巴尔干国家带来的负面意义至今仍有深刻的体现。

在二战尚未结束时，美国、英国、苏联等大国领导人就开始谋划它们在未来世界中的战略布局。在当时的欧洲，有两个重要的问题：是否分割德国和如何瓜分巴尔干势力范围。数个世纪以来，英国通过殖民扩张在希腊、土耳其及其他巴尔干地区有着广泛的利益。因此，1941 年苏德战争开始后，以丘吉尔为首的英国军政要人就开始思考开辟第二战场对德国实施战略夹攻的问题，并倾向于把开辟的地点选在巴尔干，提出了巴尔干方案。该方案并没有获得美国和苏联的一致认同。[③] 但是，英国人并没有放弃对巴尔干的意图。正如罗斯福所指出的，英国的罗盘针不管怎么转动，指针总是指着一个方向——巴尔干。[④] 1944 年丘吉尔在与斯大林的会谈中提出了瓜分巴尔干势力范围的百分比建议：俄国在罗马尼亚有主要利益，可以占 90% 的优势，英国在希腊占同样地位，有 90% 的发言权；在匈牙利和南斯拉夫则各占相等的利益，以平分秋色。[⑤] 虽然关于"巴尔干百分比协定"的真相和内幕仍是国际关系史上一个尚未完全解开的"谜"，但后来巴尔干国家的发展趋势似乎"印证"了它们之间的关联。亨利·基辛格指出："管它协议不协议，希腊落入英国的势力范围，其他的国家（除了南斯拉夫为例外）不论百分比怎么定，统统变成苏联的卫

---

① Barry Buzan and Ole Wæver, *Regions and Powers: The Structure of International Security*, Cambridge: Cambridge University Press, 2003, p. 381.

② Ivan T. Berend, *Central and Eastern Europe, 1944 – 1993: Detour from the Periphery to the Periphery*, Cambridge: Cambridge University Press, 1999, p. 4.

③ 关于美国和苏联对巴尔干方案的态度及该方案的最后结果，参见康春林《英美苏与巴尔干方案》，《世界历史》1987 年第 6 期，第 45 ~ 53 页；〔美〕亨利·基辛格《大外交》，顾淑馨、林添贵译，海口：海南出版社 2012 年中文版，第 396 ~ 400 页。

④ 转引自王绳祖主编《国际关系史》第六卷，北京：世界知识出版社 1995 年版，第 279 页。

⑤ 转引自王绳祖主编《国际关系史》第六卷，北京：世界知识出版社 1995 年版，第 332 页。

星国。"①

冷战帷幕拉开后，巴尔干地区被"硬切割"，成为两大阵营、两大集团对立的"前哨"。1949 年，美国及其欧洲盟国成立北大西洋公约组织（以下简称北约）。作为对等行动，苏联同东欧国家一道成立了华沙条约组织（以下简称华约）。土耳其、希腊在 1952 年加入北约，阿尔巴尼亚、保加利亚和罗马尼亚加入了华约。就苏联集团来讲，苏联控制东欧国家是"通过各国共产党、苏联警察网以及各式各样的政治压力和经济压力来实现的。与后来在西方建立的北大西洋公约组织的结构不同，东方的同盟体系是单独由一个大国完全控制着的"。② 简单地说，苏联对东欧国家的控制表现为苏联模式的全面植入，用共产党的联系控制政治、用经互会的机制操纵经济、用华沙条约组织实行军控。当然，在整个冷战期间，东欧包括巴尔干社会主义国家与苏联之间并非一个步调，相反，双方的矛盾或者龃龉不断。最为典型的是，1968 年以苏联为首的华约集团对"布拉格之春"进行的军事镇压。南斯拉夫最为特殊，它既奉行社会主义又独立于苏联，主张走不同于苏联的自治社会主义道路，同时在国际社会倡导开展不结盟运动，既不是北约也不是华约成员国。此外，阿尔巴尼亚还于 1961 年宣布退出经互会，罗马尼亚在外交尤其是经济上与美国、欧共体走得非常近。不过，从总体上讲，这种变动没能突破或改变冷战两极对峙的大格局。

直到 20 世纪 80 年代末 90 年代初，随着东欧剧变、苏联解体的发生，巴尔干地区的形势才发生了巨大变化。借曾任欧盟委员会主席罗马诺·普罗迪（Romano Prodi）的话说，这是"自罗马帝国灭亡以来，我们第一次有机会统一欧洲，以和平与民主而不是武力的方式来实现统一"。③ 对于巴尔干地区来说，这种影响和冲击是首当其冲的、深远的，最主要表现为其地缘特征发生了巨大变化。巴尔干国家与中欧国家一样，毫无二致地、自主地提出"回归欧

---

① 〔美〕亨利·基辛格：《大外交》，顾淑馨、林添贵译，海口：海南出版社 2012 年中文版，第408 页。

② 〔美〕C. E. 布莱克、〔美〕E. C. 赫尔姆赖克：《二十世纪欧洲史》（下），山东大学外文系英语翻译组译，北京：人民出版社 1984 年中文版，第 844 页。

③ President Prodi's Speech "A historic day for Nova Gorica and Gorizia", Slovenia, European Commission, April 30, 2004, http://www.eu-un.europa.eu/articles/en/article_3471_en.htm.

洲"的方向，使其从一个地缘区域回归到地理意义上的空间，从冲突的断裂带走向和平与安全的实验室。

"回归欧洲"这一表述在某种程度上容易引起误解，因为巴尔干国家并未真正"离开过"欧洲，它们的"欧洲洲籍"也绝非位居次等。只是自从这些国家被前共产党政权和专制的民族主义者拽出欧洲"主流舞台"后，没有其他词语能够如此全面地把握它们重新融入欧洲时普遍的情感和看法。[①] "回归欧洲"这个口号本身体现了后共产主义欧洲国家的如下渴望：渴望赶紧加入欧盟；渴望迅速吸收西方式的法律、制度和市场体系（许多人认为这样能迅速实现西方式的生活标准）；渴望更自由的交通和移民；渴望主流文化、经济和地缘政治的重新定位；渴望被国际社会视为"正常"国家。[②] 一言以蔽之，巴尔干国家渴望成为欧洲的真正一员。

共产主义专政和苏联控制的经历，在巴尔干地区的历史中仅仅是一段短暂的插曲，它们曾经受到持续时间要远远长于共产主义实验的其他政治、文化和经济的影响，即便它们对共产主义保持着栩栩如生的回忆。[③] 然而，对于后共产主义的巴尔干国家来说，"告别共产主义"尤其是要想彻底抛弃其历史遗产也是需要时间甚至代价的。对此，捷克共和国前总统瓦茨拉夫·哈维尔（Václav Havel）在 20 世纪 90 年代初就有过这样精彩的论述："在一种体系崩溃和另一种体系尚不存在的情况下，许多人感到空虚和失落。这种情况为各种形式的激进主义、为寻求替罪羊、为掩盖不知名群体（无论它是以社会为基础的群体，还是以种族为基础的群体）的需求提供了坚实的基础。它鼓励仇视社会的、不惜任何代价的自以为是（这种情感能够容许一切存在）和自私自利情感前所未有的膨胀……它形成了……政治极端主义、原始的消费主义崇拜、外来的道德观……形形色色的旧式爱国主义、宗教复兴的救赎观念、保守

---

① 〔英〕罗伯特·拜德勒克斯、〔英〕伊恩·杰弗里斯：《东欧史》（下册），韩炯等译，上海：东方出版中心 2013 年中文版，第 922 页。

② 〔英〕罗伯特·拜德勒克斯、〔英〕伊恩·杰弗里斯：《东欧史》（下册），韩炯等译，上海：东方出版中心 2013 年中文版，第 932 页。

③ 〔英〕罗伯特·拜德勒克斯、〔英〕伊恩·杰弗里斯：《东欧史》（上册），韩炯等译，上海：东方出版中心 2013 年中文版，第 36 页。

主义和仇恨形式由此急剧强化。"①

从冷战结束后的巴尔干地缘特征来看，它成了一个不同于既往但沿袭着历史传承的地区。不同于既往的是，此前它更多的是国际政治摆弄的对象，而不是一个主体，个别说来或集体说来都是如此②，而现在这块区域的国家在一定程度上首次拥有选择自主发展的机会与环境，它们纷纷要求回归欧洲的大家庭，而且地区内多层次、宽领域的合作不断加强。有关巴尔干地区合作以及欧洲一体化的进程后面会有专章进行论述。这里指出的是，由于这种巴尔干历史上最新的特征使得人们开始改变对这个地区的看法，这一点对于客观地认识巴尔干地区有着非常重要的意义。

的确，在学界已经出现了用"东南欧取代巴尔干一词"的呼吁。在他们看来，巴尔干"在欧洲人意识中受到诅咒"，因为它"充满了负面含义，如暴力、野蛮、原始，我们很难找到与其匹敌的词汇"，③ 也因为"'巴尔干'这个词使人联想到种族冲突和大国的地区性争夺"。④ 所以，人们一提起巴尔干，就自然会想到欧洲的"火药桶"这个代名词。⑤ 换言之，巴尔干一词已经成为一切负面意蕴的同义语。于是，使用东南欧一词有助于人们减少甚至消除对该地区潜在的误解。事实上，早在 19 世纪上半叶，奥地利学者约翰·乔治·冯·汉（Johann Georg von Hahn）就首次使用"东南欧"一词，形容比巴尔干更广阔的地区。⑥ 1929 年，德国地理学家奥托·毛尔（Otto Maull）再次提出

---

① Václav Havel, *Toward a Civil Society: Selected Speeches and Writings*, 1990 – 1994, Prague: Lidové Noviny, 1994, pp. 221 – 222.

② 〔美〕特里萨·拉科夫斯卡 - 哈姆斯通、〔美〕安德鲁·捷尔吉主编《东欧共产主义》，林穗芳译，哈尔滨：黑龙江人民出版社 1984 年中文版，第 5 页。

③ 〔英〕马克·马佐尔：《巴尔干：被误解的"欧洲火药库"》，刘会梁译，天津：天津人民出版社 2007 年中文版，第 4 页。

④ 〔美〕兹比格纽·布热津斯基：《大棋局——美国的首要地位及其地缘战略》，中国国际问题研究所译，上海：上海人民出版社 1998 年中文版，第 162 页。

⑤ 郝时远：《帝国霸权与巴尔干"火药桶"》，北京：社会科学文献出版社 1999 年版，前言第 1页。

⑥ 转引自 Enriko Ceko, "South East Europe: Trade Liberalization, Economic Integration, Quality, Security and Guarantee of Products and Services", *Mediterranean Journal of Social Sciences*, Vol. 4, No. 9, 2013, p. 494。

东南欧是巴尔干半岛最合适的定义。① 一些美国学者在两次世界大战期间基于巴尔干联合运动的实践指出，东南欧已经是巴尔干的同义词，由于"巴尔干化"所具有的负面意义，使用东南欧更显中立。② 近来一些巴尔干研究的学者也力推这种观点。英国塞尔维亚裔学者韦斯纳·戈尔德沃兹（Vesna Goldsworthy）指出："'政治上正确'的术语东南欧或多或少已经取代了巴尔干国家的概念，因为不可能界定一个国家为'巴尔干'而不对自身进行解释。"③ 托多罗娃认为，当冷战结束后巴尔干国家重新作为独立的实体出现时，使用东南欧更加突显其中立性。④ 长期从事巴尔干历史研究的美国学者约翰·R. 兰普（John R. Lampe）甚至认为，这个地区被定义为"东南欧"不是始于 1989 年，而是起于 1919 年，那时巴尔干国家从奥斯曼帝国统治下独立了出来。⑤

上述看法或许存在不同的争论，但一个明显的事实是，冷战结束以后东南欧一词的使用日渐增多。当前，很多国际组织如欧盟、国际货币基金组织（IMF）、世界银行（WB）、经合组织（OECD）、联合国贸易和发展会议（UNCTAD）等都使用东南欧，当然也有不少国际组织、研究机构、期刊等继续使用巴尔干。⑥ 不过，现在人们使用巴尔干一词多从客观出发，将其视为与东南欧近同的一个地理概念，同时明确地将该地区放在欧洲的范围内，置于"欧洲文明"的地理和精神世界之中⑦。因此，本书几乎交叉使用巴尔干与东南欧，主要是基于后冷战时代的地理考量尤其欧洲认同的角度，两者的使用没

---

① Maria Todorova, *Imagining the Balkans*, New York: Oxford University Press, 2009, p. 28.

② Theodore I. Geshkof, *Balkan Union: A Road to Peace in Southeastern Europe*, NewYork: Columbia University Press, 1940; Maria Todorova, *Imagining the Balkans*, New York: Oxford University Press, 2009, p. 28.

③ Vesna Goldsworthy, *Inventing Ruritania: the Imperialism of the Imagination*, London, U. K. : Yale University Press, 2002, p. 34.

④ Maria Todorova, *Imagining the Balkans*, New York: Oxford University Press, 2009, p. 141.

⑤ John R. Lampe, *Balkans into Southeastern Europe: A Century of War and Transition*, London: Palgrave, 2006, p. 4.

⑥ 1999 年，欧盟把一份有关巴尔干问题的倡议书命名为《东南欧稳定公约》（Stability Pact for South Eastern Europe），成为欧盟较早以东南欧命名的条约文件。

⑦ 孔田平：《对东南欧"巴尔干化"的历史解读》，《欧洲研究》2006 年第 4 期，第 16 页。

有任何情感取向。①

　　与之相关的是，冷战结束后有关"修改巴尔干教科书"的倡议此起彼伏。出现这种现象的原因在于，一些来自巴尔干国家和西方的学者认为巴尔干地区的动荡不安与他们民族中心主义的教科书有很大关联。② 目前，有一些组织正致力于推动巴尔干国家的教科书改革工作。例如，在《东南欧稳定公约》框架下，斯洛文尼亚卢布尔雅那大学教育政策研究中心和奥地利文化交流研究所（Kultur Kontakt）共同建立了东南欧教育合作网络（The South East Europe Education Cooperation Network，SEE-ECN），以推动东南欧国家之间教育合作与改革。位于希腊萨洛尼卡的东南欧民主与和解中心（The Center for Democracy and Reconciliation in Southeast Europe，CDRSEE）于1998年发起了一个东南欧共同历史计划（Southeast European Joint History Project），成立了学术和历史教育两个委员会，专门致力于推动东南欧国家教科书改革和组织相关会议工作，

---

① 罗伯特·拜德勒克斯和伊恩·杰弗里斯在撰写《东欧史》时也坦言，他们使用"巴尔干国家"、"巴尔干"和"巴尔干化"等术语无意表明，巴尔干半岛上的民族、国家和社会在道义上和文化上"次于"西欧和中欧的民族、国家和社会，尽管它们目前经济困顿、权利很难保障并且（正因为此）不够安全，甚至某些情势下更残暴和更绝望。参见〔英〕罗伯特·拜德勒克斯、〔英〕伊恩·杰弗里斯《东欧史》（上册），韩炯等译，上海：东方出版中心2013年中文版，第55页。

② 部分西方学者的文献，参见 Höpken Wolfgang，"Textbooks and Reconciliation in Southeastern Europe"，in International Conference Thessaloniki，Association for Democracy in the Balkans ed.，*Culture and Reconciliation in Southeastern Europe*，Vol. 2，Thessaloniki：paratiritis，1997，pp. 90 – 104；Karge Heike，"History after the War：Examples of How Controversial Issues are Dealt with in History Textbooks in Bosnia-Herzegovina"，in UNESCO Newsletter，International Textbook Research Network，2000，pp. 40 – 45；Augusta Dimou，*Transition and the Politics of History Education in Southeast Europe*，Göttingen：Vandenhoeck & Ruprecht，2009；更多文献汇总请参阅 http：//www. gei. de/nc/en/georg-eckert-institute. html。巴尔干国家学者的文献，参见 Balkan Colleges Foundation ed.，*The Image of the Other-Analysis of the High-School Textbooks in History from the Balkan Countries*，Sofia：Balkan Colleges Foundation，1998；Snezhana Dimitrova & Naoum Kaytchev，"Bulgarian Nationalism，Articulated by the Textbooks in Modern Bulgarian History. 1878 – 1996"，*Internationale Schulbuchforschung*，No. 20，1998，pp. 51 – 70；Mirela Luminita Murgescu，"Rewriting School Textbooks as a Tool of Understanding and Stability"，in Dimitri A. Sotiropoulos and Thanos Veremis，eds.，*Is Southeastern Europe Doomed to Instability?：A Regional Perspective*，London：Frank Cass & Co. Ltd.，2002，pp. 90 – 104；Biljana Popovska，"The Role of Teaching History for a Nation-Building Process in a Post-Conflict Society：The Case of Macedonia"，*Connections Quarterly Journal*，Vol. 12，No. 1，2012，pp. 51 – 64。

至今已经出版了数本有影响的巴尔干历史著作，同时召开了数次关于教科书修改国际会议。① 德国乔治·埃克特研究所（George Eckert Institute）② 与克罗地亚萨格勒布大学哲学研究所联合成立了东南欧教科书网络（South-East Europe Textbook Network）项目组，专门从事东南欧国家教科书问题研究和教学培训工作。此外，其他欧洲范围内的相关计划如 EUSTORY、EUROCLIO 等也在开展中。③

上述举措的效果虽然很难在短期内看到④，但它们的出发点是值得认可的，即希望通过修改教科书建立一个更加稳定与和平的东南欧。目前，修改教科书并未成为所有巴尔干国家的共识，也缺乏一个一致的认同导向，毕竟"通过统一的教学大纲，让属于欧洲的各个不同国家在教育和培训过程中树立起欧洲历史意识，这种想法是毫无意义的。这样的统一性是致命的，因为它忽略了一直以来作用巨大的、有历史根源的归属感形成的多样性"。⑤ 进一步说，历史记忆本身存在一个主体解读的问题，很难形成一个共同的被所有人接受的"真相"。所以，归根到底，这直接指向的是所有巴尔干国家是否存在或认同一个欧洲归属感的意识问题。这一点，即便不做深入研究，也能看出基本的趋向，民族的或国家的归属感显然超越于地区的、欧洲的归属感。这么看，英国民族学家安东尼·史密斯（Anthony Smith）看似悖论的提醒与质问却颇具现实意味：遗忘与记忆一样重要。有选择的记忆以及大量的遗忘，对于一个民族的生存是必需的。但是我们能选择我们应该忘记的东西吗？如果应该抹去，我们怎么能够抹去不久前发生的大屠杀的记忆？现状允许欧洲人能够奢侈地健忘

---

① 相关情况，参见 "The Southeast European Joint History Project", March 2002, http://www. forumcongress. com/cdsee/sejhp. htm; http://www. cdsee. org/home; Joke van der Leeuw Roord, "A Common Textbook for Europe? Utopia or a Crucial Challenge?", http://www. culturahistorica. es/joke/textbook_ for_ europe. pdf, pp. 5 - 6。

② 该研究所多以德国国际教科书研究所而享有盛誉。

③ http://www. eustory. org/home. html; http://www. euroclio. eu/.

④ Mirela Luminita Murgescu, "Rewriting School Textbooks as a Tool of Understanding and Stability", in Dimitri A. Sotiropoulos and Thanos Veremis, eds. , *Is Southeastern Europe Doomed to Instability*? : *A Regional Perspective*, London: Frank Cass & Co. Ltd. , 2002, p. 102.

⑤ 〔德〕约恩·吕森：《历史思考的新途径》，綦甲福、来炯译，上海：上海人民出版社 2005 年中文版，第 116 页。

吗？排犹主义的复活，新纳粹对移民和外籍工人的袭击，族裔清洗在波斯尼亚土地上的重演，悬浮在马其顿上空的巴尔干战争的幽灵，所有这些都提出了这样的问题，欧洲民众是否因重复起那些他们不愿意记住的东西而正在受到谴责。① 可以想见，在巴尔干地区甚至欧洲地区，民族的自然记忆同"欧盟工程"需要的遗忘将会长期交锋。

除了不同既往的新现象以外，巴尔干地区仍然继承了历史上的负面因素——巴尔干化。东欧国家政局变动过程中，罗马尼亚和南斯拉夫是两个最为特殊的国家。与其他国家在和平进程中走向剧变不同，罗马尼亚发生了流血冲突，南斯拉夫国家出现了解体，尤其是在南斯拉夫解体进程中，战争与冲突频频发生。从斯洛文尼亚独立起，"十日战争"、克罗地亚战争、波黑内战、科索沃战争贯穿了整个 20 世纪 90 年代，几乎每一个新国家的脱离都需要付出战争的代价②，到了 21 世纪科索沃危机仍此起彼伏。需要提及的是，在南斯拉夫解体初期，建立联邦、邦联抑或是独立国家联合体的数种方案相继被提出③，但无一得到南联邦的赞同，米洛舍维奇（Slobodan Milošević）选择用战争来解决问题，致使这一地区历经数年战争硝烟后才走向和平国家的转型与回归之路。

另外，一些影响地区稳定的因素如科索沃问题、穆斯林问题、跨界匈牙利族人问题④、马其顿国名问题⑤以及克罗地亚与斯洛文尼亚的海上边界

---

① 〔英〕安东尼·史密斯：《全球化时代的民族与民族主义》，龚维斌、良警宇译，北京：中央编译出版社 2002 年版，第 156 页。

② 关于这些战争的结果和造成的人员伤亡、经济损失和难民情况，参见孔寒冰《东欧政治与外交》，北京：北京大学出版社 2009 年版，第 356～364 页；章永勇编著《塞尔维亚和黑山》，北京：社会科学文献出版社 2005 年版，第 88～91 页；赵乃斌、汪丽敏主编《南斯拉夫的变迁》，广州：广东人民出版社 2002 年版，第 277～314 页。

③ Judy Batt, "The Western Balkans: Moving On", *Institute for Security Studies Chaillot Paper*, No. 70, October 2004, p. 21.

④ 在罗马尼亚的特兰西瓦尼亚、斯洛伐克的南部以及塞尔维亚的伏伊伏丁那地区都生活着大量的匈牙利族人。据统计，2002 年上述三地的匈牙利族人分别为 143.4 万、52.1 万和 29.3 万，分别占当地人口的 6.6%、9.7% 和 3.9%。参见美国中央情报局网：https://www.cia.gov/。

⑤ 1991 年，马其顿共和国脱离前南斯拉夫获得独立，但是其南部邻国希腊坚决反对该国使用"马其顿"作为国名，并干涉国际社会对马其顿国名的承认，希马两国由此发生的争端与冲突被称为"马其顿国名问题"。

争端①等会时常发酵，各国不同程度的有组织犯罪、腐败甚至暴力冲突等现象，都在一定程度上影响着巴尔干地区的稳定和一体化进程。甚至连美国已故知名学者萨缪尔·亨廷顿（Samuel Huntington）也在其广受关注的"文明冲突论"中将巴尔干地区视为"文明断裂带"的一个典型，认为在该地区尤其是前南斯拉夫境内，不同文明——以宗教为载体——之间的对抗将其撕裂和碎分化。

总体来看，冷战结束后一体化和巴尔干化的两个相反进程相互交织，使得巴尔干成为一个地区主义与民族主义的"较量场"。② 直到其他国际实体尤其是欧盟介入后，巴尔干地区的纷乱局势才逐渐稳定，地区合作的广度和深度有所加强，一些国家相继成为欧盟成员国。不过，从历史发展和长远趋势看，巴尔干化无疑处在一种趋弱甚至"可控"的状态，整个地区呈现出更多的积极因素，地区合作不断推进，欧洲化进程不断取得进步。当然，妄想各国的民族主义完全消失是徒劳的，其破坏作用也会时而出现，在一定程度上阻遏地区主义的发展。

进一步讲，冷战结束以来，一方面巴尔干国家在自主选择回归欧洲的同时面临着民族主义的压力和冲击；另一方面西方稍后（并不是一开始）又以一种新的方式接管巴尔干，不放任其自流。换言之，外部行为体（西方）对巴尔干的发展至关重要，而权力上的不对称、地理上的近邻使外部行为体有能力塑造该地区的发展，它们也在身份上尤其在安全层面上接受巴尔干成为其组成

---

① 从 1991 年独立起，克罗地亚与斯洛文尼亚对皮兰湾（Piran Bay）海域划分争执不断，2001 年两国曾签署《德尔诺夫舍克－拉昌协定》，但克罗地亚议会没有批准，此后双方的边界谈判没有获得实质性进展。关于该争端的发展过程与解决结果，参见 Matej Avbelj and Jernej Letnar Černič，"The Conundrum of the Piran Bay: Slovenia v. Crotia"，*Joural of International Law & Policy*，No. 6，2007；Anes Alic in Sarajevo，"Slovenia，Croatia，the EU and Piran Bay"，The International Relations and Security Network，May 23，2007；Vasilka Sancin，"Slovenia-Croatia Border Dispute：From 'Drnovšek-Račan' to 'Pahor-Kosor' Agreement"，*Journal on European Perspectives of the Western Balkans*，Vol. 2，No. 2，2010；朱晓中《入盟后中东欧国家的发展困境》，《国际政治研究》2010 年第 4 期，第 59～60 页。

② Othon Anastasakis and Vesna Bojicic-Dzelilovic，"Balkan Regional Cooperation and European Integration"，The Hellenic Observatory，The London School of Economics and Political Science，http：//eprints. lse. ac. uk/5706/1/policyPaper2. pdf，p. 1.

部分。① 英国学者巴里·布赞（Barry Buzan）和丹麦学者奥利·维弗（Ole Wæver）从三个层面论述了外部行为体在巴尔干地区的存在，一是欧盟、美国和俄罗斯不同程度地介入了后冷战时代的巴尔干进程，即使它们试图从巴尔干抽身也会对该地区产生影响；二是西方媒体以及西方的"普世伦理"不允许西方在巴尔干无所作为；三是安全相互依赖不断加重，巴尔干的安全问题具有极强的外溢效应。②

抛开西方对巴尔干的干涉主义角度不说③，后冷战时代的巴尔干地区已经成为欧洲的安全实验室（Europe's security laboratory）④，甚至说成为有关外部行为体关系的一个互动地带，如欧盟/北约关系、西方/北约与俄罗斯关系以及欧盟/北约与联合国的关系等。因此，自主的和外在的、民族的和欧洲的（一定程度上是西方）逻辑不仅在巴尔干历史上反复较量，在未来巴尔干欧洲化的进程中也将不断演绎，这是人们认识和研究这块区域的一个重要支点。

---

① Barry Buzan and Ole Wæver, *Regions and Powers: The Structure of International Security*, Cambridge: Cambridge University Press, 2003, pp. 386 – 387.

② Barry Buzan and Ole Wæver, *Regions and Powers: The Structure of International Security*, Cambridge: Cambridge University Press, 2003, pp. 387 – 390.

③ 对于西方的干涉主义存在多种解释，比如保护责任的行使、另一种霸权的逻辑等。

④ Espen Barth Eide, "Regionalizing Intervention? The Case of Europe in the Balkans", in Anthony McDermott ed., *Sovereign Intervention*, Oslo: PRIO, 1999, pp. 61 – 86。

第二章　巴尔干地区合作进程

冷战结束后，集团军事保证在巴尔干的"消失"使该地区面临"安全真空"，与此同时，该地区的民族分离主义和种族冲突愈演愈烈。为了改变这一状况，巴尔干国家主要采取了三种措施：同周边国家发展睦邻友好关系；地区多边合作和"回归欧洲"。① 其中，第一个措施是实现第二个和第三个措施的前提条件。从一体化层面看，冷战结束后的巴尔干出现了地区合作与欧洲化两个相互影响的趋向。本章首先回溯巴尔干地区合作的历史起点，其次对后冷战时代的地区合作进程进行叙述，最后对地区合作产生的影响进行评估。

第一节　冷战期间的巴尔干地区合作

冷战期间，尽管北约和华约集团之间存在严重的对抗，国际紧张局势不止一次地导致东欧国家发生政治危机，对抗双方仍然能够避免发生军事冲突。② 巴尔干地区同样如此。希腊与土耳其的冲突也得到了抑制，在一定程度上讲，整个巴尔干地区处于"和平状态"。与此同时，受经济全球化进程的推进以及区域合作实践的影响，巴尔干地区也出现了一系列多边合作的尝试。

第一章提到，保南联邦计划失败、冷战开始后，在巴尔干地区建立类似联

---

① 参见朱晓中《中东欧与欧洲一体化》，北京：社会科学文献出版社 2002 年版，第 8~9 页。
② 〔俄〕A. Г. 扎多欣、〔俄〕A. Ю. 尼佐夫斯基：《欧洲的火药桶——20 世纪的巴尔干战争》，徐锦栋等译，北京：东方出版社 2004 年中文版，第 222 页。

邦或邦联性质的联合实体失去了可能。但是，巴尔干国家之间的多边合作尝试仍然不断出现。1948 年与苏联关系破裂后，南斯拉夫开始寻求新的外交突破。1949 年起，它渐渐释放出与希腊改善关系的信号，并做出如停止援助希腊共产党、进行外交访问等一系列举动，到 1950 年希腊中间国民进步联盟领袖尼古拉斯·普拉斯蒂拉斯（Nikolaos Plastiras）将军上台执政后两国关系逐渐趋好。不过，尼古拉斯执政没多久就宣告下台，同时南希关系又因马其顿问题出现了一些波折。后来，在美国的推动下双方关系实现正常化。但南斯拉夫并不满足于关系正常化，而是加快与希腊、土耳其建立同盟的步伐，以实现区域内的集体安全和外交主动。1953 ~ 1955 年期间，南希土三国相继建立了几个多边合作组织：1952 年的《安卡拉条约》、1953 年的布莱德同盟和 1955 年的巴尔干协商会议，这些多边合作尝试旨在建立一个自主外交、协商共同立场与安全防御的巴尔干同盟（Balkan Alliance）。① 后来由于苏南关系正常化②和塞浦路斯问题导致希土关系紧张，巴尔干同盟逐渐变得形同虚设，到 1960 年不复存在了。③ 南斯拉夫学者分析认为，巴尔干同盟并不是废除的，而是通过三个成员国的默契，将之搁在一边的。④ 对于同盟的倡导者南斯拉夫来说，它转而发起的不结盟运动使巴尔干同盟失去了存在的可能。希腊和土耳其对北约负有义务，也不大可能在其他军事合作领域唱高调甚至是反调。

尽管如此，巴尔干同盟所具有的意义仍是不容置疑的，它是"三个巴尔干国家在'政治、社会和民族一体化'方面的一次重大尝试，也是三国关系

---

① 关于巴尔干同盟建立的背景、具体过程，参见〔南斯拉夫〕兰科·佩特科维奇《巴尔干既非"火药桶"又非"和平区"》，石继成等译，北京：商务印书馆 1982 年中文版，第 118 ~ 124 页；时殷弘《小国合作和大国的阻滞——美国与 1954 年巴尔干同盟的形成》，《美国研究》1993 年第 4 期，第 22 ~ 42 页。

② 1955 年 5 月，以苏共中央第一书记赫鲁晓夫为首的苏联政府代表团访问了南斯拉夫，这是自 1948 年苏南关系破裂以来，两国政府首脑第一次会谈。双方随后发表的《贝尔格莱德宣言》标志着双方关系正常化。

③ Şule Kuta and N. Asli Şirin, "The Bright Side of Balkan Politics: Cooperation in the Balkans", in Dimitri A. Sotiropoulos and Thanos Veremis, eds., *Is Southeastern Europe Doomed to Instability?: A Regional Perspective*, London: FRANK CASS, 2002, pp. 11 – 12.

④ 〔南斯拉夫〕兰科·佩特科维奇：《巴尔干既非"火药桶"又非"和平区"》，石继成等译，北京：商务印书馆 1982 年中文版，第 124 页。

中和巴尔干关系史上的首次尝试（尽管它并未有效地建立起来）"①，表明不同社会制度和持有不同的国际立场的国家——南斯拉夫是非集团立场，希腊、土耳其是北约成员国——之间是有可能合作的。但是，巴尔干多边合作的道路是坎坷不平的，特别是因为有巴尔干以外的因素和进程在发生作用。② 巴尔干三国谋求合作的宗旨是加强自身的战略地位和外交回旋余地，而这在 20 世纪 50 年代初欧洲和地中海地区的具体环境中恰恰同美国的全盘考虑相抵牾。从更广阔的角度看，南斯拉夫所表现的自主倾向和外交独立姿态，在很大程度上是同美国的霸主思维格格不入的，也是同冷战两极体制格格不入的。③ 美国从一开始还表现出比较暧昧的姿态，随着巴尔干同盟的演进尤其是军事内容的强调以及南斯拉夫和意大利在里雅斯特问题上发生冲突，其反对态度日益明显，遂开始阻止巴尔干同盟的发展，对南、希、土三国放弃同盟起到了很大的助推作用。

在巴尔干同盟面临失败之际，1957 年罗马尼亚总理基伏·斯托伊卡（Chivu Stoica）提出了一项包含所有六个巴尔干国家（罗马尼亚、南斯拉夫、希腊、土耳其、保加利亚和阿尔巴尼亚）经济、文化和社会领域合作的倡议。该倡议得到保加利亚、阿尔巴尼亚和南斯拉夫的支持，但是遭到了希腊和土耳其的反对。作为北约成员国的希腊和土耳其起来反对，不仅是因为两个国家之间存在塞浦路斯问题，更多的是它们认为该倡议受到苏联的支持。④ 1959 年，斯托伊卡再次提出了建立巴尔干无核区的倡议。罗马尼亚总统尼古拉·齐奥塞斯库（Nicolae Ceauşescu）特别支持这一倡议并对西方媒体阐述了其看法："我们特别认为，巴尔干国家之间应该达成协议，在相互关系中，不要使用武力和以武力相威胁；不应采取任何能毒化巴尔干国家之间关系的行动；目前的

---

① 〔南斯拉夫〕兰科·佩特科维奇：《巴尔干既非"火药桶"又非"和平区"》，石继成等译，北京：商务印书馆 1982 年中文版，第 120～121 页。

② 〔南斯拉夫〕兰科·佩特科维奇：《巴尔干既非"火药桶"又非"和平区"》，石继成等译，北京：商务印书馆 1982 年中文版，第 124 页。

③ 时殷弘：《小国合作和大国的阻滞——美国与 1954 年巴尔干同盟的形成》，《美国研究》1993 年第 4 期，第 39 页。

④ Şule Kuta and N. Asli Şirin, "The Bright Side of Balkan Politics: Cooperation in the Balkans", in Dimitri A. Sotiropoulos and Thanos Veremis, eds., *Is Southeastern Europe Doomed to Instability? : A Regional Perspective*, London: FRANK CASS, 2002, p. 12.

边界应该看作一成不变的；应建立一种使帝国主义国家无法进行干涉的巴尔干合作；巴尔干地区应成为合作和和平区，应成为无核区。"①

　　然而，巴尔干无核区的倡议再次遭到希腊和土耳其的反对。希腊表示愿就此倡议与罗马尼亚进行沟通，土耳其则直接表示反对。② 正如南斯拉夫学者指出的，巴尔干各国本着自己的切身利益，可以对巴尔干变成无核区的主张采取留有余地的态度，但由于巴尔干一些国家在北约和华约中承担着义务，因此，在这方面，一无进展。③ 所以，斯托伊卡两大倡议的失败均表明，冷战期间的集团对峙成为巴尔干地区多边合作的最大障碍。

　　进入 20 世纪 60 年代，推动巴尔干地区多边合作的尝试并未终止，相反还取得了一些成就，由保加利亚、罗马尼亚、南斯拉夫和希腊共同推动成立的巴尔干合作与谅解委员会（Committee of Cooperation and Mutual Understanding）就是其中之一。④ 不过，由于土耳其拒绝参加该委员会的所有会议，巴尔干其他国家缺乏真正的和解态度，该委员会成立没多久便停止了工作。与此同时，20世纪 60 年代巴尔干国家间的关系出现了一些积极的因素。一方面，几个国家之间的双边关系尤其是南斯拉夫与保加利亚、希腊和罗马尼亚的关系都在不同程度上得到了改善。另一方面，经历了 1963 年塞浦路斯危机之后，土耳其为对抗希腊，也注重发展与巴尔干地区其他国家之间的关系。另外，1960 年阿苏关系恶化后，阿尔巴尼亚退出华约，此举直接影响其与保加利亚和罗马尼亚的关系，此后在很长一段时期内，阿尔巴尼亚在巴尔干多边合作中几乎都选择了"孤立政策"。

　　进入 20 世纪 70 年代，一些旨在推动巴尔干地区多边合作的尝试相继出

① 转引自〔南斯拉夫〕兰科·佩特科维奇《巴尔干既非"火药桶"又非"和平区"》，石继成等译，北京：商务印书馆 1982 年中文版，第 125 页。

② Oral Sander，"The Balkan Cooperation in Perspective"，*The Turkish Yearbook of International Relations*，Vol. 7，1966，pp. 112 – 120.

③ 〔南斯拉夫〕兰科·佩特科维奇：《巴尔干既非"火药桶"又非"和平区"》，石继成等译，北京：商务印书馆 1982 年中文版，第 125 页。

④ Şule Kuta and N. Asli Şirin，"The Bright Side of Balkan Politics：Cooperation in the Balkans"，in Dimitri A. Sotiropoulos and Thanos Veremis，eds.，*Is Southeastern Europe Doomed to Instability？：A Regional Perspective*，London：FRANK CASS，2002，p. 12.

现，并且有一个共同的特点是它们转向从低级政治领域开始。① 1971 年，保加利亚共产党第一书记托多尔·日夫科夫（Todor Zhivkov）在保共十大做总结报告时提出召开巴尔干国家首脑会议的倡议，由于苏联的干预，该倡议不仅未能实现，甚至连十大报告最后发布时也遭到删除。② 1975 年，希腊总理康斯坦丁·卡拉曼利斯（Konstantinos Karamanlis）提出从最小限度做起，开展巴尔干各国多边合作的建议，倡议召开巴尔干国家副部长级的专家会议。③ 希腊积极倡议和推动巴尔干地区的多边合作是因为它欲摆脱军政府七年（1967～1974 年）统治期间所处的孤立地位，同时在北约集团内扩大外交空间。该倡议几乎得到了所有巴尔干国家的支持，阿尔巴尼亚虽然表示不参加，但对此作为持赞赏态度。巴尔干各国一改此前对于多边合作的态度，一是因为"苏联在巴尔干扩张的势头很猛，不同程度地危及这些国家的安全，使它们开始尝试从本地区睦邻合作中去吸取独立的力量"④，二是南斯拉夫领导人铁托身体状况的不稳定使多数巴尔干国家日益担心本地区的未来走势。

在希腊的积极推动下，1976 年 1～2 月，巴尔干国家经济技术合作专家会议在雅典举行，希腊、罗马尼亚、保加利亚、南斯拉夫和土耳其五国派出外交部高级官员和专家代表团参加。阿尔巴尼亚和保加利亚没有与会。会议就开展经济、科学、文化、体育等方面合作的可能性交换了意见，没有涉及政治以及军事安全等领域。⑤ 各国与会代表共提出了 200 余项多边经济合作的建议，会议把这些建议归纳成工业、农业、贸易、动力、运输和通信联系、环境保护等几大类，交由各国政府去研究决定。⑥ 从这些议题可以发现，巴尔干各国尝试

---

① Sophia Clement，"Subregionalism in South Eastern Europe"，in Stephen C. Calleya ed，*Regionalism in the Post-Cold War World*，Burlington，Vermont：Ashgate Publishing Company，2000，p. 78.
② 张立洤、曹其宁：《欧洲火药桶——巴尔干史话》，成都：四川人民出版社 1993 年版，第 237～238 页。
③ 张立洤、曹其宁：《欧洲火药桶——巴尔干史话》，成都：四川人民出版社 1993 年版，第 236 页。
④ 张立洤、曹其宁：《欧洲火药桶——巴尔干史话》，成都：四川人民出版社 1993 年版，第 236 页。
⑤ 〔南斯拉夫〕兰科·佩特科维奇：《巴尔干既非"火药桶"又非"和平区"》，石继成等译，北京：商务印书馆 1982 年中文版，第 126 页。
⑥ 张立洤、曹其宁：《欧洲火药桶——巴尔干史话》，成都：四川人民出版社 1993 年版，第 237 页。

改变以往的做法，从经济、贸易、技术等低级政治领域合作出发，进而建立起彼此的联系与交流。与会国家交换了备忘录，明确重申将继续推动合作的意愿，并表示进一步扩大和加深巴尔干合作的可能、方向和领域。此外，需要提及的是，美国对会议没有明确表态，但在同苏联争霸处于相对劣势的情形下其反应是不言而喻的。会议期间，美国表示愿意资助南斯拉夫修建从奥地利、意大利经南斯拉夫至希腊和土耳其的高速公路的姿态或许能看出美国对巴尔干联合与合作是持赞许态度的。从过去的经验来看，美国的态度对于巴尔干国家能否顺利开展合作非常重要。

20 世纪 70 年代，在其他科教文卫等低级政治领域的合作也取得了不错的进展。例如，1971 年东欧工程师协会成立，成员有来自罗马尼亚、希腊、土耳其、南斯拉夫的工程技术工作者。该协会每两年举办一次代表大会，研究、讨论有关工程技术人员进行合作的决定和措施。保加利亚、罗马尼亚、南斯拉夫、希腊、土耳其五国还于 1971 年签订了关于旅游多边合作议定书。除经常召开巴尔干旅游代表大会外，旅游专家会议不定期召开。巴尔干国家红十字会和新月会自 1972 年以来多次举行代表大会，讨论各国在"红十字会"范围内的合作问题。1976 年，巴尔干国家电力系统协调委员会成立，每年召开一次会议，研究解决巴尔干电力系统的协调与合作问题。另外，巴尔干国家教育报刊记者会议也于 1973 年建立。[①]

进入 20 世纪 80 年代，尤其是后期，美苏关系开始走向缓和，为巴尔干地区进一步开展多边合作提供了有利时机。另外，巴尔干各国之间的经济联系也日益加强。首先，保加利亚和希腊的贸易额从 1970 年的 37 亿列弗增至 1983 年的 253.8 亿列弗，增长 5.9 倍。其次，保加利亚和土耳其的经济合作关系虽起步较晚，但 70~80 年代初发展迅速。1970~1983 年，两国贸易额由 10.1 亿列弗增至 152.1 亿列弗，增加 14.1 倍。保加利亚向土耳其出口机器、电子工业产品、化工产品、石油产品，土耳其则主要向保加利亚出口农副产品。与此同时，两国工业合作也发展较快。1979 年，保加利亚向土耳其提供的电力从

---

① 古启永：《战后巴尔干国家双边经济合作和多边合作关系及其新阶段》，《世界经济与政治》1989 年第 6 期，第 19~20 页。

1975 年的 9000 万度增至 6.54 亿度，增加 6.3 倍。再次，南斯拉夫和土耳其在 70 年代初成立了"经济合作联合委员会"，并签订了新的贸易协定。1976 年，两国签订长期经济、工业、科学、技术合作议定书等，在工业、交通、工艺转让等方面进行长期合作。1984 年，两国贸易额由 1970 年的 0.19 亿美元增至 0.71 亿美元，增长 2.7 倍。1986 年又比 1984 年增长 30%。又次，南斯拉夫和罗马尼亚的经济合作关系一直处于发展趋势，在工业、能源、重工业、采掘工业、交通、地质勘探、电子技术、石油化工、飞机制造、农业等领域进行生产合作。合作产品在 80 年代初占两国商品交换总额的 25%～30%。1984 年，两国的贸易额由 1970 年的 0.65 亿美元增至 2.3 亿美元，增长 2.5 倍。再看，保加利亚和南斯拉夫两国贸易额在南斯拉夫对巴尔干国家双边贸易关系中所占比重最大，贸易额成倍增加，1976～1980 年为 11.3 亿美元，1981～1985 年超过 22 亿美元，1985 年比 1970 年的贸易额增加 3 倍多。1985 年，两国签订了 1986～1990 年长期经济合作议定书，其中规定易货额比上一个五年计划增长 60%。两国企业间签订了 17 项协定，在机器制造、电子技术、冶金、化工等领域进行合作化、专业化生产。又看，保加利亚和罗马尼亚两国 1968 年贸易额比 1950 年增长 12 倍，1983 年比 1970 年增长 5 倍，贸易总额从 82.7 亿列弗增至 500 多亿列弗。在工业生产合作方面，1976～1980 年两国签订了社会经济发展协调议定书；1985 年签订了 1986～1990 年长期贸易协定，贸易额比上一个五年计划增长 5.6%。最后，南斯拉夫和希腊的经济合作在 20 世纪 60 年代后逐步发展，1979 年双方贸易额由 1972 年的 5670 万美元增至 2.5 亿美元。1984 年比 1970 年双边贸易额增长 2.8 倍。1985 年比 1984 年增长 23%。[①]

　　经济联系的增强为政治上的交往奠定了一定的基础，巴尔干国家领导人的互访也日益频繁起来。1982 年以后，罗马尼亚、南斯拉夫、保加利亚、土耳其和希腊五国的最高领导人或政府首脑都进行了互访。阿尔巴尼亚同土耳其、希腊两国也实现了经济代表团的互访，同其他巴尔干国家的关系也在逐步改善。1984 年，保加利亚、罗马尼亚、南斯拉夫、希腊和土耳其五国连续举行

---

① 古启永：《战后巴尔干国家双边经济合作和多边合作关系及其新阶段》，《世界经济与政治》1989 年第 6 期，第 19 页。

了两次大使级会议，讨论巴尔干国家政治、经济、文化等领域的多边合作问题。这些会议虽未就实质性问题达成协议，但会议本身为巴尔干各国间的合作带来了希望。有来自巴尔干国家的媒体指出，大使级会议的召开是增进巴尔干和欧洲信任与安全以及发展合作的一个具体行动，也是巴尔干国家筹备召开首脑会议的"一个重要阶段"。① 更为重要的是，不仅巴尔干各国强调睦邻合作已成趋势，具体经济部门的多边合作也不断取得进展，政治和军事领域的交流也逐渐显露。同年1月和2月，上述五国在希腊雅典召开了两次专家会议，会议不仅认真讨论了使巴尔干成为"无核区"的可能性和具体措施，详细研究了在经济、利用现代化技术、和平利用原子能、农业、旅游、水利等方面加强合作的前景，并且第一次开始就安全的军事方面和加强相互信任的措施交换了意见。②

正是在这样的有利背景下，1987年4月，南斯拉夫外交部长拉伊夫·迪兹达雷维奇（Raif Dizdarević）提出召开巴尔干国家外交部长会议的倡议。倡议一经提出，先后得到了罗马尼亚、保加利亚、希腊和土耳其的积极响应。就连阿尔巴尼亚也一改过去的立场，首次表现出了强烈的与会意愿。③ 更为重要的是，这个倡议本身对推动巴尔干国家间关系走向友好也起着积极作用。倡议提出后不久，9月希腊和阿尔巴尼亚结束了长达40多年的"对立状态"，实现关系正常化。1988年前后，在中断接触10年后，土耳其和希腊两国总理在瑞士举行会晤，就改善两国关系达成了谅解；阿尔巴尼亚和保加利亚决定恢复大使级外交关系；南斯拉夫和阿尔巴尼亚两国1981年中断文化交流后，决定就签订文化合作协定开始谈判，等等。④

在各国频繁接触、交流和协商后，第一次巴尔干国家外交部长会议于1988年2月在贝尔格莱德举行。所有巴尔干国家的外交部长均出席了会议，他们就加强相互信任、睦邻友好和多边合作展开磋商。会议确定了巴尔干国家

---

① 转引自吴锡俊《今日巴尔干——对抗阴影下的共存》，《瞭望》周刊1984年第14期，第33页。

② 李文：《巴尔干区域合作跨入新阶段》，《国际问题资料》1984年第5期，第18页。

③ 张立澄、曹其宁：《欧洲火药桶——巴尔干史话》，成都：四川人民出版社1993年版，第239页。

④ 徐坤明：《求同存异发展合作——写在巴尔干国家外长会议前夕》，《瞭望》周刊1988年第Z1期，第32页。

发展关系的基本准则，集中讨论了各国在经济、技术、文化、旅游、交通等领域进行多边合作的可能性，建议建立巴尔干海关联盟、巴尔干电信联盟、巴尔干联合银行、巴尔干免税区，为各国开展合作提供各种便利条件。[①] 会议确定了一系列活动计划：继续每年举行两次外交部高级官员会议，外交部长会议由两年举行一次改为一年一次，第二年将举行交通部长会议、卫生部长会议、反恐怖与反武器走私专家级会议，将举办首届巴尔干艺术节；在下次外交部长会议上讨论举行巴尔干国家首脑会议问题，审议建立巴尔干开发银行的可能性，准备签署《巴尔干环保公约》，筹建巴尔干经济合作研究所，研究成立"巴尔干论坛"，使其成为多边合作的机构，同时还提议每年举行一次经济或商业部长会议。[②] 在谅解与友好的会议气氛中，对许多问题进行讨论后取得了一致的看法，通过了一个内容广泛的《最后公报》，为今后发展相互关系确定了基本原则。[③] 会议得到国际社会的广泛关注，获得了国际舆论的称道，联合国秘书长也专门发来贺电。第一次巴尔干外交部长会议成果显著，它的成功举行"标志着巴尔干多边合作进入了一个新阶段，也开创了不同集团、不同制度、不同意识形态的国家求同存异，捐弃前嫌，坐在一起共商本地区事务的先例。对巴尔干各国捍卫独立和主权，争取发展和进步起到了积极的推动作用"。[④] 更为重要的是，与会外交部长们认为，巴尔干是欧洲的一部分，其合作也是欧洲进程中不可分割的，一个稳定的、跟上时代发展的巴尔干是整个地中海地区及欧洲和平与安全的因素。[⑤] 所以，毫不夸张地说，这次会议揭开了巴尔干多边合作甚至"回归欧洲"的序幕。后来于 1996 年成立的"东南欧合作进程"组织也以此次会议为精神源头。

巴尔干国家外交部长会议举行之后，地区合作出现一个较好的势头。1988

① 黄振民：《一次谋求睦邻与合作的会议——评巴尔干半岛国家外长会议》，《国际问题研究》1988 年第 3 期，第 24 页。
② 王洪起：《巴尔干国家寻求进一步合作》，《世界知识》1990 年第 22 期，第 11 页。
③ 黄振民：《一次谋求睦邻与合作的会议——评巴尔干半岛国家外长会议》，《国际问题研究》1988 年第 3 期，第 23 页。
④ 张立淦、曹其宁：《欧洲火药桶——巴尔干史话》，成都：四川人民出版社 1993 年版，第 240 页。
⑤ 王洪起：《巴尔干国家寻求进一步合作》，《世界知识》1990 年第 22 期，第 11 页。

年巴尔干地区举行了一系列双边和多边会议。会议之多，交往之频繁是前所未有的。这些会议内容涉及外交、经济、交通、文化、卫生、科学、体育、旅游等各项领域。1988 年 6 月 21～23 日在索非亚举行的巴尔干国家外交部高级代表会议是落实 2 月外交部长会议决定的重要会议。经过三天的认真讨论和协商，六国代表一致达成协议：1990 年初举行巴尔干外交部长第二次会议；日常性的外交部代表的工作性会晤每半年举行一次。下一次工作性会议将于1989 年 1 月在地拉那举行。另外，1988 年下半年分别在贝尔格莱德举行了巴尔干国家运输部长会议，就发展交通运输领域的多边合作的途径和可能性交换了意见；在雅典举行了一个工作小组会议，讨论有关成立巴尔干经济研究所的问题；在布加勒斯特举行了巴尔干国家大学校长会议；在雅典举办了巴尔干卫生周活动；在索非亚举行了巴尔干各国环境保护问题专家会议。[①]

1989 年 1 月 18～20 日，第二次巴尔干国家外交部高级代表会议在地拉那召开，除了重申 1990 年 10 月在地拉那举行第二次巴尔干国家外交部长会议外，还对其间的一系列会议进行了安排。1989 年上半年，在布加勒斯特举行讨论关于在巴尔干国家间建立信任与安全措施的专家会议。1989 年下半年举行会议较多，如在希腊举行第三次巴尔干国家外交部高级代表会议；在罗马尼亚举行关于工业合作与技术转让的部长级会议；在布加勒斯特举行推进巴尔干国家经济与贸易合作的专门会议；在希腊举行卫生方面的专家会议；在地拉那举行巴尔干国家谅解与合作委员会及类似非政府组织会议；在贝尔格莱德举行反恐怖和反毒品及武器走私的合作会议。1990 年上半年，巴尔干国家在地拉那举行能源部长会议，在雅典举行农业部代表会议。[②]

应该说，巴尔干多边合作在往好的方向发展，然而世界形势特别是巴尔干国家形势发生的巨大变化使这一进程大受影响。巴尔干国家如多米诺骨牌一样相继发生剧变，陷入了国内问题的泥潭之中，为多边合作制造了困难。自 1987年以来，巴尔干各国曾就外贸、交通、环保、技术转让等领域的合作举行过十

---

①　古启永：《战后巴尔干国家双边经济合作和多边合作关系及其新阶段》，《世界经济与政治》1989 年第 6 期，第 21 页。

②　古启永：《战后巴尔干国家双边经济合作和多边合作关系及其新阶段》，《世界经济与政治》1989 年第 6 期，第 21 页。

余次正副部长级和专家级会晤，增进了经贸联系，也增加了政治接触。对比历史经验来看，将这段时期称为巴尔干地区合作的"黄金时期"[1] 一点也不为过。然而，由于种种原因，多边合作只是有了一个开端，"具体收效甚微"，而且，剧变过程中一些历史遗留问题时有反复甚至还激化影响了地区合作。[2] 最明显的例子是，虽然 1990 年 10 月巴尔干国家外交部长第二次会议如期在地拉那举行，但此前的提议不仅没能得到落实，而且这次会议提出的 12 月在保加利亚举行第三次巴尔干国家外交部长会议也由于南斯拉夫发生的危机而无法兑现。巴尔干地区出现的新形势与新变化不仅使地区合作遭受困难，也在改变它们之间的合作方式与进程。

第二节　后冷战时代的巴尔干地区合作机制

冷战的结束赋予了巴尔干地区合作新的政治气候。虽然南斯拉夫解体引发的一系列战争与冲突削弱了巴尔干多边合作的基础，但是一些合作尝试仍在进行，到 1995 年底《代顿协议》签署后，地区合作日益成为该地区的一个重要特征。[3] 从形式上看，巴尔干地区合作既有双边和多边合作机制，也有经济、政治、文化、社会、安全以及跨领域的合作安排，还有区域内和跨区域的合作模式。归纳起来，这些合作安排与机制可以分政府间合作机制与非政府间合作机制两大类。

一　巴尔干国家政府间合作机制

在巴尔干国家政府间合作机制中，包括巴尔干国家自我创议（home-grown）、域外国家或国际组织创议以及区域内和区域外国家共同创议的合作机制三类。巴尔干国家自我创设的合作机制主要有 1992 年由土耳其倡议成立

---

① Haralambos Kondonis, "Prospects for Balkan Cooperation after the Disintegration of Yugoslavia", *East European Quarterly*, Vol. 32, No. 3, 1998, p. 377.

② 王洪起：《巴尔干国家寻求进一步合作》，《世界知识》1990 年第 22 期，第 12 页。

③ Dimitar Bechev, *Constructing South East Europe: the Politics of Balkan Regional Cooperation*, Basingstoke: Palgrave Macmillan, 2011, p. 2.

的黑海经济合作组织和1996年由数个巴尔干国家联合成立的东南欧合作进程。由域外国家或国际组织倡议创设的合作机制主要有1992年由维谢格拉德集团四国提议成立的中欧自由贸易协定、1996年由美国倡议成立的东南欧国防部长会议机制、1999年由欧盟提出的《东南欧稳定公约》（2008年改称地区合作委员会）、2000年由意大利提议成立的亚得里亚—爱奥尼亚海倡议以及2003年由美国倡议出台的《亚得里亚宪章》。由巴尔干国家和域外国家（国际组织）共同创议的合作机制主要有1989年由奥地利、匈牙利、捷克斯洛伐克、南斯拉夫和意大利五国倡议成立的"中欧倡议国"组织和2004年建立的东南欧运输观察站。同样，这些机制与组织包括的国别也分为只涵盖巴尔干国家和涵盖巴尔干国家及相邻国家两大类别（具体见表2－1）。

（一）"中欧倡议国"组织

在东欧剧变风起云涌之际，这些国家开始对未来地区性合作和相邻国家间关系进行谋划。同样，随着剧变的发生，东欧国家的邻国也开始思考如何处理改制后的相关国家间的关系与合作。"中欧倡议国"组织就是在这种环境下产生的较早的地区性合作组织。

1989年11月，相互毗邻、有着传统关系的意大利、奥地利、南斯拉夫和匈牙利四国，根据意大利和匈牙利的倡议，先后举行外交部长级和副总理级会议，商定在交通运输、环境保护、通信、教育和科研等领域分工合作。这种形式当时被称为"亚得里亚海－多瑙河"地区的四国合作。1990年5月，捷克斯洛伐克加入后，"亚得里亚海－多瑙河"地区合作改称为"中南欧五国合作"。同年8月，五国政府首脑和外交部长在意大利威尼斯举行了被称为"五角会议"的政府首脑会议，确定五国合作的目标是发展参加国之间在政治、经济、科技和文化等方面的多边合作关系，避免中、南欧地区出现不稳定局面，并确定了交通、电信、环保、科技等方面100多个合作项目及分工。会议还确定采取灵活务实的合作方式，不设常设机构，总部设在意大利的的里雅斯特。该组织实行轮值主席国制度，主席任期一年。1991年7月，"中南欧五国合作"组织接纳波兰为其成员，五国集团成为六国集团，改称"六角会议"。同月，六国政府首脑在南斯拉夫举行会议，发表旨在加强相互合作的《政治宣言》和《经济宣言》，同时发表声明强调，必须在尊重南斯拉夫人民决定自

表2-1　与巴尔干国家相关的地区合作机制及成员一览

国家＼地区合作机制	"中欧倡议国"组织(1989)	黑海经济合作组织(1992)	东南欧合作进程(1996)	东南欧合作倡议(1996,2011年改称为东南欧执法中心)	东南欧国防部长会议机制(1996)	《东南欧稳定公约》(1999,2008年改称地区合作委员会)	亚得里亚-爱奥尼亚海倡议(2000)	《亚得里亚宪章》(2003)	东南欧运输观察站(2004)	中欧自由贸易协定(2006)	布尔多-布里俄尼进程(2013)
阿尔巴尼亚	1996年加入	创始国	创始国	创始国	创始国	创始国	创始国	创始国,2009年加入北约	创始国	创始国	参与国
波黑	1992年加入	—	创始国	创始国	2007年加入	创始国	创始国	2008年加入	创始国	创始国	参与国
保加利亚	1996年加入	创始国	创始国	创始国	创始国	创始国	—	—	—	—	—
克罗地亚	1992年加入	—	2005年加入	创始国	2000年加入	创始国	创始国	创始国,2009年加入北约	创始国	创始国,2013年退出	创始国(倡议国)
黑山	2006年加入	—	2007年加入	创始国	2010年加入	创始国	2002年加入	2008年加入	创始国	创始国	参与国
马其顿	1993年加入	创始国	创始国	创始国	创始国	创始国	—	创始国	—	创始国	参与国
罗马尼亚	1996年加入	创始国	创始国	创始国	1997年加入	创始国	—	—	创始国	—	—
塞尔维亚	2000年重入	创始国	创始国	创始国	2010年加入	创始国	2002年加入	观察员国	创始国	创始国	参与国

续表

地区合作机制 \ 国家	"中欧倡议"组织(1989)	黑海经济合作组织(1992)	东南欧合作进程(1996)	东南欧合作倡议(1996,2011年改称为东南欧执法中心)	东南欧国防部长会议机制(1996)	《东南欧稳定公约》(1999,2008年改称地区合作委员会)	亚得里亚-亚得里亚海爱奥尼亚倡议(2000)	《亚得里亚宪章》(2003)	东南欧运输观察站(2004)	中欧自由贸易协定(2006)	布尔多-布里俄尼进程(2013)
斯洛文尼亚	1992年加入	—	2010年加入	创始国	1997年加入	创始国	创始国	—	—	—	创始国(倡议国)
希腊	—	创始国	创始国	创始国	1997年加入	创始国	创始国	—	—	—	—
土耳其	—	创始国(倡议国)	创始国	创始国	创始国	创始国	—	—	—	—	—
其他	奥地利、意大利(1989)、波兰(1991)、捷克、斯洛伐克、摩尔多瓦(1993)、白俄罗斯、乌克兰(1996)	亚美尼亚、阿塞拜疆、格鲁吉亚、摩尔多瓦、俄罗斯、乌克兰(1992)	匈牙利、摩尔多瓦(2006)	美国(倡议国)、意大利(1996)、乌克兰(2005)	匈牙利、摩尔多瓦(1996)	欧盟(倡议者)、美国、俄罗斯、摩尔多瓦等	意大利(倡议国)、美国	美国(倡议国)	联合国驻科索沃派团(创始成员)、欧盟委员会(创始成员)	摩尔多瓦、科索沃	欧盟国家、美国代表

说明:(1)不属于巴尔干地区的观察员国未列入;(2)中欧自由贸易协定(2006)是1992年维谢格拉德集团国家建立的中欧自由贸易协定的后继机制。

资料来源:http://www.cei.int/;http://www.bsec-organization.org/;http://www.rspcsee.org/;http://www.secicenter.org/;http://www.stabilitypact.org/;www.aii-ps.org/;http://www.cefta.int/。

己命运的主权基础上，通过政治途径解决南斯拉夫危机。1991 年 11 月，南斯拉夫因波黑战争受到制裁，并被停止成员国资格。

1992 年 3 月，在奥地利召开的六国外交部长会议决定将"六国会议"更名为"中欧倡议国"组织。"中欧倡议国"组织的宗旨是促进中欧地区国家之间的区域性合作，以"特殊"和"具体"的方式使中欧国家接近欧洲联盟，为欧洲一体化铺平道路；致力于经济、科技、文化及政治领域的合作，同欧盟、世界银行、国际货币基金组织等欧洲地区性组织和国际金融机构建立联系。中欧倡议国组织下设三个机构：国家合作协调委员会、中欧合作指导委员会和工作组。该组织共有 16 个工作组处理 100 多个项目，包括农业、民防、文化、能源、环境、信息和媒体、移民、科学和技术、中小企业、统计、电信、旅游、运输和职业培训等。从这些项目看，它们与加入欧盟谈判的内容在相当程度上是重合的。在这个意义上讲，该组织开展的合作对于这些国家的入盟起着积极的助推作用。该组织每年举行一次最高级会晤。国家合作协调委员会会议一年举行多次，其他会议则视情况而定。

从南斯拉夫分裂出来的国家相继成为"中欧倡议国"组织的成员国。1992 年，斯洛文尼亚、克罗地亚和波黑加入，1993 年马其顿加入以及捷克斯洛伐克分裂为两个成员国，2000 年塞尔维亚和黑山重新被接纳加入，黑山2006 年宣布独立后加入。此外，巴尔干半岛的阿尔巴尼亚、保加利亚和罗马尼亚以及前苏联加盟共和国乌克兰、白俄罗斯和摩尔多瓦均在 1996 年加入该组织。这样，该组织包含了中欧和东南欧的 18 个成员方。需要强调的是，目前该组织一半以上的成员国都已经加入欧盟。

在 2007 年保加利亚和罗马尼亚即将加入欧盟之际，出现了关于中欧倡议国组织是否应继续存在的讨论。当年 5 月，在索非亚举行的中欧倡议国组织外交部长会议上，与会各方达成共识，该组织将继续存在下去，以促进西巴尔干国家在加入欧盟过程中进行经验和知识方面的交流。因此，除了原有在各领域的合作以外，中欧倡议国组织开始调整工作重点和方向，即加强该组织与其他地区组织的合作，为支持该组织中尚未加入欧盟的国家提供帮助而加强内部合作。

(二) 黑海经济合作组织

冷战结束，国际权力结构出现新的重组，关于欧洲未来建构的模式出现了多种方案，有关国家对于自身在欧洲及相关区域中的抱负也有了新的展望。在黑海区域，随着苏东国家剧变的发生，各国政治、经济、社会和国际环境出现了显著变化，土耳其抓住这一机会提出了扩大黑海沿岸国家之间相互联系与深化合作的主张。

1989 年，时任土耳其总统图尔古特·厄扎尔（Turgut Özal）提出建立黑海经济合作区的主张，以开辟土耳其对外经济合作的新渠道。该主张得到黑海沿岸的保加利亚、罗马尼亚甚至苏联的响应。随即，四个国家的代表多次商讨建立合作区的可能性。1990 年 12 月 19～21 日，由土耳其、苏联以及苏联一些加盟共和国（包括亚美尼亚、阿塞拜疆、格鲁吉亚、摩尔多瓦、乌克兰）派出代表团在土耳其安卡拉举行会议，确认了本地区各国都有成立共同体的政治愿望，同时明确了黑海经济合作计划对本地区实现经济合作的重要意义。会议决定，由土耳其负责草拟一个阐明本地区经济合作所应遵循的指导性文件。有关各国先后于 1991 年 3 月 12～13 日、4 月 23～25 日以及 7 月 11～12 日在布加勒斯特、索非亚和莫斯科举行会议，在土耳其制定的文件的基础上拟定了一份地区性合作的框架文件。值得提及的是，希腊和南斯拉夫都派观察员参加了莫斯科会议，南斯拉夫还于 1991 年 11 月提出了加入该地区性合作组织的申请。

1992 年 2 月 3 日，土耳其、保加利亚、罗马尼亚、俄罗斯、乌克兰、摩尔多瓦、亚美尼亚、阿塞拜疆和格鲁吉亚九国外交部长在伊斯坦布尔召开会议，草签了关于建立黑海经济合作区的议定书。该议定书指出，黑海经济合作的领域是交通、通信、能源、工农业、科技、旅游、环境保护和医疗卫生等方面，同时要在黑海地区建立合资企业并计划建立"黑海外贸投资银行"，以扶植发展新建企业和公司。同时，这次会议还决定，轮流在各国定期举行每年一次的外交部长会议，讨论合作进程，制定合作政策和目标。2 月 28 日，希腊提出加入申请并被接纳。虽然南斯拉夫也提出了加入申请，但由于国家正发生解体而未被接纳。6 月 24 日，阿尔巴尼亚也被接纳加入。6 月 25 日，11 国政府首脑在伊斯坦布尔签署了《黑海经济合作计划宣言》，同时发表了《博斯普鲁斯声明》，确定该计划的目标是使黑海变成一个和平、稳定、繁荣、睦邻的区域，建立起各参与国之间新的伙伴关系，进而有助于欧洲的未来建构。这次会议宣告黑海经济合作组织（Black Sea Economic Cooperation，简称黑海经合组织）正式成立。

1992 年 12 月 10 日，黑海经合组织外交部长会议在土耳其安塔利亚召开，议定商讨在伊斯坦布尔建立该组织的常任秘书处，同时拟成立一个解决组织方面问题的专门工作组，负责草拟组织的"工作程序规则"。但是，进展并不顺利，直到 1994 年 3 月常任秘书处才正式在伊斯坦布尔建立。

由于黑海区域相关国家或国家间还存在诸多矛盾与纠纷，容易产生一些不安定因素，给黑海经合组织的发展带来了不少困扰。种种由于种族或地理原因而造成的裂痕和歧视现象使形势愈加复杂，比如俄罗斯和罗马尼亚在摩尔多瓦的纠纷，亚美尼亚和阿塞拜疆在纳戈尔诺—卡拉巴赫以及在纳希切万问题上的争执，俄罗斯想介入乌克兰事务以及它们之间关于原苏联黑海舰队的归属问题之争；土耳其与希腊在塞浦路斯问题上的争端，保加利亚境内的土耳其少数民族问题，保加利亚与希腊在马其顿问题上的不和，俄罗斯和格鲁吉亚在南奥塞梯以及阿布哈兹的冲突；以及在原南斯拉夫境内出现的种种动荡；等等。[1] 除了没有解决的冲突外，是否拥有一个共同的目标、政治意愿的强弱、财政资金和资源是否充足及合作范围与层次的大小等因素都对黑海经合组织的发展产生影响。[2]

为了解决或应对上述问题与挑战，黑海经合组织提出了一系列倡议，建立了诸多合作机制。比如，建立各参与国国防与外交部长理事会，来处理本地区的各种危机；建立各参与国议会间的大会（Parliamentary Assembly of Black Sea Economic Cooperation），就各国国内政治问题进行商讨。

同时，黑海经合组织自身的建设也处于不断完善之中。继 1995 年 6 月黑

---

① 〔土耳其〕奥马尔·法鲁克·根奇卡亚：《黑海经济合作计划：对欧洲一体化的来自于一个地区的挑战》，张莉、黄为葳译，《国际社会科学杂志（中文版）》1994 年第 4 期，第 116 ~ 119 页。

② Panagiota Manoli, "Where is Black Sea regionalism heading?", *Southeast European and Black Sea Studies*, Vol. 10, No. 3, 2010, pp. 332 - 337.

海经合组织在布加勒斯特成员国高级别会议上发表声明后，1996 年 10 月在成员国首脑会议上再次发表《莫斯科宣言》，旨在推动组织章程的出台。1997 年 1 月，各成员国就建立黑海贸易与发展银行（Black Sea Trade and Development Bank，BSTDB）达成协定。1998 年 6 月 5 日，黑海经合组织首脑峰会在雅尔塔举行，成员国签署了《黑海经济合作组织章程》。① 该章程于 1999 年 5 月 1 日起生效。从这之后，黑海经合组织进入快速发展的时期。黑海贸易与发展银行也于 1999 年 6 月正式运作。

2004 年，在希腊担任轮值主席国期间发布的黑海经合组织纲要中首次提出了"大黑海"（Wider Balck Sea Area）的概念。欧盟对黑海区域及其合作走向极其关注，支持其发展。② 2007 年 4 月，欧盟委员会提出黑海协同计划（Black Sea Synergy），倡导以欧盟与黑海地区各国的双边关系、与土耳其的入盟谈判以及与俄罗斯的战略伙伴合作关系为基础，在确保各方共同利益的前提下，进一步整合并增强欧盟现有的促进和推动黑海各国稳定与改革的努力，从而与欧盟—地中海伙伴关系计划和北欧合作计划一起，构成欧盟邻国政策体系的完整架构。③ 不仅是欧盟在向东部挺进，黑海经合组织也在积极向西边拓展，共同融入欧洲区域主义的进程。④

从规模来看，随着 2004 年 4 月塞尔维亚和黑山的加入，黑海经合组织正式成员国扩大至 12 个。⑤ 该组织的观察员包括国际组织和国家两大实体，前

---

① 《黑海经济合作组织章程》共 10 章 34 条，就组织的目标、成员国的加入与退出、合作诸方面做出了规定，参见 BSEC, "Charter of the Organization of the Black Sea Economic Cooperation", http://www.bsec-organization.org/documents/LegalDocuments/statutory/charter/Download/CHARTER%20web%20080630.pdf。该章程在土耳其生效要晚几个月，即 1999 年 9 月 24 日。2004 年 4 月，塞尔维亚和黑山加入该组织，章程随即在该国生效。

② "BSEC-EU Interaction: The BSEC Approach", *Southeast European and Black Sea Studies*, Vol. 7, No. 2, 2007.

③ European Commission, "Black Sea Synergy – A New Regional Cooperation Initiative", Brussels, April 11, 2007, COM (2007) 160 final; Laure Delcour and Panagiota Manoli, "The EU's Black Sea Synergy: results and Possible Ways Forward", European Parliament Directorate-General for External Policies, September 2010.

④ Panagiota Manoli, "Where is Black Sea Rregionalism Heading?", *Southeast European and Black Sea Studies*, Vol. 10, No. 3, 2010, p. 325.

⑤ 2006 年，黑山宣布独立后，塞尔维亚继任黑海经合组织成员国地位，黑山没有加入该组织。

者如能源宪章秘书处（Energy Charter Secretariat）、欧盟委员会、黑海防污染保护委员会（Commission for the Protection of the Black Sea Against Pollution）；后者有美国、奥地利、德国、法国、波兰、斯洛伐克、克罗地亚、捷克共和国、意大利、白俄罗斯、埃及、以色列以及突尼斯等。此外，黑海经合组织还与联合国、世界银行等许多国际组织建立了对话伙伴关系。

从机制上看，黑海经合组织实行轮值主席国制度，以首脑会议、各部长级会议为主要会议机制。截至目前，黑海经合组织已经举行了八次首脑会议。同时，自2000年以来，就内务、外交、能源、旅游、运输、科技、环境、教育、文化、卫生以及经济问题的部长级会议多次举行（见表2-2）。此外，黑海经合组织还经常在成员国举办论坛、展览等活动。

表2-2 黑海经济合作组织相关会议一览

首脑会议		2000年以来重要的部长级会议					
时间	地点	时间	地点	会议	时间	地点	会议
1992.6.25	伊斯坦布尔	2000.4.27	布拉索夫	内务部长	2005.9.28	雅典	科技部长
1995.6.30	布加勒斯特	2002.3.15	基辅	内务部长	2006.3.3	布加勒斯特	环境部长
1996.10.25	莫斯科	2002.5.16	索契	能源部长	2006.9.27	索契	运输部长、能源部长
1998.6.5	雅尔塔	2002.9.27	地拉那	旅游部长	2007.7.4	苏尼翁	文化部长
1999.11.17	伊斯坦布尔	2003.9.1	巴库	能源部长	2008.4.9	基辅	能源部长
2002.6.25	伊斯坦布尔	2003.10.3	巴库	运输部长	2013.5.23	雅尔塔	经济部长
2007.6.25	伊斯坦布尔	2004.4.3	雅典	公共事务部长	2014.12.15	萨洛尼卡	外交部长
2012.6.25	伊斯坦布尔	2004.4.16	巴库	教育部长	2015.5.29	基希讷乌	经济部长
		2005.1.28	萨洛尼卡	运输部长	2015.6.5	基希讷乌	卫生部长
		2005.3.4	亚历山德鲁波利斯	能源部长	2015.12.1	布加勒斯特	外交部长

注：（1）部长级会议根据不同会议类型进行了选择列出；（2）黑海经济合作组织理事会未列出。
资料来源：http://www.bsec-organization.org/。

从影响上看,黑海经合组织已经成为黑海周边国家以及其他大国(如美国)和国际组织(如欧盟)开展经贸合作、开发黑海资源的重要平台与机制。与此同时,该组织的地缘政治作用非常显要,无论欧盟或俄罗斯甚至美国都极力维护并拓展在黑海的利益。也正是基于这一点,黑海区域合作进展分为两个阶段,一个是20世纪90年代黑海经合组织建立及在区域内发展的阶段,另一个则是相关大国或大国集团介入使黑海经合组织功能泛化、一体化实践复杂化的阶段。

不过,在相当长一段时期内,黑海区域不太可能成为一个政治或经济的整体。《黑海史》一书的作者查尔斯·金(Charles King)认为,黑海经合组织的未来发展存在以下困境:其一,一个包括了俄罗斯、土耳其和希腊——三个有不同利益和目标的国家——的地区组织肯定会遇到问题。因为每个国家都有自己对在这个地区的外交政策的设想,但是没有一个拥有足够的财力来把这种设想变为现实。其二,黑海经合组织的出现与其说是各国真正致力于推动地区合作的努力的产物,倒不如说是一连串特殊的地缘政治利益博弈的结果。土耳其的算盘是增加自身在地区事务中的作用,向欧盟示好,而俄罗斯和希腊不希望土耳其在黑海区域将它们排除在外。其三,使黑海经合组织成为一个壮大的地区组织不符合欧盟和北约的利益。① 这些困境及其反映出来的黑海经合组织发展现状很好地印证了该组织现有的发展水平。

(三) 中欧自由贸易协定

苏联解体、东欧剧变与经互会解体后,中东欧国家从经济转轨的大衰退中进一步认识到加强各国间经济合作的重要性。1991年,波兰、匈牙利和捷克斯洛伐克三国首脑在匈牙利的维谢格拉德城堡举行会议,决定恢复和加强彼此间经济合作,并为将来加入欧盟作准备。这次会议直接推动了维谢格拉德集团的成立。1992年12月,三国外交部长在波兰克拉科夫举行会议,签署中欧自由贸易协定(Central European Free Trade Agreement,CEFTA),并商定建立自由贸易区。中欧自由贸易协定的出台与维谢格拉德集团国家间合作的进展特别

---

① 〔美〕查尔斯·金:《黑海史》,苏圣捷译,上海:东方出版中心2011年中文版,第259~260页。

是欧盟鼓励准备入盟国之间建立自贸区的政策紧密相关，其内容几乎照抄了"欧洲协定"关于贸易的部分。[①] 因此，加入中欧自由贸易协定意味着向进入欧洲单一市场迈出了重要一步。[②]

中欧自由贸易协定对其宗旨、加入条件、基本要求和实现贸易自由化的时间表都有明确的规定。其宗旨是：加强成员国在各个领域的协调；在传统贸易伙伴的基础上增强互补性，密切该地区的经济联系与合作；通过中欧内部贸易自由化的提高，为加入欧盟创造条件，最终融入欧盟。其加入条件是：必须是欧盟的联系国；必须是世界贸易组织的正式成员；必须与该协定成员国签订自由贸易协议。其基本要求是：拆除各成员国之间存在的关税和贸易壁垒，最终建成自由贸易区。实现贸易自由化的时间表则是：从 1993 年 3 月 1 日到 1994 年 7 月 1 日，首先取消原料、半成品及初级产品的内部关税；从 1994 年 7 月 1 日到 1995 年底，以每年削减 1/3 的速度逐步取消中等加工程度产品的内部关税；从 1995 年到 2001 年，以年均减税 15% 的速度逐步取消钢铁、纺织品、汽车等"最敏感产品"的内部关税，完成内部商品贸易的自由化。[③]

中欧自由贸易协定的成员国不断增多，1993 年捷克斯洛伐克的分裂使成员国由三国变成四国。1995 年，该组织宣布接纳斯洛文尼亚加入。1997 年和 1998 年，它又先后宣布接纳罗马尼亚和保加利亚加入，并重申向与欧盟和世界贸易组织成员方有联合协定的所有中东欧国家和波罗的海沿岸国家开放。该组织的成立，对推动各成员国经济的恢复与发展起到了积极的作用。中欧自由贸易区建设启动后，经过几年的磨合，已形成了一个较为畅通的内部商品市场，基本达到了通过其"小一体化"，为加入欧盟而实现"大一体化"作准备的目的。尤其是自贸区内的贸易创造、贸易转移更为明显，贸易扩大对成员国经济复苏的拉动作用不可估量。

与此同时，为加强东南欧国家间的经贸联系，2001 年 6 月，东南欧国家

---

① 关于"欧洲协定"的内容与作用，参见朱晓中《"欧洲协定"与东西欧经济关系》，《东欧中亚研究》1995 年第 2 期，第 35～44 页。

② Anna Maria Mostetschni, *CEFTA and The European Single Market: an Appropriate Preparatory Exercise?*, Warsaw: College of Europe Natolin Campus, 2011, p. 1.

③ 聂元贞：《论中欧自由贸易区的建立和发展》，《今日东欧中亚》2000 年第 2 期，第 54 页。

外交部长在布鲁塞尔签署《贸易自由化和便利化谅解备忘录》。根据该备忘录的要求，东南欧国家相互签署双边贸易协定，最终建立东南欧自贸区（South European Free Trade Area，SEFTA）。[①] 随着数个中东欧国家陆续加入欧盟、退出中欧自由贸易协定后，该组织遂也面临着调整。2006 年，罗马尼亚提议保留原有组织的合作框架，并将已有贸易区向西巴尔干国家扩大，得到了有关国家的响应和欧盟的支持。12 月，阿尔巴尼亚、波黑、克罗地亚、马其顿、摩尔多瓦、黑山、塞尔维亚和科索沃等签署修订后的协定，实现了组织的更新。不过，这个完全由东南欧部分国家组成的组织仍然称为"中欧自由贸易协定（2006）"（Central European Free Trade Agreement-CEFTA 2006），保留了其原有的机制和发展目标。这也在机制层面上标志着东南欧自贸区的建立。

新协定 2007 年 7 月 26 日在阿尔巴尼亚、马其顿、摩尔多瓦、黑山和科索沃生效，8 月 22 日在克罗地亚生效，10 月 24 日在塞尔维亚生效，11 月 22 日在波黑生效。克罗地亚于 2013 年 7 月 1 日加入欧盟后退出该组织，目前其成员国包括西巴尔干地区的阿尔巴尼亚、马其顿、黑山、波黑、塞尔维亚和科索沃以及域外的摩尔多瓦。该组织实行轮值主席国制，2007 年至今的轮值国分别是马其顿、摩尔多瓦、黑山、塞尔维亚、科索沃、阿尔巴尼亚、波黑和马其顿。其内部机制设置为：由成员国经贸部长组成的联合委员会及其附属的三个组委会（农业委员会、关税委员会和贸易委员会）、三个工作组（贸易壁垒技术组、服务贸易组和关税风险管理组），以及总部设在布鲁塞尔的秘书处。

新成立的组织的主要目标是，扩大贸易和投资，消除经济贸易阻碍，提高经济竞争力和贸易自由化，为加入欧盟做经济上的准备。可以想见，成员国中除摩尔多瓦外，所有国家都处于入盟不同进程中。于是，一个问题出现了，即在这些国家实现入盟后该组织将是否存在、如何存在？这是观察该组织未来走向的一个重要基点。同时，该组织在多大程度上实现了为入盟准备的目标？无论是旧或是新的中欧自由贸易协定均突出强调了贸易自由化的功能，却在人员

[①] Nataša Golubović and Srdjan Golubović，"Regional Cooperation In Southeastern Europe"，*Economics and Organization*，Vol. 2，No. 1，2003，p. 6.

与资本的自由流通上的进展仍然有不足之处。① 据2010年11月欧盟委员会出台的一份扩大报告显示，阿尔巴尼亚、克罗地亚、科索沃和黑山的资本流通基本放开，波黑相对放开、在居民资本外流上仍有限制，塞尔维亚是适度放开、在短期资本流通上有限制，而马其顿仍然对资本流通采取限制。② 进一步说，中欧自由贸易协定要实现其目标，除了经济和贸易领域的合作外，政治合作仍不可或缺。

（四）东南欧合作进程

前文提到，巴尔干国家外交部长会议先后于1988年和1990年在南斯拉夫、阿尔巴尼亚召开，为该地区国家间的合作开了好头，然而巴尔干社会主义国家剧变尤其是南斯拉夫解体使其被迫中断。20世纪90年代初期发生在前南斯拉夫境内的数场战争使巴尔干国家充分认识到地区稳定和国家间合作的重要性，要实现"回归欧洲"的目标就必须在这些问题上有所作为。波黑战争结束、《代顿协议》的签署也为实现这种可能提供了客观基础。

1996年是巴尔干多个地区合作组织相继建立的一年。2月，保加利亚提议召开第三次巴尔干国家外交部长会议，随即得到有关国家的积极响应。美国派出助理国务卿科尔·布鲁姆（Cole Bloom）在巴尔干地区穿梭访问，协调各方立场，极力促成此次会议。7月，第三次巴尔干国家外交部长会议在索非亚举行，波黑、南联盟、罗马尼亚、保加利亚、阿尔巴尼亚、马其顿、希腊和土耳其八个国家的代表与会，克罗地亚也派出了观察员出席会议。在这次会议上，有关各方决定成立东南欧合作进程（South East European Cooperation Process，SEECP）。

东南欧合作进程的宗旨是，促进东南欧国家的睦邻关系、稳定、发展和合作，通过扩大经贸往来加强东南欧各国的经济合作，以协调国家间的关系来实现地区稳定。经过十多年的发展，该组织成员覆盖了东南欧所有11个国家以及摩尔多瓦，克罗地亚、摩尔多瓦、黑山和斯洛文尼亚先后于2005年、2006年、2007年和2010年加入。该组织实行轮值主席国制度，形成了外交部长会议和首脑会议两条并行的机制（见表2-3）。

---

① Biukovic Ljiljana, "The New Face of CEFTA and its Dispute Resolution Mechanisms", *Review of Central and East European Law*, Vol. 33, No. 3, 2008, p. 268.

② 转引自 Anna Maria Mostetschni, *CEFTA and The European Single Market: an Appropriate Preparatory Exercise?*, Warsaw: College of Europe Natolin Campus, 2011, p. 61.

表2-3 东南欧合作进程轮值国与相关会议一览

轮值情况		外交部长会议		首脑会议	
轮值时段	轮值国家	时间	地点	时间	地点
1996~1997年	保加利亚	1996年7月6~7日	索非亚	1997年11月2~4日	克里特
1997~1998年	希腊	1997年6月5~6日	萨洛尼卡	1998年10月12~13日	安塔利亚
1998~1999年	土耳其	1998年6月8~9日	伊斯坦布尔	2000年2月12日	布加勒斯特
1999~2000年	罗马尼亚	1999年3月19日	布加勒斯特	2000年10月25日	斯科普里(特别会议)
2000~2001年	马其顿	1999年12月2日	奥赫里德	2001年2月23日	斯科普里
2001~2002年	阿尔巴尼亚	2000年7月14日	地拉那	2002年3月28日	地拉那
2002~2003年	塞尔维亚和黑山	2001年5月16日	贝尔格莱德	2003年4月9日	贝尔格莱德
2003~2004年	波黑	2002年6月19日	萨拉热窝	2004年4月21日	萨拉热窝
2004年4月~2005年5月	罗马尼亚	2003年6月9日	萨洛尼卡	2005年5月11日	布加勒斯特
2005年5月~2006年5月	希腊	2004年10月22日	布加勒斯特	2006年5月4日	萨洛尼卡
2006年5月~2007年5月	克罗地亚	2006年1月24日	雅典	2007年5月11日	萨格勒布
2007年5月~2008年5月	保加利亚	2007年3月1日	萨格勒布	2008年2月28日	索非亚
2008年5月~2009年5月	摩尔多瓦	2008年5月20~21日	波莫里埃	2008年5月19~21日	波莫里埃
2009年5月~2010年5月	土耳其	2009年1月30日	基希讷乌	2009年6月5日	基希讷乌
2010~2011年	黑山	2009年6月3~4日	基希讷乌	2010年6月21~23日	伊斯坦布尔
2011~2012年	塞尔维亚	2012年6月14日	贝尔格莱德	2012年6月17日	贝尔格莱德
2012~2013年	马其顿	2013年9月27日	纽约	2013年6月1日	奥赫里德(取消)
2013~2014年	罗马尼亚	2014年2月17~18日	布加勒斯特	2014年6月25日	布加勒斯特
2014~2015年	阿尔巴尼亚	2015年2月23日	地拉那	2015年5月26日	地拉那

资料来源：http://rspcsee.org/。

东南欧合作进程遵循平等互利、协商一致、求同存异的原则，其内部没有一个起主导作用的成员国，也不受外部势力的直接干预，在推进地区合作、与欧盟进行对话等事务上发挥了一定的作用。2007 年 5 月，在萨格勒布举行的第十届东南欧合作进程首脑会议通过了《萨格勒布宣言》，同时签署了《东南欧睦邻关系、稳定、安全与合作宪章议定书》。根据这次会议的精神，东南欧合作进程地区合作理事会 9 月在保加利亚成立，以协调成员国抵抗各种自然灾害的行动，同时协调该地区与欧盟相关项目及其基金的关系。该地区合作理事会秘书处设在波黑首都萨拉热窝，并将在布鲁塞尔设立办事处，以便加强和欧盟机构的联系。

东南欧合作进程在取得不错进展的同时也受到该地区一些负面因素的影响。例如，2012 年在贝尔格莱德举行的首脑峰会上，由于阿尔巴尼亚外交部副部长塞利姆（Selim Belortaja）关于科索沃参加该组织并出席会议的提议遭到塞尔维亚抵制，阿尔巴尼亚于是拒绝在合作宣言上签字，使本届峰会成为有史以来第一次未能通过合作宣言的会议。[1] 无独有偶，2013 年 5 月底在马其顿进行的东南欧合作进程峰会上，由于塞尔维亚的反对科索沃没有被邀请参会，阿尔巴尼亚再次拒绝与会使得峰会被迫取消。[2] 可见，科索沃问题以及其他相关问题会影响东南欧合作进程的发展，但反过来讲，东南欧合作进程也可能成为解决这些问题的一个平台和窗口。

（五）东南欧执法中心

为支持《代顿协议》的执行并推进其巴尔干战略，美国提议建立一个东南欧国家间的合作组织。1996 年 12 月，在美国的倡议和支持下，阿尔巴尼亚、波黑、保加利亚、克罗地亚、希腊、匈牙利、摩尔多瓦、马其顿、罗马尼亚、斯洛文尼亚和土耳其的代表聚集日内瓦举行会议，发表共同声明，宣布成立东南欧合作倡议组织（Southeast European Cooperative Initiative，SECI）。东

---

[1]　"Albania blocks joint declaration at end of SEECP summit"，June 12，2012，http：//www. b92. net/eng/news/politics. php？yyyy＝2012&mm＝06&dd＝15&nav_ id＝80779.

[2]　Miki Trajkovski，"Region can solve differences through dialogue"，June 7，2013，http：//www. setimes. com/cocoon/setimes/xhtml/en _ GB/features/setimes/features/2013/06/07/feature － 01.

南欧合作倡议组织承认所有其他地区合作（中欧、波罗的海、黑海等）的价值，强调致力于保证该地区各国政府之间的紧密合作，保证地区的有计划发展和确定进一步合作和联系的项目，保证私有部门更好地进入地区经济和环保领域，并为鼓励私有部门参加活动创造地区环境提供帮助。[1] 南联盟于 2000 年加入，之后分裂的塞尔维亚和黑山均是成员国。

东南欧合作倡议组织强调与其他地区合作组织并不存在冲突关系，彼此是一种互补关系。该组织的活动重点是基础设施建设、贸易和交通、安全、能源、环境和私有部门的跨境合作项目。从 1999 年起，该组织的活动日益集中。同年 5 月，成员国签署《预防和打击跨境犯罪合作协议》，该组织将主要就成员国在跨境犯罪相关问题上加强合作。

随着前南地区局势的逐渐稳定，以及美国从该地区抽离[2]，该组织的目标转向更加明显。2011 年 10 月，东南欧合作倡议组织更名为东南欧执法中心（Southeast European Law Enforcement Center，SELEC）。其目标定位是，为成员国预防和打击犯罪提供支持和协调。具体来说，其一，协调地区行动，为成员国处理跨界犯罪的调查与预防提供支持；其二，快速、及时地为成员国提供犯罪信息、情报的交流以及行动援助；其三，收集、分析、处理和传播犯罪信息与情报；其四，提供相关人物的战略分析和威胁评估；其五，建立、运行和维持电子信息系统，对个人资料进行保护。

东南欧执法中心总部设在布加勒斯特，最高领导是总干事，并配有业务主管和法律与内务主管两位助手。该中心的最高决策机构是理事会，由各成员国委任的高级代表组成，每个国家在决策过程中拥有一个投票权。

（六）东南欧国防部长会议机制

除了在低政治领域有不错进展外，巴尔干国家在高政治领域的地区合作机制也相继建立。1996 年 3 月，在美国的倡议下，阿尔巴尼亚、保加利亚、马其顿、土耳其、意大利和美国等国家的国防部长在地拉那举行第一次东南欧国

---

① 汪丽敏：《前南各国关系与地区合作问题》，《东欧中亚研究》1998 年第 3 期，第 70 页。

② 2003 年伊拉克战争后，欧盟主导了西巴尔干地区的和平构建，而美国因反恐战略需要已经明显从该地区抽离。

家国防部长会议，由此形成东南欧国防部长会议机制（South-East Europe Defense Ministerial，SEDM）。该机制的目标非常明确，即加强东南欧国家间的政治、军事合作，增强稳定与安全，改善国家间关系。其他东南欧国家相继加入该机制。罗马尼亚、斯洛文尼亚和希腊于 1997 年加入；克罗地亚于 2000 年加入；波黑于 2007 年加入；塞尔维亚、黑山于 2010 年加入；乌克兰也于 2005 年加入。这样，东南欧国防部长会议机制共有成员国 14 个，另外还有格鲁吉亚和摩尔多瓦两个观察员国。

东南欧国防部长会议机制主要致力于以下几个重点项目的合作：其一，对防止使用大规模毁灭性武器、保护边境安全和打击恐怖主义活动提供军事支持；其二，建立东南欧军事模拟网络；其三，实现军事医院的互连；其四，推动国防工业、研究与技术的合作；其五，加强东南欧军事教育合作。同时，它还不断提出新的倡议来完善其机制。1998 年 9 月 26 日，阿尔巴尼亚、保加利亚、希腊、意大利、马其顿、罗马尼亚和土耳其等国家的国防部长在斯科普里签署《东南欧多国和平部队协议》①（Agreement on Multinational Peace Force South-Eastern Europe，AMPFSEE）。这七个国家在协议中有明确的位次，分别标示 N1 ~ N7。按照协议的精神，东南欧多国和平部队——东南欧多国旅（South-Eastern Europe Brigade，SEEBRIG）——于 1999 年 8 月 31 日在保加利亚的普拉夫迪夫成立。2003 年，东南欧多国和平部队司令部在罗马尼亚黑海港口城市康斯坦察建立。该部队与欧安组织、北约等机构保持密切的联系，在维护东南欧地区稳定上发挥作用的同时，还向海外如阿富汗等地派驻联合部队，完全融入欧洲—大西洋的安全框架。

（七）地区合作委员会

在东欧国家政局变动初期，欧盟缺乏一个明确的巴尔干地区政策。在对 20 世纪 90 年代中前期发生的一系列战争与冲突的协调和处理过程中，欧盟越来越意识到美国及其领导下的北约所扮演的主导性作用。随着欧盟对巴尔干地区的重视和地区立场的出台，推动该区域国家的合作和稳定成为欧盟的一个动

---

① 到目前为止，协议又补充了四个附加协议。有关协议和四个附加协议的具体内容，参见 http：//www.crm2013.si/formats/south_ eastern_ europe_ defence_ ministerial/。

力来源。

1999 年 6 月 10 日，由欧盟发起并主持的东南欧问题外交部长会议在德国科隆举行，欧盟成员国、八国集团①、土耳其、巴尔干七国（南联盟除外）等 38 个国家的外交部长以及联合国、北约、欧洲委员会及国际货币基金组织、世界银行等国际金融机构代表与会。会议通过《东南欧稳定公约》（Stability Pact for South Eastern Europe，SP，以下简称《公约》），将宗旨定为通过加快市场经济发展及建立地区性安全协作关系等措施来实现东南欧地区的长期稳定与安全。为实现上述目标，与会各方表示，将推动地区经济建设，建立市场经济；促进该地区国家间及该地区与欧洲和世界其他地区间的经济合作；打击有组织犯罪、腐败、恐怖主义、刑事犯罪及其他一切非法活动；防止因战争或内部动荡等原因出现的难民现象；保障难民自愿安全返回家园并援助当地接受难民的国家；为促使东南欧国家实现政治、经济和安全结构的一体化创造条件。简言之，东南欧国家拟通过制订一揽子战略计划，推动社会各领域的成功转型，最终使其稳定在欧洲—大西洋结构中。

《公约》的签订标志着东南欧国家首次以平等的身份与国际组织和相关国家一起探讨地区未来，规划政治、经济和安全方案，具有重要的历史意义。甚至有学者将《公约》比作第二次世界大战结束后美国推行的"马歇尔计划"。② 不过，它们之间仍有一些不同之处。比如，《公约》具有多边特征，包含政府、金融机构、国际政府与非政府组织；短期任务（从战争恢复）与中期、长期要求（民主与自由市场改革）相结合；东南欧仍然存在潜在的冲突，等等。这些特点都是马歇尔计划所没有的。③ 另外，《公约》也缺乏"马歇尔

---

① 八国集团始创于 1975 年的六国集团（简称"G6"），六个始创国包括法国、美国、英国、联邦德国、日本、意大利。其后，加拿大于 1976 年加入，成为七国集团（简称"G7"）。俄罗斯于 1991 年起参与 G7 峰会的部分会议，至 1997 年被接纳成为成员国，七国集团正式成为八国集团"G8"。2014 年 3 月 24 日，美国总统奥巴马和其他国家领导人决定，暂停俄罗斯在八国集团成员国的地位。

② 参见 Bodo Hombach，"Stability Pact for South-Eastern Europe：A New Perspective for the Region"，*Perceptions*，Vol. 5，No. 3，2000，p. 12；李丹琳《东南欧政治生态论析——冷战后地区冲突的起源和地区稳定机制的建立》，北京：社会科学文献出版社 2013 年版，第 148 页。

③ Bodo Hombach，"Stability Pact for South-Eastern Europe：A New Perspective for the Region"，*Perceptions*，Vol. 5，No. 3，2000，p. 13.

计划"吸纳国际社会大量资金投入的能力。①

《公约》设立了特别协调员，并建立了地区委员会和工作委员会。地区委员会负责处理《公约》框架内的所有原则问题，作为《公约》的指导机构，为工作委员会提供指南。地区会议由特别协调员主持。特别协调员负责在单个国家内和国家之间推动《公约》目标的实现。《公约》还设有三个工作组负责具体实施项目。第一个工作组负责处理民主化和人权问题；第二个工作组集中解决经济重建，发展和合作问题；第三个工作小组负责安全问题。②

在上述工作的进展中，《公约》朝着有助于东南欧地区国家之间和解、合作与共同繁荣的方向前进。当然，《公约》自身还存在不少缺陷与不足。比如，它缺乏明确的目标导向，资金资助项目机制也相对不透明，缺乏地区性的投入。③ 尤其是后一个缺陷表明，《公约》突出强调国际社会的作用，没有注重培养东南欧地区国家的合作意识。④ 所以，随着数个国家加入欧盟后，其功能也在发生调整。2006 年 5 月，《东南欧稳定公约》圆桌会议召开，与会国家代表一致同意《公约》到 2008 年初停止运作，并由地区合作委员会（Regional Cooperation Council，RCC）取代。地区合作委员会将主要关注六个领域的工作，包括经济和社会发展、基础建设、司法体系、安全防务合作、人力资源培训以及议会合作。为此，地区合作委员会在布鲁塞尔建立了一个六人联络办公室，推动成员国在上述六个领域的合作。⑤

地区合作委员会总部设在波黑萨拉热窝，共有 46 个成员，其机构设置主要包括秘书长、理事会（只有 27 个成员，有些成员并不加入理事会）。2013年 11 月，地区合作委员会提出"东南欧 2020 战略"（South East Europe 2020

① Risto Karajkov, "Balkans: Farewell, But Not Forgotten", *Transitions Online*, October 25, 2007.

② 朱晓中:《欧洲一体化与巴尔干欧洲化》,《欧洲研究》2006 年第 4 期, 第 10 页。

③ Hanns-D. Jacobsen, "The Stability Pact for South East-Europe: Did it Work?", Contribution to the Isodarco 15th Winter Course "South-Eastern Europe— Internal Dynamics and External Intervention", Andalo, Italy, January 20 - 27, 2002, p. 11.

④ Andrew Hyde, "Seizing The Initiative: The Importance of Regional Cooperation in Southeast Europe and The Prominent Role of The Southeast European Cooperation Process", *Journal of Southeast European and Black Sea Studies*, Vol. 4, No. 1, 2004, p. 5.

⑤ "South East European Cooperation Process (SEECP) & Regional Cooperation Counci (RCC)", Feburary 14, 2011, http://www.mfa.gr/images/docs/periferiaki_ politiki/seecp_ en. pdf.

strategy）文件。该文件紧扣"欧盟 2020 战略",旨在改善东南欧地区居民生活条件,提高该地区竞争力,提升就业率(从当前的 39% 提高到 2020 年的 44%),增加地区贸易额(从当前的 940 亿欧元增加到 2020 年的 2100 亿欧元),以及提高地区人均 GDP 对欧盟平均值的比重(从当前的 36% 提高到 2020 年的 44%)。[1] 可见,地区合作委员会越来越从关注传统安全向非传统安全方向转变,特别注重欧盟的要求,关注经济发展在稳定中的重要性。此外,地区合作委员会积极与区域内外的国际组织如东南欧国防部长会议机制、欧安组织、欧盟、北约等加强合作,并强调与这些组织活动的差异性。[2]

值得提及的是,2013 年 6 月中旬,黑山外交和一体化部长伊戈尔·卢克希奇(Igor Lukšić)提出成立"西巴尔干六国集团"(Western Balkans Six)的倡议。7 月,"西巴尔干六国 +1"领导人咨询会在黑山举行,会议决定新启动的倡议在地区合作委员会框架下运作。[3] 虽然倡议是全新的,但它并不是一个新的地区架构。倡议得到欧盟、联合国等有关国家与机构的支持,克罗地亚和斯洛文尼亚均作为观察员出席。有评论据此认为"西巴尔干六国集团"是"南斯拉夫 4.0 版"(Yugoslavia version 4.0)。[4] 提出该倡议的宗旨是通过加强地区合作推动西巴尔干各国入盟进程。

(八) 亚得里亚—爱奥尼亚海倡议

根据《东南欧稳定公约》的精神,1999 年 10 月在芬兰坦佩雷市(Tampere)举行的欧盟峰会上,意大利提出的"亚得里亚—爱奥尼亚海倡议"(Adriatic-Ionian Initiative,AII)获得通过。2000 年 5 月 19～20 日,亚得里亚—爱奥尼亚海发展与合作峰会在意大利安科纳举行,意大利、阿尔巴尼亚、波黑、克罗地亚、希腊和斯洛文尼亚的政府代表与会,签署《安科纳宣言》,

---

① Regional Cooperation Council, "South East Europe 2020 Strategy—Jobs and Prosperity in a European Perspective", November 21, 2013, http：//www. rcc. int/press/230/south-east-europe-2020-strategy-for-creating-1-million-jobs-in-the-region-adopted-in-sarajevo-today.

② "Regional Coopetation in Southeast Europe the Post-Stability Pact Period", *Analytica Report*, No. 31, Skopje, October 2009, p. 13.

③ "西巴尔干六国 +1"中,1 指的是地区合作委员会。

④ "Yugoslavia V4. 0 – Initiative To Form West Balkans Six (G6)", September 18, 2013, http：// inserbia. info/today/2013/09/yugoslavia-v4-0-initiative-to-form-west-balkans-six-g6/.

标志着"亚得里亚—爱奥尼亚海倡议"机制正式成立。该机制的目标旨在，加强地区合作，推进政治和经济的稳定性，为加入欧洲一体化进程创造条件。塞尔维亚和黑山于 2002 年加入，2006 年黑山分离后两国均是成员国。

随着巴尔干地区环境的变化，该机制的目标也进行了调整。尤其是斯洛文尼亚和克罗地亚先后加入欧盟，其他成员国也处于入盟进程的不同阶段，目标调整显得日益迫切。一个最主要的方向是合作形式的多样化，包括建立亚得里亚—爱奥尼亚国家网络伙伴关系，开办亚得里亚—爱奥尼亚国家商业论坛、亚得里亚—爱奥尼亚国家城市论坛和亚得里亚—爱奥尼亚国家大学网络。

此外，该机制还努力将其合作范围向更大区域发展，并且得到了欧盟的支持。2011 年 5 ~ 6 月期间，成员国提出建立一个更大的亚得里亚—爱奥尼亚海域概念，得到了欧盟委员会的支持。2012 年 12 月，欧盟委员会更是通过了旨在推动该地区智能、可持续和包容性增长的亚得里亚—爱奥尼亚海的海洋战略[1]。2014 年 10 月，欧盟委员会通过了"欧盟亚得里亚—爱奥尼亚海战略"（EU Strategy for the Adriatic and Ionian Region）。在此战略的推动下，倡议成员国于 2015 年 5 月发表了《布鲁塞尔宣言》（Brussels Declaration），旨在推动亚得里亚—爱奥尼亚海国家间的稳定、繁荣与合作进而与欧盟扩大政策进行对接。[2] 很明显，该机制正在向大区域化发展。

表 2 - 4　亚得里亚—爱奥尼亚海倡议轮值国和外交部长会议一览

时间	轮值主席国	时间	外交部长会议地点
2000.5 ~ 2001.5	克罗地亚	2000	安科纳
2001.5 ~ 2002.5	希腊	2001	斯普利特
2002.2 ~ 2003.5	意大利	2002	雅典
2003.5 ~ 2004.5	斯洛文尼亚	2003	巴里
2004.5 ~ 2005.6	黑山	2004	波多若斯
2005.6 ~ 2006.5	阿尔巴尼亚	2005	采蒂涅

---

① 详细内容，参见中华人民共和国商务部《欧盟推出亚得里亚海和爱奥尼亚海的海洋战略》，2012 年 12 月 5 日，http://www.mofcom.gov.cn/aarticle/i/jshz/zn/201212/20121208468244.html。

② Adriatic and Ionian Council, Brussels Declaration, Brussels, 13 May 2015.

时间	轮值主席国	时间	外交部长会议地点
2006.6~2007.5	波黑	2006	地拉那
2007.6~2008.5	克罗地亚	2007	萨拉热窝
2008.6~2009.5	希腊	2008	萨格勒布
2009.6~2010.5	意大利	2009	雅典
2010.6~2011.5	黑山	2010	安科纳
2011.6~2012.5	塞尔维亚	2011	布鲁塞尔
2012.6~2013.5	斯洛文尼亚	2012	贝尔格莱德
2013.6~2014.5	阿尔巴尼亚	2013	布鲁塞尔
2014.6~2015.5	波黑	2014	雅典
2015.6~2016.5	克罗地亚		

资料来源：http://www.aii-ps.org/。

（九）《亚得里亚宪章》

加入欧盟是西巴尔干国家的外交优先方向，加入北约也是多数国家基于安全考量的重要选择。早在 1998 年 1 月，经过一年左右时间谈判的《美国—波罗的海宪章》（US-Baltic Charter）签署。该宪章虽然没有提出波罗的海三国加入北约的时间表，但美国明确表示要加强双方的政治和经济关系，支持它们加入北约。在 2002 年 11 月举行的北约布拉格峰会上，阿尔巴尼亚、克罗地亚和马其顿总统共同向美国总统提议按照《美国—波罗的海宪章》签署《美国—亚得里亚宪章》（US-Adriatic Charter）。2003 年 5 月，在美国的支持下，阿尔巴尼亚、克罗地亚、马其顿外交部长和美国国务卿在地拉那签署《美国—亚得里亚宪章》（简称《亚得里亚宪章》）。《亚得里亚宪章》共 6 个部分，36 个条款。

这样，西巴尔干国家也在安全层面纳入了北约—大西洋结构，同时意味着北约向它们打开了大门。① 当然，《亚得里亚宪章》最重要的目标就是推进西

---

① Fatos Tarifa, "The Adriatic Europe: Albania, Croatia, and Macedonia", *Mediterranean Quarterly*, Vol. 16, No. 4, 2005, p. 8.

巴尔干国家的改革和国家间的合作，为最终加入北约作准备。从这个意义上讲，它相当于北约的"和平伙伴关系"（Partnership for Peace，PfP）①。在该宪章签署时，美国表示支持北约的"门户开放"，但同时强调阿尔巴尼亚、克罗地亚、马其顿三国应根据北约的标准，努力加强各领域的改革，打击腐败和有组织犯罪，加强巴尔干地区的双边和多边合作，保持地区稳定。《亚得里亚宪章》还规定成立"伙伴关系高级委员会"，以便定期研究各方在落实宪章的诸项目标方面所取得的进展。

实际上，在《亚得里亚宪章》下的合作进展成为向北约靠拢的一个方向。2008年12月，黑山、波黑加入该组织。《亚得里亚宪章》三国（A－3）变成《亚得里亚宪章》五国（A－5）。塞尔维亚和科索沃分别在2008年和2012年成为观察员国。2009年4月，阿尔巴尼亚和克罗地亚率先加入北约。在《亚得里亚宪章》框架下，成员国国防部长会议每年召开一次。2014年，阿尔巴尼亚作为《亚得里亚宪章》的伦值国，提出开展"2015联合反应"演习。这是《亚得里亚宪章》框架下在巴尔干地区举行的首次演习，主要目的是强化各成员国间的联合作战能力。

可见，《亚得里亚宪章》不仅为北约继续扩大提供了一个重要的检验平台，也为相关国家间的改革与合作提供了空间，进而为改善巴尔干国家间的关系提供了基础。② 当然，关于《亚得里亚宪章》也有不同的看法。有评论指出，《亚得里亚宪章》是一个典型的新殖民性地区组织，其目的是帮助腐败的统治阶层实现自身的利益，而践踏或无视普通民众的利益。近年来，在黑山有不少民众、政治家和非政府组织以非民主化行动和可能违背黑山宪法为理由，要求该国退出《亚得里亚宪章》。③ 虽然这种反对声音在西巴尔干地区并不占

---

① 在美国建议下，1994年1月北约布鲁塞尔首脑会议通过"和平伙伴关系计划"，旨在邀请原华沙条约组织国家和欧洲中立国家加入，为东扩做准备。与北约签署"和平伙伴关系计划"成为加入北约的第一步。

② Ivan Grdešić, "US-Adriatic Charter of Partnership: Securing the NATO Open Door Policy", *Politička Misao*, Vol. 41, No. 5, 2005, p. 122.

③ Filip Kovacevic, "From A5 to B3-The role of US-Adriatic and US-Baltic Charter Organizations", January 13, 2015, http://mnmne.org/filip-kovacevic-from-a5-to-b3-the-role-of-us-adriatic-and-us-baltic-charter-organizations/.

主流，但是对考察这些国家加入北约、融入欧洲—大西洋进程的军民关系有重要的意义，值得关注。

（十）东南欧运输观察站

2004 年 6 月 11 日，阿尔巴尼亚、波黑、克罗地亚、马其顿、黑山、塞尔维亚、联合国驻科索沃特派团和欧盟委员会签署《核心地区运输网络备忘录》，宣布在贝尔格莱德建立东南欧运输观察站。建立该组织的目的是推动基础设施发展网络的合作，提高投资项目实施和网络数据收集与分析的能力。具体来说，该组织致力于四个方面的工作：发展东南欧运输观察站网络，改善和提高地区运输政策和技术标准，维持有效协调和沟通，推动东南欧运输观察站网络融入泛欧交通运输网络。该组织的机构包括指导委员会（steering committee）、国家协调员（national coordinators）、铁路与联合运输工作组（railway and intermodal working group）、道路安全工作组（road safety working group）和秘书处。秘书处设在塞尔维亚贝尔格莱德。截至 2015 年底，部长级磋商每年举行一次，指导委员会、国家协调员、铁路与联合运输工作组和道路安全工作组会议分别举行了 47 次、13 次、24 次和 5 次。

经过十余年的发展，东南欧运输观察站在推动本地区国家在交通运输领域的合作、促进区域内交通基础设施的建设、实现与欧盟交通运输发展规划的对接做出了积极贡献。2011 年，欧盟委员会公布了未来十年欧盟经济发展计划，即 "欧盟 2020 战略"。2013 年，不仅 "欧盟 2020 战略" 正式启动，欧盟 "地平线 2020 计划" 也开始实施，欧盟还就建立 "泛欧交通运输网" 达成协议。这些都为东南欧运输观察站的工作推进注入了强劲动力。

（十一）欧盟/东南欧能源共同体

一个稳定的能源供应是东南欧国家经济可持续发展和社会稳定的重要前提。20 世纪 90 年代巴尔干地区的战争与冲突对能源供应和能源基础设施产生了破坏。换句话说，后冷战时代东南欧地区合作不仅仅是政治、经济、安全等领域的合作，也包括能源方面的合作。

2002 年 6 月，第一届东南欧电力监管论坛（South East Europe Electricity Regulation Forum）在雅典召开。与会成员倡议建立电力共同体，以解决电力长期不足、资源分布不均的问题。这次会议开启了东南欧能源合作的"雅典进程"（Athens Process）。11 月，东南欧国家签署了《地区电网谅解备忘录》，亦称《雅典备忘录》（Athens Memorandum）。按照这份文件的安排，统一调度的电力大市场将于 2005 年建成，并与欧盟电网相连接。2003 年，第二届论坛将天然气也纳入了合作进程。

事实上，早在欧共体成立初期，能源即是合作的内容之一，只是后来在欧盟机制设置中，能源部门成为比较薄弱的一环。然而，随着欧盟东扩进程的推行，形成的共同能源政策也被推上议程。[①] 2004 年 5 月，欧盟开始与东南欧国家展开谈判，讨论能源合作的相关问题。2005 年 10 月，欧盟同阿尔巴尼亚、波黑、保加利亚、克罗地亚、塞黑、马其顿、罗马尼亚和科索沃等国家和地区在《雅典谅解备忘录》和《欧盟电力市场谅解备忘录》的基础上签署《能源共同体条约》（Energy Community）。土耳其虽然签署了《欧盟电力市场谅解备忘录》，但对能源共同体条约的个别条款不同意，进而未签字加入共同体。斯洛文尼亚、保加利亚、罗马尼亚和克罗地亚等国加入欧盟后与欧盟一起成为条约的一个整体代表。能源共同体现有缔约方除欧盟外，包括阿尔巴尼亚、波黑、黑山、马其顿、塞尔维亚、乌克兰、摩尔多瓦和科索沃，格鲁吉亚为候选国，土耳其和挪威为观察员国。

能源共同体是一个开放机构，其内部机构设置主要有部长理事会、高级常设工作组（Permanent High Level Group）、监管委员会和秘书处。能源共同体的总目标是建立一个稳定的调控机制和市场框架，具体则是吸收投资确保稳定的能源供应，建立一个统一的欧盟能源市场，提高能源供应安全，改善能源供应环境，以及提高欧盟层面上的能源竞争力。此外，根据条约规定，各成员国在本国设立对应的电力、天然气管理机构，配合能源共同体的相关工作。[②]

在欧盟的大力支持下，能源共同体为东南欧国家带来了一系列能源政策措

---

① Sami Andoura and Jean-Arnold Vinoism, "From the European Energy Community to the Energy Union: A policy proposal for the short and the long term", Institut Jacques Delors, January 2015, http://www. institutdelors. eu/media/energyunion-andouravinois-jdi-jan15. pdf? pdf = ok.

② Stephan Renner, "The Energy Community of Southeast Europe: A neo-functionalist project of regional integration", *European Integration Online Papers*, Vol. 13, 2009, pp. 11 – 13.

施，包括规定了增加可再生能源比重和提高能源利用效率的义务，但它的一些关键目标尚未达成——这一地区的能源投资仍然大幅滞后，而且贪腐成风。同时，能源共同体协议的执行亦存在问题。欧盟理事会认为，能源共同体的机构设置和执行机制还有待完善。此外，这一地区近半数的能源供给依然来自污染严重的火电厂，其危险系数也较高。在 2014 年巴尔干地区遭受的巨大洪灾中，塞尔维亚多个火电厂受到洪水破坏，位于科索沃的一个火电厂还发生了爆炸，暴露了此类能源设施的脆弱性。

鉴于这些问题的存在，2013 年 10 月，能源共同体成立一个高级专家小组，对工作方法进行评估并提出必要的改进意见。2014 年 6 月，该专家组提交了"走向未来的能源共同体"报告。报告重点指出，能源共同体未来目标的实现与该组织的法律、程序以及机制改革息息相关。报告的具体建议包括：为形成一个单一欧洲能源市场创造条件；增强投资流动性；提高执行力；吸引更多资金投入；组织更加灵活的成员结构；增强透明度。此外，报告建议，应该像欧洲投资银行的现行政策那样，要求所有新的能源工程都符合欧盟的长期气候目标。与之前提出的关于空气质量、工业排放物以及温室气体排放的立法提议一起，这一措施有望最终弥补能源共同体现有法律框架的不足。报告还建议，欧盟向能源共同体国家传达提供援助和国家采购政策，以利于解决贪腐和监管问题。①

变革尚未启动，突发事件来袭。2013 年底爆发、至今尚未结束的乌克兰危机使俄欧角斗加深，也使欧盟能源安全问题暴露无遗，因为俄罗斯天然气占欧盟进口天然气的 30%，乌克兰是俄罗斯能源运输至欧盟国家的重要枢纽。②在此背景下，欧盟再次积极重塑其能源政策，探索能源供应多元化与安全化。2014 年 1 月，欧盟委员会提出了"2030 年气候和能源政策目标"，拟通过一揽子计划提升欧盟在国际谈判中的作用，进而帮助欧盟国家在能源经济上有所成就。2014 年 3～4 月，时任波兰总理唐纳德·图斯克（Donald Tusk）提出建

---

① Energy Community High Level Reflection Group, Report on "An Energy Community for the Future", May, 2014, https：//www.energy-community.org/portal/page/portal/ENC_ HOME/DOCS/3178024/ Energy_ Community_ HLGR_ Report_ FINAL_ WEB. pdf.

② Simon Pirani, et al., "What the Ukraine crisis means for EU gas markets", Oxford Institute for Energy Studies, March 10, 2014, http：//www.oxfordenergy.org/wpcms/wp-content/uploads/ 2014/03/What-the-Ukraine-crisis-means-for-gas-markets-GPC-3. pdf.

立"欧洲能源联盟"（European Energy Union）构想①，其要点包括：欧盟设立专门的天然气采购机构，统一负责天然气价格谈判和采购；增加欧盟基金对成员国能源设施建设的投资比例，重点资助成员国的天然气管网建设，资金比例最高应达到 75％；促进成员国对传统能源的充分利用，扶持成员国对页岩气（Shale gas）的开发利用；尽快实现成员国的天然气管道联网；建立对能源供应商更为有效的应对机制；加紧寻求除俄罗斯以外的其他天然气能源供应渠道，尽快实现美国和澳大利亚等国向欧盟供气等。提出此构想的直接目的是降低对俄罗斯能源的依赖，推动欧盟实现能源政策统一。

2015 年 2 月初，欧盟正式宣布成立欧洲能源联盟，其基本原则为：保障能源供应安全；建立完全一体化、具有竞争力的内部能源市场；降低能源需求，提高能源使用效率；加强利用可再生资源；加强研究、创新以发展绿色技术。从根本上说，建立欧洲能源联盟的主要目的就是摆脱欧盟对俄罗斯天然气的依赖。但是，欧盟各国能源诉求和利益不一、能源利用出现问题、无法找到俄罗斯能源供应的替代市场将使欧洲能源联盟实现步调一致尚需时日。

那么，欧洲能源联盟与能源共同体之间的关系是什么？应该说，它们都是欧盟在能源政策上提出的机制产品，只是关注的地区和重点不同。从形式上看，欧洲能源联盟是能源共同体的欧洲版，能源共同体在欧洲能源联盟的升级中发挥区域性和关键性领域的功能。实际上，两个机构在政策目标、机制设置等方面都存有问题，要想形成合力仍任重道远。

2015 年 7 月，欧盟委员会宣布，中东欧和东南欧地区的 15 个欧盟和能源共同体成员国日前签署了一项旨在共同努力加快建设本地区所缺少的天然气基础设施连接的谅解备忘录。谅解备忘录将"提高能源供应安全并引导在该地区内建立一个连接的有竞争力的市场，最终使该地区的每个国家将至少拥有 3 个不同的天然气来源"。欧盟委员会负责能源联盟的副主席马罗斯·塞夫科维奇（Maroš Šefčovič）在欧盟委员会的一份声明中表示："这个地区对欧洲来说非常重要，尤其是当我们寻求能源供应安全的时候，通过现实可行的项目来完善天

---

① "Donald Tusk on the Polish project of the European Energy Union", March 29, 2014, https：//www. premier. gov. pl/en/news/news/donald-tusk-on-the-polish-project-of-the-european-energy-union. html.

然气基础设施连接对多元化能源来源以及增强该地区抵御供应冲击能力至关重要。我自己和整个欧盟委员会支持这个过程，尤其是在欧洲能源联盟战略框架内。"①

从声明和政策发布的角度看，一切都是有序的、朝预期的目标前进。然而，如何在欧盟范围内进行机构和政策协调本身即是难题，加上乌克兰危机引发的欧俄角斗尚未结束，2014 年底俄罗斯还停止了"南溪"项目建设，欧盟统一能源政策的形成无疑会困难重重。摆在欧盟国家面前的恐怕不是一个共同的能源机构建立问题，而是能源安全问题，确切地说是本国能源利益问题。

（十二）"布尔多—布里俄尼进程"

"布尔多—布里俄尼进程"（Brdo – Brijuni Process）由时任克罗地亚总统约西波维奇（Ivo Josipovic）和斯洛文尼亚总统帕霍尔（Borut Pahor）在 2013 年 7 月 1 日克罗地亚加入欧盟之际发起的东南欧国家领导人战略对话机制。该对话机制的宗旨是加强地区合作，推动区域国家间及与欧盟的对话。首脑会议机制化，一年举行一次，每次首脑会议邀请一位欧盟国家的领导人作为与会嘉宾。

2013 年 7 月 25 日、2014 年 7 月 15 日和 2015 年 6 月 8 日，"布尔多—布里俄尼进程"首脑会议先后在斯洛文尼亚布尔多、克罗地亚杜布罗夫尼克和黑山布德瓦召开。三次首脑会议的参加者除了克罗地亚和斯洛文尼亚两国总统外，还包括塞尔维亚、黑山、波黑、马其顿、阿尔巴尼亚和科索沃六个西巴尔干国家总统。三次会议邀请的嘉宾分别是法国总统奥朗德、德国总理默克尔以及奥地利总统菲舍尔。法国派出欧洲事务部长，欧盟派出能源委员出席了第二次首脑会议。第三次首脑会议更是吸引了美国副总统拜登和欧洲理事会主席图斯克参加，法国再次派出欧洲事务部长与会。

第一次首脑会议主要是建立机制，并没有讨论更多的话题。第二次首脑会议的主题包括东南欧地区形势与国家间关系，欧盟扩大，欧洲框架下的东南欧地区重要基础设施项目，以及能源政策。第三次首脑会议的主题包括欧盟扩大，东南欧地区形势，特别是马其顿形势，地区经济问题，以及乌克兰危机。

2015 年 11 月 25 日，参加第三次首脑会议的所有领导人在克罗地亚萨格

---

① "Energy: Central Eastern and South Eastern European countries join forces to create an integrated gas market", July 10, 2015, http: //europa. eu/rapid/press-release_ IP-15-5343_ en. htm.

勒布举行"布尔多—布里俄尼进程"首次特别会议，重点讨论难民危机、恐怖主义威胁以及宗教极端主义等安全议题。显然，这与当前欧洲安全面临挑战密切相关，而西巴尔干地区恰好是中间地带。西巴尔干地区稳定，可以发挥"缓冲带"作用；西巴尔干地区失序，欧洲安全问题骤然升级。图斯克对特别会议的评论中，共同责任、相互承担等表述多次出现，并直言不讳地指出当前安全形势下西巴尔干地区是一个关键地区。[①] 从这个意义上讲，今后欧盟或将加快整合西巴尔干地区的速度（并不一定以入盟或其各环节的确定为标志），各种地区合作机制都可能被纳入欧洲—大西洋进程。

经过短短几年的发展，"布尔多—布里俄尼进程"已经在东南欧地区以及欧洲获得较大影响力。从层次看，它是最高级别的首脑会议，也称"布尔多—布里俄尼总统进程"，且吸引美欧大国直接参加，成为融入欧洲—大西洋结构的一部分。[②] 从性质说，它是一个务虚性磋商机制，虽然不是功能性地区合作机制，但对于各国推进相关合作有指导性意义。从内容讲，它关注的都是影响当前东南欧地区以及欧洲发展的重大现实话题，非常具有战略价值。

除了上述十二个政府间合作机制以外，巴尔干地区还有不少其他政府间合作机制与安排。比如，2000 年由经济合作组织推动成立的东南欧投资条约（Investment Compact for South East Europe），2002 年成立的多瑙河合作进程（The Danube Cooperation Process，DCP），2002 年成立的萨瓦河国际委员会（International Sava River Basin Commission），2002 年成立的东南欧国家警长协会（Southeast Europe Police Chiefs Association，SEPCA），2004 年成立的移民、庇护与难民地区倡议（Migration, Asglum and Refugees Regional Initiative，MARRI），2007 年成立的东南欧议会合作秘书处（Regional Secretariat for Parliamentary Cooperation in South East Europe），2015 年成立的克拉约瓦集团（Graiova Group），以及由欧盟倡导成立的东南欧跨国合作项目（The South East

---

① "Remarks by President Donald Tusk after the Brdo – Brijuni Process summit in Zagreb", November 25, 2015, http://www.consilium.europa.eu/en/press/press-releases/2015/11/25-tusk-remarks-brdo-brijuni-process-zagreb/.

② 2015 年特别会议结束发布的文件为《欧洲整体、自由与和平的共同战略远景》，可见该地区合作机制的最终目的是实现欧洲的和平与发展。参见 "A Common Strategy Vision of Europe Whole, Free and at Peace", Zagreb, Croatia, November 25, 2015。

Europe Transnational Cooperation Programme）。这些合作机制与安排在各个领域为推动巴尔干地区合作以及欧洲一体化的进程发挥了不可小觑的作用。

二 巴尔干非政府间合作机制与安排

除了上述巴尔干国家政府间的合作机制与安排以外，还有其他一些由非政府组织或民间人士倡议成立的合作机制。这些组织主要致力于个别领域或部门的合作。

（一）巴尔干公民社会发展网络

在巴尔干和中欧国家，公民社会组织并不是1989年以后才出现的。早在20世纪70年代，各种类型的协会、俱乐部以及其他类似组织作为公民的雏形便开始在某些东欧国家酝酿生成，并逐渐发展起来。[1] 1989年政局的变动，对于中欧和巴尔干国家来说是公民社会集结的一种表现，也是公民全方位学习政治参与的第一课。[2] 随后进行的国家转型为公民社会的发展提供了广阔的发展空间。只是由于巴尔干多国在20世纪90年代的较长时间处于战争或冲突之中，公民社会的发展空间遭到了挤压。进入21世纪，随着转型的深入，巴尔干国家的公民社会发展日趋良好。

2003年12月，巴尔干公民社会发展网络（Balkan Civil Society Development Network，BSCDN）正式成立，涵盖10个国家和地区（阿尔巴尼亚、波黑、克罗地亚、马其顿、罗马尼亚、黑山、斯洛文尼亚、塞尔维亚、土耳其和科索沃）的15个公民社会组织。巴尔干公民社会发展网络的宗旨是推进巴尔干社会领域的长久和平、和谐与繁荣，使命是发展公民社会以确保巴尔干国家可持续和有效的民主体制。其具体目标包括：其一，增强公民社会在民族国家、地区以及欧盟决策中的地位；其二，推进公民社会团体之间的对话；其三，开发公民社会团体的宣传知识与技能；其四，强化公民社会团体之间的交流、协调与合作。该组织的价值理念是民主、合作、发展、正义、多样性与一体化。

---

① 郭洁：《东欧转型国家公民社会探析》，《科学社会主义》2009年第4期，第141页。
② 郑得兴：《中东欧市民社会与民主发展之研究》，《台湾国际研究季刊》2008年第1期，第93页。

巴尔干公民社会发展网络的机构设置包括理事会、董事会、行政办公室和执行理事。该组织每年发布一份年度报告，内容主要涉及上一年度的活动及其影响。此外，该组织还设置了欧盟层面与国别层面的结构性对话，对话的内容主要关涉人权。

（二）"多瑙河合作"国际科学论坛

1989 年，"多瑙河合作"国际科学论坛（International Scientific Forum "Danube-River of Cooperation"，ISF "DRC"）在贝尔格莱德创建，当时仅仅是一个科研项目，到1994 年正式注册为非政府组织。该论坛致力于为多瑙河可持续运输和旅游业发展进行国际合作的专家和研究者们提供一个多学科的交流平台。该论坛还努力推动其他致力于多瑙河开发与保护的非政府组织的建设。

该论坛每年召开一次以"多瑙河合作"为主题的国际多学科会议，会议形式包括涉及各专业领域的圆桌会议、专题研讨会和小组讨论会等。自1996 年起，以"自然资源的可持续利用：水和森林"为主题的圆桌会议每年召开一次。过去20 多年，该论坛举行的会议吸引了多瑙河流域国家及其他相关国家的1600 多名专家、学者和文化艺术人士参加，在巴尔干地区的影响越来越大。

表 2-5 2000 年以来"多瑙河合作"国际科学论坛会议一览

时间	主题	主要情况
2000 年 11 月 17～19 日	改善多瑙河和多瑙河区域的环境与经济	讨论自然资源恢复与保护，经济复苏与可持续发展，以及法律、政治和信息问题
2001 年 10 月 11～14 日	多瑙河区域合作的新前景：建立合作的必要性和可行性	讨论以前会议所取得的成就，提出新的建议和项目
2002 年 10 月 18～20 日	多瑙河：区域的整合	讨论南联盟、罗马尼亚和保加利亚利用多瑙河的跨境合作，东南欧人民的合作与和平共存
2003 年 11 月 13～15 日	多瑙河中游的跨境合作	分析当前多瑙河中游跨境合作现状，寻找推进合作的可能措施
2004 年 10 月 27～31 日	旅游业作为多瑙河区域合作、睦邻与可持续发展的基石	—
2005 年 9 月 30 日～10 月 2 日	推动旅游业的可持续发展	—

续表

时间	主 题	主要情况
2006 年 11 月 2～5 日	旅游业可持续发展的文化走廊	—
2007 年 9 月 17～19 日	多瑙河的历史：塞尔维亚经济可持续发展	—
2008 年 10 月 24～25 日	水与文化：在"生命之水"国际行动十年与国际文化对话年中的多瑙河	—
2009 年 9 月 24～27 日	多瑙河及其支流在多瑙河中游跨境合作中的战略作用	讨论多瑙河作为欧洲第七运输走廊的地缘战略作用；多瑙河及其支流面临的全球性挑战；对多瑙河流域自然资源与文化资源的可持续利用；多瑙河中游的跨境合作；世界河川日——我们应该从世界其他河流的可持续发展中得到哪些经验
2010 年 10 月 21 日	公民社会在欧盟多瑙河地区战略下挖掘多瑙河潜力的作用	—
2011 年 9 月 22 日	多瑙河战略行动中的环境保护	—
2012 年 9 月 23～24 日	实现多瑙河战略目标：公民社会组织的作用	庆祝世界河川日；讨论公民社会组织在推进多瑙河战略实现的作用
2013 年 9 月 24 日	水与文化：2013 年	讨论推进多瑙河中游可持续发展的好项目和理念
2014 年 9 月 25～27 日	多瑙河战略：从理念到行动	讨论推进塞尔维亚可持续发展的好项目和理念
2015 年 9 月 27～28 日	欧盟 21 世纪的多瑙河战略	庆祝世界河川日和欧洲文化遗产日；讨论新时期欧盟的多瑙河可持续发展战略

资料来源：http://danube-cooperation.com/en/international-conferences/。

（三）巴尔干医疗联盟

第一章在介绍 20 世纪 30 年代巴尔干联盟运动中指出，1932 年 10 月在布加勒斯特召开的巴尔干会议上建立的巴尔干医疗联盟（Balkan Medical Union, BMU），是当时建立的诸多合作机构中唯一保存下来并延续至今的。

巴尔干医疗联盟作为一个非政府组织，致力于巴尔干地区的疾病研究和预防工作，其成员是来自阿尔巴尼亚、保加利亚、塞浦路斯、希腊、摩尔多瓦（1993 年加入）、罗马尼亚、塞尔维亚和土耳其的医生、药剂师、化学家、生物学家和心理学家。其机构设置包括总理事会、主席和秘书处。该联盟的出版物主要有 1963 年创刊的《巴尔干医疗联盟档案》（*Archives of the Balkan Medical Union*）。

巴尔干医疗联盟通过举办一系列活动来增强影响力。比如，每两年举行一次巴尔干医疗周（Balkan Medical Weeks）和巴尔干医疗节（Balkan Medical Days）活动；每三年举办一次地中海医疗联盟大会（Congress of the Mediterranean Medical Entente）；不定期组织国际高端课程、举行科学研究讨论等。截至 2014 年底，巴尔干医疗周活动已经进行了 33 次。巴尔干医疗节至 2011 年底举行了 18 次。巴尔干医疗联盟非常注重国际交流与合作，已经与地中海拉丁国家医疗联盟、阿拉伯国家医疗联盟建立起长期合作，三个组织共同建立了地中海医疗联盟。

（四）东南欧民主与和解中心

东南欧国家之间的和解是该区域过去一百多年来最突出的主题之一。遗憾的是，冷战结束后发生的数场战争与冲突使相关国家间的历史记恨再次激发。在国家层面，东南欧国家包括域外国家和国际组织为该地区的稳定与和解提供了不少机制产品。战争发生在国家之间，但受伤害的还是平民。在民间，类似的尝试也相继出现。20 世纪 90 年代发生在前南斯拉夫境内的血腥冲突使许多商人和外交家等联合起来，努力推动东南欧地区的和解、民主和公民社会的发展，使悲剧不再发生。

在这样的背景下，东南欧民主与和解中心（The Center for Democracy and Reconciliation in Southeast Europe，CDRSE）于 1998 年成立，其宗旨是通过创建和实施一系列公民社会的项目来推动本地区的和解与民主。该中心每年发布一份年度报告来展示其活动及成果。该中心注重国际交流与合作，已经与国际协会联盟（Union of International Associations）、联大总部新闻部（Department of Public Information of the United Nations）建立起密切的联系。

东南欧民主与和解中心开展的项目主要包括教育、公共论坛、社会包容性、社区发展与青年以及责任等方面。以教育为例，该中心有四个重点项目，包括"冷战与战后巴尔干"国际会议、"共同历史计划"、"共享过去、共同未来"以及青少年学习班，目的均是推动该地区的历史和解。"共同历史计划"（Joint History Project）有较大的影响力，其目的在于使所有东南欧国家在历史研究与教育上达成共识，进而影响政府部门的改革。"共同历史计划"成立了学术和历史教育两个委员会，专门致力于推动东南欧国家教科书改革和组织相关会议工作。

除了上述巴尔干地区非政府间合作机制与安排外，还有东南欧教育合作网络（The South East Europe Education Cooperation Network，SEE-ECN）、东南欧教科书网络（South-East Europe Textbook Network）等组织，它们均以自己的方式、在各自领域为巴尔干地区的和平、稳定、发展、繁荣开展工作。

第三节　巴尔干地区合作评估：新地区主义视角

进入后冷战时代，新地区主义实践同全球化步伐一道席卷全世界。新地区主义是一种多层次的一体化形式，在经济、政治、社会和文化等层面发生影响，其深远的目标是建立以地区为基础的自由贸易制度或安全联盟，同时特别强调地区内聚力和地区认同等政治理念的建构。新地区主义实践的主体包括国家以及非政府组织、跨国公司等非国家行为体，具有自愿、自主、开放的特征，其议题除了经济、贸易、社会、能源、政治和安全领域外，还包括人权、民主、环境、社会正义以及跨国社会和文化网络等方面。[①] 冷战结束后的巴尔干地区合作就是新地区主义在巴尔干的实践。上述地区合作机制无论是政府间或非政府间的安排都有其单一或多方面的功能表达，它们共同构成了巴尔干地区合作与一体化的组织网络，逐步改变着巴尔干地区的面貌。

---

① 肖欢容：《地区主义：理论的历史演进》，北京：北京广播学院出版社 2002 年版，第 248 页。

一 改变历史的轨迹：政治合作

新地区主义实践在巴尔干地区已经全面展开，由于该地区的特殊性与历史惯性，政治议题首当其冲，政治领域的合作安排也较为重要。20 世纪七八十年代，巴尔干国家政府间的会议不定期举行，虽然未能取得实质性成果，但代表各国政府对区域内事务进行交流和接触的一种尝试。这种共同行动与安排到20 世纪 90 年代中期逐渐进入巴尔干地区的政治舞台，并成为一种常态。

1995 年 8 月，时任希腊外交部长的卡罗洛斯·帕普利亚斯（Karolos Papoulias）邀请罗马尼亚和保加利亚外交部长在靠近阿尔巴尼亚的约阿尼纳举行会晤。虽然这次会晤被视为对冲土耳其在巴尔干地区的影响，但是它的确产生了一些积极的影响。比如，自此之后三国外交部长会晤长期化、机制化；在经济事务、跨境基础设施建设以及打击跨界犯罪等方面达成了一系列协议。与此同时，保加利亚和罗马尼亚也尝试同土耳其接触，于 1997 年实现首脑会晤并形成机制与希腊主导的三方会晤"并驾齐驱"。到 1999 年希土关系缓和，四个国家的会晤机制开始形成。

第二节提到的"东南欧合作进程"就是在保加利亚和希腊的共同倡议下出台的。这段时期，一系列合作机制或多或少均与巴尔干国家存在关联，如"中欧倡议国"组织、黑海经济合作组织、东南欧合作倡议等。巴尔干各国对于地区合作机制也都有自己的看法。罗马尼亚和保加利亚主张区域间合作是外向型的，如"中欧倡议国"组织、黑海经济合作组织和东南欧合作倡议是一个既有巴尔干国家也有域外国家参与的合作机制。希腊和南联盟则主张在巴尔干地区范围开展合作，如同 19 世纪巴尔干民族主义者们所追求的那样。[①] 尽管存在这些主张上的差异，但就加强地区合作的意向来说它们总体上是一致的。

1997 年 11 月，首次巴尔干国家首脑会议在克里特岛举行。与会各国首脑一致期望巴尔干地区成为一个合作、经济繁荣的地区。为此，他们将致力于改

---

① Dimitar Bechev, *Constructing South East Europe: the Politics of Balkan Regional Cooperation*, Basingstoke: Palgrave Macmillan, 2011, p. 133.

善友邻关系、尊重国际法。同时，他们相信，如果没有巴尔干国家和民族代表的巴尔干文明与历史传统，欧洲就是不完整的欧洲，当代欧洲认同的建构也缺乏必要的元素。① 1998 年开始的科索沃危机和随后爆发的战争，对巴尔干地区合作造成不小的挑战。从严格意义上讲，这场战争成为后冷战时代巴尔干地区合作的一个分水岭。因为其后建立的东南欧合作进程作为巴尔干地区多边主义的一个重要机制推动了巴尔干国家的合作。然而，战争和冲突使这种趋势有所抑制，特别是科索沃问题严重影响了有关国家间的政治对话，也使东南欧合作进程成员国对地区问题产生了不同的看法。

1999 年 6 月通过的《东南欧稳定公约》旨在使巴尔干地区实现民主与和平、进行战后经济重建，以及向该地区各国提供援助。然而，在同年 7 月召开的首脑会议上，南联盟领导人未被邀请与会。巴尔干国家不仅不愿意同南联盟总统斯洛博丹·米洛舍维奇打交道，而且还指责他是导致地区动荡和不稳定的主要原因之一。《东南欧稳定公约》的出台有效地稳定了巴尔干的局势，得到东南欧合作进程组织的支持，它们一道为增进巴尔干地区和解与合作努力。有评论指出，《东南欧稳定公约》把地区合作当作医治结构性缺陷和防止冲突的手段，而欧盟与巴尔干国家制定的稳定与联系进程则把双边关系的"条件性"，以及地区合作当作向欧盟靠拢的一种辅助机制。②

2000 年是一个重要的年份。1 月，克罗地亚议会选举结束，社会民主党和自由党组成的联盟获得选举胜利，从而结束了弗拉尼奥·图季曼（Franjo Tudjman）长达十年的执政，更为重要的是新的执政党改变了图季曼抵制参与地区合作的做法。7 月，克罗地亚外交部长托尼诺·皮楚拉（Tonino Picula）出席了在马其顿奥赫里德举行的东南欧合作进程部长会议。这意味着，克罗地亚正式融入巴尔干地区合作的进程，到 2005 年则成为东南欧合作进程的成员国。另外，2000 年 2 月，东南欧合作进程第三次首脑峰会在罗马尼亚布加勒斯特举行，通过的《东南欧睦邻关系、稳定、安全与合作宪章》为各国增进合作与理解提供了框架性指南。

---

① 转引自 Dimitar Bechev, *Constructing South East Europe: the Politics of Balkan Regional Cooperation*, Basingstoke: Palgrave Macmillan, 2011, pp. 134 – 135。
② 朱晓中：《欧洲一体化与巴尔干欧洲化》，《欧洲研究》2006 年第 4 期，第 11 页。

虽然巴尔干地区合作的政治对话不断推进，但巴尔干国家并不满足于此。换言之，它们加强合作与对话的目标是进入欧洲—大西洋政治圈。在这些国家看来，地区合作不能成为欧洲一体化进程中的副产品，而应成为加入欧盟以及北约的准备工作。① 2003 年 6 月，欧盟萨洛尼卡峰会的召开是巴尔干地区合作的另一个重要拐点，因为这次峰会决定给每个西巴尔干国家都提供明确的入盟前景。此后，地区合作不仅成为西巴尔干国家必须强化的议题，也是这些国家提升合作水平以符合欧盟要求的一个重要平台。同年 5 月，阿尔巴尼亚、马其顿和克罗地亚三国外交部长与美国国务卿鲍威尔在地拉那签署《亚得里亚宪章》，三国将通过美国的帮助加强协调与合作，以便尽快加入北约。从后来的结果看，其成效逐渐显现。继 2004 年 3 月斯洛文尼亚、罗马尼亚和保加利亚等国加入北约后，2009 年 4 月阿尔巴尼亚和克罗地亚也成功加入该组织。与此同时，东南欧合作进程一直活跃在巴尔干地区，成为该地区政治领域水平最高、合作程度最深的合作机制。2006 年 5 月，《东南欧稳定公约》的改革提上议程，决定到 2008 年初停止运作，由"地区合作委员会"取代，继续在推动巴尔干地区国家和平、安全、合作与繁荣的目标下开展工作。

在西巴尔干国家，继克罗地亚、马其顿在 2001 年签署《稳定与联系协议》② 后，阿尔巴尼亚、黑山、波黑以及塞尔维亚都签署了该协议。2012 年 10 月，欧盟宣布对与科索沃签署《稳定与联系协议》进入可行性研究阶段。2014 年 5 ~ 7 月，欧盟与科索沃结束了就签署《稳定与联系协议》的谈判。同年 10 月，科索沃与欧盟正式签署《稳定与联系协议》。2015 年 6 月，波黑与欧盟签署的《稳定与联系协议》正式生效。在克罗地亚入盟进程以及其他国家仍在进行的谈判过程中，西巴尔干地区内部各项合作在不断开展，与国际法院、海牙前南刑庭的合作也都被要求进行。

同时，西巴尔干国家间的加强地区合作的政治意愿非常明显，西巴尔干国

① Alban Bala, "Mixed Messages at Balkan Parliamentary Gathering", *RFE/RL Balkan Repert*, Vol. 3, No. 13, 2002.

② 1999 年 6 月，欧盟启动对西巴尔干国家以入盟为前景的稳定与联系进程（Stabilisation and Association Process，SAP）。《稳定与联系协议》的签署即是稳定与联系进程的具体实施，具有非常重要的意义，一般被视为加入欧盟的第一步。

家自身或在大国与国际组织推动下形成了双边、多边、区域内以及跨区域的合作机制。经过 20 余年的发展，虽然地区国家间完全实现和解仍然有很长的路要走，但国家间关系得到了较大程度的改善。从最新的情况看，有两个典型例子值得提及。最为棘手的边界问题逐渐纳入解决的轨道。2015 年 8 月，波黑与黑山签署边界协议，待年底或 2016 年初通过两国议会批准正式生效。届时，两国将成为西巴尔干地区唯一彻底解决边界问题的国家。与此同时，2015 年下半年，塞尔维亚与波黑举行首次政府联席会议，两国关系的提升为西巴尔干地区的稳定奠定了基础。

总体来看，除了《亚得里亚宪章》以外的诸多合作机制都是巴尔干国家倡议并成立的。这在一定意义上表明，巴尔干地区政治领域的合作进程源自这些国家"地区自主"意识的增强。或者说，巴尔干国家"同坐一条船"、"同在一个地区"的关联推动了彼此加强合作的意愿。无论是 1998～1999 年的科索沃危机，还是 2001 年的马其顿冲突，抑或是 2008 年科索沃单方面宣布独立事件都给巴尔干地区合作造成了一定的冲击，但各方随后都表现出合作的姿态，使地区合作进程不断推进。当然，在此过程中，一个不可低估的因素就是外部力量的重要作用，欧盟的推动（以及赋予入盟前景）以及北约的安全保证都至为关键。

二　建立地区性市场：经济合作

欧盟的发展经历了这样的过程：从经济领域入手，逐渐消除经济发展的障碍，为推进政治合作和稳定性准备条件。无论从功能主义的外溢角度还是新地区主义的联动效应来看，"低政治"领域的经济合作无疑最容易开展，也较易获得成就，更能将有关行为体紧密相连。

冷战期间，巴尔干国家经济地图是分化的。南斯拉夫经济自成一块，各联邦主体间的经贸联系比较强。保加利亚和罗马尼亚属于经互会，突出强调与其他成员国的经贸联系。阿尔巴尼亚自 20 世纪 60 年代退出经互会后经济走向封闭。这些国家地理上的相邻并没有成为经贸一体化加强的有利条件。剧变后的阿尔巴尼亚、保加利亚和罗马尼亚迅速将经贸合作的对象转向欧盟，接连发生战争的南斯拉夫继承国的经济遭受重创，直到进入 21 世纪该地区逐渐稳定后，区域内的经贸联系才开始增强。

巴尔干国家的经济联系分布在贸易、投资（基础设施建设）、运输、移民、能源以及生态等多个领域。在贸易方面，剧变前夕这些国家之间的贸易往来并不多，如保加利亚、阿尔巴尼亚和罗马尼亚的贸易联系主要是面向经互会成员国（见表2－6）。经过近十年的发展，南斯拉夫的继承国在贸易往来上出现一些变化，进出口均主要来自于巴尔干国家，但阿尔巴尼亚、保加利亚和罗马尼亚并没有在区域内形成较强的联系，而是将贸易往来转向欧盟（见表2－7）。

表2－6　部分巴尔干国家对外经贸联系（1989年）

	出口到经互会国家	从经互会国家进口	出口到巴尔干国家	从巴尔干进口国家
阿尔巴尼亚	46.3%	44.8%	—	—
保加利亚	83.0%	71.5%	13.4%	6.5%
罗马尼亚	40.5%	38.5%	3.2%	4.4%
南斯拉夫	29.9%	26.3%	2.1%	2.2%

资料来源：Milica Uvalica, "Regional Co-operation in Southeast Europe", *Southeast European and Black Sea Studies*, Vo. 1, No. 1, 2001, p. 57。

表2－7　巴尔干国家对区域内国家和欧盟的进出口份额对比（1998年）

	向欧盟出口	从欧盟进口	向巴尔干国家出口	从巴尔干国家进口
阿尔巴尼亚	88.8%	77.9%	3.0%	7.2%
波黑	21.9%	29.5%	66.6%	52.8%
保加利亚	51.7%	46.5%	7.7%	3.4%
克罗地亚	48.7%	62.6%	25.2%	12.2%
马其顿	50.3%	46.4%	23.4%	32.8%
罗马尼亚	64.6%	57.9%	1.9%	1.0%
南联盟	32.9%	38.7%	35.1%	16.3%

资料来源：Milica Uvalica, "Regional Co-operation in Southeast Europe", *Southeast European and Black Sea Studies*, Vo. 1, No. 1, 2001, p. 59。

然而，又经过近十年的发展，这种趋势也没有发生大的改变，无论西巴尔干国家的进口还是出口都主要面向欧盟而非西巴尔干区域。以2007年为例，西巴尔干国家对本区域出口的平均份额约 23%，而对欧盟出口的平均份额约为 64%。其中，阿尔巴尼亚对欧盟的出口高达 82.9%，而对其他西巴尔干国家的出口仅为 9.9%，克罗地亚在两个区域的出口份额分别为 71.0% 和 7.8%，只有波黑、塞尔维亚和黑山对其他西巴尔干国家的出口超过了三分之一（分别为 41.6%、35.1% 和 35.1%）（见表 2-8）。同样，2007 年西巴尔干国家的进口份额也存在类似的情况，对其他西巴尔干国家的进口份额约 22.4%，而对欧盟的进口份额高达 57%（波黑无数据）。该年也只有黑山、波黑和科索沃对其他西巴尔干国家的进口份额超过了三分之一（分别为 48.9%、41.0% 和 36.0%），克罗地亚和阿尔巴尼亚则不足 10%（分别为 2.2% 和 6.8%）（见表 2-9）。这些情况至少表明两点：其一，西巴尔干国家经贸结构不合理，进出口均主要依赖西欧国家；其二，西巴尔干国家区域内的经贸联系不强，进而表明该区域经济合作的局限性。至于出现这种现象的原因有很多，在分析国家经济发展模式的同时，也要兼顾这些国家资源禀赋和人口、居民消费情况以及历史因素。

表 2-8　西巴尔干国家对区域内国家和欧盟的出口份额（2007 年）

	阿尔巴尼亚	马其顿	塞尔维亚	黑山	波黑	克罗地亚	科索沃	西巴尔干国家	欧盟
阿尔巴尼亚	—	2.3%	1.9%	0.4%	0.4%	0.1%	4.8%	9.9%	82.9%
马其顿	2.4%	—	19.1%	0.9%	2.6%	4.9%	1.0%	30.8%	67.4%
塞尔维亚	1.3%	4.9%	—	9.6%	11.8%	5.9%	0.3%	35.1%	54.4%
黑山	2.5%	0.2%	23.1%	—	5.7%	2.4%	0.8%	35.1%	63.9%
波黑	0.6%	1.6%	11.9%	6.84%	—	21.8%	0.2%	41.6%	63.0%
克罗地亚	0.3%	0.9%	5.3%	1.2%		—	0.1%	7.8%	71.0%
科索沃	8.1%	6.2%	8.1%	0.9%	3.4%	1.0%	—	27.7%	60.1%

资料来源：转引自 Pere Engjëll，"Economic Trade Relation in Focus of Regional Integration of West Balkans Countries"，*International Conference on Balkan Studies Procedings*，2008，p. 176。

表 2 - 9 西巴尔干国家对区域内国家和欧盟的进口份额（2007 年）

	阿尔巴尼亚	马其顿	塞尔维亚	黑山	波黑	克罗地亚	科索沃	西巴尔干国家	欧盟
阿尔巴尼亚	—	2.0%	2.8%	0.2%	0.3%	1.0%	C.6%	6.8%	62.8%
马其顿	0.1%	—	8.6%	0.0	0.7%	2.1%	0.0	11.6%	77.3%
塞尔维亚	0.4%	3.5%	—	0.7%	2.8%	2.8%	0.0	10.1%	55.1%
黑山	0.6%	1.1%	35.1%	—	5.8%	6.4%	C.1%	48.9%	45.0%
波黑	0.0	1.7%	20.0%	0.7%	—	18.6%	0.0	41.0%	
克罗地亚	0.0	0.8%	1.3%	0.0	0.1%	—	0.0	2.2%	65.1%
科索沃	1.9%	15.2%	12.8%	0.6%	2.0%	3.5%	—	36.0%	36.5%

资料来源：转引自 Pere Engjëll, "Economic Trade Relation in Focus of Regional Integration of West Balkans Countries", *International Conference on Balkan Studies Procedings*, 2008, p. 176。

不过，西巴尔干国家之间的贸易额在不断提升。从 2004 ~ 2007 年的数据看，西巴尔干各国对该区域其他国家的出口和进口份额基本呈增加的趋势，尽管幅度并不是特别大（见表 2 - 10）。

表 2 - 10 2004 ~ 2007 年西巴尔干国家间进出口贸易额变化情况

	出口				进口			
	2004	2005	2006	2007	2004	2005	2006	2007
马其顿	1.3%	1.6%	1.6%	2.3%	1.0%	1.2%	1.6%	1.9%
塞尔维亚和黑山	0.4%	0.8%	1.4%	1.9%	0.6%	0.6%	0.9%	3.0%
黑山	—	—	—	0.4%	—	—	—	0.1%
波黑	0.1%	0.2%	0.5%	0.4%	0.1%	0.1%	0.3%	0.3%
克罗地亚	0.1%	0.0	0.3%	0.1%	1.3%	1.2%	1.4%	1.0%
科索沃	4.6%	4.1%	3.8%	4.8%	0.1%	0.4%	0.5%	0.6%
合计	6.5%	6.7%	7.6%	9.9%	3.1%	3.5%	4.7%	6.9%

资料来源：转引自 Pere Engjëll, "Economic Trade Relation in Focus of Regional Integration of West Balkans Countries", *International Conference on Balkan Studies Procedings*, 2008, p. 180；2007 年塞尔维亚和黑山的数据变为塞尔维亚。

2008 年爆发的国际金融危机和随后发生的欧洲主权债务危机对巴尔干国家的经济产生了巨大的冲击。希腊是遭受影响最大的一个国家。经济问题的发生对希腊政治、社会、外交等领域均产生了连锁反应，人们甚至担心希腊是否会"脱离欧元区"。① 希腊的债务问题至今也并没有完全得到解决，欧盟成员国为此进行的政策调整与利益博弈仍在进行，无论其结果如何必将对欧洲一体化产生非常重要的影响。② 同样，西巴尔干国家遭遇的冲击也不小。对西巴尔干国家进行援助是欧盟一体化进程推进必不可少的环节。为加强同西巴尔干区域国家间的合作，帮助西巴尔干国家克服金融危机、恢复经济增长，在欧盟委员会及其成员国的支持下，欧洲投资银行、欧洲复兴开发银行和欧委会发展银行于 2009 年 12 月在布鲁塞尔联合签署了《西巴尔干投资框架协议》（Western Balkans Investment Framework，WBIF），建立了约 22 亿欧元的投资新基金用于环保、能源、交通、教育和卫生等基础设施项目。③ 在经济贸易关系上，2011～2013 年，无论是欧盟从西巴尔干国家进口还是出口都在增长，对欧盟的依赖性日益明显。

表 2 - 11　2011～2013 年西巴尔干国家与欧盟货物贸易情况

单位：十亿欧元

年份	欧盟从西巴尔干进口	欧盟对西巴尔干出口	贸易差
2011	11.7	20.7	9.0
2012	11.7	21.9	10.2
2013	13.8	22.1	8.3

资料来源：http://ec.europa.eu/trade/policy/countries-and-regions/regions/western-balkans/。

① 王军：《因与果——希腊主权债务危机的政治经济学思考》，《红旗文稿》2013 年第 4 期；盛硕、陈华：《希腊退出欧元区的成本、风险及其影响评估》，《河北经贸大学学报（综合版）》2013 年第 1 期。

② 一些关于希腊债务危机对欧洲一体化影响的分析，参见丁纯《从希腊债务危机看后危机时代欧盟的经济社会状况》，《求是》2010 年第 7 期；闫屹、王莉《希腊债务危机对欧盟一体化的影响及启示》，《国际金融》2010 年第 9 期；谢先泽《希腊债务危机对欧洲一体化的启示》，《社会科学家》2011 年第 3 期。

③ Western Balkans Investment Framework launched，December 9，2009，http://europa.eu/rapid/press-release_ BEI-09-246_ en.htm? locale = FR.

　　然而，西巴尔干国家与欧盟的经济联系存在严重的不对称情况和结构性缺陷。① 首先，欧盟一直是西巴尔干国家最主要的贸易伙伴，但是占欧盟对外贸易的比重不大。2013 年，欧盟占西巴尔干国家进口份额的 72.7% 和出口份额的 81.8%，但是西巴尔干国家只占欧盟对外贸易额的 1%。其中，塞尔维亚占 0.5%，波黑占 0.25%，马其顿占 0.15%，阿尔巴尼亚占 0.1%，黑山和科索沃几乎为零。其次，西巴尔干国家和欧盟的货物贸易主要集中于少数几项。2013 年，欧盟从西巴尔干国家进口的物品中，机器与运输装备占 24.1%，原材料制造业产品占 21.1%，杂项制造业产品占 20.3%；在出口的物品中，机器与运输装备占 26.9%，原材料制造业产品占 22.3%，化工产品 15.2%，矿物燃料占 12.3%。② 可见，西巴尔干国家的贸易结构与欧盟并没有很强的互补特征。

　　与贸易密切相关的领域是投资。从表 2 – 12 看，在 2001 年对东南欧国家直接投资的构成中，除波黑外，欧盟均列首位。其中，阿尔巴尼亚高达 87.0% 的投资来自欧盟，欧盟在保加利亚、克罗地亚、罗马尼亚和马其顿的投资也都在 60% 以上。到 2010 年前后，这种趋势仍没有发生大的改变，在对东南欧各国直接投资的国家中，欧盟国家均排名前几位（见表 2 – 13）。

表 2 – 12　对东南欧国家外商直接投资份额（2001 年）

	阿尔巴尼亚	波黑（1999）	保加利亚	克罗地亚	马其顿（2000）	摩尔多瓦（2000）	罗马尼亚
欧盟	87.0%	13.4%	68.4%	71.2%	61.1%	31.2%	61.1%
奥地利	0.2%	1.8%	7.8%	26.8%	5.9%	—%	5.9%
德国	1.3%	7.0%	12.5%	25.2%	10.3%	5.2%	11.3%
希腊	34.2%	—	12.1%	—	31.4%	2.8%	3.5%
法国	1.3%	1.8%	2.8%	1.7%	0.7%	5.0%	6.9%
意大利	47.9%	1.7%	10.0%	2.7%	4.4%	—	7.0%

---

① Milica Uvalić, "Structural weaknesses of the Western Balkan economies", Centre for Southeast European Studies, http：//www. suedosteuropa. uni-graz. at/biepag/node/92.

② Western Balkans, http：//ec. europa. eu/trade/policy/countries-and-regions/regions/western-balkans/.

续表

	阿尔巴尼亚	波黑（1999）	保加利亚	克罗地亚	马其顿（2000）	摩尔多瓦（2000）	罗马尼亚
荷兰	—		4.6%	3.5%	1.5%		16.2%
其他	2.1%	1:1%	18.6%	11.3%	6.9%	18.2%	10.3%
中东欧国家	0.9%	4.2%	0.6%	3.7%	2.9%	—	3.9%
东南欧国家	4.3%	9.4%	—	0.2%	1.7%	1.6%	0.7%
美国	—	1.9%	6.2%	17.8%	2.5%	19.2%	6.4%
日本	—	—	—	0.2%	—	—	0.6%
塞浦路斯	—	—	5.9%	—	16.8%	1.5%	7.7%
俄罗斯	—	—	4.6%	0.2%	0.4%	32.5%	—
土耳其	2.0%	5.0%	2.9%	—	1.6%	—	4.0%
科威特	0.2%	62.7%	—	—	—	—	—
其他	5.6%	3.4%	11.2%	6.9%	13.0%	14.0%	15.6%
合计	100%	100%	100%	100%	100%	100%	100%

说明：该统计未将土耳其作为东南欧国家。

资料来源：Gábor Hunya，"FDI in South-Eastern Europe in the early 2000s"，*WIIW Research Reports*，Vienna，July 2002，p. 14。

表 2 – 13　对巴尔干国家直接投资排名前五位的国家及份额（2010/2011 年）

	第一位		第二位		第三位		第四位		第五位	
阿尔巴尼亚	希腊	27.4%	意大利	15.2%	奥地利	13.7%	加拿大	10.6%	土耳其	10.6%
波黑	奥地利	19.7%	塞尔维亚	18.0%	克罗地亚	14.1%	斯洛文尼亚	11.2%	俄罗斯	9.6%
保加利亚	荷兰	21.9%	奥地利	16.5%	希腊	7.7%	英国	6.6%	塞浦路斯	5.7%
克罗地亚	奥地利	21.2%	匈牙利	13.9%	德国	13.7%	荷兰	8.6%	卢森堡	5.4%
马其顿	荷兰	16.5%	希腊	12.9%	斯洛文尼亚	12.4%	奥地利	11.1%	匈牙利	10.3%
黑山	俄罗斯	15.4%	意大利	11.8%	瑞士	9.0%	匈牙利	8.4%	塞浦路斯	8.2%
罗马尼亚	荷兰	20.7%	奥地利	17.8%	德国	12.2%	法国	8.3%	希腊	5.7%
塞尔维亚	奥地利	17.1%	荷兰	10.1%	希腊	9.6%	德国	9.1%	挪威	8.4%

说明：（1）该统计未将土耳其作为东南欧国家；（2）阿尔巴尼亚、波黑、马其顿和罗马尼亚为2010 年的数据，保加利亚、克罗地亚、黑山和塞尔维亚为 2011 年的数据。

资料来源：WIIW FDI database。

如表 2－14 所列，巴尔干国家银行部门的外资百分比中，除斯洛文尼亚外资所占比重较小外，其余均在 55% ~91% 之间。外国银行所有权在巴尔干国家金融体系中占比过高，在加大外资对巴尔干国家经济影响的同时，也使巴尔干国家经济面临更高的传导性金融风险。由此，国家经济的控制权进一步丧失，并有转化到政治领域的风险。① 美籍波兰裔学者波兹南斯基（Kazimierz Z. Poznanski）对此做出了比较恰当的总结："东欧经济体一旦被改造成了外国人控制着大部分资本、只有劳动力还在本国的状况时，这些国家不仅仅是丧失了对本国资源的控制权，它们还不得不交出自己相当大一部分的政治权力。"② 从 2008 年爆发的国际金融危机给巴尔干国家和中欧国家带来的冲击看，这恐怕不是危言耸听。

表 2－14　外国银行资本占部分巴尔干国家银行部门份额（2008 年）

国　家	外国银行资本所占份额	国　家	外国银行资本所占份额
波黑	91%	塞尔维亚	75%
克罗地亚	90%	罗马尼亚	55%
保加利亚	75%	斯洛文尼亚	29%

资料来源：European Central Bank，"Financial Supervision Authorities of Particular Countries"。转引自孔田平：《试论国际金融危机对中东欧国家的影响》，《俄罗斯东欧中亚研究》2009 年第 4 期，第 30 页。

能源也是所有巴尔干国家间合作的优先领域。其原因主要在于，巴尔干国家能源比较匮乏、多依赖进口，以及它们处于能源供应方（黑海与中亚）与大的消费市场（西欧）的过渡地带。③ 这在一定意义上解释了欧盟推动东南欧能源共同体建立的初衷。不过，巴尔干国家能源合作的进展也并非一帆风顺。根据《能源共同体条约》，巴尔干国家已经建立起了天然气和电力一体化市

---

① 徐刚、项佐涛：《金融危机下的中东欧：冲击及其应对》，《现代国际关系》2010 年第 1 期，第 35 页。

② 〔美〕卡齐米耶日·Z. 波兹南斯基：《全球化的负面影响——东欧国家的民族资本被剥夺》，佟宪国译，北京：经济管理出版社 2004 年中文版，第 247 页。

③ Dimitar Bechev, *Constructing South East Europe：the Politics of Balkan Regional Cooperation*, Basingstoke：Palgrave Macmillan, 2011, p. 100.

场，但是除保加利亚和罗马尼亚外，其他西巴尔干国家取得的进展仍比较有限（见表 2 – 15）。

表 2 – 15　西巴尔干国家电力市场取得的进展

	欧盟要求	市场结构	电力批发市场	关税改革能力	市场一体化
阿尔巴尼亚	B	C	C	D	C
波黑	B	C	C	D	C
克罗地亚	A	B	B	B	B
马其顿	B	C	C	D	C
黑山	B	C	C	D	C
塞尔维亚	B	C	C	C	C
科索沃	B	C	C	D	D

说明：A 表示进展良好，B 表示进展较好，C 表示只有部分进展，D 表示遭遇障碍。
资料来源：Energy Community Secretariat 2007。

此外，在其他功能领域如道路运输、航空等，巴尔干国家也在积极开展合作。在取得不错成绩的同时，存在一些问题。其中最为重要的是，资金的缺乏与外部力量的干预。从表 2 – 16 可以看出，巴尔干国家在一些功能领域的合作，无论是技术规范还是资金投入抑或是法律标准都在很大程度上依赖于欧盟的介入。

表 2 – 16　巴尔干国家功能领域合作情况一览

	结　果	制度化程度	外部行为体的输入	欧盟介入的程度	区域合作需求
贸易	双边自贸协定，CEFTA 2006	高	SAP 条件性，政策协调，提供资金，政治压力	高	中
投资	最好实践，政府间对话	中	提供资金，政策协调	低	低
道路运输	政治框架，协商下的运输共同体（Transport Community）	高	提供资金，政策协调，法律标准（欧盟法）	高	中
航空	共同航空区域	高	提供资金，政策协调，法律标准（欧盟法）	高	中

续表

	结　果	制度化程度	外部行为体的输入	欧盟介入的程度	区域合作需求
跨境水路	萨瓦河国际委员会	高	提供资金，政策协调	高	高
石油	政府间协定，合资公司，政治对话	低	调停，提供资金，政治压力（俄罗斯）	低	高
天然气	政府间协定，合资公司，能源共同体（Energy Community）	低	提供资金，调停，政治压力	中	高
电力	政府间协定，能源共同体	高	提供资金，政策协调，法律标准（欧盟法）	高	高

资料来源：Dimitar Bechev，*Constructing South East Europe：the Politics of Balkan Regional Cooperation*，Basingstoke：Palgrave Macmillan，2011，p. 105。

三　冷却"火药桶"：安全防务合作

巴尔干素有"欧洲火药桶"之称。20 世纪初期的三场战争（两次巴尔干战争和第一次世界大战）以及冷战结束至今的战争、冲突与分离运动都使该地区成为人们诟病的对象。冷战结束后，巴尔干地区逐渐成为欧盟投射影响并加以改造的区域。欧盟的巴尔干政策以稳定为前提、以吸纳和扩大为最终目标。所以，不管是巴尔干地区的重建还是融入欧洲一体化的进程，在安全和防务领域的合作均显得至关重要。

安全是一个比较敏感的区域，也是国家主权最重要的体现。欧盟在安全领域的合作进展最慢，经历了半个世纪才形成了共同安全政策。对于巴尔干国家来说，历史上的战争以及冷战结束初期的冲突都给这些国家的安全政策敲响了警钟。换言之，要想使这些国家在安全领域开展互信合作，其难度是不小的。若没有北约和美国的推动与介入，安全领域的合作进展且不说，就连地区稳定估计也难以维持。这一点从波黑、科索沃、马其顿甚至阿尔巴尼亚的例子都可以得到说明。

巴尔干地区安全合作的源起和推力主要来自外部行为体，即北约、美国和欧盟，它们主导了巴尔干地区安全合作机制的建立、议程设置以及政策导向甚

133

至加入的可能性。在现有的巴尔干地区合作机制中，有关安全方面的机制包括东南欧国防部长会议、东南欧倡议组织以及《亚得里亚宪章》，都是美国提议并最终建立的。对此，有学者指出，在北约、欧盟引导下的西巴尔干国家安全合作机制只是使这些国家纳入欧洲—大西洋安全架构下的工具，并非是这些国家推进互信合作的内在理念，因为它们缺乏真正的地区认同。[1] 还有学者直言不讳地指出，东南欧国防部长会议并非巴尔干内部安全机制，而是美国和北约的一个政策工具。[2]

东南欧多国和平部队的建立同样如此。成立这样一个机制是巴尔干国家快速融入北约的准备工作，但在其建立过程中巴尔干各国争执不断。首先，在名称选择上的分歧。由于保加利亚的坚持，名称才使用了东南欧而非巴尔干。同样，由于马其顿的坚持而没有使用"快速反应部队"或"快速投放力量"。最终，各方达成妥协，取名"东南欧多国和平部队"。其次，在该机制的总部地点上亦存有分歧。土耳其主张设在埃迪尔内（Edirne），希腊主张设在基尔基斯（Kilkis），保加利亚则主张设在普罗夫迪夫（Plovdiv），最终因为土耳其与希腊争执不下使保加利亚的建议获得通过。

从趋势上看，巴尔干地区在外部力量的推动下逐渐走向稳定，"巴尔干化"的色彩日益减弱，甚至基本上得到控制。该地区走向安全化的努力与结果值得肯定。如今，这个曾经被称为"火药桶"的地区正逐渐融入欧洲—大西洋的结构，并由此成为欧洲安全复合体中的一个组成部分。不过也要看到，巴尔干地区安全合作的机制、议题、内容等都并非是地区自主意识的体现。当然，军事合作、司法与内务合作以及与前南刑庭的合作都为巴尔干地区稳定与繁荣做出了贡献。

四 小结

从过去的实践来看，欧盟通过"地区立场"、西巴尔干国家的《稳定与联

---

[1] Cvete Koneska, "Regional Identity: The Missing Element in Western Balkans Security Cooperation", in Sonja Stojanovic, *Serbia 2007-Iliberal Transformation or Prolonged Transition*, Belgrade: Belgrade Centre for Security Policy, 2008, p. 88.

[2] Dimitar Bechev, *Constructing South East Europe: the Politics of Balkan Regional Cooperation*, Basingstoke: Palgrave Macmillan, 2011, p. 112.

系协议》及以援助和承诺为基本内容的综合性办法①逐步推动了巴尔干地区合作的进展。然而，巴尔干地区合作的进展仍不尽如人意。特别是在西巴尔干地区，"区域合作的层次仍然较为单一，各国基本上还是各自为政，各谋自事，推动区域合作的动力有限"②，"如果要在欧洲的地区一体化与东南欧地区合作之间有所取舍，几乎所有地区国家都会选择前者，甚至不惜放缓或搁置地区合作"③。可见，回归欧洲是巴尔干国家坚定不移的优先目标，而与邻国的关系与合作则不是这些国家的首要关切和第一要务。

然而，巴尔干国家要加入欧盟、实现与欧洲的一体化，自我改造是必要的条件。很大程度上，地区合作已经成为巴尔干国家融入欧洲—大西洋结构的要求和前提。这既彰显了巴尔干地区的自主精神，也是巴尔干地区走向未来的必要考量。换言之，加强巴尔干地区合作不仅仅是加入欧盟、北约的前提条件，也是这些国家成功转型的一个重要指标。④ 从这个角度看，虽然巴尔干地区合作存在诸多障碍，水平有待提升，但是合作已经在多个领域内进行，其长远的积极影响是明显的。可以看到，在过去的 20 多年期间，相关国家间友好关系不断推进，实现和解、重建彼此互信的努力不断涌现，在共同入盟的前景下实现了历史性和解。

由此可见，巴尔干地区合作离不开欧盟的支持，它既受惠又受制于欧盟。"无论是以欧盟为强势方的非对称地区间主义，还是依赖于欧洲一体化进程的次地区主义，东南欧地区主义的兴起和发展都仰仗欧盟的外部推动，其出发点和落脚点都是欧盟扩大，成为欧盟的成员国。"⑤ 已经入盟的国家如克罗地亚等国的经历很好地说明了这一点。早在 1997 年欧盟提出"地区立场"，要求

① 有关"综合性方法的详细介绍，参见刘作奎《国家建构的"欧洲方式"——欧盟对西巴尔干政策研究（1991~2014）》，北京：社会科学文献出版社 2015 年版，第 88~93 页。
② 左娅：《克罗地亚入盟及其对西巴尔干国家的启示》，《俄罗斯东欧中亚研究》2013 年第 6 期，第 61 页。
③ 胡勇：《欧盟扩大视野下的东南欧地区主义与地区合作》，《俄罗斯东欧中亚研究》2015 年第 4 期，第 73 页。
④ Ivana Božić Miljković，"Economic and Political Dialogue in The Balkans: Necessity, Obstacles and Perspectives"，*Philosophy*，*Sociology*，*Psychology and History*，Vol. 12，No. 1，2013，p. 12.
⑤ 胡勇：《欧盟扩大视野下的东南欧地区主义与地区合作》，《俄罗斯东欧中亚研究》2015 年第 4 期，第 68 页。

先地区一体化、后与欧盟实现一体化的方案时①，便引起克罗地亚强烈抵制，但在后来的入盟进程中克罗地亚也不得不接受欧盟的指令，在地区合作与改善邻国关系上有所表现。

近年来，受入盟前景和一体化实践的驱动，一些旨在推进巴尔干地区合作的倡议相继出台，西巴尔干国家加强地区合作的动作频频。2010 年 11 月，时任希腊外交部长迪米特里·兹鲁察斯（Dimitris Droutsas）提议在 2014 年希腊担任欧盟轮值主席国期间举行类似于 2003 年该国提出的第二届欧盟—西巴尔干峰会，推出第二个"萨洛尼卡进程"（Thessaloniki II）。该提议在 2012 年东南欧合作进程外交部长会议上再次被提出，并重点明确了三个主要目标。其一，成立 2014 集团（Group 2014），使欧盟成员国与候选国形成一个预备联盟（preparatory alliances）；其二，在现有的地区合作机制的基础上，增强候选国之间的合作；其三，给予候选国明确的入盟日期。② 遗憾的是，此提议并没有在欧盟范围内得到推进。就在同一年，捷克在担任维谢格拉德集团主席国期间，提出按照维谢格拉德基金③的模式建立一个西巴尔干基金（Western Balkans Fund）来推动地区合作。④ 在 2014 年 10 月举行的维谢格拉德集团与西巴尔干国家外交部长会议上，西巴尔干基金的设立已经正式启动，总部设在地拉那。

2011 年底，土耳其外交部长达武特奥卢（Ahmet Davutoglu）建议成立一个称为"智者集团"（wise-men group）的独立机构，来评估巴尔干地区合作

① 严格地说，克罗地亚并不排斥地区合作，只是不乐于参与巴尔干地区合作实践，相反，对于与中欧等其他次区域的合作颇感兴趣。这就表明，克罗地亚在意的是合作对象，希望摆脱巴尔干身份。后来，克罗地亚也开始与（西）巴尔干国家进行合作。

② Jasminka Kronja and Dusko Lopandic，"Regional Cooperation in Southeast Europe and the European Integration Process-Searching for Necessary Complementarity"，co-organised by the European Movement in Serbia and the Friedrich Ebert Foundation，Belgrade，June 6，2012，pp. 13 – 14；"Thessaloniki 2014：In Quest of a Renewed Credibility of the EU Enlargement Process"，*European Movement in Albania Policy Paper*，January 2011.

③ 2000 年 6 月，维谢格拉德集团成员国政府首脑会议上签署了一项关于设立维谢格拉德基金的协议，管理基金的秘书处设在斯洛伐克首都布拉迪斯拉发。

④ International Centre for Democratic Transition，"Sharing the Experiences of Visegrad Cooperation in the Western Balkans and the Eastern Neighbourhood"，http：//www. icdt. hu/documents/publications/ GUAM-Project-Preparatory-Study. pdf.

的成果，特别是对东南欧合作进程的进展进行评估，并提出未来地区合作的四个主要政策原则。一是地区自主权和包容性，即强调通过单边、双边和多边的进程来推进地区合作。二是地区一体化，具体是积极开展高级别政治对话，每年举行 2 ~ 3 次峰会，加强地区经济、文化、教育和科学的联系与合作。三是强调欧洲一体化进程的重要性。巴尔干地区融入欧盟，并与后者一同成为国际舞台的重要角色。四是在地区与全球性国际组织中采取共同立场和协调政策。① 客观地讲，这些原则与欧盟强调的巴尔干地区合作以及推进一体化的理念相吻合，同时也反映了土耳其在巴尔干地区以及更大范围的抱负。

2014 年 8 月，在德国柏林举办的由西巴尔干国家政府总理、外交部长和经济部长参加的高级别峰会上，德国总理默克尔倡导的"柏林进程"（Berlin Process）正式启动。默克尔强调："巴尔干属于欧洲而不属于其他地区，德国支持西巴尔干国家尽快入盟。"如果说"萨洛尼卡进程"为西巴尔干国家入盟打开了大门，那么，"柏林进程"是在欧盟面临诸多危机、扩大进程放缓背景下为西巴尔干国家入盟提供的新动力，是升级版的"萨洛尼卡进程"。近年来，欧盟先后遭遇债务危机、乌克兰危机以及难民危机的冲击与挑战。就在"柏林进程"启动前一个月，新任命的欧盟委员会主席容克（Jean Claude Juncker）发布了看似悲观但很现实的论调："在未来 5 年内欧盟会暂停收新成员国，其间将专注于巩固现有发展"。②同时，从西巴尔干国家自身来说，入盟进程的快慢与自身改革和发展的力度息息相关。换言之，虽然欧盟有推力，但对象国也不能"刹车"甚至"倒车"。

因此，启动"柏林进程"旨在推动两个层面的变化。从欧盟层面看，在面临一系列挑战与困难的情况下仍应确保西巴尔干地区未来的入盟前景，增强该地区各国对欧盟的信任，同时刺激西巴尔干国家推动国内改革与地区合作。对西巴尔干国家来说，它们政策的实施和未来的走向都要坚定不移地以融入欧

---

① Jasminka Kronja and Dusko Lopandic, "Regional Cooperation in Southeast Europe and the European Integration Process-Searching for Necessary Complementarity", co-organised by the European Movement in Serbia and the Friedrich Ebert Foundation, Belgrade, June 6, 2012, pp. 12 - 13.

② "A New Start for Europe: My Agenda for Jobs, Growth, Fairness and Democratic Change", Strasbourg, 15 July 2014, http://www.eesc.europa.eu/resources/docs/jean-claude-juncker-political-guidelines.pdf.

洲为导向，任何迟疑、停顿和偏向都会遭到惩罚。

为推进"柏林进程"，从 2014 年到 2018 年将相继举行每年一度的五届西巴尔干系列峰会。2015 年 8 月，第二届西巴尔干峰会在维也纳举行，开启"柏林进程第二章"。峰会主要是总结西巴尔干地区一年来在推进"柏林进程"上取得的进展，重申并强化该地区所有国家的"欧洲前景"，并鼓励各国加强地区合作，加速改革，为发展经济提供更大可能。会后发表的声明特别强调：每个西巴尔干国家的入盟进度将取决于各国在哥本哈根标准及稳定与联系进程"条件性"上的努力程度。① 峰会期间，黑山分别与科索沃和波黑签署边界协定，这是前南危机结束以来该地区在边界问题上取得的重要成果。随后不久，塞尔维亚与波黑的关系也取得了较大进展。11 月，波黑和塞尔维亚高级官员在萨拉热窝举行自波黑战争结束后的首次政府联席会议，签署了一系列有关促进和解、加强合作的协议和备忘录。在欧盟的推动下，西巴尔干国家加强地区合作的愿望不断加强，取得的成果也清晰可见。

成就固然值得肯定，但困扰该地区的麻烦与阻力仍然很多。巴尔干地区合作的脆弱性依然明显。即便上述倡议均得到认可并推进，在实践过程中也会因为巴尔干地区潜在的矛盾与问题而产生阻力。从某种意义上讲，欧盟对巴尔干实施的入盟办法要比对中欧国家入盟办法复杂，除了要对每个国家进行改造外，还涉及对整个区域的改造。② 可问题是，除了西巴尔干国家内部合作动力不足外，近年来一系列麻烦问题如经济上的债务危机、社会领域的难民问题等困扰着欧盟，对一体化产生阻碍，影响欧盟对巴尔干（主要是西巴尔干）国家合作的政策支持，进而影响它们的一体化程度和地区合作水平。所以，对于"柏林进程"，媒体界和学术界充斥着怀疑与批评。不少分析人士认为，欧洲大国实际上只是在作秀，他们并不真心希望西巴尔干国家入盟。峰会本来希望发出乐观的积极信号，但事实相反，笼罩着移民潮导致的悲观气氛。一位来自

① "Final Declaration by the Chair of the Vienna Western Balkans Summit", August 27, 2015, http://ec. europa. eu/enlargement/pdf/policy - highlights/regional - cooperation/20150828_ chairmans_ conclusions_ western_ balkans_ summit. pdf.

② 刘作奎：《国家建构的"欧洲方式"——欧盟对西巴尔干政策研究（1991～2014）》，北京：社会科学文献出版社 2015 年版，第 82 页。

波黑的研究人士直白地指出：实际上，德国等欧盟国家并不希望在可预见的期限内接纳"贫穷的、半建成的失败国家"入盟，"但他们谁都不真诚地说出来"。① 德国东欧和东南欧研究所副所长乌尔夫·布伦堡尔（Ulf Brunnbauer）则称，目前欧盟与巴尔干的关系是"双方的失败"。②

从长远看，欧盟扩大与巴尔干地区合作主要有三种可能的关系进展。其一，双赢局面。欧盟找到克服危机的办法，不仅使欧盟内聚力加强，也对其扩大政策产生积极影响，进而使欧盟有更多的能力和精力投入西巴尔干地区的一体化进程。其二，双输局面。也就是，欧盟自身的危机无法克服，影响其自身的发展前景。同时，西巴尔干国家的诸种问题相继爆发出来，使该地区的局势发生恶化。其三，折中局面。欧盟有效地控制住事态的发展，但并不能彻底解决危机，进而在西巴尔干国家的入盟进程上采取"赋予前景但严控进程"的政策。③ 简言之，巴尔干地区合作以及融入欧洲的进程很大程度上取决于欧盟自身的发展和政策运作。④ 从目前态势看，第三种局面是主要的。而要更好地理解巴尔干地区合作的现状及走向，需要深入考察欧洲一体化在巴尔干地区的实践。

---

① "Opinion: What won't be said at the Western Balkans Summit", August 26, 2015, http://www. dw. com/en/opinion-what-wont-be-said-at-the-western-balkans-summit/a-18676490.

② "'The EU-Balkans Relationship is a two-way Failure'", August 27, 2015, http://www. dw. com/en/the-eu-balkans-relationship-is-a-two-way-failure/a-18670563.

③ Jasminka Kronja and Dusko Lopandic, "Regional Cooperation in Southeast Europe and the European Integration Process-Searching for Necessary Complementarity", co-organised by the European Movement in Serbia and the Friedrich Ebert Foundation, Belgrade, June 6, 2012, pp. 15 - 17.

④ 虽然欧盟一贯强调各国入盟进度与自身达到欧盟"条件性"标准的努力相关，但具体条件的设置和评估权力仍然掌握在欧盟手中。这并不是一个完全客观的过程。

第三章　巴尔干欧洲化进程

冷战结束后，巴尔干地区的一体化实践除了地区合作的层次外，最为重要的就是欧洲化进程。有学者指出，许多中东欧人（包括一些政治领导人）一开始非常支持各种中东欧合作计划，但是几年之后就认识到次地区组合最多不过是个候车室，他们不过是在等着早该搭乘的欧盟快车。[①] 欧盟积极鼓励和要求中东欧候选国加强地区层面的合作，而候选国真正感兴趣的是"一个富足而强有力的联盟，其成员资格足以遮盖任何（区域）联盟的光辉。每个国家……都绞尽脑汁想要加入，最重要的是，他们都想如何才能摆脱与不够友善、不够富有的邻居的纠缠"[②]。颇具意味的是，冷战结束初期一段时期内，巴尔干国家推进地区合作的动力与意愿也不如它们加入欧盟强，而欧盟一开始则并不对巴尔干地区感兴趣，甚至没有吸纳中东欧国家的打算，其巴尔干政策也只是在后来一系列事件冲击下才经历了从无到有、从不重视向重视的转变。

第一节　从希腊到西巴尔干：一个都不少？

学界对"欧洲化"的用法与界定有很多，或将其视为一种历史现象，或作为一种状态，或认为是一个过程，或表示一种结果，或强调一种互动

---

① 〔美〕彼得·卡赞斯坦：《地区构成的世界：美国帝权中的亚洲和欧洲》，秦亚青、魏玲译，北京：北京大学出版社 2007 年中文版，第 89 页。

② 转引自〔英〕罗伯特·拜德勒克斯、〔英〕伊恩·杰弗里斯《东欧史》（下册），韩炯等译，上海：东方出版中心 2013 年中文版，第 952 页。

关系。① 虽然解释的角度有很多，但欧盟发展的历程是考察欧洲化的一个不变的主线。从这个意义上讲，讨论巴尔干欧洲化的进程最起码要回到欧盟发展的起点。

当前人们在讨论巴尔干欧洲化时往往从冷战结束后谈起，甚至更晚至1995 年《代顿协议》的签署。这种分析的逻辑在很大程度上是建立在对整个欧洲甚至世界形势的大局判断之上的。倘若具体到欧洲一体化的进程，恐怕要回溯得更远一些。缘起于冷战初期的欧洲一体化实践在西欧国家间进行整合的同时很快将触角伸到了巴尔干地区。希腊在 1981 年成为第二批扩大、第十个欧共体成员国，土耳其也于 1987 年正式向欧共体递交加入申请。北约更是早在 1952 年就将希腊和土耳其纳入麾下。南斯拉夫在 20 世纪 60 年代末就与欧共体建立了外交关系。所以说，巴尔干欧洲化几乎应该与欧洲一体化的进程同步来考察。下面，将分希腊与土耳其、巴尔干原社会主义国家（包括解体后的国家）两大块来讨论巴尔干国家的欧洲化进程。

一　希腊、土耳其的欧洲化之路

古希腊是欧洲文明的摇篮，也是欧罗巴传说的诞生地。在较长的一段时间里，古希腊及其后的罗马文明一直是引领人类文明进步的重要源泉。但是，进入近代以来，希腊与西欧国家相比差距越来越大。一方面，处于奥斯曼帝国统治下的希腊越来越倾向保守、封闭，其民主体制的建立直到 1974 年才完成；另一方面，资本主义萌芽、工业革命的发生均始于西欧大陆，希腊社会发展的经济动力明显滞后于西欧。

不过，在巴尔干各民族当中，希腊人的觉醒意识最为强烈，也较早开始"向西欧学习"。这是"因为他们具有某些有利条件：他们与西方的交往频繁，他们的古典和拜占庭的光荣传统促进了民族自尊心，他们的希腊正教体现和保护了民族觉悟"。② 于是，法国大革命所倡导的自由、平等、主权以及民族主

---

① 关于这些界定的具体阐述，参见吴志成、王霞《欧洲化及其对成员国政治的影响》，《欧洲研究》2007 年第 4 期，第 39 页。

② 〔美〕斯塔夫里阿诺斯：《全球通史：1500 年以后的世界》，吴象婴、梁赤民译，上海：上海社会科学院出版社 1992 年中文版，第 408 页。

义思想，通过希腊新兴商业阶级与贵族集团以及许多流亡者传播到了国内。所以，在民族解放运动进程中，希腊人不仅最早打响了争取独立的战争（1821年），也最早实现了独立（1832年），进而成为巴尔干地区最早摆脱奥斯曼帝国统治的民族。

根据"巴尔干百分比协定"，二战结束后，希腊成为英美的"势力范围"。出于对付苏联的需要，希腊与土耳其一道在1952年被纳入北约成员。1959年6月，希腊提出加入欧洲经济共同体的申请。1961年6月，希腊成为欧洲经济共同体第一个联系国。然而，由于希腊与西欧国家经济仍有差距，政治上仍是军人政权，很难在短期内实现加入欧共体①的愿望。不仅如此，1967年希腊与欧共体的联系协议也暂时中止。1974年7月，希腊推翻了军人政权进入民主化时期，联系协议恢复，但欧共体并没有急于接纳希腊。1975年7月，希腊提出加入欧共体的申请。1976年1月，欧共体委员会以希腊经济发展滞后、农业发展水平低等理由加以拒绝。②然而，希腊的经济环境一直没有得到好的改善，通货膨胀率高、失业和贸易赤字都比较严重。1979年是重要转折一年。是年5月，欧共体与希腊在雅典举行了希腊加入共同体的签字仪式，6月28日，希腊议会正式批准。1981年1月，希腊如愿以偿，成为欧共体第十个成员国。历时20年希腊才加入欧共体，标志着欧洲联合的进程向巴尔干地区迈出了第一步也是最为重要的一步。

吸收希腊加入欧盟，还有意识形态和文明的考虑。"因为人们普遍认为希腊是欧洲文化和文明的摇篮，所以1974年军人政权一垮台，希腊就不能再被排除在外。社会结构和国家结构之间的互动塑造了19世纪和20世纪的现代希腊，但仍然保留了几个世纪以来奥斯曼帝国统治的浓重痕迹。"③ 在欧洲一体化的驱动下，希腊也在改变，并逐渐朝着欧盟要求的形象发展。但变化是缓慢

---

① 1965年4月，《布鲁塞尔条约》签署，决定将欧洲煤钢共同体、欧洲原子能共同体和欧洲经济共同体统一起来，统称欧洲共同体，简称欧共体。条约于1967年7月1日生效，欧共体总部设在布鲁塞尔。

② "The accession of Greece," September 11, 2012, http：//www.cvce.eu/content/publication/1999/1/1/61a2a7a5 – 39a9 – 4b06 – 91f8 – 69ae77b41515/publishable_ en.pdf.

③ 〔美〕彼得·卡赞斯坦：《地区构成的世界：美国帝权中的亚洲和欧洲》，秦亚青、魏玲译，北京：北京大学出版社2007年中文版，第230页。

的，而且对希腊及其欧洲伙伴来说是痛苦的。"如果所有成员国都按希腊方式运作，那么欧盟式的制度实践是难以想象的。欧洲在承认土耳其的欧盟正式成员资格时表现出了犹豫，其根本原因不仅仅是土耳其政府的人权记录、欧洲对大规模劳工移民的反对以及对伊斯兰原教旨主义的恐惧，而且还包括欧盟成员国在希腊问题上的亲身经历，而希腊是奥斯曼帝国的远房表亲。"① 可见，相邻候选国或存在历史纠缠的候选国之间的关系往往成为影响它们是否顺利加入欧盟的一个重要因素。

加入欧盟后的希腊有两个方面值得关注。一个是希腊在欧盟中发挥的影响，另一个是希腊经济发展中的欧盟因素。就希腊在欧盟中的影响而言，一方面，希腊是第十个欧盟成员国，也是欧元区首批成员国，在欧盟议会中有 12 个投票权（排名第九）。同时，自加入欧盟至今，希腊已经五次担任欧盟轮值主席国，分别是 1983 年上半年、1988 年下半年、1994 年上半年、2003 年上半年和 2014 年上半年。另一方面，希腊作为老资格的欧盟成员国表示支持西巴尔干国家加入欧盟，在 2003 年担任欧盟轮值主席国时将巴尔干作为欧盟政策的主要优先方向，但同时又在马其顿国名问题② 上 "毫不退让"，使该问题久拖未决。

2008 年国际金融危机爆发，欧盟成为一个重灾区。随后，爱尔兰、希腊等国家相继发生主权债务危机。这场危机至今尚未探底，对希腊和欧盟的影响都非常之大。在国内，希腊民众由于不满政府应对举措频繁发动罢工、游行等抗议性活动，主张希腊退出欧盟或欧元区的声音也不绝于耳；在欧盟，救助与抛弃希腊的声音同时存在，甚至一些欧盟国家内部在救助希腊问题上也争执不断。从当下的情况看，欧债危机仍没能得到彻底遏制，不过维持欧盟的团结越

---

① 参见〔美〕彼得·卡赞斯坦《地区构成的世界：美国帝权中的亚洲和欧洲》，秦亚青、魏玲译，北京：北京大学出版社 2007 年中文版，第 231 页。

② 关于马其顿国名问题及希腊与马其顿围绕该问题的争斗，参见胡健《马其顿国名问题中的历史因素》，《中南大学学报（社会科学版）》2008 年第 3 期；Fotis Mavromatidis, "The Role of the European Union in the Name Dispute between Greece and FYR Macedonia", *Journal of Contemporary European Studies*, Vol. 18, No. 1, 2010, pp. 47 - 62; Aristotle Tziampiris, "The Macedonian Name Dispute and European Union Accession", *Southeast European and Black Sea Studies*, Vol. 12, No. 1, 2012, pp. 153 - 171。

来越成为共识,欧盟并没选择"抛弃希腊"——使其退出欧元区。从这个层面看,希腊危机使欧盟加快了制度创新和改革的步伐。

再来看土耳其的欧洲化之路。早在20世纪20年代,凯末尔(Mustafa Kemal Atatürk)领导下的土耳其共和国就将"脱亚入欧"的"西化道路"当作国家的发展方向。随着欧洲国家一体化进程的加速,加入欧盟便成为土耳其人的一个诉求。土耳其人甚至认为,"获得欧盟完全成员资格与承认土耳其达到当代西方的文明标准是同义的,凯末尔革命的最终胜利也由此得以确认"。①为加快融入西方的步伐,土耳其加入了北约、经济合作与发展组织以及欧洲委员会等一系列西方政治、军事、经济组织。同时,为与希腊达成势力均衡,土耳其于1959年提交了加入当时只有6个成员国的欧洲经济共同体的申请。1963年,欧洲经济共同体与土耳其签署《安卡拉联系协定》,就土耳其加入问题作了比较明确的保证。1974年土耳其入侵塞浦路斯和1980年土耳其的军事政变导致欧共体与土耳其的关系发生巨大转折,欧洲国家决定终止对其提供经济和军事援助。直到1983年土耳其民主政府上台后,欧土冰冻关系才得以渐渐融化。1987年,土耳其再次提出加入欧共体的申请,但由于塞浦路斯问题、土希(腊)矛盾以及土耳其政治、经济发展水平较低,入盟进程一直停滞不前。1989年,欧共体以经济水平和人权状况为由断然拒绝了土耳其的入盟申请。

1995年12月,土耳其与欧盟签署关税同盟协议,并将关税标准调至与欧盟相同的水平。1997年,欧盟先于土耳其同塞浦路斯及其他数个中东欧国家开启入盟谈判,同时把土耳其排除在候选国之外,再度使土欧关系恶化。面对一再遭到拒绝的结果,土耳其对欧盟做出了强烈的反应。土耳其认为,斯洛文尼亚、罗马尼亚、保加利亚这几个国家无论在民主问题上还是在经济发展程度上都不如土耳其,却成为欧盟的候选成员国,这种区别的不平等待遇是土耳其无法接受的。于是,土耳其利用北塞浦路斯问题以及欧盟—北约议事日程中的否决权来反制欧盟。② 土耳其随之获得有利发展。1998年,欧盟理事会卢森堡

---

① Oral Sander, "Turkish Foreign Policy: Forces of Continuity and Change", in Ahmet Evin ed., *Modern Turkey: Continuity and Change*, Opladen: LeskeVerlag, 1984, pp. 115 – 130.

② 马珂:《后民族主义的认同建构及其启示:争论中的哈贝马斯国际政治理念》,上海:上海人民出版社2010年版,第116页。

会议通过了一份关于土耳其的进展报告，把土耳其明确放在同其他候选国同等的地位上。[①]特别是1999年希腊和土耳其的关系改善后，12月欧盟理事会赫尔辛基会议在希腊不再投反对票的情况下给予土耳其入盟的候选国资格，可以说，土耳其入盟进程取得了良好的开端。但是，土耳其入盟谈判直到2005年10月才正式启动，此后谈判进展并不明显，只有十多个章节得以进行。这些章节分别是科学与研究、资本自由流通、公司法、知识产权法、信息社会与媒体、食品安全、兽医和植物检疫、税收政策、统计、企业与工业政策、泛欧洲网络、环境、消费者保护与健康保障、财政监管以及地区政策与结构工具协调。其中，完成谈判的只有"科学与研究"一项。2006年，由于土耳其拒绝向塞浦路斯开放港口和机场，欧盟中止了与土耳其的部分入盟谈判。此后，土耳其入盟谈判进程陷入"僵局"。

2010年7月，欧盟外交部长阿什顿和欧盟负责扩大事务的专员访问土耳其，重申其入盟前景，达成了三点共识：第一，欧盟决定将吸收土为正式成员国；第二，土耳其应参照欧洲的标准进行政治改革，包括修改宪法；第三，谈判需要继续进行。土耳其方面表示，将加强与欧盟的政治对话，使其在地区问题和全球问题上的外交政策与欧盟保持协调，双方将共同努力加速土入盟进程。同年7月，欧盟委员会也表态，继续支持土耳其的改革进程，并强调这是土耳其入盟谈判的一个先决条件。但是，与塞浦路斯之间的矛盾使谈判尚无重启迹象。2013年10月，欧盟发布有关土耳其加入欧盟的年度评估报告，建议重启土耳其入盟谈判，同时敦促土耳其继续推进民主改革，充分保障公民基本权利。虽然欧盟建议重启谈判，土耳其也表示欢迎，但谈判仍没有明显的进展。近来，难民危机和中东局势对欧洲安全产生了巨大威胁，为构建安全缓冲带，欧盟拉近与土耳其的关系。2015年11月29日，土耳其—欧盟特别峰会举行，欧盟除了给土耳其30亿欧元的经济援助应对难民危机以及给土耳其居民便利化签证外，还宣布重启与土耳其谈判。12月14日，时隔两年的首场入盟谈判正式启动。谈判针对的是第17章，即经济与货币政策。这样，土耳其

---

① 〔奥〕马丁·赛迪克、〔奥〕米歇尔·施瓦青格：《欧盟扩大——背景、发展、史实》，卫延生译，北京：中央编译出版社2012年中文版，第63页。

入盟谈判章节数量达到了 15 章。不过，这并不意味着土耳其入盟将非常顺利实现。

对于土耳其与欧盟的关系，有学者这样评论："长期以来，欧盟既不愿接纳土耳其，又不愿放弃。不愿放弃是因为土耳其在欧亚大陆的地缘战略重要性十分突出，欧盟出于地缘与安全上的考虑，始终对土耳其有一种需求；不愿接纳是因为双方在历史、政治文化和宗教观念上存在着深刻差异，土耳其的欧洲身份认同在宗教、文化层面上面临难以突破的困境"。① 在需求上，土耳其的市场、劳动力、军事能力、在中东地区乃至国际事务中的影响力等都有助于欧盟实现更大的目标。土耳其在难民危机中的重要作用是欧盟此次重启土耳其入盟谈判的重要因素。从土耳其方面来说，它既无力加速进程，也不会放弃入盟。无力加速进程是因为土耳其国内各方面的改革离欧盟的标准仍存在不小差距，对外关系领域也存在一些棘手问题，加之入盟的程序比较复杂；不会放弃入盟是因为土耳其入欧的战略取向没有改变，"没有第二种文明；文明就意味着是欧洲文明，它必须全盘加以输入，不论它是玫瑰还是荆棘"②，不断给欧盟施压的同时也为土耳其赢来了一定的战略空间。可见，对于欧盟和土耳其双方来说，入盟成了一种短期不可能实现但又颇具战略价值的宣示。甚至，土耳其也常常以"申请入盟长达半个世纪而失去耐心"为由进行"要挟"，实现其战略目的。

从长远趋势看，土耳其在国内各项改革以及对外关系方面都可以逐渐向欧盟的标准靠拢，但重要的问题在于土耳其的欧洲身份或属性能否得到欧盟的认同。说穿了，欧盟是否会真正接受一个拥有 7000 多万人口的穆斯林国家。正如加拿大哲学家查尔斯·泰勒（Charles Taylor）所指出的，我们的认同部分地是由他人的承认构成的，如果得不到他人承认，或者只是得到他人扭曲的承认，也会对我们的认同构成显著影响。③ 宗教、文化上的差异以及基督教文化

---

① 张学昆：《土耳其的欧洲身份认同与入盟问题》，《欧洲研究》2006 年第 4 期，第 39 页。
② Meltem Müftüler-Bac, *Turkey's Relations with a Changing Europe*, Manchester, New York：Manchester University Press, 1997, p. 153.
③ 〔加拿大〕查尔斯·泰勒：《承认的政治》，载汪晖、陈燕谷主编《文化与公共性》，北京：生活·读书·新知三联书店 2005 年中文版，第 290 页。

与伊斯兰文化的历史纠葛，使欧盟对土耳其缺乏民族认同感，担心巨大的宗教差异会直接影响一体化的稳定，导致一体化内部政策上的分歧。这是老牌联系国土耳其为什么长期不被欧共体/欧盟接纳为成员国的一个最主要原因。[①] 法国前总理、欧洲宪法草案的设计师吉斯尔卡·德斯坦（Valéry Giscard d'Estaing）甚至认为，土耳其并不是一个欧洲国家，它拥有完全不同的文化、不同的生活方式，因而土耳其的加入将意味着欧洲的终结。[②] 因此，土耳其和欧盟之间建构起真正的认同是影响土耳其入盟进程的根本性要素，而这种认同的鸿沟似乎没有看到缩小及至完全消失的迹象，它将伴随着未来土耳其的欧洲化进程。同时，欧洲人也会对土耳其入盟问题给予慎重思考，因为"将来拒绝土耳其入盟或将其进一步搁置的代价，是对土耳其的自尊以及作为欧洲脆弱边缘的该国政治稳定的一大伤害。东方问题又回来了"。[③]

　　除了认同的因素外，土耳其入盟还存在一些具体问题，如土耳其的人权问题、少数民族权利问题、库尔德人问题以及各种改革的滞后，等等。土耳其不仅对塞浦路斯问题的处理缺乏灵活性，还有亚美尼亚问题以及在法制国家和人权领域——不可否认存在的——蜗牛式的进展，这些都为欧洲那些土耳其的怀疑者们[④]反对土耳其成为欧盟成员国不断提供充分的营养。[⑤] 与此同时，在欧

---

① 朱虹：《地缘利益与文明的整合——欧盟启动土耳其入盟谈判的意义》，《新远见》2006 年第 12 期，第 46 页。

② Jon Henley, "French poll shows depth of hostility to Turkey", *The Guardian*, September 29, 2004, http://www.theguardian.com/world/2004/sep/29/turkey.eu.

③ 〔美〕托尼·朱特：《战后欧洲史》（下），林骧华等译，北京：新星出版社 2010 年中文版，第 710 页。

④ 对土耳其入盟持怀疑的评论，参见 Manfred Scheich, "A Sceptical Commentary on the Possibility of Turkey's Accession", in Svante Cornell, Gerald Knaus and Manfred Scheich, eds., *Dealing with a Rising Power: Turkey's Transformation and its Implications for the EU*, Brussels: Centre for European Studies, 2012, pp. 120 – 123; Jürgen Gerhards and Silke Hans, "Why not Turkey? Attitudes towards Turkish Membership in the EU among Citizens in 27 European Countries", *Journal of Common Market Studies*, Vol. 49, No. 4, 2011, pp. 741 – 766; Edel Hughes, *Turkey's Accession to the European Union: The Politics of Exclusion?* London: Routledge, 2010; Mirela Bogdani, *Turkey and the Dilemma of EU Accession: When Religion Meets Politics*, London: I. B. Tauris, 2010; Belgin Akçay and Bahri Yilmaz, eds., *Turkey's Accession to the European Union: Political and Economic Challenges*, Lexington Books, Lanham, MD: 2012.

⑤ 〔奥〕马丁·赛迪克、〔奥〕米歇尔·施瓦青格：《欧盟扩大——背景、发展、史实》，卫延生译，北京：中央编译出版社 2012 年中文版，第 320 页。

盟内部持文化标准的"反对派"与强调地缘政治战略的"赞成派"之间的争论仍将持续。① 从本质上讲，这个争论关系到未来欧盟接收新成员国的地缘政治标准和价值观扩大原则之间的博弈，也为我们认识和理解欧盟扩大事业提供了一个重要的切入点。

长期从事欧洲一体化研究的欧洲学者尼尔·纽金特（Neil Nugent）指出："对欧盟的扩大进行预测是一件非常危险和不确定的事情。"② 土耳其入盟问题，欧盟内部在争论，土耳其人在等待答案，在为他们所期待的答案做努力，一直被置于"二等候车室"是他们所不能忍受的。欧盟如何做出反应，土耳其能否入盟将影响一系列重大的问题，如欧洲和亚洲的分界线，东方和西方的分界线，基督教和伊斯兰教的分界线，土耳其与美国的关系，欧盟共同防务与安全政策与北大西洋公约组织之间的关系，等等。③ 从长远来看，土耳其入盟与否在正负两个方向都会对欧盟认同、欧洲一体化产生重大的冲击和影响。

二 巴尔干原社会主义国家及衍变国的欧洲化之路

冷战开始后两大阵营的对立几乎切断了巴尔干社会主义国家与欧共体的往来。保加利亚基本上跟着苏联走，主要在经互会内部发展贸易，与西方的经济联系非常少，甚至直到 1989 年它才正式承认欧共体。罗马尼亚推行较为独立的内外政策。罗马尼亚是东欧国家中第一个同欧共体建立正式联系的国家，1974 年签订普遍优惠制协议，并在 1980 年与欧共体签订了第一个贸易协定。由于它在政治和外交上与欧共体走得较近，被称为"东方阵营中的法国"。④ 一个很好的例证是，1968 年罗马尼亚拒绝与苏联和华沙条约其他成员国军队入侵捷克斯洛伐克。阿尔巴尼亚几乎一直处于"反对社会主义兄弟的角色"，与西方联系也较少，先是与苏联一起反对南斯拉夫，后来与中国一道与苏联论

① 李乐曾：《欧盟决定与土耳其展开入盟谈判述评》，《德国研究》2005 年第 1 期，第 23～24 页。

② Neil Nugent, *The Government and Politics of the European Union*, London: Palgrave Macmillan, 2003, p. 508.

③ 李秉忠：《欧盟的扩大与土耳其入盟问题》，《南京大学学报（哲学·人文科学·社会科学）》2007 年第 4 期，第 43 页。

④ Geir Lundestad, *East, West, North, South: Major Developments in International Politics Since 1945*, New York: Oxford University Press, 1999.

战，最后又与中国闹僵。南斯拉夫则比较特殊。它不仅在社会主义发展模式上"另辟蹊径"，同时由于其所处的特殊位置，得到了欧共体的示好。同时，欧共体借此向其他东欧国家表示，拒绝承认欧共体的国家将不能获得某种好处。[①] 1968 年 10 月，南斯拉夫同欧共体建立外交关系，双方于 1970 年、1973 年和 1980 年缔结了三份合作协议，合作的范围和领域从农产品逐渐扩大到金融、劳务和科技等。当时，来南斯拉夫旅游、度假的西方游客络绎不绝，而去西欧国家工作（包括移民）的南斯拉夫人也以数百万计。到 20 世纪 80 年代后期，随着东西方关系的缓和，欧共体与东欧国家的经贸越来越密切，并开始对东欧国家实施援助。

随着体制剧变以及经互会、华约的解体，几乎所有原社会主义国家在摆脱莫斯科控制的同时，都将指针调向欧洲，要求"回归欧洲"。究其原因，除了去除"安全真空"的安全需要以外，经济的吸引力也非常重要。在中东欧国家看来，欧共体/欧盟是经济繁荣的经济联合体，他们希望通过加入这一共同体来实现其经济现代化的理想。同时，中东欧国家正在进行的经济转轨也需要国际社会，特别是欧盟的援助。如果加入欧盟，这种援助将从"外援"转变为"内援"，而且援助的数额和领域都将扩大。中东欧国家将因此获得巨大的经济利益，能够更快地推动经济转轨和缩小同西欧经济水平的差距。[②] 通过加入欧盟，中东欧国家将彻底告别"中间地带"的地理命运，并实现加入欧洲现有组织和多边机构的愿望，真正融入国际社会。

然而，中东欧国家的愿望并没有立刻得到西欧国家的理解。颇具讽刺意味的是，东欧剧变初期的欧盟领导集体丝毫没能回想起法国政治家、欧盟重要推动者罗伯特·舒曼（Robert Schuman）早在 1963 年发出的提醒："我们不能仅仅从各自由民族的利益出发来实现欧洲统一。当东欧各民族从他们所遭受的强制下解放出来以后，当他们寻求加入进来并寻求我们道义上的支持的时候，我们也应该致力于将他们接纳进这个共同体。我们有义务为他们树立统一的、友爱的欧洲的榜样。我们在这条道路上所走的每一步，都为他们提供了一个新的

---

① 朱晓中：《中东欧与欧洲一体化》，北京：社会科学文献出版社 2002 年版，第 44 页。
② 朱晓中：《中东欧与欧洲一体化》，北京：社会科学文献出版社 2002 年版，第 32 页。

机会。在这个他们必须完成的转变中，他们需要我们的帮助，我们的职责是，时刻准备着。"①

事实是，西欧国家真的没有准备好。从转型的视角看，中东欧国家"加入欧盟的期望是努力进行政治和经济体系转型的动力之一"。② 转型初期，为支持中东欧国家的政治和经济改革，一些国际和欧洲范围内的援助计划启动。③ 其中，欧共体和经济合作组织早在 1989 年就制订了"援助波兰和匈牙利经济重建"计划（"法尔计划"）。后来该援助计划陆续扩展到其他中东欧国家，成为欧共体援助中东欧国家向市场经济过渡的一项特别计划。随着中东欧国家进一步密切与欧共体联系的呼声越来越高，欧共体逐渐从实施援助转向加强贸易联系，于 1991 年 12 月同波兰、捷克斯洛伐克和匈牙利签订了第一批"欧洲协定"（或称《联系国协定》），给予它们联系国地位。但是，欧共体还没有接纳中东欧国家加入的计划和承诺，只是努力推动中东欧国家积极开展合作和政治经济转型。对于欧共体并不积极吸收前共产主义国家加入的姿态，欧洲复兴开发银行的创始人雅克·阿塔利（Jacques Attali）坦言："1991～1992年签署的'欧洲协定'似乎旨在'限制他们接触西方核心市场，而非包容他们'。"之所以如此，主要是出于维持各种"防护措施"和"反倾销"条款的考虑（就是所谓的"暂时性保护"，用于应对欧洲前共产主义国家任何和可能引发的"混乱"的出口状况），并限制欧共体对农产品、加工食品、饮料、钢铁、化学品、纺织品、鞋类、服装和其他所谓"敏感物资"的进口。而中东欧、波罗的海和巴尔干国家对西欧主要和潜在的出口品恰恰是这些物资。④ 显然，欧共体不仅没有做好心理上的准备，也的确需要进行政策调整来适应这一新变化。

从中东欧国家的角度看，促成欧共体态度转变的重要原因之一是中东欧国

---

① 转引自曹卫东编《欧洲为何需要一部宪法》，北京：中国人民大学出版社 2004 年版，第 6 页。

② 〔波兰〕格泽戈尔兹·W. 科勒德克：《从休克到治疗：后社会主义转轨的政治经济》，刘晓勇、应春子等译，上海：上海远东出版社 2000 年中文版，第 345 页。

③ 关于这些计划的详细内容，参见朱晓中《中东欧与欧洲一体化》，北京：社会科学文献出版社 2002 年版，第 79～117 页。

④ 〔英〕罗伯特·拜德勒克斯、〔英〕伊恩·杰弗里斯：《东欧史》（下册），韩炯等译，上海：东方出版中心 2013 年中文版，第 933 页。

家竞争力的凸显以及联合力量的增强。1991 年 2 月，由中欧的波兰、捷克斯洛伐克和匈牙利组成维谢格拉德集团逐渐形成整体，共同发出对西欧采取联合行动的声音。1992 年底，随着捷克斯洛伐克解体，集团三国变成了四国。它们正式向欧共体提出加入的日期和标准，同时制定路线图。能够做出该举动的原因在于，它们作为一个集团的竞争力大大增强。到 1993 年，维谢格拉德集团国家对欧共体的出口比巴西和加拿大对欧共体的出口总额还高。同期，维谢格拉德集团国家的竞争力也超过了欧共体的南欧成员国。① 在这种情况下，欧共体开始认真对待中欧四国提出的要求。与此同时，1993 年 2 月和 3 月，欧共体又分别同保加利亚和罗马尼亚签订《联系国协定》。

1993 年 6 月，欧共体理事会在哥本哈根召开会议，进一步研究欧共体与中东欧联系国的关系，通过了《为实现联系国加入欧共体而合作》的文件，承认中东欧国家加入欧共体的政治目标，并决定在适当时候接纳联系国加入。哥本哈根会议成为冷战结束后欧洲一体化进程的重要步骤，真正打开了中东欧国家"回归欧洲"的大门。欧共体为已经申请和将要申请加入欧共体的中东欧国家提出了"哥本哈根标准"，即政治上实现民主、法制、人权和保护少数民族的稳定的制度；经济上拥有能发挥功能的市场经济，具有应对欧洲内部竞争和市场压力的能力；法律上有能力承担作为成员国的义务，包括坚持欧共体的政治、经济和货币联盟目标等。② 该年底，欧共体更名为欧盟。

从 1994 年起，中东欧以及波罗的海国家意识到"欧洲协定"实际上延缓（而非加速）了它们加入欧盟的进程，于是决定正式申请成为欧盟成员国。③即使如此，欧盟也没有立即进行考虑，它所做的是先后出台"准备加入战略"、《东南欧稳定条约》和《2000 年议程》，对期间提出入盟申请的 10 个中东欧国家提供援助并进行评估。换句话说，帮助中东欧国家达标是欧盟最为关注的事情。直到 1997 年，欧盟才开始与申请国开展入盟谈判，这些国家完成

---

① 朱晓中：《中东欧与欧洲一体化》，北京：社会科学文献出版社 2002 年版，第 55 页。

② European Council, "Copenhagen criteria", Brussels, 1993, http://europa. eu/legislation_ summaries/ glossary/ accession_ criteria_ copenhague_ en. htm.

③ 〔英〕罗伯特·拜德勒克斯、〔英〕伊恩·杰弗里斯：《东欧史》（下册），韩炯等译，上海：东方出版中心 2013 年中文版，第 935 页。

入盟标准后于 2004 年捆绑式地加入了欧盟，成为第一轮东扩国家。

在巴尔干地区，除了斯洛文尼亚以外，其他国家的入盟情况与中欧国家完全不同。对于南斯拉夫发生的冲突，欧盟认为自己没有准备好，也并不打算介入。① 直到 1997 年出台东南欧地区立场文件以前，欧盟都没有明确的巴尔干政策，更没有考虑接纳巴尔干国家入盟。同时，战争与冲突的频发也使巴尔干国家失去了入盟的机遇与可能，直到 1999 年科索沃危机结束和 2003 年萨洛尼卡会议召开后这一情况才得以改变。

1995 年 12 月，继波黑《代顿协议》签订之后，关于"东南欧稳定和睦邻进程"的宣言即"鲁瓦约蒙进程"（Royuanmont Process）获得通过，这是欧盟为解决东南欧冲突、实现地区和平与繁荣而提出的第一个地区倡议。1996 年，欧盟对东南欧与西巴尔干进行了区分，前者指从里雅斯特湾到黑海的所有国家，而后者包括阿尔巴尼亚和不含斯洛文尼亚在内的前南斯拉夫国家。② 这是"西巴尔干"概念的首次出现。1997 年 4 月，欧盟第 2003 次总务会议通过的决议提出对东南欧的地区立场，同时在发展同东南欧的关系中引入"条件性"。③ 1998 年 12 月，欧盟理事会维也纳会议再次确定了西巴尔干国家地区立场的"条件性"框架。④

1999 年 5 月，在科索沃战争尚未结束之际，欧盟提出了一项旨在同马其顿、阿尔巴尼亚、克罗地亚、波黑和南斯拉夫联盟建立新型战略关系的计划，即东南欧"稳定与联系进程"。据此，欧盟向巴尔干五国提出签署《稳定与联系协议》的建议，并根据每个国家的"达标情况"，制定协议签署的不同时间表。在此基础上，6 月欧盟通过了《东南欧稳定公约》，旨在全面解决东南欧问题，将东南欧地区纳入欧洲发展的主流，参与欧洲的合作与一体化。1999 年，欧盟在诸多政策文件中使用"东南欧"一词表明，欧盟承认该地区是欧洲的一部分，并将巴尔干的欧洲化作为其长期战略的组成部分。和同其他中东

---

① Gergana Noutcheva, *European Foreign Policy and the Challenges of Balkan Accession*: *Conditionality*, *Legitimacy and Compliance*, London; New York: Routledge, 2012, p. 1.

② Lucia Vesnic-Alujevic, *European Integration of Western Balkans*: *from Reconciliation to European Future*, Brussels: Centre for European Studies, 2012, p. 6.

③ EU General Affairs Council, 2003rd Council meeting, Luxembourg, April 29 – 30, 1997.

④ Vienna European Council, Presidency Conclusions, December 11 – 12, 1998.

欧国家签订《联系国协定》不同，欧盟在整个 20 世纪 90 年代对巴尔干地区的政策突出强调了"稳定"的含义，而这也是后来巴尔干国家开启欧洲化进程的重要前提。

进入 21 世纪，欧盟更加重视巴尔干政策，并逐渐将巴尔干的未来发展纳入欧洲一体化的框架内，防止西巴尔干国家转变成"欧洲黑洞"。2000 年 2 月，时任欧盟委员会主席普罗迪在欧洲议会发表题为"2000～2005 年新欧洲蓝图"的报告，明确提出："欧盟东扩的关键是为了在整个欧洲大陆实现和平、稳定和共同的价值观"，他还希望欧盟委员会"必须研究欧盟扩大到 30 个成员国时的政策"，并"为此进行必要的政治决策体制改革"，"做好欧盟在中长期内规模扩大的准备工作"。① 显然，30 个成员国必然包括部分西巴尔干国家。2000 年 6 月，在葡萄牙费拉召开的欧盟首脑会议上，欧盟首次正式将西巴尔干问题纳入欧洲一体化进程，并讨论所有西巴尔干国家入盟前景。② 在这次会议上，欧盟成员国达成如下共识：巴尔干地区是欧洲的一部分，巴尔干的问题也是欧洲的问题，任何可行的解决方案都应该是欧洲的解决方案。③ 2003 年 6 月，在希腊萨洛尼卡召开欧盟首脑会议的同时，第一次欧盟—西巴尔干国家对话进行，正式明确了西巴尔干国家的入盟前景。④ 萨洛尼卡会议也成为西巴尔干国家融入欧洲一体化的起点。这样，所有巴尔干国家都获得了欧盟的承诺，被纳入欧盟东扩的轨道。至此，"巴尔干国家怎么办的问题已经不复存在。今后的问题是：该地区将怎样、以什么样的政策和速度在欧洲占据自己的地位？"⑤ 换言之，所有西巴尔干国家都拥有明确入盟的前景资格，但其

---

① Romano Prodi, "2000 - 2005 : Shaping the New Europe", European Parliament, Strasbourg, 15 February 2000, http: //europa. eu/rapid/press-release_ SPEECH-00-41_ en. htm.

② Santa Maria Da Feira European Council, Presidency Conclusions, June 19 - 20, 2000, http: //www. europarl. europa. eu/summits/fei1_ en. htm.

③ Wim van Meurs and Alexandros Yannis, "The European Union and the Balkans: From Stability Process to Southeastern Enlargement", September2002, http: //www. cap. uni-muenchen. de/download/2002/2002_ EU_ Balkans. pdf, p. 2.

④ Eu-Western Balkans Summit Thessaloniki, June 21, 2003, http: //europa. eu/rapid/press-release_ PRES-03-163_ en. htm.

⑤ Interenational Commission for the Balkans, *The Balkans in Europe's Future*, Sofia: Centre for Liberal Studies, April 2005, p. 9.

具体进程将注定有所差异。

下面按时间先后的序列依次对巴尔干国家的入盟进程进行分析。斯洛文尼亚是第一个从南斯拉夫联邦独立出来的国家，最早获得欧共体的承认，双方于1992年正式建立外交关系。随后，斯洛文尼亚成为"法尔计划"的受援国。在转型进程中，斯洛文尼亚被誉为"优等生"，政治经济发展稳定，与邻国关系也处理得比较好。1995年6月，斯洛文尼亚与欧盟签订《联系国协定》，1998年3月开始入盟谈判，2002年底谈判结束，2004年5月1日与其他九个国家一起成为欧盟东扩的第一批成员国。2007年1月1日，斯洛文尼亚正式成为第13个欧元区国家，也是东扩成员中第一个加入欧元区的新入盟国家。

跟斯洛文尼亚相比，其他巴尔干国家的入盟进程则没有那么顺利。当中欧国家1994年起纷纷递交入盟申请的时候（匈牙利：1994年3月31日；波兰：1994年4月5日；爱沙尼亚：1995年11月24日；立陶宛：1995年12月8日；捷克共和国：1996年1月17日；斯洛伐克：1995年6月27日；拉脱维亚：1995年10月13日；斯洛文尼亚：1996年6月10日），巴尔干国家中只有罗马尼亚和保加利亚分别于1995年6月、12月递交了入盟申请。1997年7月，欧盟委员会对中东欧10个入盟申请国的现状及其前景进行分析后发布《2000年议程》，决定分组进行谈判。第一批申请入盟的爱沙尼亚、波兰、捷克、匈牙利、斯洛文尼亚和塞浦路斯属于"卢森堡小组"，从1998年开始与欧盟谈判；拉脱维亚、马耳他、保加利亚、立陶宛、罗马尼亚和斯洛伐克第二批申请国属于"赫尔辛基小组"，正式开始谈判的日期尚未确定。

正在这个时候，1999年3~6月，科索沃战争爆发。随着欧盟对东部安全形势的日益重视，欧盟在这场战争中较之以往投入更多的关注，甚至参与了以美国为首的北约发动的战争。巴尔干地区动荡的局势严重影响了巴尔干国家的发展和入盟进程。于是，欧盟不得不重新考虑其巴尔干政策，决心先稳定该地区的局势，然后引导这些国家创造条件加入欧盟。因为，在欧盟看来，稳定是巴尔干地区走向欧洲一体化的必备条件。为此，1999年上半年德国担任欧盟轮值主席国期间，推动了《东南欧稳定公约》。该公约就巴尔干国家的民主化、经济发展和安全领域的改革提出了一些具体要求，第一次强调巴尔干国家在经历了冲突之后，需要恢复和稳定，加强地区合作，应该与欧洲建立更加紧密的一体化联系。

没有开启罗马尼亚、保加利亚等国家的谈判使欧盟委员会和一些成员国感受到了道义的负罪感，因为 1997 年罗马尼亚曾帮助意大利苻领的欧盟武装镇压阿尔巴尼亚的暴动，而得到欧盟的巨大好感。更为重要的是，在 1999 年的科索沃战争中，罗马尼亚和保加利亚全心全意支持北约，包括允许北约军队使用本国的军事设施，甚至比北约的三个新成员国（捷克、匈牙利和波兰）还要积极。① 北约利用两个国家的空中走廊对南斯拉夫发动打击。这些表现"打动"了欧盟尤其是以美国为首的北约。1999 年 12 月，欧盟在赫尔辛基会议上决定启动保加利亚、罗马尼亚和其他同几个国家的入盟谈判。当然，谈判也并不是一蹴而就的，从 1999 年 12 月 10 日起到 2004 年 6 月 15 日结束，历时近 5 年，欧盟才最终给予两个国家 2007 年 1 月 1 日加入欧盟的时间表。因此，与其说保加利亚和罗马尼亚"赶上了入盟捆绑式便车"，不如说是它们在科索沃战争、伊拉克战争②中发挥的作用——这种作用未来在巴尔干地区将继续存在——成为重要的推力。

关于保加利亚和罗马尼亚的入盟，至今仍存有争论。质疑者认为，保加利亚、罗马尼亚两国条件不成熟，"匆忙入盟"③留下了一些后遗症，它们也没有为其他巴尔干国家的入盟树立优秀者的榜样。比利时负责欧洲事务的国务秘书奥利维尔·查斯特尔（Olivier Chastel）2010 年在接受保加利亚媒体采访时表示，欧盟 2007 年仓促吸纳保加利亚和罗马尼亚是个错误，欧盟已经从这一事件中得到教训，今后不会再有类似情况发生。④ 欧盟的教训是在以后的扩大

---

① 〔英〕罗伯特·拜德勒克廊斯、〔英〕伊恩·杰弗里斯：《东欧史》（下册），韩炯等译，上海：东方出版中心 2013 年中文版，第 957 页。

② 2003 年伊拉克战争爆发后，美国再次复制科索沃战争的行动，利用罗马尼亚和保加利亚的空军基地和海军港口对伊拉克进行打击。2004 年保加利亚和罗马尼亚加入北约之后，北约加紧在两国修建军事基地。有关详细情况，参见马细谱《美国在巴尔干加紧修建军事基地》，载国务院发展研究中心欧亚所编《欧亚社会发展动态》2006 年第 25 期，2006 年 5 月 15 日。

③ Ivana Božić Miljković，"Economic and Political Dialogue in The Balkans：Necessity，Obstacles and Perspectives"，*Philosophy*，*Sociology*，*Psychology and History*，Vol. 12，No. 1，2013，p. 64.

④ "Belgium：Bulgaria，Romania EU Entry was Mistake，Lesson"，March 10，2010，http：//www. novinite. com/articles/114059/Belgium：+ Bulgaria，+ Romania + EU + Entry + was + Mistake，+ Lesson.

进程中以及一体化深化上都将采取谨慎、严格的标准。原本按照欧盟的计划和承诺，两个国家在 2011 年初应该进入申根区，然而作为"惩罚"，在 2012 年，两国遭遇了"延期处置"。

保加利亚和罗马尼亚获得入盟前景后，其他巴尔干国家均把加入欧盟作为各自国家的首要目标，尤其是在 2003 年萨洛尼卡进程启动之后。在 2004 年和 2007 年实现两轮东扩后，欧盟扩大的对象拓展到了西巴尔干国家。

克罗地亚：2001 年 10 月，克罗地亚与欧盟签署《稳定与联系协议》。2003 年 2 月，克罗地亚向欧盟递交入盟申请。2004 年 6 月，克罗地亚获得欧盟候选国地位。2005 年 10 月，欧盟启动与克罗地亚的入盟谈判。谈判持续了 6 年，到 2011 年 6 月欧盟委员会向欧盟理事会建议结束与克罗地亚的入盟谈判。之所以时间这么长，是因为克罗地亚在地区合作、邻国关系、司法改革、战犯等问题上需要解决，也费尽周折。2011 年 12 月 9 日，克罗地亚与欧盟正式签署入盟条约，并确定入盟时间表。2013 年 7 月 1 日，克罗地亚正式入盟，从而成为西巴尔干地区第一个入盟的国家。

马其顿：2001 年 4 月，马其顿与欧盟签署《稳定与联系协议》。2004 年 3 月，马其顿递交入盟申请。2005 年 12 月，马其顿获得欧盟候选国地位。不过，由于马其顿国名争端、经济治理糟糕以及国内阿尔巴尼亚族问题的存在，马其顿的入盟进程并不顺畅。直到 2012 年 3 月，欧盟才启动和马其顿的高级别入盟对话，并就司法和基本权利问题展开技术性谈判。尽管该谈判不是正式入盟谈判的一部分，但欧盟希望一旦希腊在入盟问题上不对马其顿设置障碍，马其顿就能在入盟各章节谈判上取得更快的进展。然而从最近几年的情况看，马其顿入盟几乎没有进展。

阿尔巴尼亚：2006 年 6 月，阿尔巴尼亚与欧盟签署《稳定与联系协议》。2009 年 4 月，阿尔巴尼亚向欧盟递交入盟申请。由于选举制度、国家治理等存在明显问题，国内政治危机接二连三，欧盟于 2010 年和 2011 年两次拒绝给予阿尔巴尼亚欧盟候选国地位。阿尔巴尼亚政府希望在 2012 年底庆祝国家独立 100 周年时能够获得欧盟候选国地位，但遗憾的是，2012 年 12 月举行的欧盟峰会并未给予阿尔巴尼亚候选国地位。2013 年 11 月，欧盟与阿尔巴尼亚就一些关键性问题举行首次高级别对话，在推进改革、强化治理等议题上达成了共识。2014

年 6 月，欧盟成员国外交部长在卢森堡发表公告，同意接受阿尔巴尼亚为欧盟候选国。同时，在此公告中，欧盟督促阿尔巴尼亚继续在行政和司法改革、打击有组织犯罪、反对腐败、保护人权以及反对民族歧视等领域取得持续、深远和全面的进展。

黑山：2007 年 10 月，从塞尔维亚和黑山独立一年后的黑山与欧盟签署《稳定与联系协议》。2008 年 12 月，黑山向欧盟递交入盟申请，但一些欧盟成员国，尤其是德国、法国、荷兰、比利时和西班牙五国反对启动黑山的入盟程序。2009 年 4 月，欧盟理事会达成谅解，同意给予黑山候选国地位，这主要归于欧盟负责扩大事务的专员奥利·雷恩（Olli Rehn）对黑山做出的积极评价。他认为，黑山成功地履行了《稳定与联系协议》，在行政和司法体制改革以及反对贪污腐败等方面也取得了进步。2009 年 7 月，雷恩向黑山政府提交了包括 2178 个问题的问卷，黑山政府在同年 12 月对这些问题做出了回答。作为对黑山积极态度的回报，欧盟于 2009 年 12 月 19 日正式同意黑山公民享受免签证进入申根区国家。2010 年 12 月，黑山正式获得欧盟候选国地位，但没有确定开启谈判的日期。欧盟为黑山的入盟谈判提出了七个条件：使选举法与宪法精神保持一致；改善行政机制，维护司法独立；同贪污腐败和有组织犯罪做斗争；扩大媒体的自由；加强同公民组织的合作；禁止歧视；为关闭波德戈里察市郊区的难民营寻找长久的解决办法。[①] 2011 年 12 月，欧盟峰会通过决议对黑山在上述七个领域和其他方面的努力表示满意，并表示就与黑山举行入盟谈判制定框架。2012 年 6 月底，欧盟正式同意启动与黑山的入盟谈判。同年 12 月，双方关于第 25 章 "科学与研究" 的谈判已经结束。2013 年 12 月，欧盟与黑山开启第 23 章 "司法与基本权利" 和第 24 章 "公正、自由与安全" 的谈判。2014 年 3 月，欧盟与黑山开启第 7 章 "知识产权" 和第 10 章 "信息社会与媒体" 的谈判。同年 6 月，第 4 章 "资本自由流通"、第 31 章 "外交、安全与防御政策" 和第 32 章 "财政监管" 的谈判开启。同年 12 月，第 18 章 "统计"、第 28 章 "消费者保护与健康保障"、第 29 章 "关税同盟" 和第 33 章

---

① "Montenegro is granted a candidate status for EU membership by EU leaders", http：//emim. org/ index. php？option＝com_ content&view＝article&id＝467：lideri-eu-ernoj-gori-dodijelili-status-kandidata-za-clanstvo-u-uniji&catid＝59：press-releases&Itemid＝39&lang＝en.

"金融与预算"的谈判启动。2015 年 3 月,欧盟与黑山启动第 16 章"税收政策"和第 30 章"对外关系"的谈判。同年 6 月,第 9 章"金融服务"和第 21 章"泛欧洲网络"的谈判开启。同年 12 月,第 14 章"运输政策"和第 15 章"能源"的谈判启动。至此,黑山入盟谈判的 35 个章节中已经开启半数之多。从这个层面上看,黑山入盟进程在尚未入盟的西巴尔干国家中走在最前面。

塞尔维亚:2005 年 10 月,欧盟启动与塞尔维亚和黑山签署《稳定与联系协议》的谈判,但是由于塞尔维亚和黑山始终不能(不情愿)交出被设在海牙的前南斯拉夫罪行国际法庭指控于 1991~1995 年和 1999 年战争中犯有战争罪和反人类罪的塞尔维亚人,谈判被搁置了。① 从 2007 年起,塞尔维亚才改变了这一态度,配合海牙法庭抓捕战犯如波黑塞族前领导人拉多万·卡拉季奇(Radovan Karadzić)、原波黑塞族军队总司令拉特科·姆拉迪奇(Ratko Mladić)、原克罗地亚境内克拉伊纳塞族共和国总统戈兰·哈吉奇(Goran Hadžić)等。② 这一系列举动受到欧盟的欢迎和赞赏,也为塞尔维亚启动入盟进程提供了有力支持。③ 2008 年 4 月,塞尔维亚与欧盟签署《稳定与联系协议》。2009年 12 月,塞尔维亚递交入盟申请。2012 年 3 月,塞尔维亚获得欧盟候选国地位。但是,与单方面宣布独立的科索沃之间关系的正常化又成为摆在塞尔维亚面前的一个重大难题。④ 2013 年 4 月,在欧盟调停下,塞尔维亚与科索沃就关

---

① 〔英〕罗伯特·拜德勒克斯、〔英〕伊恩·杰弗里斯:《东欧史》(下册),韩炯等译,上海:东方出版中心 2013 年中文版,第 979 页。

② 2008 年 7 月,拉多万·卡拉季奇被捕,引起国际社会的广泛反响。有学者分析,逮捕卡拉季奇的真正动力是塞尔维亚现领导人决定"回归欧洲"的政治意志。参见朱晓中《逮捕卡拉季奇的多重涵义》,《世界知识》2008 年第 16 期,第 36~38 页。

③ 2015 年 7 月 11 日,波黑举行斯雷布雷尼察大屠杀 20 周年纪念活动,塞尔维亚总理亚历山大·武契奇同美国前总统比尔·克林顿、土耳其总理艾哈迈德·达武特奥卢、欧盟外交政策负责人费德里卡·莫盖里尼等政要人物亲自出席,被评论分析使波黑地区走向和解迈出了一步。

④ 国内学者分析认为,现在塞尔维亚入盟道路上的最大障碍不是经济,也不是海牙法庭通缉的战犯,而是科索沃问题。尽管塞尔维亚难以接受,但下一步就是承认科索沃的现实。这肯定将成为欧盟接纳塞尔维亚入盟的另一个前提条件。相反,塞尔维亚已没有同欧盟讨价还价的条件了。塞尔维亚如果不承认科索沃,就入不了盟。这是美国和欧盟的底线。而塞尔维亚重申,绝不拿科索沃作入盟的筹码。参见马细谱《近一年多来巴尔干国家的政治经济走势》,国务院发展研究中心欧亚社会发展研究所网,2013 年 5 月 30 日,http://www.easdri.org.cn/_d276149045.htm。

系正常化达成了"布鲁塞尔协议"。① 作为回报，6 月 28 日举行的欧盟峰会决定于 2014 年 1 月启动塞尔维亚入盟谈判，但前提是"布鲁塞尔协议"顺利实施并得到欧盟认可。2014 年 1 月 21 日，塞尔维亚入盟谈判正式开启，但进展较慢。2015 年 8 月，塞尔维亚与科索沃就能源、电信、在科索沃建立塞族人自治共同体以及自由流动达成四个方面的协议，双方关系朝正常化方向迈出重要一步。② 然而，好景不长，2015 年 11 月，科索沃宪法法院暂停执行建立塞族人自治共同体协议，引起了塞尔维亚的强烈不满。③ 2015 年 12 月 14 日，欧盟与塞尔维亚第二次入盟会谈举行，欧盟宣布正式开启第 32 章"财政监管"和第 35 章"其他问题"谈判，标志着塞尔维亚入盟实质性谈判的启动。客观地说，这是塞尔维亚入盟的一个好开始，但未来入盟进程还面临诸多问题，并不是一蹴而就的事。

波黑：早在 1998 年欧盟就通过了与波黑建立"特殊关系"的声明，随后成立了共同咨询小组，负责同波黑进行政治对话，为波黑的改革提供专家援助。2003 年 11 月，欧盟委员会公布关于波黑准备签署《稳定与联系协议》谈判的情况，称波黑结束战乱以来在实现国家稳定、难民返回家园、恢复基础设施、种族之间开展对话、进行民主选举等方面取得了明显的进展。与此同时，欧盟的报告也列举了波黑存在的 16 个问题，且需要在 2004 年优先得到解决，这是波黑成为欧盟伙伴的"客观基础"。④ 2005 年 10 月，欧盟委员会的年度报告确认，波黑已经取得"实质性进步"，可以开始就签署《稳定与联系协议》开启谈判。2006 年 1 月，波黑同欧盟就签署《稳定与联系协议》进行接触。

① "布鲁塞尔协议"内容包含 15 点，参见 "First Agreement of Principles Governing the Normalization of Relations"，April 20，2013，http：//www. rts. rs/upload/storyBoxFileData/2013/04/20/3224318/ Originalni%20tekst%20Predloga%20sporazuma. pdf；中文内容参见李俊《塞尔维亚与科索沃"关系正常化"协议略论》，《国际研究参考》2013 年第 6 期，第 47 页。

② Igor Jovanovic，"Serbia and Kosovo Reach Four Key Agreements"，August 26，2015，http：// www. balkaninsight. com/en/article/serbia-kosovo-reach-four-key-agreements-08 – 26 – 2015.

③ "Kosovo freezes key EU deal on autonomy for Serb communities"，November 10，2015，http：// www. dw. com/en/kosovo-freezes-key-eu-deal-on-autonomy-for-serb-communities/a-18842213.

④ "Bosnia and Herzegovina：Stabilisation and Association Report 2004"，Commission Staff Working Paper，Brussels，2004，http：//ec. europa. eu/enlargement/pdf/bosnia_ and_ herzegovina/cr_ bih_ en. pdf，p. 3.

2007 年 12 月，欧盟正式启动了与波黑签署《稳定与联系协议》的谈判。2008 年 6 月，波黑与欧盟签署《过渡协议》。但在此后每年欧盟发布的扩大报告中，波黑的表现均"不尽人意"。2012 年 6 月，欧盟与波黑进行高级别对话。在对话中，欧盟公布了波黑加入欧盟的路线图，明确了波黑递交入盟申请前必须推行的修宪等改革措施及期限。其中，在欧盟看来，切实履行《塞蒂奇和芬奇法》（Sejdic-Finci case）①，取消宪法中歧视少数民族党派的条款，是波黑与欧盟签署的《稳定与联系协议》正式生效的前提。然而，随着波黑国内政治经济改革的停滞不前甚至可能出现倒退的状况，在德国与英国的共同倡议下，欧盟从 2014 年底起调整策略，提出波黑"入盟新政"，即从强调"宪政民主"向重视"民生改善"转变。②应该说，这直接影响和指导了 2015 年波黑新成立政府的执政思路。2015 年 6 月 1 日，欧盟与波黑签署的《稳定与联系协议》正式生效、《过渡协议》终结，波黑入盟取得重要进展。2016 年 2 月 15 日，波黑向欧盟递交入盟申请，入盟进程步入新阶段。至此，除科索沃外，所有西巴尔干国家都递交了入盟申请。然而，波黑三大主要民族间的矛盾根深蒂固，主要政党间的信任缺失，国家的经济形势严峻，加之没有行之有效的行政机构、司法不健全，波黑的入盟前景仍不太明朗。除非具有浓厚民族基础的政治家们感受到，他们的固有利益会因为错过改革而销蚀，否则他们就不会有主动变化的动力。③从目前看，这些政党的主张以及诉求都没有出现根本性变化的迹象。

科索沃：2008 年 2 月，科索沃单方面宣布"独立"后，欧盟随即向科索沃派遣文职使团，开始履行帮助科索沃当局从联合国特派团手中逐渐接管权力的任务。同时，欧盟敦促成员国承认科索沃的独立地位。④ 塞尔维亚从一开始

---

① 《塞蒂奇和芬奇法》的立案，源于波黑籍公民罗姆人塞蒂奇和犹太人芬奇在欧洲人权法院的诉状，他们认为波黑宪法违反基本人权和欧洲人权公约，让其他少数民族失去了过多权力。

② "Bosnia & Herzegovina-a new strategic approach", November 5, 2014, https：//www. gov. uk/ government/speeches/bosnia-herzegovina-a-new-strategic-approach；"EU Council conclusions on Bosnia and Herzegovina", December 15, 2014, http：//eu-un. europa. eu/articles/en/article _ 15864 _ en. htm.

③ Soeren Keil and Valery Perry, *State-Building and Democratization in Bosnia and Herzegovina*, London：Ashgate Publishing Limited, 2015, p. 34.

④ "European Parliament urges EU members to recognise Kosovo", July 9, 2010, http：// www. setimes. com/cocoon/setimes/xhtml/en_ GB/features/setimes/features/2010/07/09/feature-01.

就不承认科索沃的独立，欧盟成员中也有西班牙、希腊、斯洛伐克、罗马尼亚和塞浦路斯五个国家因国内存在类似问题尚未承认科索沃的独立。2011～2013年，欧盟协调塞尔维亚和科索沃进行了 19 次谈判，以 2013 年 4 月签署"布鲁塞尔协议"告终。① 鉴于塞尔维亚与科索沃谈判所取得的进展，2013 年 3 月欧盟就与科索沃签署《稳定与联系协议》进行可行性研究。2014 年 7 月，欧盟与科索沃就签署《稳定与联系协议》达成协定。2015 年 10 月，科索沃与欧盟正式签署《稳定与联系协议》。与此同时，进入 2015 年以来，塞尔维亚与科索沃双方就关系正常化谈判取得了重要进展，但有关塞族人自治共同体的核心问题仍未解决。塞尔维亚实现入盟必然要彻底处理好与科索沃关系正常化问题，反之亦然。

表 3－1　巴尔干国家入盟进程一览

国家	签订《联系国协定》/《稳定与联系协议》	递交入盟申请	获得候选国地位	入盟谈判起始	加入欧盟
斯洛文尼亚	1996 年 6 月 10 日	1996 年 6 月 10 日	—	1998 年 3 月 31 日～2002 年 12 月	2004 年 5 月 1 日
保加利亚	1993 年 3 月 1 日	1995 年 12 月 14 日	1995 年 12 月 14 日	1999 年 12 月 10 日～2004 年 6 月 15 日	2007 年 1 月 1 日
罗马尼亚	1993 年 2 月 8 日	1995 年 6 月 22 日	1995 年 6 月 22 日	1999 年 12 月 10 日～2004 年 6 月 15 日	2007 年 1 月 1 日
克罗地亚	2001 年 10 月 29 日	2003 年 2 月 21 日	2004 年 6 月 18 日	2005 年 10 月 3 日～2011 年 6 月 30 日	2013 年 7 月 1 日
马其顿	2001 年 4 月 9 日	2004 年 3 月 22 日	2005 年 12 月 17 日	尚未	尚未
阿尔巴尼亚	2006 年 6 月 12 日	2009 年 4 月 28 日	2014 年 6 月 27 日	尚未	尚未
黑山	2007 年 10 月 15 日	2008 年 12 月 15 日	2011 年 12 月 17 日	2012 年 6 月 29 日	尚未

---

① 具体谈判进程与取得的成果，参见徐刚《塞尔维亚与科索沃谈判：背景、进程与展望》，《俄罗斯研究》2013 年第 5 期，第 161～190 页。

续表

国家	签订《联系国协定》/《稳定与联系协议》	递交入盟申请	获得候选国地位	入盟谈判起始	加入欧盟
塞尔维亚	2008 年 4 月 29 日	2009 年 12 月 22 日	2012 年 3 月 1 日	2014 年 1 月 21 日 ~	尚未
波黑	2008 年 6 月 16 日	2016 年 2 月 15 日	尚未	尚未	尚未
科索沃	2015 年 10 月 27 日	尚未	尚未	尚未	尚未
希腊	1961 年 7 月	1975 年 6 月 12 日	—	—	1981 年 1 月 1 日
土耳其	1963 年 9 月 12 日	1987 年 4 月 14 日	1999 年 12 月 11 日	2005 年 10 月 3 日 ~	尚未

资料来源：根据欧盟官网自行整理。

可见，所有西巴尔干国家都处于入盟进程的不同阶段，入盟前景是确定的。但是，除克罗地亚以外的西巴尔干国家离哥本哈根入盟标准都还很远，它们的入盟道路仍然艰难。西巴尔干国家自身存在不少问题，使谈判复杂性增加。此外，阻碍它们入盟进程的其他因素也有很多。比如，西巴尔干国家之间遗留的双边问题（见表 3-2），欧盟扩大疲劳症进一步显现，欧盟对西巴尔干国家的入盟尚无明确路线图和时间表等等。这些将在下一节进行重点分析和讨论。

表 3-2　西巴尔干国家双边争议问题一览

	波黑	克罗地亚	科索沃	马其顿	黑山	塞尔维亚	其他
波黑	—	流离人口	—	—	边界，流离人口	边界，失踪人口，流离人口	—
克罗地亚	流离人口	—	—	—	边界	边界，失踪人口，流离人口	—

续表

	波黑	克罗地亚	科索沃	马其顿	黑山	塞尔维亚	其他
科索沃	—	—	—	—	—	边界，难民，流离人口	
马其顿	—	—	—	—	—	—	与希腊国名争端
黑山	边界，流离人口	边界	—	—	—	边界	—
塞尔维亚	边界，失踪人口	边界，失踪人口，种族灭绝诉讼，流离人口	边界，难民	—	边界	—	—

注：波黑与黑山已经于 2015 年 8 月签署边界协议，待两国议会批准后正式生效。

资料来源：Lucia Vesnic-Alujevic, *European Integration of Western Balkans：From Reconciliation To European Future*, Brussels：Centre for European Studies, 2012, p. 13。

第二节　巴尔干国家入盟谈判进程与总结

"入盟过程是一个相当复杂的外交与法律事务的混合体。"[1] 在谈判启动前，有一系列的准备阶段和程序，主要包括《稳定与联系协议》的签署与候选国地位的获得，目的是促成对象国进行改革。不过，相较准备程序而言，真正的困难是谈判程序。而谈判结束后，还要经受欧洲议会与各国议会的考验（见表 3－3）。从 1997 年欧盟决定同第一批中东欧国家启动谈判起，到 2003 年确定将西巴尔干国家纳入欧洲一体化进程并给予其入盟前景，欧盟东扩进程基本在谈判与评估的双重轨迹下演进。鉴于不同国家的国情不同，欧盟委员会提出了"关于区别对待申请国"的建议。不过，一个总的趋向是，谈判的章节越来越多，谈判的过程也越来越严格。

---

[1] Marc Maresceau, "On Association, Partnership, Pre-Accession and Accession", *Enlarging the European Union：Relations between the EU and Central and Eastern Europe*, London：Longman Group, 1997, p. 15.

表 3 – 3　加入欧盟路线图

某一欧洲国家与欧盟签署《联系国协定》或《稳定与联系协议》
⇩
某一欧洲国家向欧盟理事会递交入盟申请
⇩
欧盟理事会请欧盟委员会对该国的申请发表看法
⇩
欧盟委员会向欧盟理事会提出评估意见，建议给予候选国地位
⇩
欧盟理事会以一致赞成的方式决定与候选国开启入盟谈判
⇩
进行正式谈判前的技术性筛选会谈
⇩
欧盟理事会派代表与候选国展开入盟谈判
⇩
欧盟理事会与候选国就入盟条约草案达成协议
⇩
入盟条约草案提交欧洲议会审议，并获同意
⇩
欧盟各成员国与候选国正式签署入盟条约
⇩
欧盟成员国和候选国分别批准入盟条约
⇩
入盟条约在有关国家均履行完批准程序后正式生效
⇩
候选国在入盟条约规定日期内正式加入欧盟

资料来源：根据欧盟官网自行制作。

如果说谈判是技术性工作，那么"条件性"作为软性规范，也是贯穿整个东扩进程中的主要支柱。[①] 欧盟通过设定一系列经济、政治和其他方面的条件标准，作为同候选国"交易"的筹码。"只要候选国实施相关的国内改革，欧盟将向其提供入盟的现实前景；如果候选国一些政府不能推进改革，欧盟将撤回财政援助并停止或放慢其入盟过程。"[②] 因此，对"条件性"在巴尔干国家入盟进程中的作用进行检视，也是对欧洲扩大进程的一个深入理解。

---

① Karen E. Smith, *European Union Foreign Policy in a Changing World*, Cambridge：Polity Press, 2003，p. 186.

② 鲁莱莉：《对欧盟扩大过程中条件限制有效性的分析》，《复旦国际关系评论》2009 年，第132 页。

一　巴尔干国家入盟谈判进程

入盟谈判的内容涵盖了工业、农业、司法、外交、科技、教育、社会保障、财政、安全、环保等诸多领域。具体到西巴尔干国家入盟谈判，已经从东扩最早的31章增加到35章。虽然从章节数量看，仅仅增加了4章，但有不少章节出现合并或存在内容扩展的情况，所以变化远远超过了4章的内容（见表3－4）。

表3－4　入盟谈判章节及变化

章节序	31章节	章节序	35章节
第1章	商品自由流通	第1章	商品自由流通
第2章	人员自由流动	第2章	人员自由流动
第3章	服务自由	第3章	服务自由
第4章	资本自由流通	第4章	资本自由流通
第5章	公司法	第5章	公共采购
第6章	竞争政策	第6章	公司法
第7章	农业	第7章	知识产权
第8章	渔业	第8章	竞争政策
第9章	交通	第9章	金融服务
第10章	税收	第10章	信息社会与媒体
第11章	经济与货币联盟	第11章	农业与农村发展
第12章	统计	第12章	食品安全、兽医与植物检疫政策
第13章	社会政策与就业	第13章	渔业
第14章	能源	第14章	运输政策
第15章	工业政策	第15章	能源
第16章	中小企业	第16章	税收政策
第17章	科学与研究	第17章	经济与货币政策
第18章	教育与职业培训	第18章	统计

章节序	31 章节	章节序	35 章节
第 19 章	通信与信息技术	第 19 章	社会政策与就业
第 20 章	文化与视听政策	第 20 章	企业与工业政策
第 21 章	地区政策与结构工具	第 21 章	泛欧洲网络
第 22 章	环境	第 22 章	地区政策/结构工具
第 23 章	消费与健康保护	第 23 章	司法制度与基本权利
第 24 章	司法与国内事务合作	第 24 章	公正、自由与安全
第 25 章	关税同盟	第 25 章	科学与研究
第 26 章	对外关系	第 26 章	教育与文化
第 27 章	共同外交与安全政策	第 27 章	环境
第 28 章	财政监管	第 28 章	消费者保护与健康保障
第 29 章	金融与预算	第 29 章	关税同盟
第 30 章	机构	第 30 章	对外关系
第 31 章	其他	第 31 章	共同外交、安全与防御政策
		第 32 章	财政监管
		第 33 章	金融与预算
		第 34 章	机构
		第 35 章	其他

资料来源：European Commission，Enlargement of the European Union：Guide to the Negotiations Chapter by Chapter，http：//ec. europa. eu/enlargement/archives/pdf/enlargement ＿ process/future ＿ prospects/ negotiations/eu10 ＿ bulgaria ＿ romania/negotiationsguide ＿ en. pdf；" Chapters of the acquis "，http：// ec. europa. eu/enlargement/policy/conditions-membership/chapters-of-the-acquis/index＿ en. htm。

除"机构"和"其他"两章以外的所有章节属于欧盟共同体法（Community acquis）的谈判范畴，所以也被称为共同体法考核。入盟谈判主要涉及以下方面的内容：（1）欧盟条约的内容、原则及政治性的目标；（2）实施欧盟条约采用的法律、欧洲法院的判例；（3）欧盟的声明及决议；（4）关于共同外交与安全政策的措施；（5）关于司法和国内事务的措施；（6）共同体及成员国之间在欧盟行动领域内签订的国际协议。① "机构" 是指候选国在入盟之后参加欧盟的各种机构，包括：欧盟委员会、欧盟部长理事会、欧洲议会、欧洲法院、欧洲审计院、欧洲投资银行等。"其他" 则涉及一系列的内容，包括：候选国加入欧洲发展基金、欧洲投资银行、有关经济和内部市场的安全条款，司法和国内事务的特别条款、执行和管理入盟前战略基金等。②

为便于观察谈判的复杂性，下面依照入盟谈判的顺序来进行分析。斯洛文尼亚是第一批启动谈判的国家，也是第一个启动入盟谈判的巴尔干国家。首先进行的是技术性的谈判，被称为 "筛选性会谈"，主要是按照欧盟的共同法规，对候选国各领域的法律规定进行审查，并确定候选国应按照欧盟共同法规调整法律的幅度。"筛选性会谈" 分为两部分进行，第一部分是由欧盟代表向所有候选国代表介绍欧盟各领域的共同法规的多边会议，第二部分是欧盟代表分别与各候选国代表举行双边会谈，以确定各候选国应调整的法规范围。③ 在两部分会谈结束之后，谈判才能正式进入实质性阶段。斯洛文尼亚与欧盟之间的双边会谈涉及 31 章、29 个领域，它们可分为个别部分进行调整、进行技术性调整以及通过谈判解决三大类别。斯洛文尼亚的入盟谈判采取了先易后难而非按章节顺序进行的办法，顺利地在 1999 年内结束了 "筛选性会谈" 并进入谈判阶段。

为了在 "筛选性会谈" 后能与各候选国开启实质性的双边谈判，欧盟要求各候选国为各领域的谈判分别提交各自的 "谈判立场" 文件，说明各国对调整各领域法规的立场，特别要说明是否需要过渡期。斯洛文尼亚于 1998 年 2 月和 9 月、1999 年 7 月、11 月和 12 月分批提交了全部章节的 "谈判立场" 文件，其中不要求过渡期的有 19 个章节，即：第 5 章、第 6 章、第 8 章、第 9 章、第 11 章、第 12 章、第 15 章、第 16 章、第 17 章、第 18 章、第 19 章、第 20 章、第 21 章、第 23 章、第 24 章、第 25 章、第 26 章、第 27 章和第 28 章。

---

① "Community acquis", http://europa.eu/legislation_summaries/glossary/community_acquis_en.htm.

② European Commission, "Enlargement of the European Union: Guide to the Negotiations Chapter by Chapter", http://ec.europa.eu/enlargement/archives/pdf/enlargement_process/future_prospects/negotiations/eu10_bulgaria_romania/negotiationsguide_er.pdf, pp.93-96.

③ 汪丽敏：《斯洛文尼亚的入盟谈判》，《东欧中亚市场研究》2002 年第 3 期，第 31 页。

要求过渡期的有 10 个章节,即:第 1 章(欧盟同意了一条关于药品买卖权利更新至 2007 年 12 月 31 日的过渡规定)、第 2 章(最迟在入盟 7 年后保证人员的完全自由流动)、第 3 章(贯彻实施最低投资担保欧盟规定的有效过渡期最迟至 2004 年 12 月 31 日)、第 4 章(在外国人购置地产方面,斯洛文尼亚可以依据一般经济保护附加条款拥有长达 7 年的过渡期)、第 7 章(在单项植物保护规定等方面有过渡期)、第 10 章(在增值税和烟草消费税上有过渡规定)、第 13 章(在生物加工、劳动过程的噪音等方面在 2005 年 12 月 31 日前有规定)、第 14 章(2005 年底达到相关的石油紧急储备规定水平)、第 22 章(在乡镇污水净化设备、木材再利用包装以及塑料再利用的法律文件上有过渡期)、第 29 章(将根据情况提出过渡期限)。① 最后两章(第 30 章"结构"和第 31 章"其他")的谈判将在实际入盟前敲定。到 2002 年底,斯洛文尼亚顺利地完成了所有章节的谈判,在所有候选国当中是较早的,为其 2004 年顺利入盟奠定了坚实的基础。

保加利亚和罗马尼亚是第二批启动谈判的国家。1999 年 12 月,欧盟在赫尔辛基峰会上通过了 2000 年 2 月开始与保加利亚、拉脱维亚、立陶宛、斯洛伐克、罗马尼亚和马耳他进行谈判的决定,并确保给予这些国家(也称为"赫尔辛基小组")赶上已经开始谈判的第一批国家的机会。

决定开启同保加利亚谈判的主要原因是,保加利亚政府在科索沃危机期间保持的立场,还有它在"科兹洛杜伊"核电站问题上答应了欧盟的要求。2000 年 1 月,保加利亚政府确定首席谈判代表和主要谈判班子,成立负责各谈判章节的若干工作小组。2000 年 3 月谈判的第一次工作会议举行,在此会议上保加利亚提交了其就 8 个章节的谈判立场。2002 年 10 月,欧盟委员会公布定期评估报告,建议接纳 10 个新的成员国,其中对保加利亚的评估是"该国已建成完全的市场经济"。在随后举行的布鲁塞尔峰会上,欧盟决定向保加利亚和罗马尼亚提供更多的入盟前援助基金。到 2002 年底,欧盟与保加利亚已经开始了对全部 31 个章节的谈判。

① 汪丽敏:《斯洛文尼亚的入盟谈判》,《东欧中亚市场研究》2002 年第 3 期,第 31 页;〔奥〕马丁·赛迪克、〔奥〕米歇尔·施瓦青格:《欧盟扩大——背景、发展、史实》,卫延生译,北京:中央编译出版社 2012 年中文版,第 355 ~ 371 页。

2002 年 10 月，由于政治、经济改革和发展与入盟标准还存在相当的差距，保加利亚和罗马尼亚未被邀请同其他中东欧国家一起于 2004 年加入欧盟。2003 年 6 月，在希腊萨洛尼卡峰会上，欧盟表示支持保加利亚和罗马尼亚努力在 2004 年结束谈判并于 2007 年入盟。

2004 年 6 月 4 日，保加利亚结束了最困难的三个章节的谈判——"农业"、"地区政策"和"金融与预算"。6 月 15 日，保加利亚结束最后两个章节的谈判——"竞争"和"其他"，并且保加利亚在最后章节（第 31 章）中承诺于 2006 年期间关闭"科兹洛杜伊"核电站第 3 号和第 4 号反应堆。① 尽管在保加利亚政府看来，这是一种"严重的妥协"，但在入盟面前不得不听命于欧盟。2004 年 12 月，欧盟布鲁塞尔首脑会议决定，保加利亚和罗马尼亚将于 2005 年 4 月签订入盟条约并于 2007 年正式成为欧盟成员国。

罗马尼亚谈判的进程与保加利亚基本相当。2001 年底，罗马尼亚已经有一半章节开始谈判，到 2002 年"税务"、"中小企业"以及"关税同盟"等三个章节已经完成谈判。罗马尼亚和保加利亚在谈判章节过渡期上也大体相似，如在第 2 章、第 3 章、第 4 章、第 5 章、第 7 章、第 9 章、第 10 章、第 14 章和第 22 章上都规定了过渡期（见表 3-5）。

2006 年 9 月，离既定入盟日期只差三个月的时候，欧盟向保加利亚和罗马尼亚提出了一份对欧盟扩大进程来说均具有重要意义的进度评估报告。在这份报告中，有关罗马尼亚的问题如下：（1）司法体系改革尚未完成，所在法院都缺乏统一的法律解释和法律适用；（2）腐败问题：尽管逐步取得了进展，但仍然令人担心，尤其是在地方行政层面；（3）农业补贴的支付：在建立综合管理控制系统和支付代理机构上取得进步，但是没有进一步保证建立一个健全的运行模式，弱点尤其表现在人力资源紧缺和空间容量不足上；（4）兽医问题：在处理动物尸体清除和动物副产品还没有达到欧盟标准；（5）建立了电子增值税系统，但还不能完全运转。② 同样，保加利亚的问题也大致类似：

---

① 参见《保入盟谈判进程》，中华人民共和国驻保加利亚经商参赞处，2006 年 12 月 3 日，http://www.mofcom.gov.cn/aarticle/i/dxfw/jlyd/200612/20061203924802.html。

② 〔奥〕马丁·赛迪克、〔奥〕米歇尔·施瓦青格：《欧盟扩大——背景、发展、史实》，卫延生译，北京：中央编译出版社 2012 年中文版，第 277～278 页。

表3-5 斯洛文尼亚、保加利亚和罗马尼亚各项谈判进程

谈判章节	斯洛文尼亚			保加利亚			罗马尼亚		
	开始	结束	过渡期	开始	结束	过渡期	开始	结束	过渡期
1. 商品自由流通	1999.6	2002.12	有	2001.5	2004.12	无	2002.3	2004.12	无
2. 人员自由流动	2000.5	2002.12	有	2001.10	2004.12	有	2002.3	2004.12	有
3. 服务自由	1999.7	2002.12	有	2001.1	2004.12	有	2002.12	2004.12	有
4. 资本自由流通	1999秋	2002.12	有	2000秋	2004.12	有	2001春	2004.12	有
5. 公司法	1998.12	2002.12	有	2000.5	2004.12	有	2001.3	2004.12	有
6. 竞争政策	1999.5	2002.12	无	2001.3	2004.12	无	2000.11	2004.12	有
7. 农业	2000.6	2002.12	有	2002.3	2004.12	有	2002.11	2004.12	有
8. 渔业	1999.4	2002.12	无	2001.3	2004.12	无	2001.5	2004.12	无
9. 交通	1999.11	2002.12	无	2001.6	2004.12	有	2001.6	2004.12	有
10. 税收	1999.11	2002.12	有	2001.7	2004.12	有	2001.10	2002.12	有
11. 经济与货币联盟	1999 上半年	2002.12	有	2002.3	2004.12	无	2002.6	2004.12	无
12. 统计	1999.3	2002.12	无	2000.10	2004.12	无	2000.10	2004.12	无
13. 社会政策与就业	1999.9	2002.12	无	2001.10	2004.12	有	2001.10	2004.12	无
14. 能源	1999 下半年	2002.12	有	2001 下半年	2004.12	有	2002 上半年	2004.12	有
15. 工业政策	1998 下半年	2002.12	无	2001 下半年	2004.12	无	2002 下半年	2004.12	无
16. 中小企业	1998.10	2002.12	无	2000.5	2000.5	无	2000.5	2000.5	无
17. 科学与研究	1998 下半年	2002.12	无	2000 下半年	2004.12	无	2000 上半年	2004.12	无

续表

谈判章节	斯洛文尼亚			保加利亚			罗马尼亚		
	开始	结束	过渡期	开始	结束	过渡期	开始	结束	过渡期
18. 教育与职业培训	1998 下半年	2002.12	无	2000 下半年	2004.12	无	2000 上半年	2004.12	无
19. 通信与信息技术	1998.10	2002.12	无	2000.10	2004.12	有	2000.11	2004.12	无
20. 文化与视听政策	1998.10	2002.12	无	2000.5	2004.12	无	2000.10	2004.12	无
21. 地区政策与结构工具	2000.4	2002.12	无	2001.11	2004.12	无	2002.3	2004.12	无
22. 环境	1999.12	2002.12	有	2001.7	2004.12	有	2002.3	2004.12	有
23. 消费与健康保护	1999.4	2002.12	无	2000.10	2004.12	无	2001.7	2004.12	无
24. 司法与国内事务合作	2000.5	2002.12	无	2001.6	2004.12	无	2002.4	2004.12	无
25. 关税同盟	1999.5	2002.12	无	2001.6	2004.12	无	1999.5	2002.12	无
26. 对外关系	1999 上半年	2002.12	无	2000 上半年	2004.12	无	2000 上半年	2004.12	无
27. 共同外交与安全政策	1998 上半年	2002.12	无	2000 上半年	2004.12	无	2000 上半年	2004.12	无
28. 财政监管	2000 上半年	2002.12	无	2001 下半年	2004.12	无	2002 上半年	2004.12	无
29. 金融与预算	2000 上半年	2002.12	无	2001 下半年	2004.12	无	2002.12	2004.12	无
30. 机构	2002 上半年	2002.12	有	2002 上半年	2004.12	有	2002. 上半年	2004.12	有
31. 其他	—	—	—	—	—	—	—	—	—

资料来源: European Commission, "Enlargement of the European Union Guide the Negotiations Chapter by Chapter," December 2004, http://ec.europa.eu/enlargement/archives/pdf/enlargement_process/future_prospects/negotiations/eu10_bulgaria_romania/negotiationsguide_en.pdf。

（1）司法上缺乏透明度和效率，尚未完成民事诉讼程序的改革；（2）腐败和洗钱问题：尽管有现有的法律基础，但在执行上还存在问题；（3）有组织犯罪：政府部门不能协调行动（在2002年到2005年间约有40起黑手党背景的雇凶杀人、犯罪案）；（4）农业补贴的支付：不能确保建立一套综合管理控制系统的健全运行模式；（5）兽医问题：在对传染性海绵状脑病的治疗上存在问题；（6）扩展分散实施系统：执行结构基金的体系不能良好运转。①

一方面是入盟日期的临近，另一方面两个国家在上述问题上的确存有缺陷和不足。这种局面在欧盟内部立刻引发了广泛讨论和争吵，甚至出现了将两个国家入盟日期推迟一年的声音。最终，欧盟委员会做出反对推迟入盟的决定。在欧盟看来，保加利亚、罗马尼亚早一点入盟估计会使改革导向型的力量得到加强，而这又会推动司法和反腐败等问题领域的迅速改革。② 从这里似乎可以看出，这个时期欧盟在保加利亚、罗马尼亚扩大问题上推行"鼓励政策"。但是，欧盟并非没有原则。欧盟在没有推迟保加利亚和罗马尼亚两国入盟日期的同时推出了一项新的检查机制即合作与确认机制（Cooperation and Verification Mechanism），旨在帮助两个新成员国进行司法体制改革、打击腐败及有组织犯罪，并对这一进程进行监督。

合作与确认机制是欧盟扩大进程中的一个新事物和新工具。③ 它的出台不仅使保加利亚、罗马尼亚两国的一体化进程有了新的框架条件和改革标准，也为欧盟扩大事业增加了新的讨论点。从保加利亚和罗马尼亚的角度说，虽然至今尚未加入申根区同合作与确认机制无直接关联，但该机制所出台的评估报告④成为欧盟成员国考察两个国家在相关领域改革进展的重要参考，进而影响成员国的最终态度。荷兰就明确指出，如果达不到合作与确认机制的标准，它就不会投赞成票。同时，从欧洲一体化的进程来看，该机制到底具有什么样的地

---

① 〔奥〕马丁·赛迪克、〔奥〕米歇尔·施瓦青格：《欧盟扩大——背景、发展、史实》，卫延生译，北京：中央编译出版社2012年中文版，第278页。

② 〔奥〕马丁·赛迪克、〔奥〕米歇尔·施瓦青格：《欧盟扩大——背景、发展、史实》，卫延生译，北京：中央编译出版社2012年中文版，第279页。

③ Aneta B. Spendzharova and Milada Ana Vachudova, "Catching up? Consolidating Liberal Democracy in Bulgaria and Romania after Accession", *West European Politics*, Vol. 35, No. 1, 2012, pp. 39 – 58.

④ 合作与确认机制对保加利亚和罗马尼亚两国进行评估，并在入盟后每年2月发布中期报告，在7月发布年度评估报告。有关这些报告的内容，参见 http://ec. europa. eu/cvm/progress_ reports_ en. htm。

位值得讨论。比如，2011年初，时任罗马尼亚外交部长的特奥多尔·巴孔斯基（Teodor Baconschi）就表示，他将观察欧盟如何在下一个入盟候选国克罗地亚身上适用合作与确认机制，同时强调若德、法等国家在罗马尼亚加入申根区问题上有所阻拦时将"要求"将该机制强加给克罗地亚。[①] 后来的进展表明，罗马尼亚和保加利亚加入申根区问题很不顺利，遭到荷兰等国家的反对。但是，在克罗地亚入盟问题上，欧盟并没有将合作与确认机制强行捆绑。不过，需要强调的是，在克罗地亚入盟谈判进程中，诸多同合作与确认机制相关联的内容均受到严格审查。

再来观察克罗地亚的入盟谈判情况。克罗地亚入盟既不同于中欧国家和波罗的海国家的入盟，也区别于保加利亚和罗马尼亚的入盟。最大的区别在于，不再实行捆绑式入盟，而是采取个别吸收的方式；不是按"先容易后困难"的原则进行谈判，而是逐一谈判且大多数章节都有一个起始基准。

克罗地亚于2003年2月递交入盟申请，同年4月欧盟决定接受其申请。2004年6月，欧盟宣布克罗地亚已经达到"哥本哈根标准"的政治条件，给予其候选国地位，并启动入盟进程。但是，原本定于2005年3月17日的预定谈判时间被迫推迟，最重要的原因是欧盟认为克罗地亚在与海牙联合国前南斯拉夫问题国际刑事法庭的合作等方面做得还不够充分。[②] 直到2005年10月3日欧盟才决定正式开始同克罗地亚进行入盟谈判。

---

① "EU against applying cooperation and verification mechanism to Croatia", January 4, 2011, http://daily. tportal. hr/104724/EU-against-applying-cooperation-and-verification-mechanism-to-Croatia. html.

② 有关西巴尔干各国与前南刑庭合作的情况，参见 Victor Peskin and Mieczysław P. Boduszynski, "International Justice and Domestic Politics: Post-Tudjman Croatia and the International Criminal Tribunal for the Former Yugoslavia", *Europe-Asia Studies*, Vol. 55, Issue 7, 2003; Dan Saxon, "Exporting Justice: Perceptions of the ICTY Among the Serbian, Croatian, and Muslim Communities in the Former Yugoslavia", *Jouranl of Human Rights*, Vol. 4, Issue 4, 2005; Julie Kim, "Balkan Cooperation on War Crimes Issues", *CRS Report for Congress*, January 14, 2008; Diane F. Orentlicher, *Shrinking the Space for Denial: The Impact of the ICTY in Serbia*, Open Society Institute, 2008; Patrice C. McMahon and David P. Forsythe, "The ICTY's Impact on Serbia: Judicial Romanticism meets Network Politics", *Human Rights Quarterly*, Vol. 30, No. 2, 2008; Judy Batt and Jelena Obradovic-Wochnik, "War Crimes, Conditionality and EU Integrationin the Western Balkans", *Institute for Security Studies Chaillot Paper*, No. 116, Paris, June 2009; Dejan Jovic, "Croatia after Tudjman: the ICTY and Issues of Transitional Justice", *European Union Institute for Security Studies Chaillot Paper*, No. 116, 2009。

　　克罗地亚的谈判内容增加到 35 个章节，比此前入盟国家的谈判多了 4 个章节，而且各个章节内容均有细微调整。由于在地区合作、邻国关系、司法改革、战犯问题等方面不达标，克罗地亚的入盟谈判比想象中困难和漫长得多。① 其中，"司法与内政"、边界问题（与斯洛文尼亚在皮兰湾上的争端）以及克罗地亚对造船厂的国家补贴问题是三个最难的议项。第 23 章"司法制度与基本权利"是新增的内容，将其"作为独立的一个议项引入进来是总结了上一轮欧盟扩大经验的直接结果，也是因为有必要引入一套目前尚无先例的监督机制来对入盟后的保加利亚和罗马尼亚进行监察"。② 从这个层面看，合作与确认机制同克罗地亚入盟的关系也就看得清楚了。换言之，保加利亚和罗马尼亚在司法改革和反腐败等方面的确存在较大问题，但欧盟无意在这个问题上推迟它们的入盟进程。至于克罗地亚入盟，则是后来的事，欧盟有时间和能力对其谈判进程和内容进行控制。

　　尽管 2005 年 10 月就决定启动与克罗地亚的谈判，但由于许多章节设置了"启动基准"，最早进行谈判的第 25 章"科学与研究"也推迟到了 2006 年 6 月 12 日进行，大部分章节的谈判都到 2007 年甚至是 2010 年才启动（见表 3 – 6）。"司法制度与基本权利"一章的谈判比较费时、也较为困难。一方面，它关涉克罗地亚国内司法体制、腐败问题以及民主政治建设；另一方面，它还牵涉与前南刑庭的全面合作，交出被前南刑庭认定在前南斯拉夫内战期间犯有"反人类罪"的几名前克罗地亚军官。2004～2005 年，克罗地亚迟迟不愿与前南刑庭配合，使其错过了争取于 2008 年或 2009 年加入欧盟的"机会窗口"。③ 反观 2011 年，两次对前军官的引渡都在克罗地亚国内引发了大规模的抗议游行。然而，此举博得了欧盟方面的欢迎和赞赏，从而为结束这个问题的谈判打下了基础。

---

① 左娅：《克罗地亚入盟及其对西巴尔干国家的启示》，《俄罗斯东欧中亚研究》2013 年第 6 期，第 56 页。

② 〔奥〕马丁·赛迪克、〔奥〕米歇尔·施瓦青格：《欧盟扩大——背景、发展、史实》，卫延译，北京：中央编译出版社 2012 年中文版，第 343 页。

③ 〔英〕罗伯特·拜德勒克斯、〔英〕伊恩·杰弗里斯：《东欧史》（下册），韩炯等译，上海：东方出版中心 2013 年版，第 978 页。

表 3 - 6　克罗地亚入盟谈判进程一览

章节	开始基准	开始谈判	结束基准	暂时结束*
1	有	2008 年 7 月 25 日	有	2010 年 4 月 19 日
2	无	2008 年 6 月 17 日	有	2009 年 10 月 2 日
3	无	2007 年 6 月 26 日	有	2009 年 12 月 21 日
4	有	2009 年 10 月 2 日	有	2010 年 11 月 5 日
5	有	2008 年 12 月 19 日	有	2010 年 6 月 30 日
6	无	2007 年 6 月 26 日	有	2009 年 10 月 2 日
7	无	2007 年 3 月 29 日	有	2008 年 12 月 19 日
8	有	2010 年 6 月 30 日	有	2011 年 6 月 30 日
9	无	2007 年 6 月 26 日	有	2009 年 11 月 27 日
10	无	2007 年 6 月 26 日	有	2008 年 12 月 19 日
11	有	2009 年 10 月 2 日	有	2011 年 4 月 19 日
12	有	2009 年 10 月 2 日	有	2010 年 7 月 27 日
13	无	2010 年 2 月 19 日	有	2010 年 6 月 6 日
14	无	2008 年 4 月 21 日	有	2010 年 11 月 5 日
15	无	2008 年 4 月 21 日	有	2009 年 11 月 27 日
16	无	2009 年 10 月 2 日	有	2010 年 6 月 30 日
17	无	2006 年 12 月 2 日	有	2008 年 12 月 19 日
18	无	2007 年 6 月 26 日	有	2009 年 10 月 2 日
19	有	2008 年 6 月 17 日	有	2009 年 12 月 21 日
20	无	2006 年 12 月 21 日	有	2008 年 7 月 25 日
21	无	2007 年 12 月 19 日	有	2009 年 10 月 2 日
22	有	2009 年 10 月 2 日	有	2011 年 4 月 19 日
23	有	2010 年 6 月 30 日	有	2011 年 6 月 30 日
24	有	2009 年 10 月 2 日	有	2010 年 10 月 22 日
25	无	2006 年 6 月 12 日	无	2006 年 6 月 12 日
26	无	2006 年 12 月 11 日	无	2006 年 12 月 11 日
27	有	2010 年 2 月 19 日	有	2010 年 12 月 22 日
28	无	2007 年 10 月 12 日	有	2009 年 11 月 27 日
29	无	2007 年 12 月 21 日	有	2009 年 10 月 2 日
30	无	2007 年 10 月 12 日	有	2008 年 10 月 30 日

续表

章节	开始基准	开始谈判	结束基准	暂时结束*
31	无	2010 年 6 月 30 日	有	2010 年 7 月 27 日
32	无	2007 年 6 月 26 日	有	2010 年 7 月 27 日
33	无	2007 年 12 月 19 日	有	2011 年 6 月 30 日
34	—	2010 年 11 月 5 日	—	2010 年 11 月 5 日
35	—	—	—	2011 年 6 月 30 日

*在签署入盟条约时即 2011 年 6 月 30 日重启暂时结束谈判的章节。

资料来源："Croatia Negotiations Progress Table", June 30, 2011, http://www.delhrv.ec.europa.eu/files/file/tablice% 20pregovora/Negotiations% 20-TABLICA_ ENGL25. doc。

与斯洛文尼亚的海上争端也长期困扰着克罗地亚的对外关系与一体化进程。斯洛文尼亚利用其欧盟成员国身份给克罗地亚制造麻烦，2008 年 12 月斯洛文尼亚外长甚至宣布冻结克罗地亚的入盟谈判。[①] 双方的边界谈判直到 2009 年下半年才出现转机，11 月 4 日两国在瑞典首都斯德哥尔摩签署了由欧盟仲裁解决边界争端的协议。这才使该问题获得了最终的解决，为克罗地亚入盟解除了一块"绊脚石"。

从与欧盟签署《稳定与联系协议》起，克罗地亚入盟之路经历了 12 年，其中谈判共花了约 6 年时间。但是，克罗地亚作为西巴尔干第一个实现入盟的国家，对于其自身和该地区其他国家来说都有着非常重要的意义。从其入盟的谈判进程也可以看出，除了"哥本哈根标准"外，"稳定与联系进程"规定的法治、地区合作以及邻国关系的具体谈判也是影响入盟进程快慢的重要因素。

二 对几次扩大谈判的总结

早在第一批中东欧国家入盟谈判即将开始前，就有学者指出，欧盟与中东欧国家的入盟谈判将是一个艰苦的讨价还价的过程。[②] 从谈判的历程和内容

---

① 参见 "Slovenia Blocks Croatia's EU Progress", June 24, 2009, http://www.balkaninsight.com/en/article/slovenia-blocks-croatia-s-eu-progress。

② Szilvia Dora, "Eastern Europe and the European Union: the Accession Negotiations", *International Relations*, Vol. 13, No. 6, 1997, p. 55.

看，这种讨价还价体现欧盟与候选国之间的一种利益较量与博弈。纵观斯洛文尼亚（第五次扩大、第一次东扩）、保加利亚和罗马尼亚（第六次扩大、第二次东扩）、克罗地亚（第七次扩大、第三次东扩）以及部分西巴尔干国家正在进行的入盟谈判进程，可以总结出以下几个方面的特点：

第一，欧盟东扩是欧盟的既定战略，尽管出现各种挑战和困难，欧盟东扩的决心不会改变，入盟的承诺必定兑现，入盟时间的长短与快慢则是由欧盟自身的扩大能力以及候选国的具体国情等多种因素决定。斯洛文尼亚和其他第一批东扩国家入盟的谈判时间持续 3 年多，保加利亚和罗马尼亚的谈判时间为 4 年半，而克罗地亚的谈判时间则长达 5 年半。可见，入盟谈判的时间越来越长。一定意义上讲，由于欧盟考虑入盟的成本才使谈判时间有所缩减，否则谈判时间还有可能更加漫长。欧盟在结束与这些国家的谈判后 2 年左右时间即兑现了入盟的承诺，而这多半也是因为欧盟担心久拖不决会影响候选国对入盟条件的遵守甚至使其出现反复，进而影响扩大进程和一体化事业。同时，欧盟委员会及各成员国对谈判进程也存在不同的争执，1997 年的《2000 年议程》确定第一批入盟谈判的国家、1999 年决定启动第二批国家的入盟谈判、2003 年给予所有西巴尔干国家入盟前景和 2014 年启动"柏林进程"均充分证明了这一点。此外，欧盟对候选国采取的政策是"择优接纳"，一切都以标准来衡量。未来西巴尔干国家的入盟"不再按时间表"进行，而取决于它们的改革成效。

第二，利益是欧盟与候选国之间进行博弈的重要因素，越是涉及利益分配的章节，谈判进行得就越艰难，越难的章节和领域往往要拖到最后才能解决。前两次东扩谈判实行"先易后难"的原则，中东欧候选国基本上都是从科学与研究、统计、教育与职业培训等比较容易的章节开始，接着进行财政、文化、电信、经济、地区政策以及渔业等领域的谈判，再进行货物流通、社会政策、能源、交通和税收等方面的谈判。而农业、环境、司法制度与基本权利、人员自由流动、竞争政策以及金融与预算等章节的谈判最为棘手，也最耗时。以科学与研究为例，基本上一启动谈判即意味着谈判的结束，因为它不涉及利益博弈。然而，在农业谈判中，候选国与欧盟之间、成员国之间（以德国和法国为代表）有关候选国农产品配额、农业补贴的去留等问题上存在争议，谈判进度缓慢，各方取舍不一，往往以妥协而告终。从克罗地亚开始的第三轮东扩谈判不再使用"先易后难"原则，相反强调了"先难后易"原则，即从最具挑战的人权、自由、法治、腐败以及特殊问题（如塞科关系正常化）开始。塞尔维亚目前的入盟谈判进程最具说服力，由于塞尔维亚与科索沃关系正常化没有得到根本性解决，塞尔维亚入盟谈判启动快两年了，第 35 章的谈判才于 2015 年底正式启动。

第三，谈判使用"灵活性与原则性"相结合的手法，颇具现实导向性。尽管这些扩大对象国都是原社会主义国家或衍变国，但各国的国情不尽相同。欧盟在谈判中也并没有实行"一刀切"的原则，而是选择区别对待、量身定制。三次东扩谈判中巴尔干四国拥有弹性过渡期的章节不尽相同。继前两次"捆绑式"扩大后第三次实行"单个进入"，且从第三次东扩起将实行"先难后易"的章节谈判。关于前两次实行"捆绑式"扩大的理由还可以从候选国方面加以考察。首先看 2004 年第一次东扩。由于这些国家的入盟愿望和行动基本一致，而且各国族群杂居现象类似，入盟应诺上采取区别对待显然不利于候选国的团结与民族和解，也会制造新的政治、经济壁垒与分裂。比如，由于斯洛伐克历史上与匈牙利和捷克的特殊关系，如果"它发现无法与捷克、匈牙利同时加入欧盟，从而使得捷克和匈牙利境内的斯洛伐克人的生活将比斯洛伐克境内的捷克人和匈牙利人好得多，那这对于斯洛伐克将非常不公，会引起它的怨恨"。① 同样的原因在其他国家也或多或少存在。再来看 2007 年第二次东扩。从谈判启动、欧盟发布的评估进展以及入盟后的评估报告看，两个国家基本都被置于一起，同时两个国家还具有巴尔干地理位置的邻近性以及对于北约和欧盟在巴尔干事务所发挥的相同辅助作用，这些都是两个国家捆绑入盟的重要原因。当然，一定程度上讲，保加利亚和罗马尼亚在 2007 年顺利入盟是欧盟"承诺的兑现"，而不是"标准的符合"。因为入盟后不久，欧盟又出台了专门针对两个国家的合作与确认机制。这种"事后追溯"的原则彻底打消了西巴尔干国家在改革上走捷径或"蒙混过关"的想法，在某种程度上提升

---

① 〔英〕罗伯特·拜德勒克斯、〔英〕伊恩·杰弗里斯：《东欧史》（下册），韩炯等译，上海：东方出版中心 2013 年中文版，第 953 页。

了它们在入盟过程中政策执行的质量。① 在联系国或候选国同样存在类似的情况。2014 年底欧盟一改之前条件性的次序，推出波黑"入盟新政"，更加强调推动经济社会问题的发展而非政治领域的宪政民主。然而，这绝不意味着欧盟向对象国妥协或者是标准的放松，相反是针对波黑特殊情况而采取的灵活与务实的举措。可以想见，在未来西巴尔干国家的入盟进程中，欧盟还会运用类似的策略，但标准一定不会放松。同时，在入盟的诸多环节和进程中，欧盟都拥有十足的控制力，让候选国在任何一个阶段因为偏离或退步而遭受惩罚。

第四，谈判存在一定意义上的"不平等"性质，但伴随其进程的也是新入盟国（包括候选国）收益的获取。加入欧盟是中欧和巴尔干国家既定的方向，同样，在接受欧盟条件约束的进程中，候选国是不能讨价还价的，他们在法理上"别无选择"。倘若候选国不诚心接受甚至抗拒条件约束，等待他们的将是一系列惩罚。从这个角度看，欧盟是"居高临下"、"咄咄逼人"的，候选国则显得"懦弱不已"，只能是"被迫改变"。② 两位英国学者对这种"不平等"进行了颇为形象的阐述："事实上，加入欧盟的条件根本不是所谓'协商'确定，而是由西欧强加的。采用'东方'成员'不接受就拉倒'的办法，西欧太知道如何玩弄他们于股掌之间了。候选成员国们别无选择，只能把所谓的欧盟一揽子法规（超过 8 万页的欧盟现有规章和立法）尽可能快地内化成'本国的'或'本民族的'法律，没有回旋的余地（除非为彻底转型而延长时间），也没有讨价还价的机会。他们还被要求发展能够执行一揽子法规的'行政和司法能力'并提供证明。所谓的'协商'，无非是欧盟委员会对于候选国在实施一揽子法规并发展执行法规的能力上做的单方面的主观评估。这些相对穷的国家只能指望加入欧盟后能得到少得可怜的经济援助。毕竟，'乞丐'是无权'自主选择'的。"③ 然而，从入盟后的进程来看，波兰等国家的崛起以及其他国家欧洲化的

---

① 刘作奎：《国家建构的"欧洲方式"——欧盟对西巴尔干政策研究（1991~2014）》，北京：社会科学文献出版社 2015 年版，第 44 页。

② Antoaneta L. Dimitrova, *Driven to Change: The European Union's Enlargement Viewed from the East*, Manchester: Manchester University Press, 2004, p. 1.

③ 〔英〕罗伯特·拜德勒克斯、〔英〕伊恩·杰弗里斯：《东欧史》（下册），韩炯等译，上海：东方出版中心 2013 年中文版，第 925 页。

水平趋高，中东欧国家在欧盟中的地位和作用也有所提升。^① 当然，相比较来说，巴尔干新入盟国家比中欧国家在欧盟的地位要低许多。除了政治地位以及安全保障外，从准备入盟过程和成为欧盟成员国后享受欧盟各类援助与基金的分配来说^②，这些国家也得到了较大的收益和保障。在 2000～2002 年期间，欧盟每年从预算总额中划拨出 31.2 亿欧元作为"入盟前援助"，用于帮助中东欧申请国尽快达到入盟要求。^③ 据统计，在 2000～2006 年期间，欧盟给予 10个新成员国（中东欧国家有 8 个）总共 216.93 亿欧元的结构基金资助。^④ 2007～2013 年期间，欧盟结构基金援助金额大幅增加，中东欧国家如波兰、捷克等获得的援助额上升明显，而西欧国家获得的援助额不同程度地减少。^⑤

第五，有效推进国内改革和加速谈判的举措不是奖励而是惩罚。在入盟准备过程中，欧盟提出了条件化标准的同时，给予了候选国大量援助与物质鼓励。然而，这对于候选国推进国内政治、经济和社会等领域改革的作用并非显著。于是，"那些在特定期限内不能满足入盟条件的国家往往会受到言辞方面的但不

---

① 虽然从欧洲化的趋势和参与欧盟机制来看，中东欧国家在欧盟中的地位与作用是有所提升的，至少是取得了进行游戏的"通行证"。但中东欧国家的实际地位与作用如何，需要进行系统研究。有关这方面的研究，参见高歌《中东欧国家在欧盟中的地位和作为》，《俄罗斯中亚东欧研究》2014 年第 3 期；鲍宏铮《中东欧新成员国在欧盟中的行为能力分析》，中国社会科学院研究生院 2014 年博士学位论文；David Král, "Perspectives of the role of CEE countries in shaping the EU policy towards new Eastern neighbours", EUROPEUM Institute for European Policy, Prague, October 2005; Maria Krasnodębska, "The 'East' in the 'West' The Role of East Central European Members in the EU and NATO", http：//euro. ue. poznan. pl/pl/system/files/konferencja/2014/articles/krasnodebska_ the_ east_ in_ the_ west. pdf; Selcen Öner, "The Role of Member States in EU Enlargement Policy：The Eastern Enlargement and Turkey's Accession Process", Centre for Policy and Research on Turkey, October 28, 2013。

② 为消除地区不平衡，完善欧盟内部大市场的建设，加强一体化的凝聚力，欧盟 1988 年将欧洲社会基金、欧洲地区发展基金、欧洲农业指导与保障基金中的指导部分合并成结构基金（structural funds）。1993 年，新增渔业指导的财政工具作为结构基金的组成部分。中东欧国家通过对结构基金的吸收确实在一定程度上实现了经济增长与结构转变，但是由于结构基金运行机制、经济发展水平不同等因素的影响，各国对结构基金的吸引能力不同，罗马尼亚等国尤其低。

③ European Commission Directorate-General for Agriculture, "EU Enlargement", April 6, 2000, p. 3.

④ "The European Structural Funds：A solidarity policy", http：//ec. europa. eu/regional_ policy/archive/atlas/factsheets/pdf/fact_ eu25_ en. pdf.

⑤ European Commission, "EU Cohesion Policy 1988 – 2008：Investing in Europe's Future", *Inforegio Panorama*, No. 26, June 2008.

是建立在物质基础上的惩处"，"欧盟习惯于口头批评那些不合格的候选国，以便在获得欧盟认可之前纠正他们的行为并调整其国内政策的方向"。① 欧盟最惯用和最有效的惩罚途径是发表年度报告。年度报告主要对候选国入盟准备进展加以评估，特别注重民主进步与稳定性、公民基本权利、少数族群权利、司法独立与公正等领域，并附有对进展未达标国家的批评意见。所以，候选国对年度报告非常重视，而年度报告的批评意见更是刺激候选国进一步改革的动力。

第六，国家间关系实现和解、司法环境改善以及国家治理能力提升是候选国入盟的主要关切，也是西巴尔干国家实现入盟的难点。除了一些特殊的因素外，比如与科索沃关系正常化之于塞尔维亚以及国名争端之于马其顿的重要性，解决与相邻国家间存在的各种问题（边界、历史遗产、跨界民族权利等）、实现国家关系的和解，在司法公正、基本权利保障上得到实现，经济治理能力、腐败治理能力、民族治理能力以及政治稳定程度上得到认可，意味着挪去了挡在步入欧盟大门前的三块大石。反过来说，已经入盟的国家（包括西巴尔干的克罗地亚）都在这几个关键和重要的领域进行了改革，并得到了欧盟的认可。而其他西巴尔干国家之所以在入盟进度上并不快，从自身方面说是在这些领域的进展不大。仅以国家间关系和解来说，20 世纪 90 年代西巴尔干的几场战争造成大规模难民的回返问题、人口失踪问题、与前南刑事法庭合作问题等仍然没有得到完全解决。2014 年启动的"柏林进程"很大程度上是对上述问题的再强调。

此外，结合其他（潜在）候选国谈判进程的艰难，还可以看到欧盟扩大进程一个显著的特点，即技术标准与认同标准之间的较量，这个较量体现了欧盟看似模糊却非常具有价值的战略运用，在土耳其身上体现得最为明显。众所周知，哥本哈根标准是候选国实现入盟最基本、最重要的标准，主要包含政治、经济和法律三个层面。在第三条中，欧盟提出：欧盟必须能够做到在接纳新成员国入盟后使欧洲一体化获得推动力。有学者指出，与其他经济和政治方面的标准不同，这条标准含义十分含混，无法用具体的指标进行量化，它也是申请

① 简军波：《民族国家的社会化：区域一体化对东南亚和中东欧国家的影响之比较研究》，《欧洲研究》2010 年第 1 期，第 26 页。

国无法预见和无法施加影响的。① 这也再一次证明了前面指出的入盟谈判"不平等"特征。在实际过程中,"使欧洲一体化获得推动力"的定义权掌握在欧盟手中,任何一个现成员国都可对这个定义加以发挥,做出符合自身利益的决定。更加可以理解的是,虽然欧盟在入盟标准中没有提出可能招来诟病的文化认同或宗教认同标准,但这个含糊的标准足以让它涵盖一切。所以,欧盟要么被理解为自大和自负,要么被理解为一种新的帝国主义。② 从这个意义上说,欧盟一体化事业的兴衰都掌握在欧盟机构特别是欧盟大国手中。对于候选国甚至联系国来说,与其说是向欧盟制定的标准靠拢,不如说是向欧盟大国看齐。除非有一天,欧洲不再存在民族、国家、主权的概念与形态,但显然,这一天还很遥远。

---

① 马珂:《后民族主义的认同建构及其启示:争论中的哈贝马斯国际政治理念》,上海:上海人民出版社 2010 年版,第 117 页。

② Anne-Marie le Gloannec, "Is Turkey Euro-Compatible? French and German Debates about the 'Non-Criteria'", *Constellations*, Vol. 13, No. 2, 2006, p. 268.

第四章 巴尔干欧洲化评估

巴尔干国家的入盟进程不一，各国对入盟的反应也存有差异。在克罗地亚成为第 28 个成员国之后，欧盟实现扩大的意愿和能力有减弱的迹象，今后其他西巴尔干国家的一体化进程或将进入一个缓慢期。另外，欧盟与巴尔干的互动并不是单向的，而是存在"自上而下"和"自下而上"的双向过程。欧洲化对巴尔干国家所起的正面作用显而易见，同时，巴尔干地区的危机与冲突也推动了欧盟相关政策的出台与机制的调整，成为欧洲一体化的动力源泉。

第一节 巴尔干国家对欧盟扩大的看法

转型已经过去 20 多年，虽然巴尔干国家都将"回归欧洲"作为其基本国策和优先选项，但各个国家对于入盟并不都持同一个声音，各国民众对入盟以及入盟后的看法更是存在很大的差异。通过分析不同国家、不同时期民众与政府层面对于欧洲化的认知及其差异，有助于解释巴尔干国家入盟的不同进程。

一 民众对欧洲化的认知与差异

东欧国家政局变动后，所有巴尔干国家包括后来从南斯拉夫解体出来的国家都把"回归欧洲"作为首要的外交政策。不过，与政治、经济等领域的精英对加入欧盟之于本国的意义有所了解不同，"绝大多数公民对加入欧盟对本国的经济、社会乃至自身的日常生活意味着什么所知甚少。但是，获得公众对加入欧盟的支持对建立这一过程的合法性至关重要"①。实际上，在加入欧盟的议题上，巴尔干各国民众的支持程度不一，而且随着时间的变动而发生变化。

自 1990 年起，欧盟官方的民调机构欧洲晴雨表（Eurobarometer）每年发表一份《中东欧晴雨表》（*Central and Eastern Eurobarometer*，*CEEB*），调查中东欧国家民众对于欧盟的看法。通过这些数据，可以对巴尔干国家的民众关于欧盟及其相关问题的看法进行跟踪、动态观察，从中发现一些变化的趋势。

转型初期，虽然多数巴尔干国家的民众对欧盟形象的看法有所波动，但持正面的比例基本维持在 30% ~ 40%，阿尔巴尼亚更是高达 50% ~ 70%，持中立立场的民众也有不少，持负面看法的民众不仅比例少，而且到 1996 年基本呈下滑趋势。有意思的是，从后来入盟进程看，斯洛文尼亚是最早一批东扩成员国，于 2014 年入盟。但是，转型初期斯洛文尼亚民众对于欧盟的态度要比罗马尼亚和保加利亚民众更加负面。之所以出现这样的现象，在一定程度上与当时这些国家同欧盟关系的发展有关。罗马尼亚和保加利亚早在 1993 年 2 月和 3 月就与欧盟签订《联系国协定》，并于 1995 年递交入盟申请，斯洛文尼亚直到 1996 年才与欧盟签署《联系国协定》并递交入盟申请。换言之，比起新生的斯洛文尼亚来说，罗马尼亚和保加利亚与欧盟接触、接近得更早。

斯洛文尼亚民众对于欧盟的正面评价普遍低于保加利亚、罗马尼亚、马其顿特别是阿尔巴尼亚民众对于欧盟的正面评价。这在一定程度上表明，阿尔巴尼亚等国家自身经济发展的情况不够好。根据阿尔巴尼亚等国家民众对欧盟持正面看法的原因调查显示，欧盟的"发展与高生活标准"成为首位原因，占比为 18%，远远高出第二位"我们国家是欧洲的一部分"12 个百分点（见表 4 - 1）。换言之，阿尔巴尼亚等国家的民众渴望生活水平获得提升，而欧盟是心所向往。

---

① 朱晓中：《中东欧与欧洲一体化》，北京：社会科学文献出版社 2002 年版，第 144 页。

表4-1 1996年阿尔巴尼亚、克罗地亚、马其顿和南联盟关于欧盟
在其民众中的形象调查

正面		中立		负面	
发展与高生活标准	18%	欧洲很远或其他问题	7%	我们不会受益	4%
我们国家是欧洲的一部分	6%	不能入盟	5%	欧盟是我们的威胁	3%
欧盟给予经济与金融援助	5%	难以回答	3%	欧盟以自我利益为标准	2%
欧盟对维持和平的贡献	4%	不感兴趣	2%	我们只能依靠自己	1%
开放边界/自由旅行	2%	其他或拒绝回答	3%	其他	1%
人权与民主	2%				
难以解释或其他原因	4%				

资料来源：European Commission, *Central and Eastern Eurobarometer*, No. 7, Annex Figure 46, March 1997, p. 82。

表4-2 1996年巴尔干三国民众认为入盟对国内的影响调查

单位：%

	保加利亚			罗马尼亚			斯洛文尼亚		
	有利	不利	无影响	有利	不利	无影响	有利	不利	无影响
私人企业	55	4	4	80	4	6	59	12	9
医疗与社会服务	45	6	7	75	6	8	41	20	19
农业/农民	42	11	10	59	14	16	18	57	9
教育体系	41	5	11	73	5	11	60	6	13
武装力量	37	4	7	69	4	11	59	5	11
国有企业	36	15	7	51	26	10	35	31	10
国家公务员	32	11	13	44	16	25	35	19	22
低收入群体	30	11	15	51	14	20	25	38	18
体力劳动者	29	11	17	56	19	12	28	40	13

资料来源：European Commission, *Central and Eastern Eurobarometer*, No. 7, Annex Figure 62, 69, 71, March 1997, p. 98, p. 105, p. 107。

　　有意思的是，当时的阿尔巴尼亚根本没有入盟资格，但其他有入盟前景的国家如斯洛文尼亚对于欧盟的支持反而要比阿尔巴尼亚低。这个原因主要与欧

盟的态度相关。欧盟一开始没有接纳中东欧国家的准备，"在有关开放欧共体/欧盟市场和为欧盟第一次东扩提供时间表方面蓄意的拖延和搪塞后，后共产主义的中东欧、波罗的海和巴尔干国家的许多居民已经清醒，甚至感到愤怒了。……这无异于给'回归欧洲'的大众热情浇了一瓢冷水"。① "它们常常因为团体在接纳它们时表现出的不情愿而深感失望。"②

在1996年候选国民众对加入欧盟的公决投票中，罗马尼亚民众的支持率最高，达80%，保加利亚和斯洛文尼亚的支持率分别为49%和47%，低于波兰的70%，排在中东欧候选国的第三和第四。同时，罗马尼亚和保加利亚民众反对加入欧盟的比例分别是2%和4%，是中东欧候选国中排名最靠后的（见表4-3）。与此同时，关于中东欧国家民众对加入北约的公决投票中，罗马尼亚民众的支持率与反对率分属第一位和最后一位。

表4-3 1996年罗马尼亚、保加利亚、斯洛文尼亚民众对加入欧盟和北约的态度

单位：%

	支持		举棋不定		反对	
	欧盟	北约	欧盟	北约	欧盟	北约
罗马尼亚	80	76	8	8	2	3
保加利亚	49	27	17	22	4	13
斯洛文尼亚	47	39	19	21	15	15
候选国平均	61	53	15	17	7	10

资料来源：European Commission, *Central and Eastern Eurobarometer*, No. 7, Text Figures, March 1997, p. 36, p. 38。

对于这些数据所呈现的差异，有学者进行了这样的解释：这些态度上的差异可以说大致反映了这些国家地理环境和历史背景上的差异，中东欧候选国中

---

① 〔英〕罗伯特·拜德勒克斯、〔英〕伊恩·杰弗里斯：《东欧史》（下册），韩炯等译，上海：东方出版中心2013年中文版，第949页。

② Václav Havel, "A New European Order?", translated by Paul Wilson, *The New York Review of Books*, March 2, 1995.

的一个明显现象是，新独立国家中民众对加入欧盟持正面看法的人数较少，而在非新独立国家中民众对加入欧盟的支持率较高。[①] 在 1996 年对巴尔干国家民众进行的"与欧盟发展关系谁最受益"的调查中，认为本国和欧盟同等获益的最多（阿尔巴尼亚除外），而认为本国获益的比例维持在 1/5 多一点（南联盟 9%），斯洛文尼亚和南联盟更有超过 30% 的民众认为欧盟是获益方（见图 4-1）。这些数据表明，巴尔干国家的民众对于本国发展与欧盟的关系甚至加入欧盟心存疑虑。换言之，他们对欧盟的认知是有限的。一项对阿尔巴尼亚、克罗地亚、马其顿和南联盟民众进行的欧盟在该国形象的调查显示，除了"发展与高生活标准"有 18% 的支持率外，对欧盟认知的选项特别多，而且支持率相当分散。在中立的选项中，有 7% 的民众选择了"欧盟很远或其他问题"；在负面的选项中，"我们不会受益"和"欧盟是我们的威胁"分别有4% 和 3% 的支持率（见表 4-1）。所以说，尽管巴尔干国家特别是新独立国家的民众了解到欧盟有较好的社会发展和经济生活，但对本国发展与欧盟的关系也存在一定的担忧与疑虑。

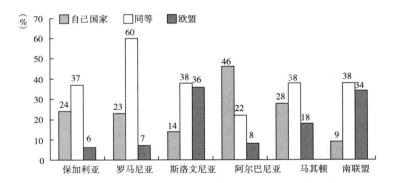

图 4-1　本国与欧盟发展关系谁最受益的调查

资料来源：European Commission, *Central and Eastern Eurobarometer*, No. 7, Annex Figure 60, March 1997, p. 96。

---

① 朱晓中：《中东欧与欧洲一体化》，北京：社会科学文献出版社 2002 年版，第 146 页。

表4－4　1996年部分巴尔干国家民众关于"我们未来的依靠是哪?"的调查

	第一位	第二位	第三位	第四位	其他
阿尔巴尼亚	欧盟46%	美国36%	其他西欧国家2%	德国2%	其他14%
克罗地亚	美国39%	欧盟27%	德国14%	其他西欧国家3%	其他17%
马其顿	欧盟39%	美国29%	其他西欧国家5%	德国3%	其他24%
南联盟	欧盟20%	美国20%	俄罗斯19%	其他中欧国家10%	其他31%
东南欧	美国29%	欧盟28%	俄罗斯9%	其他中欧国家6%	其他28%

资料来源: European Commission, *Central and Eastern Eurobarometer*, No. 7, Annex Figure 27, March 1997, p. 72。

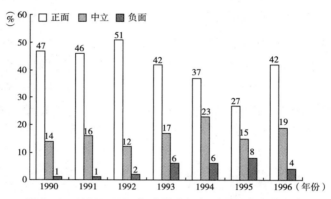

图4－2　1990～1996年欧盟在保加利亚民众中的形象

资料来源: European Commission, *Central and Eastern Eurobarometer*, No. 7, Annex Figure 28, March 1997, p. 73。

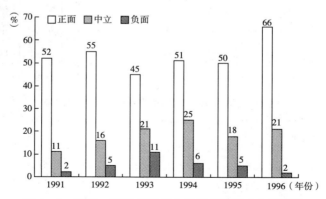

图4－3　1991～1996年欧盟在罗马尼亚民众中的形象

资料来源: European Commission, *Central and Eastern Eurobarometer*, No. 7, Annex Figure 35, March 1997, p. 76。

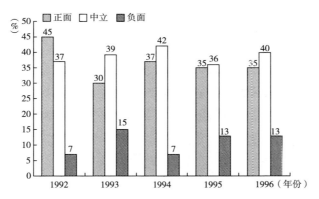

图 4 - 4　1992～1996 年欧盟在斯洛文尼亚民众中的形象

资料来源：European Commission, *Central and Eastern Eurobarometer*, No. 7, Annex Figure 37, March 1997, p. 77。

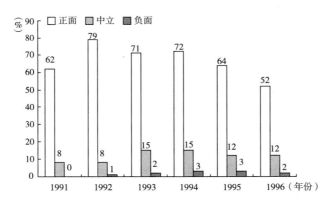

图 4 - 5　1991～1996 年欧盟在阿尔巴尼亚民众中的形象

资料来源：European Commission, *Central and Eastern Eurobarometer*, No. 7, Annex Figure 38, March 1997, p. 78。

　　进入 21 世纪，随着巴尔干国家入盟进程的变化，各国民众对欧盟的看法也在发生变化。除了斯洛文尼亚、保加利亚和罗马尼亚已经启动入盟谈判外，西巴尔干国家也获得了入盟前景。根据 2002 年春季对保加利亚、罗马尼亚和斯洛文尼亚民众进行的入盟公投民调显示，罗马尼亚、保加利亚的民众支持率一直较高，而斯洛文尼亚民众的支持率不高，只有 55.3%（见表 4 - 5）。该民意调查结果与斯洛文尼亚国内的民意测验结果是吻合的。值得注意的是，在

189

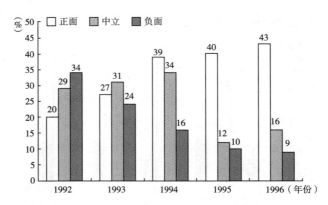

图 4 − 6 1992～1996 年欧盟在马其顿民众中的形象

资料来源：European Commission, *Central and Eastern Eurobarometer*, No. 7, Annex Figure 39, March 1997, p. 78。

这个民意调查进行的时候欧盟尚未给予斯洛文尼亚等国家明确的入盟时间。这就表明，斯洛文尼亚公民对该国入盟谈判进展情况，以及入盟后对该国各方面的有利或不利影响有着较为理性的认识。所以，当 2003 年 3 月刚刚获得明确入盟日期的斯洛文尼亚举行全民公投时，虽然投票率只有 61%，但有 89.6% 的民众支持加入欧盟，有 66% 的民众支持加入北约。①

表 4 − 5 2002 年春巴尔干四国关于入盟公投的民意调查

单位：%

	支持	反对	弃权	不知道/拒绝回答
保加利亚	72.6	6.8	6.9	13.7
罗马尼亚	84.3	3.6	3.5	8.6
斯洛文尼亚	55.3	27.4	6.2	11.1
土耳其	69.8	23.4	2.3	4.4

资料来源：European Commission, *Candidate Countries Eurobarometer*, March/April 2002。

经历 2004 年和 2007 年的扩大后，巴尔干未入盟的国家主要集中在西巴尔干。根据盖洛普咨询公司（Gallup）2006～2012 年关于西巴尔干国家入盟的民

---

① 大选指南网，http：//www. electionguide. org/results. php？ID＝329。

意调查显示，这些国家的民众总体上支持加入欧盟。与斯洛文尼亚相同的情况
是，克罗地亚在西巴尔干国家中入盟进程最快，但民众对入盟的支持率是最低
的，直到完成谈判、签署入盟条约后支持率明显飙升（见表4-6）。这同样表
明，克罗地亚民众在入盟之于本国利益的得失上有理性的思考。

表4-6 2006~2012年盖洛普对西巴尔干国家支持/反对加入欧盟的民意调查

单位：%

	2006		2008		2009		2010		2011		2012	
	支持	反对	支持	反对	支持	反对	支持	反对	支持	反对	支持	反对
阿尔巴尼亚	84	1	83	2	88	3	81	5	81	11	—	—
波黑	66	8	49	11	67	6	69	8	88		76	
克罗地亚	35	30	29	26	26	29	25	32	—		66	33
科索沃	87	1	89	4	89	2	88	6	—			
马其顿	76	7	66	7	62	9	60	9				
黑山	64	7	57	7	67	3	73	4	70			
塞尔维亚	61	10	58	9	50.3	12	44	17	50	37	51	33

资料来源：Gallup Balkan Monitor。

克罗地亚于2011年6月20日结束全部入盟谈判，并于12月9日签署入
盟条约。2012年1月22日，克罗地亚就加入欧盟举行公投。参加公投的民众
只有43.51%。公投结果显示，赞成票占66.27%，反对票占33.13%，另有
0.6%的无效票。① 另外，在结束入盟谈判后到正式公投期间，克罗地亚诺瓦
电视台（Nova TV）等机构的民意调查表明入盟支持率基本维持在55%~63%
（见表4-7）。

表4-7 2011年6月~2012年1月克罗地亚民众入盟支持率民意调查

时间	2011.6.28	7.1~2	7.25	9.12	9.26	10.25	11.25	12.27	2012.1.3~4	1.18	1.19	1.20
支持率	56%	62.2%	60%	56.1%	58%	57%	61%	60%	55.1%	56%	60%	61%

资料来源：http://en.wikipedia.org/wiki/Croatian_European_Union_membership_referendum,_2012。

① 克罗地亚国家选举委员会官网，http://www.izbori.hr/2012Referendum/rezultati/rezultati.html。

二 政府层面的顺从:"条件性"检视

从目前的入盟进程看,巴尔干国家可以分为欧盟成员国(斯洛文尼亚、保加利亚、罗马尼亚和克罗地亚)、欧盟候选国(土耳其、马其顿、黑山、塞尔维亚和阿尔巴尼亚)和欧盟潜在候选国(波黑和科索沃①)三个类别。所有巴尔干国家加入欧盟的方向是既定的,但是进程很不相同。前面我们已经从普通民众的层面讨论了他们对于本国加入欧盟的态度变化。除此之外,一国政府的意志及其对入盟条件的接受程度也是考察巴尔干国家入盟进度的一个重要因素,甚至在一定程度上还对民众的态度起导向作用。诚如一位美国学者所言,普通的民众对于欧盟是怎样运作的以及欧盟会给个人生活带来怎样的影响知之甚少。欧洲人还要经历很长的过程才能培养出他们属于欧盟的意识。这种对欧盟极大的无知使民主赤字问题长期困扰民众,使得欧洲一体化的进程在很大程度上是由欧洲精英的价值规范而不是普通民众所推动的。② 实际上,政府的态度在接受入盟的条件上具有决定性作用。

在东扩之前的历次扩大进程中,只要接受欧盟的规则和规章制度即共同法律成果,候选国就具备了入盟的基本条件。一定意义上说,在西欧范围内的扩大只是"走过场"而已。③ 但东扩进程完全不同,而且随着扩大的推进,"条件性"不断增多。先是 1993 年出台的哥本哈根标准政治、经济和法律三标准,后是 1995 年提出的马德里行政标准。再后来,扩大的条件又增加了地区合作、人权、核安全、少数民族权利以及司法改革(尤其是克罗地亚入盟要求)等。④ 同时,欧盟所设定的"条件性"还依国别不同而有所差异。

从程序上看,扩大进程大致包括欧盟委员会对候选国的准备情况发表评

---

① 中国尚未承认科索沃独立国家地位,欧盟则将其作为一个有入盟前景的国家对待。

② 〔美〕霍华德·威亚尔达主编《全球化时代的欧洲政治》,陈玉刚等译,北京:北京大学出版社 2010 年中文版,第 388 页。

③ 希腊花了 20 多年才加入欧共体不是反例,而是希腊国内政治的特殊情况所致。

④ Antoaneta Dimitrova, "Governance by enlargement? The case of the administrative capacity requirement in the EU's Eastern enlargement", *West European Politics*, Vol. 25, No. 4, 2002, pp. 90 – 171.

论、启动谈判、结束谈判、签署和批准条约以及最终入盟等阶段。对于西巴尔干国家来说，签署《稳定与联系协议》非常重要，它被视为获得候选国地位的前提。随后任何一个阶段的结束，都伴随着欧盟"条件性"战略的一次运用，但每一阶段的结束并不意味着入盟日期的明确承诺。同时，欧盟每年都会出台一份进展评估报告，如果某个条件在下一年的报告中没有被提到，即可视该候选国已经充分满足了此条件。至于确切入盟日期的给予，并不完全取决于候选国的改革成效与谈判进展。但是，入盟确切日期的赋予与否对候选国接受"条件性"的程度有着重要影响。

在入盟准备阶段，中东欧国家政府精英表现出了极高的入盟热情。匈牙利、波兰、斯洛伐克、罗马尼亚、拉脱维亚、爱沙尼亚、立陶宛、保加利亚、捷克和斯洛文尼亚在 1994～1996 年均递交了入盟申请。尽管在当时这些申请既不会被欧盟严肃考虑，也不会影响欧盟扩张的速度和方向，但几乎所有国家的议会和精英都表现出对申请的高度支持。[①] 在入盟谈判阶段，欧盟迟迟没有为首次东扩设定一个准确的时间表。有学者分析，通过分析 2004 年和 2007 年两次东扩的情况可以发现，如果入盟日期尚未确定，欧盟的条件限制将是相对有效的；一旦入盟日期确定，条件限制就不再是一种促进改革的有效工具；因此欧盟将尽可能缩短宣布入盟的日期和实际入盟日期之间的时段。[②] 根据候选国在给定年份中被要求满足的条件与欧盟所有规定的条件之间的比例来计算条件限制强度，可以清晰地发现，第一批中东欧入盟国家在 2003 年、保加利亚和罗马尼亚在 2004 年条件限制强度下降得非常明显（见表 4-8）。究其原因，在于这两个年份恰好是欧盟向两组国家提供了入盟的确切时间，倘若欧盟一再强调条件限制，甚至增加条件的数量，那必定会影响新成员入盟。前一节提到，斯洛文尼亚民众在该国获得入盟确切日期前后的支持率有巨大的反差，也在很大程度上反映了欧盟条件限制的缺陷。

---

① 〔英〕罗伯特·拜德勒克斯、〔英〕伊恩·杰弗里斯：《东欧史》（下册），韩炯等译，上海：东方出版中心 2013 年中文版，第 935 页。

② 鲁莱莉：《对欧盟扩大过程中条件限制有效性的分析》，《复旦国际关系评论》2009 年，第 131～147 页。

193

表4-8 欧盟条件限制的强度

单位：%

候选国	1997	1998	1999	2000	2001	2002	2003	1997~2003 平均	2004
斯洛文尼亚	0.35	0.26	0.18	0.12	0.09	0.09	0.03	0.16	
匈牙利	0.29	0.26	0.21	0.18	0.09	0.09	0.06	0.17	
爱沙尼亚	0.26	0.24	0.24	0.15	0.12	0.09	0.09	0.17	
捷克	0.32	0.21	0.21	0.18	0.18	0.15	0.09	0.19	
立陶宛	0.38	0.32	0.26	0.21	0.15	0.12	0.06	0.21	
波兰	0.35	0.32	0.32	0.29	0.26	0.18	0.15	0.27	
斯洛伐克	0.47	0.44	0.35	0.26	0.21	0.15	0.09	0.28	
拉脱维亚	0.47	0.44	0.41	0.38	0.32	0.24	0.12	0.34	
保加利亚	0.41	0.41	0.35	0.29	0.26	0.26	0.21	0.31	0.09
罗马尼亚	0.47	0.41	0.41	0.35	0.32	0.26	0.15	0.34	0.06
中东欧八国平均	0.36	0.31	0.27	0.22	0.18	0.14	0.09	0.22	
中东欧十国平均	0.38	0.33	0.29	0.24	0.20	0.16	0.11	0.24	0.02

资料来源：Alain Marciano and Jean-Michel Josselin, eds., *Democracy, Freedom and Coercion: A Law and Economics Approach*, Cheltenham: Edward Elgar Publishing, 2007, p. 243。

事实上，欧盟十分注意尽可能缩短宣布入盟日期与实际入盟日期之间的时段，不愿过早就入盟日期做出承诺。即使这样，仍出现了保加利亚和罗马尼亚的例外。两国入盟日期确定到谈判结束后，条件限制强度明显下降。反映在实际问题上是仍有一些领域未能达成欧盟要求，于是，欧盟专门为这两个国家设定了一个合作与确认机制。然而，该机制所约定的条件限制并没有完全发挥作用。通过后来欧盟对保加利亚与罗马尼亚加入申根区的多次否定来看，入盟后两个国家在司法改革、反对腐败和有组织犯罪等领域并没有取得令欧盟满意的进展。而这也在一定程度上解释了当前欧盟在西巴尔干国家入盟候选国地位赋予、开启谈判等方面比较谨慎的原因。

这里有必要借用弗兰克·施米尔菲尼（Frank Schimmelfennig）等德国学者关于欧盟"条件性"战略的解释继续进行深入的学理分析。他们通过总结中东欧国家加入欧盟的经验指出，欧盟条件的确定性、给予回报的大小、回报的公信力以及目标国适应成本的大小是判断和衡量欧盟"条件性"战略成功与否的综合要素。① 所谓欧盟条件的确定性指的是，欧盟所规定规则和条件的形式和明晰度。具有确定性的规则指的是，规则规定的行为意义以及规则的约束力有清楚的而非含糊的界定。因此，欧盟设置的规则和条件的确定性将增加候选国家实施规则的可能性。② 在获得候选国地位后，着手进行的谈判体现了这种确定性。换言之，欧盟回报越大，目标国实施或推行欧盟规则的可能性就越大。对于候选国来说，加入欧盟就是最大的回报与激励。与欧盟给予回报紧密相关的是欧盟实施"条件性"战略的公信力。有学者指出："如果目标国家认为欧盟将'条件性'附属于其他的政治、战略或经济的考量时，目标国家可能会期望在不满足条件的情况下获得回报，或者是认为无论在什么情况下都不会得到回报。"③

一般来说，在目标国实施民主改革的成本计算上，"只要遵守欧盟规则可能导致改变现有政权，或对现有政府权力构成威胁，目标政府将不能成功地遵守规则。"④ 在扩大进程中，即使拥有入盟前景作为回报，一些中东欧国家在适应政治条件性也以国内实施民主规则环境的宽松为前提，施米尔菲尼就指出："有入盟前景的国家，如果该国的自由党在某一时刻恰好能够及时当政，欧盟的政治条件性是很好的有效推动民主的机会。"⑤ 事实上，斯洛文尼亚、罗马尼亚等国入盟的步伐是在其国内自由民主党派获得执政地位后加快的。⑥

---

① Frank Schimmelfennig and Ulrich Sedelmeier, eds. , *The Europeanization of Central and Eastern Europe*, Ithaca and London: Cornell University Press, 2005.

② Frank Schimmelfennig and Ulrich Sedelmeier, eds. , *The Europeanization of Central and Eastern Europe*, Ithaca and London: Cornell University Press, 2005, p. 12.

③ Frank Schimmelfennig and Ulrich Sedelmeier, eds. , *The Europeanization of Central and Eastern Europe*, Ithaca and London: Cornell University Press, 2005, p. 15.

④ Frank Schimmelfennig, "European Regional Organizations, Political Conditionality, and Democratic Transformation in Eastern Europe", Paper prepared for Club of Madrid, IV General Assembly, Prague, November 10 – 12, 2007, p. 12.

⑤ Frank Schimmelfennig, "European Neighborhood Policy: Political Conditionality and its Impact on Democracy in Non-Candidate Neighboring Countries", Paper prepared for the EUSA Ninth Biennial International Conference, Austin, March 31-April 2, 2005, p. 11.

⑥ 2000 年 10 月，斯洛文尼亚自由党组阁上台，随后与欧盟的谈判加快。2004 年 11 月，罗马尼亚民主党组阁上台，12 月所有谈判基本结束。

从巴尔干国家对欧盟"条件性"的反应来说，很难将这些国家简单地分成顺从与不顺从两类，它们有更加多样的类型，而且处于变动之中。保加利亚学者盖甘娜·努切娃的研究提供了另一种类似的观察思路。她以欧盟条件的合法性（投射到候选国国内）、执政当局的成本—收益考量以及欧盟施加影响的能力与意愿为变量对巴尔干国家政府层面顺从欧盟条件的程度进行研究指出，当欧盟条件合法性越高时，政府顺从的程度越高，加入欧盟只是时间的问题；当欧盟条件合法性低时，顺从的程度取决于顺从的成本—收益；当欧盟条件合法性低，顺从的成本又高时，欧盟施加影响的能力与意愿就显得至关重要。①

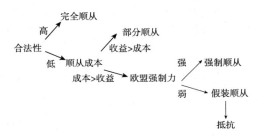

图 4 - 7　合法性、顺从成本、欧盟强力与顺从结果关系②

从已经入盟的国家特别是中欧国家和波罗的海三国来看，它们对欧盟条件基本是完全顺从的，但西巴尔干国家则处于变动之中，塞尔维亚是一个典型的例子。在与黑山共为国家主体期间，塞尔维亚和黑山是抵抗欧盟的。近年来，随着民主政府的上台，它越来越表现出对欧盟的顺从。但是，塞尔维亚不承认科索沃的独立地位，这将会对欧盟"条件性"的顺从程度产生消极影响，并且有可能使其因顺从而获得的收益有所缩减。波黑在对欧盟表示顺从的同时，因其主权、宪法的脆弱性等问题导致其对欧盟的顺从程度受到影响③，因而处

---

① Gergana Noutcheva, *European Foreign Policy and the Challenges of Balkan Accession: Conditionality, Legitimacy and Compliance*, London; New York: Routledge, 2012, pp. 5 - 6.

② Gergana Noutcheva, *European Foreign Policy and the Challenges of Balkan Accession: Conditionality, Legitimacy and Compliance*, London; New York: Routledge, 2012, p. 32.

③ Susan L. Woodward, "Compromised Sovereignty to Create Sovereignty: Is Dayton Bosnia a Futile Exercise or an Emerging Model?", in Stephen D. Krasner, ed., *Problematic Sovereignty: Contested Rules and Political Possibilities*, New York: Columbia University Press, 2001, pp. 252 - 300.

于部分顺从状态。只有黑山、马其顿基本处于完全顺从状态，但马其顿的国名问题不能得到解决，也必然会影响其入盟进程。

长远看，欧盟将一如既往地使用条件限制，这是使候选国达标的基本工具。从历次扩大的经验来看，欧盟还会增强条件限制的使用，增加条件的数量，并灵活运用条件限制的优先顺序。总体上看，出于入盟的需要，候选国基本上没有与欧盟就"条件性"进行讨价还价的空间和可能，它们只有在谈判过程中就如何消化"条件性"进行的努力。同样，在未来西巴尔干国家的入盟进程中，欧盟不仅会重视入盟确切日期的赋予，也会强调谈判启动和完成的"基始标准"。

这么看来，巴尔干国家欧洲化的进程，既是各国与欧盟互动的问题，也是各国国内政治问题。在既定的入盟进程中，任何国家的任何一届政府都必须面对欧盟的"条件性"限制，双方围绕"条件性"产生的博弈及其结果与一体化进展是正相关的。在这个过程中，不少巴尔干国家都出现了怀疑欧洲、反对欧盟的政党，并对国内政治生活产生影响。显然，欧洲一体化已经成为巴尔干各国政党长期较量的核心议题。

第二节　克罗地亚之后：扩大进入缓慢期

2013 年 7 月 1 日，克罗地亚正式成为欧盟第 28 个成员国，也是西巴尔干地区第一个实现入盟的国家。克罗地亚入盟的积极意义不言而喻，其中最为重要的是为其他西巴尔干国家的改革提供了典范，为它们入盟提振了信心。然而早在第一批和第二批中东欧国家入盟后，欧盟"扩大疲劳症"（enlargement fatigue）即已显现，克罗地亚入盟又正值欧债危机引发欧盟一体化反思的时刻，于是接收克罗地亚之后欧盟扩大步伐将减慢的声音不绝于耳。[①]　就在克罗地亚入盟仅一周年之际，欧盟委员会主席便发出了"五年内不会再接收新

---

① Philip Cunliffe, "Suffering from the Eurocrisis and Enlargement Fatigue, the EU's Influence on Serbia and Kosovo is on the Wane", *LSE Blogs*, November 23, 2012; Othon Anastasakis, "From Fatigue to Insignificance: Eurozone Crisis and Enlargement", Paper presented at ELIAMEP's 9th European Seminar, Poros, June 21 – 24, 2012.

成员国"的"悲观论调"。显然，今后其他西巴尔干国家的入盟进程或将进入一个缓慢期。

一 克罗地亚入盟：意义与作用

克罗地亚入盟自然对其本国来说具有里程碑的意义，但它之于欧洲一体化事业的重要性更非一般。从具体技术层面看，尽管克罗地亚在"历史遗产"和文明属性上接近于斯洛文尼亚和中欧国家，但与其他西巴尔干国家类似，从南斯拉夫分离出来时经历了战争，随后又经历了图季曼的民族主义统治。克罗地亚是西巴尔干国家中无论政治、经济还是文化层面都与欧盟相似度最高的候选国，其入盟问题一直被想象得过于乐观和顺利。然而事实是，克罗地亚在向欧盟标准趋同的过程中受到诸多问题的制约，而这些问题在西巴尔干国家中具有普遍性。[①] 这些问题大多在其他西巴尔干国家中也存在，甚至更为严重。因此，克罗地亚的经验为它们入盟提供了样板和借鉴。

从长远看，其他西巴尔干国家可以通过观察克罗地亚的改革实践特别是入盟后的变化来调整一体化的方略。在改革实践上，对于欧盟越来越重视和强调的法治、司法改革、地区国家间关系、难民回返以及与前南刑事法庭的合作等方面有经验可循。在入盟后的变化上，如下一些问题可以进一步观测。比如，克罗地亚的对外直接投资是不是有所增加？在萨格勒布没有财政结余的情况下欧盟的援助资金对于克罗地亚的经济增长与基础设施建设有无推动作用？[②] 将克罗地亚归入第二等成员国（second-class member state）有无负面影响？[③]

此前，希腊、斯洛文尼亚等国家在巴尔干国家入盟进程中扮演了积极的推动作用，尤其是希腊在 2003 年担任欧盟轮值主席国期间推动的"萨尼洛卡进程"非常重要。作为欧盟成员国的克罗地亚在其他西巴尔干国家入盟进程中

---

① 左娅：《克罗地亚入盟及其对西巴尔干国家的启示》，《俄罗斯东欧中亚研究》2013 年第 6 期，第 58～59 页。

② 从 2013 年 7 月 1 日开始的 6 个月里，克罗地亚将获得 6.55 亿欧元的结构基金，相比之下，克罗地亚要贡献的欧盟预算约为 2.12 亿欧元，也就是说克罗地亚每为欧盟预算贡献 1 欧元，就能通过欧盟结构基金得到 3 欧元的回报。克罗地亚所获得的基金将用于投资基础设施。

③ Milan Nič, "The EU's Role in the Western Balkans after Croatian Accession", *Central European Policy Institute Policy Brief*, Bratislava, April18－20, 2013, p. 2.

将扮演什么角色呢？一方面，克罗地亚是欧盟成员国，在决定候选国入盟上具有一票否决权；另一方面，克罗地亚与其他西巴尔干国家都存在不同程度的矛盾与问题。特别是欧盟于 2014 年 1 月开启与塞尔维亚的谈判，对克罗地亚的西巴尔干地区政策是一个检验。倘若克罗地亚坚持合作的原则，它将成为欧盟扩大不可或缺的力量，依据地理和文化条件取代斯洛文尼亚在西巴尔干地区的作用。应该说，克罗地亚对塞尔维亚以外的其他西巴尔干国家均持合作、友好的态度，但与塞尔维亚的关系比较脆弱。一方面，双方仍有许多未解决的问题，如难民、争议边界和相互控诉对方的种族主义屠杀等；另一方面，双方的经贸联系不强，如克罗地亚只占塞尔维亚进出口总量的 3% 左右。① 同时，克罗地亚和塞尔维亚对波黑入盟又有着不可低估的影响。可见，克罗地亚在推动其他西巴尔干国家入盟进程上扮演着双重角色。

二　欧债危机加重"扩大疲劳症"

2004 年和 2007 年的两次东扩，使欧盟的政治和经济版图发生了重大变化，以欧盟方式统一欧洲大陆的梦想继续前行。但与此同时，在欧盟扩大的问题上，欧盟及各成员国变得越来越谨慎、犹豫。在 2006 年 11 月欧盟出台的扩大文件中指出："未来的扩大会更严格、更漫长，也将会更多地考虑欧盟的'融合能力'。"② 实际上，欧盟"消化不良"和"疲劳症"等症状已经显现。2008 年以来，欧盟又遭遇了国际金融危机和欧元区债务危机的冲击，欧盟老成员对欧盟扩大的热情和兴趣大减，甚至表现出担忧和反感。一些国家至今仍然认为罗马尼亚和保加利亚加入欧盟过于草率；英国、荷兰等国对克罗地亚加入欧盟也持保留意见，认为克罗地亚在司法改革、民主改革上还远远没有达到入盟的标准。此外，欧盟自身出现的诸多问题也使扩大逐渐让位于治理。

尽管说欧盟成员国都明白，西巴尔干国家如果不加入欧盟，欧洲就不能算是完整的欧洲。无论从一体化的事业讲，还是从整个欧洲的安全与战略来

---

① Tomasz Sornaczuk, "Will Croatia Become a Champion of EU Enlargement in the Western Balkans?", *The Polish Institute of International Affairs Bulletin*, No. 140, December 19, 2013, p. 2.

② 转引自现代国际关系研究所欧盟课题组《欧盟战略态势评估》，《现代国际关系》2007 年第 3 期，第 28 页。

考量，将西巴尔干国家纳入欧盟都是不可变更的选项。2011 年，时任欧洲理事会主席范龙佩（Herman Van Rompuy）在谈到西巴尔干地区国家入盟问题时指出："我们不单向克罗地亚敞开了大门，我们对西巴尔干地区的立场是明确的，那就是，大门不会在克罗地亚之后关闭。"① 目前，欧盟的西巴尔干政策是非常清晰、明确的。一方面，给予所有西巴尔干国家入盟前景，另一方面，向所有西欧公众保证，所有申请国只有满足了特定条件后才能实现入盟。②

2008 年爆发的全球性金融危机和之后出现的欧债危机，对欧洲一体化进程来说无疑是个沉重的打击。欧盟内部失衡、竞争力衰落、制度缺陷等问题以前所未有的程度、极其尖锐的方式暴露在世人面前。一时间，反一体化的思潮在欧洲泛起，人们对欧盟、欧元的前景产生疑问，欧盟的内部团结和生命力遭受考验。同时，这些情况也再次使"扩大疲劳症"凸显。根据欧盟关于扩大态度的长期调查显示，金融危机爆发以来，支持欧盟扩大的民众的比例呈下降趋势，反对欧盟扩大的支持者呈增多趋势（见表 4 – 9）。

表 4 – 9　欧盟关于扩大的态度调查

单位：%

	支持	反对	中立
2007 年春	49	39	12
2007 年秋	46	40	14
2008 年春	47	39	14
2008 年秋	44	43	13
2009 年春	43	46	11

① European Council, "Remarks of Herman Van Rompuy, President of the European Council, following the meeting of the European Council", Brussels, December 9, 2011.

② Gerald Knaus, "Croatian EU Accession and the Fate of its Neighbors", in Vedran Dzihic and Daniel S. Hamilton, eds., *Unfinished Business: The Western Balkans and the International Community*, Center for Transatlantic Relations, Johns Hopkins U. -SAIS, 2012, pp. 189 – 190.

续表

	支持	反对	中立
2009 年秋	46	43	11
2010 年春	40	48	12
2010 年秋	43	45	12
2011 年春	42	48	10
2011 年秋	36	53	11
2012 年春	36	53	11
2012 年秋	38	52	10
2013 年春	37	53	10
2013 年秋	37	53	11

资料来源：European Commission, *Eurobarometer- 40 Years*, http：//ec. europa. eu/public _ opinion/topics/eb40years_ en. pdf。

　　2010 年，欧盟不少政治家释放出一些关于欧盟扩大的负面信号。德国总理默克尔以及斯洛文尼亚前总理博鲁特·帕霍尔均表示，克罗地亚入盟后欧盟将停止扩大，不再接收任何新的成员。[①] 同年 6 月举行的欧盟—西巴尔干国家萨拉热窝会议的无果而终也使西巴尔干国家备感失望，甚至有媒体公开指出，这次会议表明"东扩已经不是欧盟优先要解决的问题"，"欧盟关于西巴尔干国家的入盟前景是个骗局"。[②] 2012 年，欧洲稳定倡议（European Stability Initiative）副主席克里斯托夫·本德尔指出，金融危机和欧债危机同时也是欧盟的"扩大危机"（enlargement crisis），未来的扩大将是遥远的事情。[③] 2013 年，就在克罗地亚即将实现入盟之前不久，有波兰学者甚至断言，克罗地亚入

[①] Maroje Mihovilovi, "Europe Halts Serbia— Merkel: EU will accept Croatia and no one else", *Nacional*, No. 763, June 29, 2010, http：//www. nacional. hr/en/clanak/50495/merkeleu-will-accept-croatia-and-no-one-else；http：//www. hrvatska-rijec. com/2010/07/pahor-nakon-prijema-hrvatske-eu-ce-stati-sasirenjem/—：hrijec, July 10, 2010.

[②] 马细谱：《西巴尔干国家入盟道路艰难且漫长——兼评欧盟—西巴尔干国家萨拉热窝会议》，《中国社会科学报》2010 年 7 月 29 日，第 14 版。

[③] Kristof Bender, "EU Enlargement in South Eastern Europe: Two Recent Success Stories and Their Implications", in *IEMed Mediterranean Yearbook*, European Institute of the Mediterranean, 2012, p. 194.

盟将是这个 10 年里的最后一波扩大，因为其他西巴尔干国家仍处于入盟的"早期阶段"。[1] 克罗地亚实现入盟后，类似的负面声音更是不绝于耳。

欧盟扩大主要受欧盟运行机制与成员国改革意志及其条件符合程度的影响。在欧盟层面状况极其复杂，但欧盟继续扩大的决心不会改变，而且从过往的经验看，东扩在很大程度上超越了技术标准而成为一种政治考量。从这一点讲，西巴尔干国家改革的成效远不如接受改造的意愿重要。有西方学者认为，在被批准加入欧盟的新成员国中，没有一个国家是完全符合欧盟的入盟标准的。欧盟并不是基于这些国家符合了加入的标准才批准它们加入，相反，准许这些国家加入是基于某种政治考虑。虽然我们仍然可以找到充分的理由来解释这些国家的加入，但是不能将这些国家的加入误解为它们已经在经济、政治或军事上完全符合了欧盟的标准。[2] 所以，与其说欧盟是一种"规范性力量"（normative power）[3] 或"典范力量"（model power）[4]，不如说它是一个强大的"改造性力量"。[5]

当前，西巴尔干国家存在公共债务严重、吸引外资大幅下降、失业率居高不下，以及经济竞争力弱等一系列问题。国际货币基金组织在该地区的项目由 1994～1997 年的 12 个下降到 2007 年的 3 个，到 2008 年只有阿尔巴尼亚 1 个援助项目并于当年即告结束。[6] 希腊是西巴尔干国家银行部门的主要投资方，在保加利亚和马其顿占 30%，阿尔巴尼亚占 25%，塞尔维亚占 15%，希腊债

---

① Tomasz Żornaczuk，"The Prospects of EU Enlargement to the Western Balkans in 2013"，*The Polish Institute of International Affairs Bulletin*，No. 24，March 8，2013.

② 参见〔美〕霍华德·威亚尔达主编《全球化时代的欧洲政治》，陈玉刚等译，北京：北京大学出版社 2010 年中文版，第 428 页。

③ Ian Manners，"Normative Power Europe：A Contradiction in Terms?"，*Journal of Common Market Studies*，Vol. 40，No. 2，2002，pp. 235－258.

④ David Miliband，"Europe 2030：Model Power Not Superpower"，Speech at the College of Europe，November 15，2007，http：//www. brugesgroup. com/MilibandBrugesSpeech. pdf.

⑤ Erik Ringmar，"Empowerment among Nations：A Sociological Perspective"，in Felix Berenskoetter and Michael. J. Williams，eds.，*Power in World Politics*，London and New York：Routledge，2007，p. 202.

⑥ Ritsa Panagiotou，"The Greek Crisis as a Crisis of EU Enlargement：How Will the Western Balkans be Affected?"，*Journal of Southeast European and Blacksea Studies*，Vol. 13，No. 1，2013，pp. 89－91.

务危机的恶化必定影响西巴尔干国家银行资金的稳定。① 而且，希腊是西巴尔干国家入盟的主要推动者，自身实力的削弱必将影响它作为布鲁塞尔与巴尔干国家之间的桥梁作用。②

马其顿的候选国资格已逾10年，阿尔巴尼亚于2014年获得候选国地位，波黑和科索沃内部问题重重，仍是潜在候选国。这些问题不得不引发一些思考，如欧洲的政策制定者赋予所有西巴尔干国家入盟前景的真实意图是什么？巴尔干地区的精英们在拥抱一个遥远的前景时会有足够的改革（而且是困难的改革）动力吗？欧盟软权力的吸引力还会像前几次东扩一样强大吗？③ 克罗地亚入盟看似提供了一个有利于扩大的信号，但很难说是一针强心剂。

当然，欧元区危机并没有"扼杀"扩大进程。④ 不管对克罗地亚入盟进行何种指责，程序正当性和时机重要性都不致使人们断定欧盟扩大事业将会止步。对于未来西巴尔干国家的入盟，塞尔维亚学者约万·泰沃卡莱维奇（Jovan Teokarevic）有这样一段较为客观的评述：克罗地亚入盟对西巴尔干国家是"警告和希望"，它表明入盟进程将会缓慢和困难。⑤ 不能轻易地认为扩大进程就此终结，但也应该清醒地认识到保加利亚、罗马尼亚以及克罗地亚的入盟所带来的"后遗症"。

此外，从一体化的深化角度看，扩员在较长一段时期内将受限，现有的欧盟机制整合也会遭受各种挑战，但是欧洲人的努力有可能证明危机只是黎明前

---

① Ritsa Panagiotou, "The Greek Crisis as a Crisis of EU Enlargement: How Will the Western Balkans be Affected?", *Journal of Southeast European and Blacksea Studies*, Vol. 13, No. 1, 2013, p. 94.

② John O'Brennan, "Enlargement Fatigue and its Impact on the Enlargement Process in the Western Balkans", in Luc. A. Brunet, et al., *The Crisis of EU Enlargement*, London: London School of Economics IDEAS series, pp. 41 – 42.

③ Gerald Knaus, "Croatian EU Accession and the Fate of its Neighbors", in Vedran Dzihic and Daniel S. Hamilton, eds., *Unfinished Business: The Western Balkans and the International Community*, Center for Transatlantic Relations, Johns Hopkins U. -SAIS, 2012, p. 190.

④ Dimitar Bechev, "The periphery of the periphery: the Western Balkans and the euro crisis", *ECFR Policy Brief*, August 2012, p. 2; Anna Szolucha, "The EU and Enlargement Fatigue: Why has the European Union not Been Able to Counter Enlargement Fatigue", *Journal of Contemporary European Research*, Vol. 6, No. 1, 2010, p. 6.

⑤ 转引自左娅《克罗地亚入盟及其对西巴尔干国家的启示》，《俄罗斯东欧中亚研究》2013年第6期，第58页。

的黑暗，危机更加激发欧洲人的智慧与胆识。至少在思想层面，在规划设计上，欧洲人并不满足于经济货币联盟，不断为建立财政联盟、政治联盟甚至欧洲联邦而努力。当前，希腊债务危机对财政联盟建立的可行性无疑是最大的打击，但反过来说，债务危机也为建立财政联盟提出了预想。甚至，如果欧盟成员当中有暂时不愿意或不同意建立欧洲联邦的国家，那也不要紧，可以给它们充分的时间去观察和思考，但不管如何，对欧洲联邦持赞同立场的国家都要先行一步。这样做，可以为那些暂时还在观望或犹豫的国家做出表率。此外，未来的欧洲联邦对每一个欧盟成员国都应当是开放的。① 所以，客观地讲，即使欧盟遭遇较长的缓慢发展甚至停滞，也不能否定其具有的生命力，因为它超越于一般的区域合作实践，更具理念和开放价值。

第三节　反向欧洲化：共同安全与防务政策为例

一体化发展的动力问题，始终是欧洲一体化理论探讨的核心问题。② 欧洲一体化理论是关于欧洲日益推进的政治合作进程、共同政治机制发展及其结果的系统思考，它也包括对这个进程中社会行为体变化的身份与利益重构的理论化。③ 1993 年通过的《马斯特里赫特条约》（又称《欧洲联盟条约》）规定了支撑欧盟的三根支柱，它们分别是：欧洲共同体、共同外交与安全政策，以及司法与内务合作。④ 其中，第二根支柱还包括了欧盟成员国在安全与防务领域内的合作及一体化等相关事宜。而在欧盟共同安全与防务政策的发展历程中，正是共同的安全需求把成员国凝聚在一起，扮演着一体化根本动力的角色。⑤

1999 年欧盟正式出台"欧洲安全与防务政策"（European Security and

---

① 曹卫东编《欧洲为何需要一部宪法》，北京：中国人民大学出版社 2004 年版，第 72 页。
② 〔英〕安特耶·维纳、〔德〕托马斯·迪兹主编《欧洲一体化理论》，朱立群等译，北京：世界知识出版社 2009 年中文版，译者前言第 3 页。
③ 〔英〕安特耶·维纳、〔德〕托马斯·迪兹主编《欧洲一体化理论》，朱立群等译，北京：世界知识出版社 2009 年中文版，第 11 页。
④ 〔法〕法布里斯·拉哈：《欧洲一体化史（1945～2004）》，彭姝祎、陈志瑞译，北京：中国社会科学出版社 2005 年中文版，第 188 页。
⑤ 参见孔刚《欧盟共同安全与防务政策》，北京：军事谊文出版社 2010 年版，第 25 页。

Defence Policy，ESDP），2007 年出台的《里斯本条约》将其更名为"欧盟共同安全与防务政策"（Common Security and Defence Policy，CSDP）。共同安全与防务政策出台至今，在欧盟安全、防务以及外部治理等事务中发挥作用，但这个话题不是本书所要讨论的，这里重点阐释的是该政策出台的背景以及它所体现出来的巴尔干关联性。在前面我们分析了欧盟对于成员国（或候选国）的欧洲化塑造，这里重点讨论欧洲化的反向运动，即成员国（或候选国）对欧盟政策或机制的投射与反向作用。共同安全与防务政策是一个非常重要而且典型的案例。

一 从"防务共同体"设想到共同外交与安全政策的出台

二战结束不久，欧洲人就提出了"欧洲防务"的概念和设想。1948 年 3 月，英国、法国、比利时、卢森堡和荷兰为加强集体防卫以及促进经济、文化和社会合作签署了《布鲁塞尔条约》，宣布成立布鲁塞尔条约组织。很明显，联邦德国没有被包括进来，这表明以法国为代表的多数欧洲国家对联邦德国重新武装的可能性忧虑重重。1950 年，法国政治家勒内·普列文（René Pleven）提出了欧洲防务共同体（European Defence Community）的计划，也被称为"普列文计划"。大体说来，就是"为了共同防务，依照欧洲煤钢联营的模式，成立一支从属于统一欧洲政治机构的欧洲军队，统一财政、统一装备、统一指挥、一体化的军事力量"。[①] 虽然该倡议促成了 1952 年 5 月《欧洲防务共同体条约》的签署，但由于法国议会没有批准而未生效。[②] 欧洲防务共同体的计划虽然失败，但它为后来欧盟防务一体化奠定了基础并提供了发展模式。甚至有学者认为，从这个意义上，可以说西欧联合最早是从防务联合开始的。[③]

1954 年 10 月，布鲁塞尔条约组织五国同联邦德国和意大利签署《巴黎协定》，对《布鲁塞尔条约》进行了修改，并更名为西欧联盟（Western

---

① Holly Wyatt-Walter, *The European Community and the Security Dilemma*, 1978 - 92, London：Macmillan Press Ltd, 1997, p. 21.

② 由法国人推动的计划又遭法国议会否决的主要原因在于，经过多次变动该计划已经偏离了法国的初衷，详细解释参见何奇松《欧盟防务一体化的最初尝试——欧洲防务共同体》,《军事历史研究》2006 年第 4 期，第 111~112 页。

③ 张业亮：《当前欧盟防务联合的进展与前景》,《欧洲》2001 年第 1 期，第 58 页。

European Union）。但是，由于美国主导的北约在欧洲的存在，西欧联盟诞生后不久就"空心化"，在整个冷战期间也形同虚设。在 20 世纪 90 年代，西欧联盟开始成为欧共体和北约组织之间的联络机构，自 2000 年起逐步将职能和机构移交给欧盟，归入欧盟"共同安全与防务政策"框架下。①

1961 年，法国再次提出建立政治和防务共同体的"富歇计划"，旨在"在对外政策、经济、文化、防务等有共同利益的领域里使各成员国的政策相互接近、协调一致和统一"。② 但是，西欧国家在共同体的功能与定位上歧见太深，这个由法国人主导的计划也不了了之。这样，西欧的安全和防卫任务交由北约承担，被限定在大西洋合作框架内。从另一个角度说，随着冷战的发展，西欧防务联合在相当长的一段时间内与欧洲经济一体化进程相脱离。

进入 20 世纪 80 年代以后，一方面，美苏争霸升级加强了西欧寻求防务联合的欲望；另一方面，经过 30 年的发展，欧洲经济一体化建设取得的成就催生了欧洲联合自强的意识。在此背景下，西欧联盟于 1984 年 10 月成立 30 周年之际召开外交部长和国防部长联席会议，发表《罗马宣言》。这是现代史上西欧第一次在没有美国参加的情况下讨论欧洲的安全和防务问题。③ 1986 年，欧共体制定的《欧洲单一法案》第一次将防务合作写入条约，将其称为"欧洲政治合作"，尽管未直接标示防务领域，但为防务联合奠定了政治基础。1987 年 10 月，西欧联盟通过了《欧洲安全纲领》，这是二战后西欧在安全问题上第一个显示"欧洲特性"的文件，标志着西欧第一次形成共同安全战略的雏形。④ 同年 11 月，法德两国就建立"法德混合旅"达成协议，为建立欧洲联合武装力量进行积极探索。这也表明，欧洲防务联合进入实质性的探索阶段。

随后发生的东欧剧变和苏联解体事件，对欧洲联合防务进程产生重大影响。冷战的结束使欧洲安全图景呈现出一种分裂性的特征。一方面，作为政治

① 2010 年月 3 日，西欧联盟宣布完成历史使命，正式解散，并决定到 2011 年 6 月底停止所有活动。

② 肖元恺：《世界的防线——欧洲安全与国际政治》，北京：新华出版社 2001 年版，第 237 页。

③ 参见张林初《试析曲折发展中的欧洲防务联合》，《欧洲研究》2006 年第 3 期，第 105 页。

④ 参见〔美〕霍华德·威亚尔达主编《全球化时代的欧洲政治》，陈玉刚等译，北京：北京大学出版社 2010 年中文版，第 106 页。

实体已经初具规模的欧盟在国际舞台上迈出了第一步，但是它却没有属于自己的安全防务能力和有效的共同安全框架；另一方面，尽管北约依然是主导欧洲大陆安全的重要力量，但是其在东方的传统敌人已然消失，它不得不面临着进行深刻与艰难的政治与战略转型这一基本问题。① 也就是说，不仅欧洲在思考如何在新的环境下实现"独立防务"的目标，美国也在评估后冷战时代其自身的安全布局并进行相应的调整。

1993 年 11 月《马斯特里赫特条约》正式生效，标志着欧洲联合进入欧盟时刻，同时防务政策也被置于第二支柱共同外交与安全政策的框架下。不过，在接下来的几年里，该政策没有取得大的实质性进展。1996 年，欧盟成员国政府间会议召开，其最大的成果是促成了 1997 年《阿姆斯特丹条约》的签署。该条约在不少领域对《马斯特里赫特条约》做出了大量修订，并且为共同外交与安全政策领域引进了一些虽然没有根本变化却比较重要的改进，为欧盟在安全防务领域首次引入了某些具有实质性意义的内容。② 这些内容包括：吸收了西欧联盟于 1992 年 6 月提出的"彼得斯堡任务"（Petersberg Tasks），首次使用了"共同战略"（Common Strategies）、"联合行动"（Joint Actions）等表述，设立了共同外交与安全政策的高级代表（此人同时担任欧盟理事会秘书长）。然而，该条约对西欧联盟防务功能进行了有选择的吸纳，使得欧盟尽管在安全防务领域承担了具体的义务，并且通过《阿姆斯特丹条约》在法律层面上拥有了充分依据，但是对于那些绝非杞人忧天的场景视而不见，那些极有可能要求强制武力干预的危机和相应措施都被严格地排除了。③ 一言以蔽之，到 20 世纪 90 年代中期欧盟仍没有建立起真正能保证地区安全并进行危机处理的共同安全与防务机制。

二 巴尔干危机和共同安全与防务政策的形成

东欧国家政局变动后，巴尔干地区接连发生一系列内战和冲突，其中包括

---

① 孔刚：《欧盟共同安全与防务政策》，北京：军事谊文出版社 2010 年版，第 37 页。

② Fabrizio Pagani，"A New Gear in the CFSP Machinery：Integration of the Petersberg Tasks in the Treaty on European Union"，*European Journal of International Law*，Vol. 9，No. 4，1998，p. 739.

③ 孔刚：《欧盟共同安全与防务政策》，北京：军事谊文出版社 2010 年版，第 42 页。

1991 年爆发的斯洛文尼亚十日战争，1991～1995 年爆发的克罗地亚战争，1992～1995 年爆发的波黑战争，1996～1999 年爆发的科索沃危机与战争，以及 2001 年爆发的马其顿内战。① 特别是波黑战争和科索沃战争持续时间长、破坏力大，导致了社会动荡和人道主义危机，引发了难民潮，直接威胁着欧盟的边界安全，同时给欧盟带来了潜在的内部安全隐患。从地理方位看，前南地区向南是希腊，向西是意大利，向北是奥地利，向东则是申请加入欧盟的中东欧国家。可见，撇开欧盟意欲在 21 世纪拥有更大的抱负不谈，就是论其边邻的动荡不安也亟须它介入并进行管控、协调。"如果欧盟无法拿出效的解决办法，连自己家门口的安全问题都无法对付，那么它的国际声誉与公信力均将遭到严重损害。"②

斯洛文尼亚战争和克罗地亚战争爆发后，欧盟认为自身对南斯拉夫的冲突与战争没有做好准备而未介入。③ 波黑危机发生后，欧盟试图进行调解但并没有取得实质性成果④，最后是在美国和北约的干预和主导下签署《代顿协议》，从而结束了历时 4 年之久的战争。在这些事态中，欧盟主张通过国际维和行动制止后冷战时代的冲突，支持联合国介入，主张人道主义。欧盟成员国，尤其是德国和法国，成了国际社会在欧洲内外保护人权的积极支持者，它们把国际主义视作欧盟对外关系的重要目标。⑤

然而，欧盟的"国际主义"主张并没有发挥关键性作用，欧盟更没有从南斯拉夫的战争及其处理过程中产生"安全压力"，并在安全政策上做出大的调整。从 1996 年欧盟政府间会议的召开和 1997 年《阿姆斯特丹条约》的签订便可见一斑。科索沃危机发生后，欧盟显示出积极介入的姿态，特别是 1998

---

① 方连庆等主编《国际关系史·战后卷》（下册），北京：北京大学出版社 2006 年版，第 794～797 页。

② Nicole Gnesotto, ed., *EU Security and Defence Policy：the first Five Years*（1999 – 2004），Paris：Institute for Security Studies, 2004, p. 40.

③ Gergana Noutcheva, *European Foreign Policy and the Challenges of Balkan Accession：Conditionality, Legitimacy and Compliance*, London；New York ：Routledge, 2012, p. 1.

④ 这些调解包括：1993 年初的万斯—欧文计划、8 月的欧文—斯托尔滕贝格计划以及 11 月的揽子和平计划。

⑤ 〔美〕丹尼尔·R. 布劳尔：《20 世纪世界史》，洪庆明译，上海：东方出版中心 2015 年中文版，第 566～567 页。

年在军事上实施禁运、经济上制裁等举措，但均未收到效果，无论是南联盟政府还是科索沃阿尔巴尼亚族势力都不买欧盟的账。当战争激化后，欧盟没有可以派往科索沃的军队，对于究竟是要促成塞尔维亚和科索沃解放军之间的对话，还是影响科索沃解放军放弃完全独立的主张，欧盟举棋不定。欧盟也不确定可以通过何种国际渠道对米洛舍维奇政府施加压力，最后只有眼睁睁地看着美国争取行动。① 正是从该年底起，美国和北约介入科索沃危机，于 1999 年以武装干预的方式解决了危机。

发生在巴尔干的事情充分暴露出欧盟国家政治上的软弱、外交上的分裂和军事上的虚弱，他们连"家门口"的危机都无法进行干预，更何况全球问题。现实向欧盟及其成员国表明，继续把共同外交与安全合作保持在原有的水平是远远不够的，甚至在道德上欧盟也背上了新的负担：与 1990 年海湾危机不同的是，巴尔干危机造成的悲剧现在已经普遍被人们视为"欧洲的责任"。② 然而，这两场危机尤其是科索沃危机使欧盟发现，它们过于依赖美国的军事能力③，同时，"一直不愿承担其自身防务责任的欧洲人不得不认识到，大多数美国人不愿在他们的国家利益并没有受到严重威胁的乱七八糟的欧洲冲突中冒生命危险"。④ 这就使欧盟必须做出选择。一种方案是为避免类似于科索沃危机这样的困境再次出现，欧盟必须提高外交与安全合作的水平，特别是充实其中的安全防务政策，建立起真正有效的安全与防务政策和力量。但是，这样做将意味着欧盟及其成员国必须投入更多的资源才能承担起更大的责任。另一种方案是继续把欧洲的和平、安全与稳定以及应对欧洲地区危机的基础建立在由美国与北约主导的传统安全结构上，然而这样做的风险是，从长远看，美国对欧洲安全的关注不是欧盟国家可以把握的，美国对于在欧洲发生的地区危机与

① 〔美〕霍华德·威亚尔达主编《全球化时代的欧洲政治》，陈玉刚等译，北京：北京大学出版社 2010 年中文版，第 415 页。

② James Gow, *Triumph of the Lack of Will*: *International Diplomacy and the Yugoslav War*, New York: Columbia University Press, 1997, pp. 48–50.

③ Peter Van Ham, "Europe's Common Defense Policy: Implications for the Trans-Atlantic Relationship", *Security Dialogue*, Vol. 31, No. 2, 2000, p. 216.

④ Peter Van Ham, "Europe's Common Defense Policy: Implications for the Trans-Atlantic Relationship", *Security Dialogue*, Vol. 31, No. 2, 2000, p. 218.

冲突及其引起的灾难也不可能和欧盟国家一样感同身受。在这种由美国维持主导权的安全架构中，还会不会再次发生类似于科索沃危机与战争那样的灾难，欧盟国家会不会再次面临困难都难以预料。①

因此可以说，科索沃危机对欧盟防务共识的发展，比《马斯特里赫特条约》考虑建立欧盟共同外交与安全政策以及随后出现的共同防务政策后整整 10 年时间里所做的还要多。② 欧盟作为世界上经济一体化程度最高的地区和当今世界重要的一极，只能借助于美国的军事力量才能"平息"欧洲的"家务事"，更明显地暴露了欧盟共同防务方面的不力和滞后，以及欧盟经济一体化与政治一体化明显的不平衡。③ 欧盟也的确从这次危机中得到了"教训"："欧洲有必要加强自身的军事能力"，"必须在处理欧洲事务方面加强合作"。④

1998 年 12 月，英国和法国两国首脑在圣马洛发表了《欧洲安全防务合作宣言》，成为欧洲防务合作的启动性文件。1999 年 6 月，科索沃战争行将结束之际，欧盟在科隆首脑会议上正式提出了欧洲共同安全与防务政策。12 月，科索沃战争结束仅半年，欧盟在赫尔辛基首脑会议上决定建立 6 万人的快速反应部队，并且计划成立一系列新的防务和军事合作机制。该决定"实现了联盟的军事化转向"，使欧洲安全与防务政策从共同外交与安全政策中脱离出来，取代欧洲安全防务特性，"成为欧盟防务合作的重心"。⑤ 经过十多年的发展，欧盟共同安全与防务政策取得了突破性的进展，在职能设置、机构建设以及能力培养等方面都趋向完善，其功能在欧洲及以外的地区发挥重要的作用，已经成为欧盟一个核心的政策领域。

欧盟共同安全与防务政策之后的发展超出了本书讨论的范畴。回过头来

---

① 孔刚：《欧盟共同安全与防务政策》，北京：军事谊文出版社 2010 年版，第 54 页。

② Peter Van Ham, "Europe's Common Defense Policy: Implications for the Trans-Atlantic Relationship", *Security Dialogue*, Vol. 31, No. 2, 2000, p. 216.

③ 李兴：《论欧盟共同防务的特点、问题及其前景》，《武汉大学学报（社会科学版）》2001 年第 1 期，第 105 页。

④ 潘琪昌：《从欧盟防务合作看欧美关系》，《瞭望》2000 年第 2 期，第 58～59 页。

⑤ 陈志敏、〔比〕古斯塔夫·盖拉茨：《欧洲联盟对外政策一体化——不可能的使命?》，北京：时事出版社 2003 年中文版，第 239 页。

讲，欧盟从一开始便重视经济一体化而忽略或者至少是轻视了安全与防务一体化的进展。有学者指出，统一的欧洲很早以来就一直在经济的世界地图上显得特别突出，但在地缘政治上仍然仅仅是一个光点。① 若不是巴尔干地区的危机显现出欧盟安全政策的紧迫和防务政策的脆弱，欧盟自主干预和解决危机的能力就仍得不到重视和提升，欧盟共同外交与安全政策仍会徘徊不前。在很大程度上讲，巴尔干地区的冲突直接刺激和推动了欧盟共同安全与防务政策的诞生。② 它不是一个事件的结果，也不是短期内形成的产物，"巴尔干半岛的战争发挥了催化剂的作用，缓慢地推动机构建设的进步，使其朝着一个欧洲安全与防御政策的方向发展"。③

也正是从这时起，欧盟在域外军事或民事干预行动中有了政策支撑，后来在科索沃、波黑、马其顿以及中东、北非等地和国家都得到了实践。④ 近年来，在欧盟扩大政策出现"疲劳症"及其周边地区和国家局势动荡的情况下，欧盟日益强调邻国政策在外部治理中的重要性。⑤ 特别是 2013 年底以来爆发的乌克兰危机，再次触动了欧洲人的神经。它促使欧洲人在一战爆发 100 周年之际重新思考"战争与和平"问题，重视欧洲范围至少是欧盟区域内诸种形式的安全与稳定问题。

所以，对欧盟安全与防务政策应该持双向思维进行考察。这里主要突出了巴尔干危机在推动欧盟安全与防务政策形成中的作用，反过来，欧盟安全与防务政策的形成为解决巴尔干危机以及维持该地区的安全与稳定起了重要的作用。

---

① 〔美〕查尔斯·库普乾：《美国时代的终结——美国外交政策与 21 世纪的地缘政治》，潘忠岐译，上海：上海人民出版社 2004 年中文版，第 159 页。

② Denise Groves, *The European Union's Common Foreign, Security, and Defense Policy*, Berlin: Berlin Information-center for Transatlantic Security, 2000, p. 11; Gergana Noutcheva, *European Foreign Policy and the Challenges of Balkan Accession: Conditionality, Legitimacy and Compliance*, London; New York: Routledge, 2012, p. 2.

③ 〔比〕尤利·德沃伊斯特、门镜：《欧洲一体化进程——欧盟的决策与对外关系》，门镜译，北京：中国人民大学出版社 2007 年中文版，第 113 页。

④ 有关欧盟在西巴尔干地区的军事和民事行动的具体情况，参见 Michael Emerson and Eva Gross, *Evaluating the EU's Crisis Missions in the Balkans*, Brussels: Centre for European Policy Studies, 2007。

⑤ 徐刚：《欧盟外部治理方式的转变及其困境：邻国政策的视角》，《国际关系研究》2013 年第 3 期，第 111 ~ 125 页。

从 20 世纪 90 年代末特别是 2003 年伊拉克战争爆发后，美国因反恐战略需要明显从巴尔干地区抽离，欧盟因此主导了该地区的和平构建（见表 4 – 10）。目前，欧盟及其成员国几乎一半的兵力都部属在西巴尔干，西巴尔干已经成为名副其实的欧洲军事行动演练场，成为培植共同安全与防务政策的基地[①]（见表 4 – 11）。过去十多年的历史表明，（西）巴尔干地区的（相对）稳定和一体化进程的推进在很大程度上得益于欧盟"软"、"硬"安全的保证。[②] 一定意义上说，西巴尔干地区是未来欧洲东南方向安全与防务的重要边界。

表 4 – 10   国际社会在西巴尔干从事的活动情况（截止时间为 2014 年）

行为体	受援国	开始时间	结束时间	使命名称	结束标志
美国	波黑	1995/12/14	2004/12/2	IFOR/SFOR/UNMIBH	EUFOR 接管
美国	科索沃	1999/6/3	正在进行	UNMIK，KFOR	欧盟部分参与
欧盟	科索沃	2008/2/7	正在进行	EULEX	尚未结束
欧盟（洲）	阿尔巴尼亚	1997/4/15	1997/8/12	Operation Alba	Operation Alba 结束
欧盟（洲）	马其顿	2001/8/22	2005/12/15	Operation Essential Harvest，Operation Amber Fox，EU Concordia，EU Police Mission Proxima	EU Police Mission Proxima 结束
欧盟（洲）	波黑	2004/12/2	正在进行	EUFOR/Operation Althea	尚未结束

注：（1）IFOR-Implementation Force（北约驻前南地区的维和部队——执行部队）；SFOR-Stabilization Force（驻波黑多国稳定部队）；UNMIBH-United Nations Mission in Bosnia and Herzegovina（联合国驻波黑特派团）；UNMIK-UN Mission in Kosovo（联合国驻科索沃临时行政当局特派团）；KFOR-NATO Kosovo Force（北约驻科索沃国际安全部队）；EULEX-EU Rule of Law Mission（欧盟驻科索沃法治特派团）；EUFOR-European Union Force（欧盟驻波黑维和部队）。（2）2015 年 11 月，联合国安理会授权欧盟驻波黑多国稳定部队延长一年。

资料来源：参见刘作奎《国家建构的"欧洲方式"——欧盟对西巴尔干政策研究（1991～2014）》，北京：社会科学文献出版社 2015 年版，第 32 页。

---

① 刘作奎：《国家建构的"欧洲方式"——欧盟对西巴尔干政策研究（1991～2014）》，北京：社会科学文献出版社 2015 年版，第 32 页。

② 有关欧盟在东南欧地区"软""硬"安全的意义，参见朱晓中《中东欧与欧洲一体化》，北京：社会科学文献出版社 2002 年版，第 232～239 页。

表 4 – 11　国际社会在西巴尔干派出军队和民事警察的情况

派出实体	行为体	受援国	派出数量（人）	高峰年	高峰年人口（万人）	派出军队或民事警察数/1000 名居民（人）
军队	美国	波黑	6 万	1995	340	17.5
	欧盟	科索沃	4.5 万	2000	230	19.3
		阿尔巴尼亚	7024	1997	310	2.3
		马其顿	4800	2001	200	2.4
		波黑	5700	2005	390	1.5
民事警察	美国	波黑	2047	1997	350	0.59
	欧盟	科索沃	4731	2002	200	2.38
		阿尔巴尼亚	241	1997	310	0.08
		马其顿	410	2002	200	0.20
		波黑	1133	2005	390	0.66

资料来源：参见刘作奎《国家建构的"欧洲方式"——欧盟对西巴尔干政策研究（1991～2014)》，北京：社会科学文献出版社 2015 年版，第 33 页。此处引用时对作者的两个图表进行了合并。

这种双向考察的视角还可以运用到当前持续发酵的乌克兰危机对欧盟安全与防务政策的影响中。从成员国来看，乌克兰局势的不稳定对中东欧邻国有直接影响，特别是波罗的海三国和波兰。这些欧盟成员国亦是北约成员国，它们在乌克兰危机爆发后与北约的合作不断增加。2014 年以来，代号"波罗的海行动"和"微风 2015"的联合军演在中东欧国家及周边地区进行。2015 年 2月，北约决定增加在中东欧国家的军事存在，计划将快速反应部队的规模从1.3 万人扩充至 3 万人。2015 年，波兰、爱沙尼亚等国提高军费预算，达到北约要求的军事预算占 GDP 2% 的比例，其中波兰增加 18%，是所有欧洲国家中军事预算增加最多的。另外，下届北约峰会将于 2016 年在波兰举行。从这些举措看，乌克兰危机已经对欧盟成员国安全与防务政策产生了重要影响，这必然影响到欧盟安全与防务政策。有评论人士指出，乌克兰危机正是对后里斯本时代欧盟共同外交及安全政策的一次测试，可惜，这次测试再次反映出欧盟对外政策的致命弱点——各国的国家利益高于欧盟整体利益。① 无论是暴露欧盟国家合作的缺陷还是进一步促动欧盟共同外交、安全与防务政策的团结，乌克兰危机均具有重要意义。同时，需要注意的是，乌克兰危机发生后，北约加强了在中东欧地区的军事存在，欧盟也亦步亦趋地强调北约的重要性。欧盟之所以这样选择，或由于自身处于经济和外部安全的双重压力，或因为乌克兰危机背后的俄罗斯因素，抑或是两者的叠加。至于过去 20 年来不断形成的具有欧盟属性的共同安全与防务政策是否会走向倒退，现在还不是下结论的时候。

此外，愈演愈烈的难民危机对欧盟发展以及欧盟各国自身均产生了冲击。西巴尔干地区既是中东和北非难民的陆上通道，又是西欧非法移民的来源地（主要是阿尔巴尼亚、塞尔维亚、科索沃和波黑）②，在自身面临安全威胁的同时，将安全风险加倍地传导至欧盟国家。在 2015 年 8 月举行的维也纳西巴尔干峰会上，欧盟国家领导人强调西巴尔干国家非法移民带来的不利影响，并表示许多非法移民将被遣返。然而，这些数量不小的群体无论是回到西巴尔干国家还是通过各种渠道留在了欧盟国家，从欧洲一体化的长远前景看都是不稳定的因素。所以，归根到底，如何帮助西巴尔干国家达标入盟同时注重改革要求与民生现实之间的平衡，是摆在西巴尔干国家和欧盟面前的重要和优先课题。正是认识到这一点，欧盟在推动西巴尔干入盟时越来越强调对象国在改革议程上的民生关切，波黑的例子是一个典型；欧盟在与西巴尔干国家进行机制化沟通时，注重了共同外交与安全同经济发展的平衡，在推动"柏林进程"的 2014 年和 2015 年峰会上外交部长和经济部长同各国领导人一同出席。③

总的来看，巴尔干国家包括没有入盟的国家的安全已经与欧盟的安全紧紧地联系在一起了，反过来说，类似乌克兰危机、难民危机等不确定风险的出现

---

① 史志钦、赖雪仪：《乌克兰危机：对欧盟和中国的测验》，新华网，2014 年 7 月 25 日，http://news.xinhuanet.com/world/2014-07/25/c_126796528.htm。

② 据德国官方统计，至 2015 年 7 月底，来自西巴尔干国家的难民占德国难民的 40%。参见 "Some 40% of Refugees in Germany Residents of West Balkan States", August 29, 2015, http://sputniknews.com/europe/20150829/1026347721.html#ixzz3sF8wCzne。

③ 峰会分总理级、外交部长级、经济部长级三个层面举行。峰会结束后，还有各领域的部长级会议举行。2014 年 10 月西巴尔干六国部长级磋商在塞尔维亚贝尔格莱德举行；2015 年 3 月，西巴尔干六国外交部长和交通部长会议在科索沃普里什蒂纳举行，并发表共同宣言。

无疑是欧盟共同安全与防务政策向前发展的试金石。讨论北约的欧洲安全体系与进展将是另外一个重大的话题，但联想北约近年来在巴尔干国家的频繁动作，且将其置于欧洲—大西洋安全体系中来考察，西巴尔干对于欧盟和北约的"缓冲带"作用十分明显。① 无论是欧盟还是北约都不愿意看到西巴尔干地区脱离控制，成为失序的区域。倘若中东北非局势继续恶化，"伊斯兰国"问题持续得不到解决，北约加快将西巴尔干国家纳入自身的安全与秩序框架之下，也是可以想见的事。

① 2014 年，北约决定加强北约和欧盟东部地区的安全，以应对乌克兰危机升级。有关措施包括在波罗的海三国以及波兰、保加利亚和罗马尼亚等 6 国组建快速反应部队，并在波兰和罗马尼亚设立多国部队地区指挥部。位于波兰的指挥部负责协调波兰及波罗的海三国快速反应部队的行动，而设在布加勒斯特的指挥部则负责协调罗马尼亚、保加利亚两国部队的行动。北约多国部队东南欧指挥部 2015 年 8 月 31 日在罗马尼亚首都布加勒斯特成立，罗军准将奥维迪乌－利维乌·乌伊弗莱亚努（Ovidiu – Liviu Uifaleanu）被任命为指挥部司令。此外，2015 年 11 月 20 日，北约秘书长斯托尔滕贝格（Jens Stoltenberg）访问塞尔维亚，当天北约取消对塞尔维亚领空管制。2015 年 12 月初，北约外交部长会议批准决定启动黑山入约谈判。

第五章　身份认同与国家构建：
"巴尔干性" 的阐释

继 20 世纪 90 年代美国著名学者萨缪尔・亨廷顿提出 "文明冲突论" 后，有关文明的研究再次成为一个热点领域。然而，对亨式纯粹从属性上讨论文明的批驳也接踵而至。例如，美国学者彼得・卡赞斯坦等认为，文明研究不仅仅限于属性类研究，还包括话语类研究，后者强调 "文明的存在是互主性或集体信念的建构，这类信念可以在政治作用下创造、维持，或是改变具有社会意义的边界"。① 欧盟的实践是进行文明属性类研究和话语类研究的最好案例之一，尤其是在探讨巴尔干与欧盟的关系时离不开对文明话语的分析。自东欧国家政局变动以来，巴尔干国家走上了转型道路，其中 "去巴尔干化" 逐渐成为一种共识，也成为国家构建的重要内容。然而，在这些国家中，国家认同、地区认同和欧洲认同相互交织、相互影响，在一定程度上还有民族认同的成分。从西欧的角度讲，他们对这块区域的负面看法仍然没有根除，他们正在做的事情是使用 "条件性" 战略使这个区域的国家逐一 "接受改造"。也只有在这种约束下，所有巴尔干国家的 "巴尔干性" 才会慢慢褪色，最终与欧洲合成一个 "事实上的共同体"。但是，这个过程不可能一蹴而就，相反在不同时期、不同国家可能出现倒退现象，加剧 "巴尔干性" 的色彩。后冷战时代巴

---

① 〔美〕彼得・卡赞斯坦主编《世界政治中的文明：多元多维的视角》，秦亚青译，上海：上海人民出版社 2012 年中文版，第 8 页。

尔干国家进行的地区合作与一体化实践充分体现了认同与建构背后的合力与张力。

第一节　巴尔干民族主义与欧洲主义的较量

自现代主权国家诞生之后,民族主义既是一个国内政治现象,也是一个国际化现象。但是,"在一个基本上还是国家结构概念的理论架构里,或结构仅仅制约行动的理论架构里,我们就不能理解民族主义或者其对于国际政治的因果意义"。[①] 近现代国际关系体系的形成尤其是全球化进程的推进,为解释民族主义提供了宽广的解释空间。进入 19 世纪特别是 20 世纪,在国际化、全球化的趋势下,民族主义与国际关系之间的联动性越来越明显,在巴尔干地区也有着鲜明的体现。

"民族主义"是人们用惯了的概念,然而这一概念十分模糊,不易言说得清楚明确。在今天的世界它还是无所不在的;除非给某个民族的某种思想行动以贬义而使用"民族主义",则世界上并不存在绝对没有"民族主义"的民族。只是因各个民族的历史地理人文条件有差异,表现出不同的色彩。[②] 尽管民族主义很模糊,但其分类比较清晰。在国际关系的语境下,民族主义主要有对抗型、规避型和合作型三种,其中,对抗型民族主义在民族国家独立进程中发挥了重大作用,合作型民族主义则越来越成为国际体系中民族主义的主要形态。[③] 在巴尔干地区,似乎这两种形态的民族主义都存在着,它们在形成民族国家的过程中所表现出的进步性和消极性都非常明显。[④] 从这个角度说,巴尔干民族国家的构建进程尚未结束。

目前,欧洲的整合已经达到非常高的程度,然而一个无法改变的事实是,欧洲仍是多民族的欧洲,欧盟亦是"民族国家"联合的欧盟。全球化进程会

---

① Rodney Bruce Hall, *National Collective Identity: Social Constructs and International Systems*, New York: Columbia University Press, 1999, pp. 4 - 5.
② 陈乐民、周弘:《欧洲文明的进程》,北京:生活·读书·新知三联书店 2003 年版,第308 页。
③ 韦民:《民族主义与地区主义的互动:东盟研究的新视角》,北京:北京大学出版社 2005 年版,第79~84 页。
④ 马细谱:《20 世纪的巴尔干民族主义问题》,《世界历史》1999 年第 5 期,第 4~12 页。

使民族边界意识淡化，却不可能使民族个性消失。[①] 从历史上看，目前的巴尔干国家包括冷战后出现的新国家都曾建立早期国家。依时间顺序看，公元前800年希腊形成奴隶制城邦国家，公元前1世纪达契亚奴隶制国家建立，7世纪保加利亚王国、卡林西亚公国，9世纪"杜克利亚"国家（黑山）建立，10世纪建立的有克罗地亚王国、马其顿王国，12世纪建立的有塞尔维亚王国、阿尔巴尼亚公国和波斯尼亚公国，13世纪奥斯曼帝国建立。在历史发展进程中，"民族主义利用了事先业已存在的、历史上继承下来的多种文化或者文化遗产，尽管这种利用是秘密的，并且往往把这些文化大加改头换面。已经死亡的语言可以复活，传统可以创造，相当虚构化的质朴和纯洁可以恢复"。[②] 从这个意义上讲，这些国家都有着自己对民族或国家的历史记忆和理解，进而成为身份认同的重要内容，影响着它们对自我的界定以及对欧洲的看法。

更为重要的是，在欧洲历史的大部分时期，巴尔干都不是一个统一的地区。相反，巴尔干因欧洲历史上的许多重大分裂而处于分裂状态，其中的一些分裂至今仍影响着该地区的政治，这里是：希腊文化影响的边界；东、西罗马帝国的分界；拜占庭帝国的核心地带与边界；斯拉夫部落向外扩张的边界；查理曼帝国的边界；天主教与东正教教会的分界；特别是奥斯曼土耳其帝国与奥匈帝国几个世纪以来在这里来回拉锯。[③] 现代巴尔干是在奥匈帝国和奥斯曼帝国崩溃之后形成的，这些继承国之间的许多差异来源于两个帝国之间的差异。因此，对早期民族国家的集体记忆和后来遭受的外来统治在很大程度上成为后冷战时代巴尔干地区传统安全问题复发的原因所在。

关于欧洲认同，德国学者约翰内斯·威尔姆斯（Johannes Willms）有这样一段看似否定实则比较中肯的叙述："从欧洲历史的本质来看，并没有某种特定的认同感是欧洲各国所共有的，尽管它们有着共同的经验。欧洲的国家确定共同拥有某些要素，但是，这些要素既非特别明确，对于个别的文化与各国的

---

① 陈乐民、周弘：《欧洲文明的进程》，北京：生活·读书·新知三联书店2003年版，第293页。

② 〔英〕厄内斯特·盖尔纳：《民族与民族主义》，韩红译，北京：中央编译出版社2002年中文版，第73~74页。

③ 〔英〕巴里·布赞、〔丹〕奥利·维夫：《地区安全复合体与国际安全结构》，潘忠岐等译，上海：上海人民出版社2010年中文版，第363~364页。

政治意识所具备的分量也有所差别，因此，要用它们来形成一种包罗一切的认同感，嘎嘎乎难矣。"① 当前，认同"欧洲身份"或被认为是欧洲的一分子，如同罗马时代宣称"我是罗马公民"一样重要。② 欧盟成员国身份给巴尔干国家提供了最佳机会和动力，以解决几百年来彼此间的仇恨、少数民族问题、经济问题以及由此产生的脆弱的地缘政治问题。与此同时，这些问题尤其是民族身份与政治身份的差异问题影响着整个巴尔干地区的欧洲化进程。民族和国家在欧洲一体化时代的"错位"发展，将那些出现于民族国家形成之时，受到民族和国家两种力量推动的、类似社会再分配的机制置于被肢解的状态。③ 目前，在巴尔干地区，民族认同、国家认同以及欧洲认同之间的冲突仍然明显，并成为影响该地区发展的一个主要现象。

从民族国家形成的历史经验可以看出，民族国家的构建至少包含国家与民族、公民身份与族群身份、国家认同与民族认同三对关系，同时还存在政治性和文化性认同的区分（见图 5 - 1）。其中，族群以及族群认同非常重要，它深刻地影响着公民国家认同的构建。此外，由于现实世界中存在诸多跨界族群，他们在影响其所在疆域政治实体的认同构建的同时也会波及相关国家间关系，也就是族群的政治属性与文化属性发生冲突。在巴尔干地区，大塞尔维亚主义、大阿尔巴尼亚主义、大马其顿主义甚至大黑山主义从未消逝，对相关国家间关系以及地区稳定都有潜在而深远的影响。④ 所以，已故美国著名外交官乔治·凯南（George Kennan）对于巴尔干地区的评论一语中的：20 世纪 90 年代的暴力可以用"从过去遥远的部族过去……继承下来的深深鸿沟"来解释，这个地区的人同在懵懂不觉中深受其害。⑤ 这种"伤害"进入 21 世纪以后虽然有所减弱，但并没有完全消除，至今或大或小、或强或弱地冲击着地区的国家间关系。

---

① 〔德〕约翰内斯·威尔姆斯：《跳蚤市场即景：拒当古董的欧洲》，载〔德〕尤尔根·哈贝马斯等《旧欧洲·新欧洲·核心欧洲》，邓伯宸译，北京：中央编译出版社 2010 年中文版，第 160 页。

② 〔英〕罗伯特·拜德勒克斯、〔英〕伊恩·杰弗里斯：《东欧史》（下册），韩炯等译，上海：东方出版中心 2013 年中文版，第 926 页。

③ 周弘主编《认识变化中的欧洲》，北京：社会科学文献出版社 2013 年版，第 38 页。

④ 马细谱：《20 世纪的巴尔干民族主义问题》，《世界历史》1999 年第 5 期，第 5 页。

⑤ George F. Kennan, *The Other Balkan Wars*, *Washington*, DC：Carnegie Endowment for International Peace, 1993, p. ii.

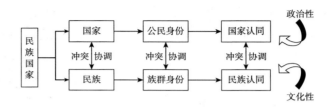

图 5 - 1 公民"国家认同"与"民族认同"的关系

资料来源：王卓君、何华玲《全球化时代的国家认同：危机与重构》，《中国社会科学》2013 年第 9 期，第 17 页。

因此，接受欧盟的改造是帮助这些国家进行国家建构的一个重要路径。但是，巴尔干国家与欧盟之间的关系存在一种非对称的困境：欧盟既是巴尔干地区安全的来源，也是其不安全的来源，既是一种淡化当地安全问题的约束性力量，也是对民族独立和国家主权构成一种侵犯性和挑战性的外部威胁。① 确切地说，接受欧盟的价值规范使国家建构的内涵复杂化了，民族与国家的关系变为民族、国家和欧盟之间的关系，"族群忠诚"在国家建构中的"国家化"与欧洲化进程的"去国家化"的恰当平衡就显得至关重要。进入 21 世纪，影响该地区传统安全的因素越来越得到控制，民族、国家和欧洲之间的对抗也更多地变成不同政党之间的较量。②

有学者洞察了后冷战时代巴尔干地区的三个可能走向：巴尔干逐渐融入一般意义上的东部欧洲——仍然有别于西欧和中欧，但已经是相同的总体进程和各具特色的多元政体的一部分；巴尔干继续成为一个独特的次地区，由欧洲吸引与本土发展之间的张力所塑造，但如果放任自流当地的本土发展又会重启战

---

① 〔英〕巴里·布赞、〔丹〕奥利·维夫：《地区安全复合体与国际安全结构》，潘忠岐等译，上海：上海人民出版社 2010 年中文版，第 351 页。

② Ronald H. Linden and Lisa M. Pohlman, "Now You See it, Now You Don't: Anti-EU Politics in Central and Southeast Europe", *Journal of European Integration*, Vol. 25, Issue 4, 2003, pp. 311 - 334. 克罗地亚最大的左翼政党克罗地亚社会民主党的发展演变就充分体现克罗地亚政党民族主义与欧洲主义之间的博弈与较量。参见〔克〕白伊维《欧洲主义与民族主义：克罗地亚社民党的演变》，《当代世界与社会主义》2013 年第 3 期，第 74~78 页。

端；或者最后一种可能，西方最终厌倦这个地区并让它自生自灭。① 很难说欧洲一开始就有明确的选择，从欧盟对巴尔干政策的转向便深知这一点。随着巴尔干安全事态的失控，特别是 1999 年科索沃战争以后，欧盟和北约对巴尔干地区的安全化政策成为一种现实，欧盟不会坐视西巴尔干地区成为欧洲不稳定的麻烦地带。仅举阿尔巴尼亚的例子说，为了即使将土耳其一直拒之门外也能避开反穆斯林的指责，欧盟让阿尔巴尼亚这样一个相对较小（与土耳其相比），也容易控制（希望如此）的穆斯林国家加入不是更容易做到吗？前南斯拉夫国家持续不断的冲突更是引起了进一步的问题，欧盟用成员国资格这根"胡萝卜"，能成功抑制这些国家的冲突，巩固这些地区的民主与稳定吗？尽管代价巨大，但希望它比不断向该地区派遣维和部队更管用。欧盟的成员国资格可以用作一种奖赏，以促使动荡不安的前南地区实现民主与（相对）稳定。② 实践表明，欧洲主义或者说欧洲的原则与规范在巴尔干地区日益得到实践，欧洲化已经成为国家建构的一个重要组成部分。而采用对抗型民族主义或具有大民族主义的国家显然背离整个区域的发展趋势，必然遭到各种各样的惩罚。

第二节　正常国家：欧盟成员之于巴尔干各国的意义

近代以来，关于巴尔干地区联合的实践、和解的努力要么走向失败，要么受到大国或大国集团操控。巴尔干问题在 19 世纪甚至在 20 世纪都是一个困扰欧洲的难题，巴尔干成为落后、冲突等负面含义的代名词。一定程度上讲，若没有巴尔干半岛的稳定、和平，整个欧洲的和平与一体化事业就会遭受影响。然而，冷战结束后西欧人并不是一开始就持有这种理念的，或者说将整个巴尔干区域纳入一体化的范畴经历了反复的政策考量。20 世纪 90 年代巴尔干区域正面和负面动向带来的双重冲击以及国际社会在该区域的博弈对欧盟力量的挤

---

① 〔英〕巴里·布赞、〔丹〕奥利·维夫：《地区安全复合体与国际安全结构》，潘忠岐等译，上海：上海人民出版社 2010 年中文版，第 380 页。

② 〔美〕霍华德·威亚尔达主编《全球化时代的欧洲政治》，陈玉刚等译，北京：北京大学出版社 2010 年中文版，第 429 页。

压共同推动了欧盟巴尔干政策的变动。"回归欧洲"成为所有巴尔干国家最重要的发展方向。

实际上，巴尔干地区的问题不但无法在"内部"获得解决，而且若没有外部力量的介入，将会变成欧洲的黑洞，越来越成为欧洲的边缘。所以，要解决巴尔干国家紧迫的地位和宪法问题，必须将巴尔干的未来同欧洲一体化进程联系起来，这是防止西巴尔干国家转变为欧洲黑洞的唯一途径。国际社会，特别是欧盟对这一地区形势的改观负有历史和道义的责任。[①] 20 世纪 90 年代以来的情况表明，正是在欧盟的努力和推动下，巴尔干地区开始摆脱历史的惯性，逐渐稳定下来，各国积极地推动社会转型，以欧盟的价值重塑国家，并逐步进入欧洲发展主流。

一 吸纳巴尔干对于欧盟的意义

从欧盟角度来说，吸纳所有巴尔干国家入盟有很多现实的考量因素，包括经济体的扩大、边界问题的解决、安全保障的提升以及战略空间的开拓，等等。只有将所有巴尔干国家纳入欧盟大家庭，才可能确保今天欧盟的合作和联系的战略优势。只有巴尔干国家进入欧盟，才能保护欧盟成员国免遭诸如有组织犯罪和移民这类消极的溢出效应的影响。因此，欧盟及其成员国能够从巴尔干地区国家入盟中获益。[②] 从这个角度说，巴尔干区域为欧盟的政策创建、机制调整以及理念创新提供了空间，具有一定的"试验场"性质。欧盟希望其东南区域是一个和平之域、稳定之域和文明之域，而不是冲突之域、战争之域和落后之域。

因此，欧洲一体化特别是巴尔干欧洲化的进程具有重大的国际政治经济意义。首先，巴尔干欧洲化进程的加深彰显了欧洲一体化在全球区域经济集团化中的示范价值。在当前经济全球化和区域集团化的发展进程中，欧盟开始得最早，发展的程度也最深。欧盟东扩进程为其他区域集团化发展提供了比较好的借鉴与示范价值。用德国当代著名的公法学家迪特·格林（Dieter Grimm）的

---

① 朱晓中：《欧洲一体化与巴尔干欧洲化》，《欧洲研究》2006 年第 4 期，第 4 页。
② 朱晓中：《欧洲一体化与巴尔干欧洲化》，《欧洲研究》2006 年第 4 期，第 12 页。

话说，欧盟这个史无前例的政治体能够成为也正在成为其他地区学习的榜样。① 巴尔干国家的欧洲化进程正值欧洲一体化发展的关键阶段，其实践意义更为显著。其次，巴尔干欧洲化进程的推进无疑对全球治理实践产生重要影响。欧洲扩大的进程不仅是地域的扩大，也是其生命力和价值观念的拓展。同样，巴尔干欧洲化的进程，不仅仅是政治、经济、法律等领域达到欧盟标准的进程，更重要的是规范接受与理念认同的进程。因此，欧盟在巴尔干地区的政策实践实质上也是欧盟推行全球治理实践的重要体现。最后，欧盟在巴尔干甚至更大区域的发展以及一体化水平的提升将大大增强欧洲在国际舞台上的地位。尽管欧盟遭遇了各种各样的困难，财政、政治以及军事层面的一体化远远落后于经济、法律层面的一体化，但是欧盟作为主导欧洲大陆事务的力量已经得到成员国以及候选国的认可，这种力量作为一个整体的能量举足轻重。欧盟在巴尔干区域的扩大，无疑会遇到诸多阻力，但同时也是欧盟进一步深化发展和推动创新的动力。有学者甚至认为，欧盟要想成为未来国际社会举足轻重的一极，在国际政治舞台上发挥更大的作用，只有最大限度地扩大欧盟，才能从根本上保证其政治力量的壮大。②

除了政治、经济和安全等因素外，文化和观念的力量也非常重要。将所有巴尔干国家纳入欧洲一体化进程在很大程度上体现了欧洲共同的文化认同和文化归属意识。在政治制度和意识形态领域，冷战期间两种制度的对抗将把东欧（包括巴尔干国家）从欧洲划分了出去。冷战结束，左右欧洲界定的社会和政治意识形态归属也逐渐由欧洲文化认同归属所取代。随着中东欧国家转型的深入，西欧社会、经济和政治发展模式在这些国家的建立，确定欧洲界定的西欧社会和政治意识形态归属意识也随之消失，而后冷战欧洲对"欧洲文化认同"的反思，又使人们渐渐回到欧洲历史发展所致的欧洲界定意识，强调欧洲共同的文化归属，并在一定程度上决定后冷战欧盟东扩的范围和进程。③ 陈乐民先生基于此指出，欧洲联盟之所以具有历史的重要意义，并不限于在其具体实践

---

① 童世骏、曹卫东编《老欧洲新欧洲》，上海：华东师范大学出版社 2004 年版，第 165 页。

② 方雷：《欧盟东扩的正负效应分析》，《欧洲研究》2003 年第 4 期，第 88 页。

③ 王志强、戴启秀：《后冷战欧洲界定与欧盟东扩》，《国际观察》2001 年第 2 期，第 42 页。

方面的得失；而在于它是在人类文明发展的进程中产生的。① 反过来说，欧盟的实践具有很强的文明价值，代表着欧洲的进步方向。

一定程度上说，这是欧洲基督教世界的"再次统一"。欧洲作为一个整体从一开始就背负了基督世界大家庭的理想，在《圣经》的教义和神学者的阐释中有着清晰的表达。罗马帝国分裂后这种理想也没有消失。中世纪时，无论身处西欧还是东欧的人都同样过着基督徒生活。奥斯曼帝国的入侵与统治影响甚至改变了东欧大部地区民众的生活方式，但人们的宗教理想并没有发生大的变化，除了阿尔巴尼亚、科索沃等小部分区域外。社会主义时期的政治统治方式也并没有使人们的宗教观念发生改变。所以，从文化和宗教的视角看，冷战结束后的一体化进程延续了欧洲人文化共同体、宗教共同体的观念。欧洲基督世界为欧洲人提供了一个共同的心理身份和认同基准，而中欧和巴尔干国家历来把自己看作欧洲的一部分，剧变后视欧盟为共担欧洲大家庭命运的心理符号和现实寄托。所以，从宗教地理学的意义上说，这是继 11 世纪第一次东西教会大分裂、16 世纪第二次新旧教会大分裂后基督教世界"再次统一"的可能方式，其意义非常重大。

当然，宗教和文化的考量不能绝对化，不能简单地与上述经济、安全等因素的分析相剥离。波黑特别是在土耳其入盟问题上表明非宗教原因的同时，也透露了战略的考量。所以，在对待土耳其入盟上欧盟始终处于矛盾的状态，一方面土耳其对欧盟具有重要的地缘战略意义，特别是在与中东关系上，土耳其若加入欧盟，其疆域也将随之推至伊朗和伊拉克边界；另一方面，因土耳其伊斯兰教的文化归属意识，人们担心土耳其入盟会使伊斯兰文化在欧洲的影响不断扩大，并担心欧盟经济因劳动力自由流通而受到冲击。同样，欧盟对于俄罗斯、乌克兰等东部邻国的态度也充分说明了这一点。对于乌克兰、摩尔多瓦等东部邻国，欧盟将其纳入 2004 年出台的"邻国政策"（European Neighborhood Policy）② 范畴，采取了一个既不给予明确入盟前景也没有将之完全排斥在外

---

① 陈乐民：《欧洲——分与合，衰落与中兴》，资中筠主编《冷眼向洋：百年风云启示录》（上卷），北京：生活·读书·新知三联书店 2001 年版，第 368 页。

② Commission of The European Communities, *European Neighbourhood Policy Strategy Paper*, Brussels, May 12 , COM （2004）373 Final.

的折中手法，即在 2009 年启动了旨在推动这些国家进行改革的"东部伙伴关系"计划（Eastern Partnership）。[①] 而欧盟从未允诺给予俄罗斯入盟前景，表明欧盟对俄罗斯的政策主要基于地域战略和地域地位的考虑，而基督欧洲的抱负退居次要甚至不存在。

所以，从欧盟吸纳所有巴尔干国家入盟的决心和行动表明，欧洲一体化是全方位的事业，不仅仅偏狭于经济、政治、安全、文化和宗教等某一方面。只是不同阶段，针对不同对象国，可能某一领域的比重有大小之分。同时，欧洲一体化实现的是其格言标示的"多样性的统一"，并不是基督世界的统一，更不是基督天主教的联合。

二　加入欧盟之于巴尔干区域的意义

欧盟的扩大在欧盟以及成员国层面具有双重影响。前文谈到的经济、政治、安全、文化等方面的意义对于所有巴尔干成员国或候选国来说同样存在。很大程度上，对于巴尔干区域来说，"回归欧洲"还有一个重要影响使其彻底摆脱"欧洲火药桶"的负面冠名，与不能自主选择的传统和过去断裂。

首先，加入欧盟是所有巴尔干国家数百年来特别是经历 40 多年社会主义时期后成为一个"正常"国家的最好机会和最佳选择。冷战结束特别是科索沃战争结束后，巴尔干国家和中欧国家一样将"回归欧洲"作为基本国策和优先选择。它们"回归欧洲"体现出了多重渴望：渴望赶紧加入欧盟；渴望迅速吸收西方式的法律、制度和市场体系（许多人认为这样能迅速实现西方式的生活标准）；渴望更自由的交通和移民；渴望主流文化、经济和地缘政治的重新定位；渴望被国际社会视为"正常"国家。[②]

建立一个"正常"国家和社会尤为重要。这主要是相对于社会主义时期而言的。2005 年，欧洲复兴开发银行正式宣布把中东欧和波罗的海国家视为

---

① 2008 年 5 月，波兰和瑞典在欧盟外交与总务会议上联合发起"东部伙伴关系"倡议。12 月，欧盟委员会正式推出"东部伙伴关系"计划建议。2009 年 5 月 7 日，"东部伙伴关系"计划在欧盟布拉格峰会上正式出台。Commission of The European Communities, *Eastern Partnership*, Brussels, December 3, COM（2008）823 final。

② 〔英〕罗伯特·拜德勒克斯、〔英〕伊恩·杰弗里斯：《东欧史》（下册），韩炯等译，上海：东方出版中心 2013 年中文版，第 932 页。

有自力更生能力的"正常"经济体，因此今后将把重点放在更"需要帮助的"巴尔干和后苏联时代的加盟共和国。① 2009 年，时值中东欧转型 20 年之际，有机构对中东欧国家民众就"如何看待社会主义"进行了一项大规模调查，以考察中东欧国家民众对转型进程的态度。据调查显示，中东欧国家至少存在四种对待过去的方式。第一，清算"过去"，尤以波兰、捷克共和国和波罗的海三国为代表。② 第二，记忆失却症，对社会主义时期缄默不语。第三，历史修正主义，重新解释过去，更多地评判个人而非制度。第四，怀旧但并不愿意"回到过去"。③ 无论是哪一种态度都没有否定现下的发展进程而选择回到社会主义时期。换言之，当下的生活方式是他们愿意选择的。从现代化的角度说，转型以来最关键的变化就是给了人发展的最大空间，而社会的进步和国家的现代化是要由人来推动的。较强的自由度、充分发挥人的主观能动性以及有完善的宪法体系为人的发展提供了最大可能性和空间，成为人的现代化的重要内涵。中欧和巴尔干国家在这个方面的进步是有目共睹的，尽管各个国家之间的差异仍然明显。

中欧和巴尔干国家经历的重大转型涉及权力结构、所有权结构、政治和文化价值观、态度、假设、心态等各方面，以及这些国家重新界定自身及彼此的方式，因此为满足哥本哈根标准，这些转型注定旷日持久。作为"公民经济"和稳定的议会制民主的必要前提，强大而健康的"公民社会"的创建或恢复注定也将困难又漫长。④ 更加重要的是，在通过转型加入欧盟的过程中，巴尔干国家"可以提高国家的地国际地位，可以在欧盟框架下维护国家主权，透过欧盟发挥国际影响。这是一般小国、弱国所期望而难以做到的"。⑤

---

① 〔英〕罗伯特·拜德勒克斯、〔英〕伊恩·杰弗里斯：《东欧史》（下册），韩炯等译，上海：东方出版中心 2013 年中文版，第 944 页。

② 转型以来，这些国家经常出现对社会主义时期的建筑、雕塑进行拆建的现象。

③ Joakim Ekman and Jonas Linde，"Communist Nostalgia and the Consolidation of Democracy in Central and Eastern Europe"，*Journal of Communist Studies and Transition Politics*，Vol. 21，No. 3，2005，pp. 354 – 374.

④ Richard Rose，"Toward a Civil Economy"，*Journal of Democray*，Vol. 3，No. 2，pp. 13 – 26.

⑤ 易文彬：《欧盟东扩的安全因素分析》，北京：社会科学文献出版社 2013 年版，第 67 页。

其次，加入欧盟将使巴尔干真正成为一个安全区域，摘掉了困在其身上数百年的"火药桶"称谓，逐渐改变人们对这个区域的刻板印象。有学者指出，和与欧盟建立联系或伙伴关系不同，欧盟成员国资格对西巴尔干地区具有重要的象征意义和现实意义。在象征意义方面，西巴尔干国家的欧洲前景昭示着这些国家是"统一和自由"的欧洲不可或缺的一部分，从而可以摘掉"欧洲火药桶"的帽子。[①] 在现实意义层面，巴尔干地区的欧洲前景有助于推动这一地区国家自身的改革和自由派的成长。进入欧盟内部统一大市场和获得欧盟的凝聚基金有助于减少巴尔干国家贫穷和落后的结构性根源。西巴尔干的欧洲前景，将改变外国投资人对这一地区的风险评估。[②] 同样，对欧盟和北约成员国身份的追求和获得有助于化解新成员国间百年来的种族和疆域冲突，进而有助于裁撤军队、取消兵役、拥有更自由的人员流动和更高的透明度，从而使武装政变和武装冲突在中东欧、波罗的海和巴尔干国家变得不可想象，也有助于在这些国家培育出更自由民主的气氛，实现国家的稳定与和谐。[③]

最后，加入欧盟有助于帮助巴尔干国家摆脱经济落后的局面，逐渐实现与欧盟老成员国的趋同（convergence）甚至赶超。冷战结束后，"人们企望着东西欧之间的藩篱拆除后，东西欧之间的差异能迅速消除，东欧能一步跨入现代化的大门"[④]。据统计，1500 年东欧的人均国内生产总值相当于西欧水平的 60%，此后东欧与西欧的差距不断扩大。1600 年、1700 年、1820年、1870 和 1913 年东欧的人均国内生产总值分别为西欧的 58%、55%、52%、44% 和 44%。1950 年东欧的人均国内生产总值为西欧的 46%，略有提升，1973 年再次下降到 43%，1998 年中东欧的人均国内生产总值仅相当于西欧水平的 30%。到 2008 年，欧盟的中东欧新成员国人均国内生产总值

---

① 朱晓中：《欧洲一体化与巴尔干欧洲化》，《欧洲研究》2006 年第 4 期，第 12 页。

② "Europe on the Threshold of Southeastern Enlargement", Zagreb, June 3 - 4, 2005, Strategy Paper presented to the Conference "Southeast Europe on the Way into the European Union" held by the Bertelsmann Stiftung http：//www. cap. lmu. de/download/2005/2005 _ Strategy _ Paper _ SEE _ EU. pdf.

③ Milada Anna Vachudova, *Europe Undivided：Democracy, Leverage, and Integration after Communism*, Oxford：Oxford University Press, 2005, p. 7.

④ 王义祥：《东欧现代化的历史轨迹》，《今日东欧中亚》1995 年第 6 期，第 5 页。

已经接近西欧水平的近 60%。① 同时，欧盟为成员国以及候选国提供的各类基金（包括结构基金、凝聚基金、农村发展基金和海洋及渔业基金等）成为它们经济发展的重要资源之一。② 而加入欧盟后在对劳动力流动的促进、投资环境的改善以及服务贸易的自由流动等方面出现有利于新成员国的变化。③ 因此，加入欧盟所获得的经济收益无疑会促动尚未入盟的巴尔干国家加快改革的步伐。

　　总之，无论从经济、政治、安全以及民族性的角度来看，加入欧盟、回归欧洲对于巴尔干国家来说都具有非常重大的意义。通过加入欧盟，这些国家对外可以彻底摆脱俄罗斯的控制，寻求新的安全依托和归属感，对内可以获得在欧洲事务中的发言权，并且可以通过欧盟机制解决由于民族主义、恐怖主义、毒品走私、有组织的跨国犯罪、核武器和生化武器扩散而引发的新的安全问题。④ 在某种意义上，这个过程代表着向过去回归，因为新中欧类似于 1919年巴黎和谈确立的民族国家版图。⑤ 于是，欧洲公共知识分子们这样概括：对"旧"欧洲人来说，欧洲就是未来，但对"新"欧洲人来说，欧洲则是过去。⑥ 不过，从长远发展看，对于"新"欧洲人来说，欧洲既是过去也是未来。

---

① Angus Maddison, The World Economy: Historical Statistics, Development Centre Studies, OECD, Paris, 2003, http://www.ggdc.net/maddison/other _ books/appendix _ B.pdf; Marcin Piatkowski, "The Coming Golden Age of New Europe", *The Center for European Policy Analysis Report*, No.26, Washington, D.C., October 2009, p.7.

② 朱晓中：《欧盟东扩 10 周年与中东欧国家在欧洲的利益》，《国外理论动态》2014 年第 7 期，第 92 页。关于这些基金的来源、安排以及受援国家吸收的情况，参见韩凤芹、孙美楠《欧盟凝聚与区域发展基金的发展及其启示》，《经济研究参考》2012 年第 1 期；曲岩《中东欧国家吸收欧盟基金及绩效——以罗马尼亚为例》，《欧亚经济》2015 年第 1 期。

③ 详细的分析，参见孔田平、刘作奎《欧盟东扩 10 年：成就、意义及影响》，载周弘主编《欧洲发展报告（2013～2014）》，北京：社会科学文献出版社 2014 年版。

④ 方雷：《欧盟东扩的正负效应分析》，《欧洲研究》2003 年第 4 期，第 90～91 页。需要指出的是，俄罗斯因素只是在与俄罗斯接壤的一些国家、在冷战结束初期比较明显。

⑤ 〔美〕丹尼尔·R. 布劳尔：《20 世纪世界史》，洪庆明译，上海：东方出版中心 2015 年中文版，第 505 页。

⑥ 〔德〕尤尔根·哈贝马斯等：《旧欧洲·新欧洲·核心欧洲》，邓伯宸译，北京：中央编译出版社 2010 年中文版，第 17 页。

第三节　国家性与西巴尔干欧洲化前景

巴尔干与欧洲的关系已经比较明晰，不管一些国家与欧洲是否存在文明属性的差异以及身份认同的困境，但可以肯定的是，所有巴尔干国家都将加入欧盟作为最优选项，就连土耳其也在不断进行"努力"。英国学者朱迪·巴特（Judy Batt）等人敏锐地指出了这一点："与其追问巴尔干地区是不是'真正的欧洲一部分'，不如直问该地区能否成功地融入欧盟。"[①] 2013 年克罗地亚成为欧盟成员国，开启西巴尔干国家入盟的新进程。加入欧盟的目标是既定不变的，但入盟的快慢则受很多因素的制约，其中有限国家性[②]（limited statehood）最为显著。从南斯拉夫解体至今，西巴尔干地区经历了和平构建、制度构建和国家构建三个主要阶段，第三个阶段既复杂也很漫长。[③] 很大程度上讲，国家性的构建与西巴尔干国家间的合作及其欧洲化前景是一个硬币的两面，它们相互影响、相互交织。

一　国家性：西巴尔干国家的第三重转型

自从美国学者亨廷顿提出了第三波民主浪潮的概念以来，学界掀起了民主转型研究的高潮，有关南欧和拉美的转型研究接踵而至。不过，研究者在探讨这两大区域国家的转型时多半只关注民主化和市场化两大领域。随着 20 世纪 80 年代末 90 年代初东欧国家政剧变动，学者们纷纷将目光聚焦于中东欧和俄罗斯，一时间关于后共产主义国家的转型研究成为炙手可热的话题，也再次激

---

① Stephen White, Judy Batt and Paul Lewis, eds., *Developments in Central and East European Politics 4*, Basingstoke: Palgrave Macmillan, 2007, p. 74.

② Arolda Elbasani, ed., *European Integration and Transformation in the Western Balkans: Europeanization or Business as Usual?*, London: Routledge, 2012; Tanja A. Börzel, "When Europeanization Hits Limited Statehood: The Western Balkans as a Test Case for the Transformative Power of Europe", *KFG Working Paper*, No. 30, September 2011.

③ 刘作奎：《国家建构的"欧洲方式"——欧盟对西巴尔干政策研究（1991～2014）》，北京：社会科学文献出版社 2015 年版，第 37～38 页。

起了人们对转轨学（*Transitology*）① 的兴趣。

　　然而，中东欧尤其是西巴尔干国家与南欧、拉美国家不同，前者转型的过程伴随着民族国家的构建，而后者是在实现了民族一体化进程后开始的制度转型。在研究领域，有关南欧和拉美的文献没有特别关注"国家性"问题，因为在一个地理国家范围之内相互竞争的民族主义构成的挑战，或者关于谁是新的民主政治体的成员这个问题，在整体上而言并不是一个突出的问题。② 但是，一些研究者意识到，如不引入"国家性"这一要素，就无法解释中东欧国家发生的诸多问题。③ 所谓国家性（stateness），主要是指关于现代国家、现代民族主义和现代民主之间的三边关系，具体指向一个稳固的主权国家的权威和实施决策的官僚的能力。④ 对于一些中东欧国家以及苏联后继国来说，国家性问题至关重要，它不是简单的国家观念或国家意识问题，而是国家建构本身的问题。从这个意义上讲，这些国家仍然处于国家性的构

① 美籍德裔学者丹克沃特·罗斯托（Dankwart Alexander Rustow）因 1970 年发表《民主转轨：一个动态模型》被称为"转轨学之父"。Dankwart Rustow, "Transitions to Democracy: Toward a Dynamic Model", *Comparative Politics*, Vol. 2, No. 3, 1970, pp. 337 – 363. 其他对"转轨学"进行讨论的文献主要有：Rudolf L Tőkés, "Transitions and Transitology-A Report from the Field", paper presented at the Annual Meeting of British Association of Slavic and East European Studies (BASEES), Fitzwilliam College, Cambridge University, 25 March 1995; Rudolf L Tőkés, " 'Transitology': Global Dreams and Post-Communist Realities", *Central Europe Review*, Vol. 2, No. 10, 2000; Philippe C. Schmier and Terry Lynn Karl, "The Conceptual Travels of Transitologists and Consolidologists: How Far to the East Should should They Attempt to Go?", *Slavic Review*, Vol. 53, No. 1, 1994, pp. 173 – 185; Valerie Bunce, "Should Transitologists Be Grounded?", *Slavic Review*, Vol. 54, No. 1, 1995, pp. 111 – 127; Terry Lynn Karl and Philippe C. Schmitter, "From an Iron Curtain to a Paper Curtain: Grounding Transitologists or Students of Post-Communism?", *Slavic Review*, Vol. 54, No. 4, 1995, pp. 965 – 978; Juho Topias Korhonen, *Construing Transitology: A Contribution to the Critique of the Political Economy of Post-Socialist Transition*, Department of Political and Economic Studies, Helsinki University, January 2012; Mohammad-Mahmoud Ould Mohamedou and Timothy D. Sisk, *Bringing Back Transitology: Democratisation in the 21st Century*, Geneva: The Geneva Centre for Security Policy, 2013.
② 〔美〕胡安·J. 林茨、〔美〕阿尔弗莱德·斯泰潘：《民主转型与巩固的问题：南欧、南美和后共产主义欧洲》，孙龙等译，杭州：浙江人民出版社 2008 年中文版，第 16 ~ 17 页。
③ 朱晓中：《转型九问——写在中东欧转型 20 年之际》，《俄罗斯中亚东欧研究》2009 年第 6 期，第 47 页。
④ Arolda Elbasani, "Europeanization Travels to the Western Balkans: enlargement strategy, domestic obstacles and diverging reforms", Arolda Elbasani ed., *European Integration and Transformation in the Western Balkans: Europeanization or Business as Usual?*, London: Routledge, 2013, pp. 3 – 22.

建当中。

　　因此，在观察和理解中东欧国家的转型时，需要从最初的双重转型（政治民主化、经济市场化）扩展到三重转型（加国家性），至于西巴尔干国家则还要延伸至四重转型（再加公民国家建设）①，具体情况见表 5-1。国家性或国家构建在很大程度上包含了前两个方面，或者说是前两个方面的逻辑延伸。换言之，有效的国家构建以政治和经济的成功转型为基石，失败的国家构建会抑制或破坏民主化和市场化的进程，而"当民族革命尚未完成时，成功的民主转型是不可能的"②。国家性的构建与公民国家建设意味着向正常国家的迈进。从这个角度讲，与其他中东欧国家相比，西巴尔干地区的国家构建与欧洲一体化之间的关系要密切得多。③ 无论是援助波兰和匈牙利等国家的"法尔计划"，还是中东欧国家入盟前援助工具（Instrument for Pre-Accession Assistance, IPA），强调的都是技术性和物质性的特点，而较少涉及国家构建的层面。"法尔计划"的援助内容主要包括公共行政、公民社会、农业改造、教育培训、基础设施、环境和私有化等领域；入盟前援助工具则主要包含转型援助、制度构建、跨界合作、地区合作、发展人的潜力和农村发展六个方面。而从欧盟入盟前援助工具对西巴尔干各国年度支出可以看出，制度构建与转型援助的比重非常大，基本占到了70% ~80%，有的国家如波黑、科索沃、阿尔巴尼亚以及塞尔维亚的比重还要更高（见表 5-2）。而克罗地亚、马其顿等国家的比重逐渐减少，这与它们在入盟进程上所取得的成就呈正相关关系。从 2014 年贝塔斯曼基金会（Bertelsmann）对西巴尔干国家转型情况的排名来看，除克罗地亚以外，其他国家的状况仍并不太理想（见表 5-3）。

---

①　Taras Kuzio, "Transition in Post-Communist States: Triple or Quadruple?", *Politics*, Vol. 21, No. 3, 2001, pp. 168-177; Claus Offe, "Capitalism by Democratic Design? Democratic Theory Facing the Tripie Transition in East Central Europe," *Social Research: An international Quarterly*, Vol. 71, No. 3, 2004, pp. 501-528; Andrew J. Taylor, "The European Union and State Building in the Western Balkans", *Politics and Governance*, Vol. 1, No. 2, 2013, p. 188.

②　Philip G. Roeder, "Peoples and States after 1989: The Political Costs of Incomplete National Revolutions", *Slavic Review*, Vol. 58, No. 4, 1999, p. 856.

③　Andrew J. Taylor, "The European Union and State Building in the Western Balkans", *Politics and Governance*, Vol. 1, No. 2, 2013, p. 188.

表 5-1　转型内涵的比较

双重转型	三重转型	四重转型
民主化/市场化	民主化/市场化/国家性	民主化/市场化/国家性/公民国家建设
拉美、南欧、波兰、匈牙利以及捷克	其他中东欧国家	前南斯拉夫、苏联以及斯洛伐克

资料来源：Taras Kuzio，"Transition in Post-Communist States：Triple or Quadruple？"，*Politics*，Vol. 21，No. 3，2001，p. 174。

表 5-2　制度构建与转型援助占 IPA 对各国年度支出的比重

单位：%

	2007	2008	2009	2010	2011	2012	2013	平均
阿尔巴尼亚	89.0	88.3	87.9	89.4	89.3	90.0	88.7	88.9
波黑	93.5	93.3	94.1	95.5	95.5	95.1	95.0	82.3
克罗地亚	35.1	31.0	30.1	25.6	25.4	25.6	18.6	27.3
科索沃	100.0	100.0	100.0	98.2	97.3	97.3	95.7	98.3
马其顿	71.1	58.5	48.1	40.2	30.0	28.2	23.8	42.8
黑山	87.2	86.1	84.9	88.9	87.3	46.7	14.1	70.7
塞尔维亚	95.6	93.9	93.6	94.0	94.4	94.3	94.3	94.2
平均	81.6	78.7	76.9	75.9	62.0	68.1	61.5	

资料来源：Commission of the European Union，Enlargement Instrument for Pre-accession Assistance，http：//ec. europa. eu/enlargement/instruments/overview/index_ en. htm。

表 5-3　2014 年贝塔斯曼基金会对西巴尔干国家转型发展状况的排名

	综合排名	政治转型排名	经济转型排名
克罗地亚	13	14	18
马其顿	27	32	27
波黑	41	56	41
黑山	22	23	28
塞尔维亚	20	21	29
科索沃	47	46	56
阿尔巴尼亚	38	43	41

资料来源：Bertelsmann Stiftung，Transformation Index（BTI）2014，http：//www. bti-project. org/index/status-index/。

　　看上去，国家构建（state building）这个词像是一个建筑学的术语，是一个人工而非天然的建筑工程。只是建筑这种"国家大厦"的材料，不是具体的钢筋水泥，而是有点抽象的国家政策。① 国家构建的目标是构建现代民族—国家的个体成员对国家的忠诚与公民意识，制定政策、措施与制度安排来促进国家整合。用弗朗西斯·福山（Francis Fukuyama）的话说，国家构建是在强化现有的国家制度的同时新建一批国家政府制度。② 相比而言，后共产主义国家的国家构建要复杂得多。一方面，它需要新建国家体制与政府制度；另一方面，它还面临构建公民国家认同的任务。在民主的前提下，民众的国家认同问题，就从一个侧面转换为国家结构体系的质量及其对民众的塑造（或者说对公民的塑造）的问题。③ 进一步说，公民在国家建构过程中形成的国家认同，既包括对国家制度的认同，也包含着对国家结构体系和治理能力的认同。

　　因此，西巴尔干国家的国家构建至少要经历这些阶段：国家主权独立、国家制度（包括机构）的新建、宪政的巩固以及公民国家认同的塑造。④ 其中，最为困难的当属宪政的巩固与公民国家认同的塑造，而且它们之间有相互重合的部分。实际上，现代国家的社会整合，是通过建立公民身份认同来完成的。或者说，对国家构建产生阻碍的因素主要是某些内部族群保持着超越国家认同的族群认同，以及多个族群形成的对抗导致宪政安排的困难。当"族群意识"无限接近"公民身份"，甚至二者重合时，国家内部就不存在民族问题了。当"族群意识"与"公民身份"渐行渐远，它就有可能演变成族群民族主义，其最大的张力是颠覆国家主权的合法性并排斥公民身份，从而引向民族冲突和族群民族主义运动。⑤

　　这一逻辑放大到整个欧洲同样适用。安东尼·史密斯指出，从迥然不同的

---

① 关凯：《族群政治》，北京：中央民族大学出版社 2007 年版，第 33 页。
② 〔美〕弗朗西斯·福山：《国家构建：21 世纪的国家治理与世界秩序》，黄胜强、许铭原译，北京：中国社会科学出版社 2007 年中文版，序言第 1 页。
③ 林尚立：《现代国家认同建构的政治逻辑》，《中国社会科学》2013 年第 8 期，第 33 页。
④ 在其他经历领土变化的后共产主义国家有同样的体现。比如，有学者指出，俄罗斯国家构建有如下阶段：国家主权独立、国家机构的重新建立、巩固国家机构以及构建新俄罗斯的国家观念。参见庞大鹏《观念与制度：苏联解体后的俄罗斯国家治理 1991～2010》，北京：中国社会科学出版社 2010 年版，第 35～46 页。
⑤ 关凯：《族群政治》，北京：中央民族大学出版社 2007 年版，第 84～85 页。

大众民族认同中建构更大的"超级民族的"实体一定会产生问题。为了转移这些民族国家和民族的大多数民众的忠诚与认同,并使他们执著于一系列新的共享的欧洲神话、记忆、价值和象征符号,需要建立文化和社会心理的工程,辅之以相关的制度框架,这在过去只有用解散现存的集体与组织单位,或者通过大众宗教运动的方法才有可能实现。因为在可以预见的未来,这两个条件似乎都不可能获得,而与此同时民族国家还保存着复原力,族裔意识和族群自决也没有任何衰弱的迹象,所以似乎没有文化和情感空间来发展一个新的泛欧洲层次上的超级民族的大众认同。① 从欧共体(欧盟)发展的历程看,经济欧洲获得了较大程度的认同,但离"公民欧洲"仍有较大差距,并非一步之遥。② 哈贝马斯等欧洲思想先驱们提出的"后民族结构"理论、公共领域理论以及宪政爱国主义思想都是对此跨越进行的有力阐释,也是为实现这一步所提出的实践药方。③ 从长远看,欧洲的未来抑或说维系各国对欧洲认同的基石不仅仅是经济的依赖与联系,还重在公民意识的培育及其在欧洲范围内的延展。

冷战结束以来的进程表明,西巴尔干国家在经济政策、对外政策上完全倾向欧盟,但是民众意识、公民社会等领域的发展仍有较深的民族印记。20 世纪 90 年代巴尔干地区出现的战争与冲突,表面上看是南斯拉夫社会主义制度剧变的"后续效应",实际上反映了南斯拉夫国家整合的失败,表露了国家认同、民主政治与民族主义三者之间的内在张力和冲突。这种张力在南斯拉夫的衍生国家中仍然存在着,深刻地影响它们转型的进程和质量,也制约它们欧洲化的程度与水平。所以说,通过国家性人们能够很好地理解巴尔干地区的过

---

① 〔英〕安东尼·史密斯:《全球化时代的民族与民族主义》,龚维斌、良警宇译,北京:中央编译出版社 2002 年中文版,第 168~169 页。

② 有关"公民欧洲"建设的讨论,参见马胜利《欧洲一体化中的"公民欧洲"建设》,《欧洲》1999 年第 5 期;赵光锐《欧洲公民与国家公民:欧盟双重公民身份问题研究》,《同济大学学报(社会科学版)》2008 年第 5 期。

③ 有关这些理论的详细论述,参见〔德〕尤尔根·哈贝马斯《后民族结构》,曹卫东译,上海:上海人民出版社 2002 年中文版;〔德〕尤尔根·哈贝马斯《公共领域的结构转型——论资产阶级社会的类型》,曹卫东等译,上海:学林出版社 1999 年中文版;〔德〕尤尔根·哈贝马斯《在事实与规范之间》,童世骏译,北京:生活·读书·新知三联书店 2011 年中文版;〔德〕尤尔根·哈贝马斯《关于欧洲宪法的思考》,伍慧萍、朱苗苗译,上海:上海人民出版社 2013 年中文版。对于哈贝马斯的理论,国际学术界的讨论与争议不断,相关的研究更是层出不穷。

去、现在以及未来走向。

二 国家性与欧洲化的交织：西巴尔干国家的发展主线

当代保加利亚学者伊凡·克拉斯特夫（Ivan Krastev）在对欧洲一体化进程进行考察后指出："只有民族国家（nation-states）才能成功地融入欧洲一体化进程。"[1] 顾名思义，民族国家意味着一个基本的国家认同，稳定的边界和合法的制度体系。事实上，国家性问题一直伴随着西巴尔干国家，影响其欧洲化前景。

有学者对西巴尔干国家性进行了强弱类分，功能性国家以克罗地亚为代表；弱功能性国家以阿尔巴尼亚和马其顿为代表，它们尽管具备了一般的国家功能，但存在一系列治理困境，如政治和经济转型不彻底、选举存在弊端、市场经济不完善以及腐败和有组织犯罪高发等，仍需要国际援助来加以改造，国家功能并不稳固；较弱的弱功能性国家以塞尔维亚和黑山以及波黑为代表，国家权力因"双头"或"多头政治"而难以有效运行；科索沃则是无国家性的代表，国家地位尚未得到国际社会普遍承认。[2] 这个分类清晰地展现了西巴尔干国家性构建的进度及存在的问题。

总的看来，国家性构建主要包含国家稳定与国家治理两大方面。克罗地亚是 1991 年继斯洛文尼亚之后第二个从南斯拉夫独立出来的国家，但其民族国家的构建则经历了更长的时间。独立后不久，克罗地亚与塞尔维亚发生战争，致使克罗地亚境内的大量塞尔维亚人逃亡。抛开战争的正义性与残酷性不论，塞尔维亚人的大量外逃在客观上有利于克罗地亚民族国家的构建。不过，克罗地亚国家构建还有一个重要的阻碍力量，即推动克罗地亚从南斯拉夫分离的领袖，同时是大民族主义者的弗拉尼奥·图季曼。所以，直到他逝世后，克罗地亚国内政治生活才日益趋向正常，国家认同也向欧洲价值观靠拢，在欧洲化进程中

---

[1] Ivan Krastev, "Bringing the State Up", Paper presented on International Conference on Interethnic Relations in the Western Balkans: Problems, Instruments and Prospects for the Future, Berlin, September 12 – 13, 2003.

[2] 刘作奎：《国家建构的"欧洲方式"——欧盟对西巴尔干政策研究（1991~2014）》，北京：社会科学文献出版社 2015 年版，第 19~20 页。

完善国家构建。不过，克罗地亚是西巴尔干地区的一个例外，从历史和地理上看，它属于"哈布斯堡遗产"，而区别于其他国家所属的"奥斯曼遗产"。这是克罗地亚加快融入欧洲进程的动力，也在有效地帮助它构建现代民族国家。

阿尔巴尼亚虽然没有发生战争，但这个国家非常脆弱。1997 年发生的大骚乱是一个鲜明的例证。这场由非法集资引起的国内武装冲突最终依靠欧盟、联合国的军事援助才得以平息。马其顿从南斯拉夫分离后一直避免发生战争，但 2001 年马其顿人与阿尔巴尼亚族人的武装冲突没再使其幸免，结果是依靠国际社会的介入才稳住局势。但是，马其顿与阿尔巴尼亚、科索沃等边境安全依然脆弱。1995 年签署的《代顿协议》结束了持续数年的波黑战争，一个新的"特别国家"——波黑诞生。战争结束后，波黑一直受国际社会的保护（先是北约后是欧盟），至今在宪政安排上仍然存在大的困难。在这个层面讲，它还不是一个完整意义上的主权国家。塞尔维亚的国家构建"喜忧参半"。一方面，米洛舍维奇下台后塞尔维亚国家的民主化和市场化改革日益取得成效，另一方面，2006 年与黑山"和平离婚"后又遭遇 2008 年科索沃单方面独立的"冲击"。黑山在米洛舍维奇下台后便发起独立运动，到 2006 年实现独立，但经济贫穷、腐败严重、行政效能低下等现象非常明显。科索沃单方面宣布独立后，内部民族冲突的隐患没有消除，塞族和阿族的冲突远未结束，塞族人的安全感仍然脆弱，犯罪问题非常严重。

因此，从国家稳定层面看，在南斯拉夫解体初期，后南斯拉夫空间出现权威真空的情况，非正式的组织和机构大量出现，压制和破坏了正式组织的运作空间以及对欧盟要求的执行能力。① 西巴尔干国家仍然存在大量不稳定因素，如分离主义运动、民族认同的争议、未解决的边界争端、种族冲突与和解等问题。② 这些情况在上一章有详细分析，这里不再赘述。

其次，从国家治理的角度看，民主化的选举体制在西巴尔干国家基本建

---

① Denisa Kostovicova and Vesna Bojicic-Dzelilovic, eds., *Transnationalism in the Balkans*, London and New York：Routledge，2008，p. 19.

② Rafael Biermann，"Secessionism, Irredentism and EU Enlargement to the Western Balkans-Squaring the Circle?", in Arolda Elbasani, ed., *European Integration and Transformation in the Western Balkans：Europeanization or Business as Usual?* London：Routledge，2013，pp. 157–171.

立,但经济治理能力不足、政治腐败严重以及有组织犯罪猖獗等现象在这些国家不同程度地存在。在民主化层面,受欧盟"条件性"的促动,西巴尔干国家的民主体制均已建立,政治自由指数不断提升,逐渐向自由国家迈进(见表5-4、表5-5)。在经济层面,受金融危机和欧债危机的影响,流向西巴尔干地区的对外直接投资(FDI)呈下降趋势(见图5-2)。另据世界经济论坛发布的《2015~2016年全球竞争力报告》显示,西巴尔干国家经济竞争力排名基本处于欧洲国家的末位,在全球的排名也比较靠后。[①] 此外,西巴尔干各国失业率也居高不下。2011年,科索沃、马其顿、波黑和塞尔维亚的失业率分别为40%、31%、28%和24%。[②] 而据统计,2012~2014年,黑山的失业率分别为19.6%、19.8%和19.5%,塞尔维亚的失业率分别为23.9%、24.0%和24.0%,马其顿的失业率分别为31.0%、30.0%和29.0%,科索沃的失业率则一直高达40%左右。

表5-4 西巴尔干国家政治自由指数

	1998	2004	2007	2011	2013	2015
阿尔巴尼亚	4.5	3.0	3.0	3.0	3.0	3.0
波黑	5.0	4.0	3.0	3.5	3.0	3.5
克罗地亚	4.0	2.0	2.0	1.5	1.5	1.5
科索沃	—	—	—	4.5	4.5	4.0
马其顿	3.0	3.0	3.0	3.0	3.0	3.5
黑山	—	—	3.0	2.5	2.5	2.5
塞尔维亚	—	—	2.5	2.0	2.0	2.0

说明:(1)"—"表明该年无数据;(2)"自由之家"将自由度分为七个等级,其中1.0~2.5为自由;3.0~5.5为部分自由;5.5~7.0为不自由。

资料来源:根据"自由之家"网站(www.freedomhouse.org)自行整理。

[①] 2012~2013年、2013~2014年、2014~2015年和2015~2016年西巴尔干国家经济竞争力全球排名(每年统计的国家145个左右)分别如下:黑山(72、67、67、70),马其顿(80、73、63、60),克罗地亚(81、75、77、77),波黑(88、87、无、111),阿尔巴尼亚(89、95、97、93),塞尔维亚(95、101、94、94)。参见 http://www.weforum.org/。

[②] Dimitar Bechev, "The periphery of the periphery: the Western Balkans and the euro crisis", *ECFR Policy Brief*, August 2012, p.6.

表 5 - 5　西巴尔干国家、其他中东欧国家与欧盟 15 国自由指数对比

	1996	2004 ~ 2007	2011	评级
欧盟 15 国	1.0	1.0	1.0	自由
东扩 12 国	1.25	1.08	1.20	自由
西巴尔干 7 国	4.0	2.9	3.0	部分自由

说明：欧盟 15 国指东扩前的 15 个成员国，东扩 12 国指 2004 年和 2007 年扩大的成员国。
资料来源：根据"自由之家"网站（www.freedomhouse.org）自行整理。

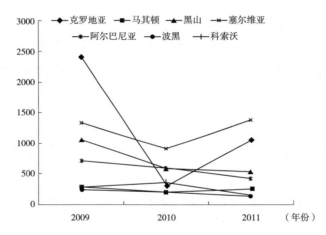

图 5 - 2　2009 ~ 2011 年西巴尔干国家吸引外商直接投资趋势
资料来源：根据各国中央银行或投资促进局的数据制作。

　　世界银行从 1996 年开始定期发布全球治理指数（Worldwide Governance Indicators），该指标体系从话语权与问责、政治稳定与杜绝暴力、政府效能、监管质量、法治和遏制腐败六个方面全面衡量世界不同国家的公共治理状况。该指数也是世界范围内影响最大、最为权威的综合性的公共治理测评指标，常为学界引用。

　　表 5 - 6、表 5 - 7、表 5 - 8、表 5 - 9 和表 5 - 10 分别列出了 1996 年以来西巴尔干国家的话语权与问责、政治稳定与杜绝暴力、政府效能、法治和遏制腐败等指数，同时包含了其他已经入盟的巴尔干国家的数据，以进行对比。可以清晰地发现，西巴尔干国家的这些指数基本上呈正向的趋势，在朝好的方向

表5-6 1996~2014年巴尔干国家话语权与问责指数

		1996	1998	2000	2002	2003	2004	2005	2006	2007	2008	2009	2010	2011	2012	2013	2014
西巴尔干	阿	-0.76	-0.45	-0.32	-0.04	0.06	0.03	0.03	0.05	0.09	0.16	0.13	0.11	0.05	0.00	0.04	0.16
	波	-0.18	-0.13	-0.25	-0.20	0.14	0.12	0.18	0.16	0.10	-0.03	-0.04	-0.13	-0.21	-0.14	-0.16	-0.09
	克	-0.16	-0.34	0.47	0.51	0.58	0.64	0.43	0.44	0.48	0.43	0.44	0.43	0.48	0.50	0.47	0.49
	科	-1.77	-1.33	-0.77	-0.52	-0.47	-0.45	-0.47	-0.57	-0.32	-0.32	-0.11	-0.20	-0.25	-0.24	-0.27	-0.23
	马	-0.50	-0.32	-0.43	-0.22	-0.04	-0.14	-0.08	0.13	0.25	0.18	0.15	0.09	-0.03	-0.01	-0.04	-0.13
	黑	—	—	-0.65	0.05	0.10	0.12	0.16	0.27	0.27	0.25	0.26	0.20	0.23	0.23	0.18	0.18
	塞	-1.32	-1.03	-0.73	-0.05	-0.14	-0.17	-0.17	0.18	0.28	0.25	0.32	0.27	0.27	0.18	0.29	0.23
其他	斯	1.32	1.22	1.10	1.12	1.08	1.09	1.07	1.07	1.06	1.01	1.05	1.04	1.05	0.98	0.98	0.95
	保	0.37	0.37	0.41	0.49	0.51	0.54	0.57	0.55	0.68	0.56	0.56	0.52	0.44	0.38	0.32	0.34
	罗	0.24	0.34	0.45	0.37	0.30	0.38	0.42	0.52	0.50	0.51	0.46	0.42	0.37	0.30	0.29	0.38
	希	0.97	1.09	0.98	0.99	1.06	1.14	1.03	0.94	0.96	0.90	0.86	0.88	0.80	0.67	0.65	0.56
	土	-0.20	-0.84	-0.43	-0.34	-0.12	-0.03	-0.04	-0.11	-0.09	-0.08	-0.09	-0.12	-0.16	-0.23	-0.26	-0.32

注：阿为阿尔巴尼亚、波为波黑、克为克罗地亚、科为科索沃、马为马其顿、黑为黑山、塞为塞尔维亚、斯为斯洛文尼亚、保为保加利亚、罗为罗马尼亚、希为希腊、土为土耳其的简写，以下表同，不再说明。

资料来源：The Worldwide Governance Indicators。

239

表5-7 1996~2014年巴尔干国家政治稳定与杜绝暴力指数

		1996	1998	2000	2002	2003	2004	2005	2006	2007	2008	2009	2010	2011	2012	2013	2014
西巴尔干	阿	-0.43	-0.66	-0.65	-0.39	-0.33	-0.45	-0.49	-0.49	-0.20	-0.03	-0.05	-0.19	-0.29	-0.16	0.05	0.47
	波	-0.64	-0.63	-0.59	-0.25	-0.44	-0.03	-0.47	-0.42	-0.60	-0.51	-0.65	-0.70	-0.84	-0.54	-0.37	-0.06
	克	-0.18	-0.04	0.15	0.53	0.52	0.64	0.43	0.54	0.59	0.55	0.59	0.58	0.60	0.58	0.61	0.60
	科	—	—	—	—	—	—	—	—	—	1.04	0.47	-1.13	-1.10	-1.09	-0.98	-0.34
	马	-0.63	-0.88	-0.78	-1.12	-1.03	-0.90	-1.18	-0.74	-0.43	-0.30	-0.29	-0.49	-0.58	-0.45	-0.37	0.25
	黑	—	—	—	0.79	—	—	—	0.08	0.15	0.79	0.82	0.54	0.54	0.55	0.49	0.24
	塞	-1.15	-2.19	-1.70	-0.60	-0.61	-0.56	-0.77	-0.56	-0.61	-0.56	-0.49	-0.44	-0.30	-0.22	-0.10	0.18
其他	斯	1.21	1.13	0.79	1.21	1.15	1.03	1.05	1.06	1.07	1.12	0.90	0.83	0.94	0.92	0.87	0.79
	保	-0.20	0.53	0.35	0.40	0.15	-0.02	0.13	0.39	0.35	0.35	0.32	0.33	0.28	0.35	0.18	0.08
	罗	0.49	-0.38	-0.48	0.39	0.29	0.04	0.07	0.13	0.17	0.16	0.35	0.25	0.17	0.07	0.15	0.08
	希	0.45	0.65	0.71	0.79	0.47	0.46	0.51	0.64	0.53	0.28	-0.22	-0.13	-0.10	-0.22	-0.20	0.02
	土	-1.27	-1.30	-0.85	-0.87	-0.81	-0.84	-0.60	-0.60	-0.82	-0.85	-1.03	-0.92	-0.96	-1.19	-1.19	-1.06

资料来源：The Worldwide Governance Indicators。

表 5 - 8　1996～2014 年巴尔干国家政府效能指数

		1996	1998	2000	2002	2003	2004	2005	2006	2007	2008	2009	2010	2011	2012	2013	2014
西巴尔干	阿	-0.80	-0.69	-0.83	-0.57	-0.61	-0.44	-0.63	-0.46	-0.38	-0.35	-0.24	-0.27	-0.20	-0.28	-0.33	-0.07
	波	-1.26	-1.08	-0.86	-0.97	-0.77	-0.57	-0.72	-0.60	-0.81	-0.59	-0.70	-0.73	-0.76	-0.47	-0.45	-0.47
	克	0.07	0.06	0.31	0.34	0.38	0.47	0.48	0.56	0.47	0.57	0.61	0.63	0.56	0.70	0.69	0.69
	科	—	—	—	—	—	—	—	-0.37	-0.21	-0.50	-0.42	-0.61	-0.50	-0.39	-0.41	-0.32
	马	-0.62	-0.62	-0.78	-0.50	-0.33	-0.13	-0.28	-0.10	-0.20	-0.02	-0.09	-0.15	-0.11	-0.07	-0.06	0.15
	黑	—	—	—	—	—	—	0.36	-0.13	-0.17	-0.02	0.00	0.09	0.10	0.13	0.16	0.28
	塞	-0.92	-0.85	-0.85	-0.55	-0.62	-0.17	-0.31	-0.20	-0.22	-0.19	-0.04	-0.05	-0.10	-0.11	-0.10	0.09
其他	斯	0.89	0.79	0.73	0.90	1.07	0.97	0.92	0.98	0.94	1.19	1.16	1.03	0.99	1.02	1.00	1.01
	保	-0.31	-0.24	-0.04	0.20	0.11	0.19	0.19	0.00	0.00	-0.05	0.16	0.11	0.11	0.14	0.15	0.09
	罗	-0.51	-0.62	-0.43	-0.23	-0.27	-0.17	-0.27	-0.21	-0.32	-0.32	-0.36	-0.25	-0.31	-0.31	-0.07	0.00
	希	0.82	0.75	0.65	0.77	0.75	0.83	0.72	0.68	0.57	0.59	0.61	0.55	0.50	0.31	0.45	0.40
	土	-0.01	-0.28	0.02	0.04	0.04	0.04	0.16	0.16	0.30	0.26	0.29	0.31	0.36	0.40	0.37	0.38

资料来源：The Worldwide Governance Indicators。

241

表 5 - 9　1996~2014 年巴尔干国家法治指数

		1996	1998	2000	2002	2003	2004	2005	2006	2007	2008	2009	2010	2011	2012	2013	2014
西巴尔干	阿	-0.93	-1.20	-1.24	-0.92	-0.88	-0.76	-0.81	-0.73	-0.70	-0.64	-0.53	-0.44	-0.49	-0.57	-0.57	-0.37
	波	-0.26	-0.64	-0.64	-0.67	-0.69	-0.49	-0.56	-0.50	-0.48	-0.41	-0.36	-0.37	-0.35	-0.23	-0.17	-0.20
	克	-0.61	-0.34	0.01	-0.17	-0.05	0.05	0.09	-0.05	0.04	0.08	0.14	0.17	0.18	0.21	0.26	0.31
	科	—	—	—	—	-1.06	-0.96	-0.99	-0.91	-0.78	-0.60	-0.63	-0.64	-0.56	-0.56	-0.57	-0.48
	马	-0.41	-0.48	-0.66	-0.63	-0.56	-0.25	-0.37	-0.56	-0.46	-0.37	-0.27	-0.29	-0.26	-0.24	-0.20	-0.03
	黑	—	—	—	—	-0.36	-0.35	-0.28	-0.34	-0.19	-0.07	0.07	0.00	-0.02	-0.01	0.02	0.07
	塞	-1.28	-1.33	-1.34	-0.97	-0.94	-0.74	-0.91	-0.56	-0.50	-0.53	-0.44	-0.40	-0.32	-0.39	-0.34	-0.16
其他	斯	1.05	1.22	1.01	0.96	0.95	0.92	0.86	0.87	0.88	0.98	1.06	0.98	1.04	0.98	0.97	0.98
	保	-0.46	-0.36	-0.23	-0.10	-0.19	-0.13	-0.16	-0.14	-0.10	-0.16	-0.07	-0.10	-0.14	-0.12	-0.14	-0.08
	罗	-0.02	-0.11	-0.19	-0.27	-0.23	-0.18	-0.17	-0.14	-0.11	-0.01	0.03	0.04	0.05	0.02	0.11	0.15
	希	0.98	0.71	0.82	0.71	0.80	0.92	0.78	0.86	0.84	0.84	0.62	0.61	0.55	0.39	0.44	0.34
	土	-0.17	-0.13	-0.06	-0.06	0.13	0.13	0.16	0.05	0.02	0.08	0.10	0.12	0.08	0.04	0.08	0.04

资料来源：The Worldwide Governance Indicators。

表 5-10　1996~2014 年巴尔干国家遏制腐败指数

		1996	1998	2000	2002	2003	2004	2005	2006	2007	2008	2009	2010	2011	2012	2013	2014
西巴尔干	阿	-1.09	-1.01	-0.82	-0.86	-0.77	-0.67	-0.75	-0.81	-0.66	-0.55	-0.49	-0.49	-0.65	-0.72	-0.72	-0.55
	波	-0.35	-0.28	-0.49	-0.35	-0.30	-0.31	-0.20	-0.29	-0.38	-0.36	-0.37	-0.32	-0.31	-0.30	-0.22	-0.28
	克	-0.82	-0.72	-0.21	0.25	0.16	0.20	0.14	0.09	0.08	-0.04	-0.10	-0.03	0.01	-0.04	0.11	0.19
	科	—	—	—	—	—	-0.57	-0.58	-0.42	-0.76	-0.59	-0.56	-0.62	-0.61	-0.62	-0.64	-0.45
	马	-0.96	-0.67	-0.66	-0.88	-0.66	-0.49	-0.44	-0.37	-0.35	-0.17	-0.10	-0.06	-0.04	0.02	0.02	0.09
	黑	—	—	—	—	-0.51	-0.58	-0.42	-0.38	-0.31	-0.19	-0.16	-0.24	-0.21	-0.10	-0.25	-0.01
	塞	-1.03	-1.08	-1.12	-0.91	-0.47	-0.48	-0.38	-0.28	-0.35	-0.30	-0.31	-0.29	-0.25	-0.31	-0.27	-0.19
其他	斯	1.32	1.30	0.77	0.72	0.86	1.02	0.89	1.02	0.98	0.91	1.02	0.85	0.90	0.81	0.70	0.69
	保	-0.78	-0.24	-0.21	-0.20	-0.07	0.10	0.06	-0.10	-0.23	-0.30	-0.25	-0.21	-0.23	-0.24	-0.29	-0.28
	罗	-0.22	-0.68	-0.48	-0.38	-0.30	-0.26	-0.21	-0.15	-0.17	-0.16	-0.27	-0.22	0.19	-0.27	-0.20	-0.14
	希	0.34	1.06	0.76	0.44	0.42	0.49	0.37	0.35	0.25	0.10	0.01	-0.16	-0.18	-0.25	-0.11	-0.20
	土	-0.23	-0.58	-0.33	-0.71	-0.23	-0.17	-0.02	0.00	0.09	0.08	0.07	0.03	0.06	0.17	0.11	-0.12

资料来源：The Worldwide Governance Indicators。

发展，但与已经入盟的国家相比仍存在一定差距，尤其是克罗地亚的指数特别能说明问题，它的各项指数在所有西巴尔干国家中都是最好的，这就从国家治理层面验证了克罗地亚为什么能率先加入欧盟的原因。

在这些指数中，政府效能、腐败指数需要进一步分析。通过对比西巴尔干国家与其他入盟的中东欧国家以及欧盟老成员国的政府效能指数可以发现，西巴尔干国家与欧盟老成员国存在不小差距，但与已经入盟的中东欧国家相比，差距在不断缩小（见表5－11）。

表5－11　西巴尔干国家、其他中东欧国家与欧盟15国政府效能指数

	2004	2011
欧盟15国	1. 69	1. 46
东扩12国	0. 64	0. 63
西巴尔干7国	0. 52	0. 52

资料来源：The Worldwide Governance Indicators。

转型20多年以后，当巴尔干半岛的政治精英们试图驾驶已经濒临失控的"巨型货车"——急不可耐的资本主义时，腐败盛行成了一个突出的问题。这威胁着大多数巴尔干半岛国家民主和社会进步的总体目标。[①] 通过考察2001～2014年全球腐败指数排名发现，西巴尔干国家的情况比较糟糕，也未有较大的改观，特别是阿尔巴尼亚和科索沃一直居于全球排名的靠后位置，且有恶化趋势（见表5－12）。另外，通过表5－9关于西巴尔干国家遏制腐败的指数看，其情况大体相同。

表5－12　2001～2014年西巴尔干国家腐败指数全球排名

国家	2001	2002	2003	2004	2005	2006	2007	2008	2009	2010	2011	2012	2013	2014
克罗地亚	48	51	60	67	71	69	65	62	66	62	66	62	58	61
马其顿	—	—	—	99	104	108	89	74	72	63	71	70	67	64

---

① 〔德〕普拉门·K.格奥尔基耶夫：《东南欧的腐败网络：保加利亚视角》，郑静东译，《公共行政评论》2010年第2期，第114页。

续表

国家	2001	2002	2003	2004	2005	2006	2007	2008	2009	2010	2011	2012	2013	2014
波黑	—	—	70	83	90	95	84	93	99	91	91	72	72	80
黑山	—	—	—	—	—	91	88	70	71	67	77	68	76
塞尔维亚	—	—	101	102	91	82	91	83	83	89	81	75	78
科索沃	—	—	—	—	—	—	—	—	114	114	109	112	110
阿尔巴尼亚	—	81	92	108	126	111	105	85	95	87	95	113	116	113

说明：（1）“—”表示无统计数据；（2）从 2007 年起统计国家基本稳定在 180 个左右，此前的排名需兼顾当年的统计国家数。

资料来源：根据 Transparency International 网站数据制作。

吞噬巴尔干地区政治的、民族的、公司的、制度的腐败庇护关系形成了一个腐败关系网，同时在某种程度上变成了私人的强制权力，与有组织的国际犯罪网络联系在一起。[①] 因而，有组织犯罪问题成为影响巴尔干国家转型和一体化的重要因素。

东欧国家政剧变动释放出来的不仅仅只有正面的民主力量，同时有大量的负面问题，如有组织犯罪团伙的出现。一位英国学者很形象地指出：“这些从东欧政治集团的废墟中走出来的有组织犯罪集团，十分渴望进入富裕的西欧市场。没有了华沙条约的制约，巴尔干的博物馆冲突迟早都会演变成血腥冲突。”[②] 伴随东欧国家剧变的是一些有组织犯罪团伙的活跃，特别是在巴尔干地区。[③] 倘若说冷战结束及随后一段时期内，在巴尔干地区特别是前南国家仍然是战争和冲突不断，那么，到了 20 世纪 90 年代末和进入 21 世纪后，这一

---

① 〔德〕普拉门·K. 格奥尔基耶夫：《东南欧的腐败网络：保加利亚视角》，郑静东译，《公共行政评论》2010 年第 2 期，第 114 页。

② 〔英〕大卫·索斯韦尔：《有组织犯罪的历史：黑帮的真实故事》，邱颖萍译，上海：文汇出版社 2012 年中文版，第 189 页。

③ 有关巴尔干各国有组织犯罪团伙及其主要犯罪手段的介绍，参见 Roberto Forte, ed., Organised Crime and the Fight Against Crime in the Western Balkans: a Comparison with the Italian Models and Practices, http://www.tecla.org/files/1123.pdf, pp. 9 – 46；Věra Stojarová, "Organized Crime in the Western Balkans", *HUMSEC Journal*, Issue. 1, 2007, pp. 91 – 119；Wolfgang Benedek, eds., *Transnational Terrorism, Organized Crime and Peace-Building: Human Security in the Western Balkans*, Basingstoke: Palgrave Macmillan, 2010。

地区"传统的安全隐患——武装冲突已经让位于广泛分布的有组织犯罪。而与此同时,各国政府面对新的犯罪形势在系统性腐败的阴影下却表现得相当'疲软'。这一地区正面的激烈冲突在慢慢减少,但是国家对于社会及经济主要事务处理的主动权却在慢慢被犯罪所侵蚀"。①

在巴尔干地区,阿尔巴尼亚黑手党、塞尔维亚黑手党已经不仅是该国、本地区势力强大的犯罪团伙,其势力还伸展到了欧洲大陆以及世界其他地区。据国际刑警组织1999年估计,欧洲60%的海洛因贸易活动都控制在阿尔巴尼亚黑手党手里。此外,我们只看到科索沃、马其顿冲突中国内各派力量的对抗,看到联合国对这些国家的维和、监管,却没有注意到在这些冲突以及联合国的监管中,阿尔巴尼亚黑手党是一股重要的介入力量。同样,塞尔维亚黑手党也渗透到了该国的政治、经济等各个领域。根据欧洲刑警组织发布的《2011年有组织犯罪威胁评估》报告,欧洲有组织犯罪的分布主要可以划分为西北中心、东北中心、西南中心、东南中心和南部中心。东南中心主要以保加利亚、罗马尼亚与希腊为主,非法商品走私与非法移民偷渡最为猖獗,是近几年来欧洲组织犯罪扩展最为迅猛的区域。②

以保加利亚为例,2012年7月,欧盟委员会发布的一份报告指出,保加利亚是欧盟国家中唯一有组织犯罪对经济产生重大影响的国家。③ 事实不仅如此,保加利亚的有组织犯罪问题深深地渗透到了政治和社会领域。有研究表明,在2009年议会选举期间,犯罪集团花费了大概1亿5千万~2亿列弗购买选票。在前两届国会任期里,平均有约20位下议院议员为制定有利于有组织犯罪的经济结构的立法辩护。④ 另外,据2008年欧盟反舞弊办公室(European Anti-Fraud Office,OLAF)对保加利亚调查后撰写的报告显示,尼科洛夫/斯托伊科夫(Niko lov /Stoikov)集团以诈骗手段骗取欧洲农业和农村

① 吴薇:《东南欧有组织犯罪研究》,《法制与经济》2007年第2期,第43页。

② European Police Office, OCTA 2011 EU Organised Crime Threat Assessment, 2011, https://www. europol. europa. eu/sites/default/files/publications/octa2011. pdf, p. 9.

③ "Commission:Organised crime in Bulgaria is 'unique'", 17 July, 2012, http://www. euractiv. com/justice/commission-organised-crime-bulga-news-513968.

④ 〔德〕普拉门·K. 格奥尔基耶夫:《东南欧的腐败网络:保加利亚视角》,郑静东译,《公共行政评论》2010年第2期,第123页。

发展特别援助计划（SAPARD）基金，涉及金额约 3200 万欧元的项目清单，调查发现该集团是"由超过 50 个保加利亚、欧洲和海外公司组成的犯罪网络"。该报告还指出，此集团不仅涉足以旧设备冒充新设备骗取 SAPARD 基金这项众所周知的肮脏交易，还以在 5 个 SAPARD 项目中虚报开价的方式，涉足另外数项涉及金额共接近 2000 万欧元的犯罪行为，包括用伪造的卫生证书从阿根廷非法进出口中国兔肉、挪用国家电力公司的债务购买券，以及进行铁路车皮的不法交易，等等。① 可见，有组织犯罪问题深深进入保加利亚国家各项领域之中，从这个角度看，有组织犯罪问题的难以解决是保加利亚接受欧盟合作确认机制以及被推迟加入申根区的重要原因。

在西巴尔干地区，阿尔巴尼亚成为有组织犯罪团伙的"聚集地"，越来越频繁的有组织犯罪深刻地影响到本国及周边地区社会生活。近年来，国外的有组织犯罪团伙，正利用阿尔巴尼亚现有的犯罪网络和严重的腐败空间，建立本组织在阿尔巴尼亚的犯罪网络。目前，活跃在阿尔巴尼亚的有组织犯罪团伙主要包括意大利的黑手党、卡莫拉、圣冠联盟和光荣会，以及哥伦比亚黑手党等等。② 巴尔干地区其他国家的有组织犯罪现象也非常严重，并都在一定程度上与阿尔巴尼亚有关联。在塞尔维亚，有组织犯罪团伙的主要业务是伪造货币，以及在阿尔巴尼亚市场"流转"的金融工具。希腊有组织犯团伙与阿尔巴尼亚有组织犯罪团伙有紧密的联系，主要从事人口贩卖和大麻走私，并且联手从中东欧国家贩运并强迫卖淫。土耳其与阿尔巴尼亚的有组织犯罪团伙主要勾结从事可卡因买卖，惯常做法是从土耳其将可卡因运到阿尔巴尼亚，再运往保加利亚、马其顿和意大利等国。近年来，一方面，阿尔巴尼亚和有关国家对有组织犯罪的打击越来越严厉；另一方面，有组织犯罪活动越来越猖獗，跨国犯罪活动也越来越频繁。有组织犯罪活动未能得到有效遏制，根本上说是因为腐败问题无法解决。根据透明国际的腐败指数显示，阿尔巴尼亚腐败问题特别严重，2012 年至 2014 年分别排世界第 113 位、116 位和 113 位，其他西巴尔干

---

① 〔德〕普拉门·K. 格奥尔基耶夫：《东南欧的腐败网络：保加利亚视角》，郑静东译，《公共行政评论》2010 年第 2 期，第 128 页。

② 关于这些有组织犯罪团伙及犯罪活动的详细介绍，参见李钢、袁慧雯《阿尔巴尼亚打击跨国有组织犯罪》，《现代世界警察》2013 年第 3 期，第 69～70 页。

国家的排名也较靠后。因此，腐败与有组织犯罪的交织将严重制约阿尔巴尼亚及周边国家的政治进步、社会稳定以及融入欧洲进程。

因此，无论是加强地区间国家合作，还是加入欧盟，打击有组织犯罪都是一项必不可少的重要举措。在入盟的要求中，欧盟突出强调相关国家与前南刑庭之间合作的重要性，北约同样如此。[①] 尽管西巴尔干国家在预防、打击、惩治有组织犯罪方面都有诸多的立法规定（见表5-13、表5-14），但实际上有组织犯罪现象在这些国家仍比较严重。从长远看，严重的有组织犯罪活动不仅对巴尔干地区经济安全、社会稳定等方面产生影响，也会威胁到国家的转型、政治精英的民主化以及融入欧洲—大西洋结构的进程。[②] 2009 年，一份关于巴尔干有组织犯罪研究的报告指出，至少需要 30 年的时间才能在该地区建立法治，并根除在更广泛的欧亚范围内结网的政客与有组织犯罪集团之间潜在的伙伴关系。这是一个相当有争议的话题，因为随着公民意识不断增长，宪法框架和制度都不可避免地要发生根本的改变。[③]

表 5-13   东南欧国家关于一些犯罪的立法情况

国家	《1961年麻醉品单一公约》（1972年重新修订）	《1971年精神药物公约》	《联合国禁止非法贩运麻醉药品和精神药物公约》	《联合国反腐败公约》	《联合国打击跨国有组织犯罪公约》	《关于预防、禁止和惩治贩运人口特别是妇女和儿童行为的补充议定书》	《打击陆空海偷运移民附加议定书》	《关于打击非法制造和贩运枪支及其零部件和弹药的补充议定书》
阿尔巴尼亚	2001	2003	2001	2006	2002	2002	2002	
波黑	1993	1993	1993	2006	2002	2002	2002	

① Julie Kim, "Balkan Cooperation on War Crimes Issues", *CRS Report for Congress*, January 14, 2008.

② Věra Stojarová, "Organized Crime in the Western Balkans", *HUMSEC Journal*, Issue.1, 2007, p.111. 关于有组织犯罪对巴尔干国家政治、经济、社会等方面的影响，参见 UNODC, "Crime and its Impact on the Balkans and Affected Countries", March 2008, http://www.unodc.org/documents/Balkan_ study.pdf, pp.99-109。

③ "Crime Wihtout Punishment. Countering Corruption and Organized Crime in Bulgaria", Sofia: Center for the Study of Democracy, 2009.

续表

国家	《1961年麻醉品单一公约》（1972年重新修订）	《1971年精神药物公约》	《联合国禁止非法贩运麻醉药品和精神药物公约》	《联合国反腐败公约》	《联合国打击跨国有组织犯罪公约》	《关于预防、禁止和惩治贩运人口特别是妇女和儿童行为的补充议定书》	《打击陆空海偷运移民附加议定书》	《关于打击非法制造和贩运枪支及其零部件和弹药的补充议定书》
保加利亚	1996	1972	1992	2006	2001	2001	2001	2002
克罗地亚	1993	1993	1993	2005	2003	2003	2003	2005
黑山	2006	2006	2006	2006	2006	2006	2006	2006
摩尔多瓦	1995	1995	1995		2005	2005	2005	2006
罗马尼亚	1974	1993	1993	2004	2002	2002	2002	2004
塞尔维亚	2001	2001	2001	2005	2001	2001	2001	2005
马其顿	1993	1993	1993	2007	2005	2005	2005	

资料来源：UNODC，"Crime and its Impact on the Balkans and Affected Countries"，March 2008，http：//www.unodc.org/documents/Balkan_ study.pdf，p.111。

值得思索的是，在同样经历剧变的中欧国家中，它们同样存在构建国家性的问题，同样存在族群认同与国家认同对抗的局面，但是它们为何较少甚至没有发生暴力和武装冲突呢？一个解释是，剧变后"回到欧洲大家庭"的政策以及欧盟与北约对中欧国家的清晰政策使这些问题受到了压制，又在后来的入盟准备过程中得到了较好的解决。相反，欧盟对剧变后的南斯拉夫地区关注不够，美国也经历了从观望到积极介入的过程。最初，不管是欧盟还是美国，甚至想当然地认为，南斯拉夫将同中欧国家一样走和平民主的道路。[①] 南斯拉夫事态的发展超出了它们的想象。后来，巴尔干局势的稳定主要受益于国际社会的干预与调解，先是美国和北约，后是欧盟。从这个意义上讲，西巴尔干地区国家构建的前景在于欧洲化。欧盟通过设定"条件性"来提高这些国家治理能力的同时，欧盟的"胡萝卜和大棒"也会帮助它们进行国家构建。

---

① 西欧国家之所以有这样的判断，乃是基于冷战期间南斯拉夫自治社会主义实践以及与西方交好的表现。参见 Stephen White，Judy Batt and Paul Lewis，eds.，*Developments in Central and East European Politics*，Basingstoke：Palgrave Macmillan，2007，pp.83－84。

表 5－14 东南欧国家关于有组织犯罪定刑和其他重要立法情况

国家	是否给参与有组织犯罪集团定刑	反人口贩运的立法	反洗钱立法	反腐败立法
阿尔巴尼亚		《刑法》1995 年，2007 年修正	《预防洗钱法》2000 年，2003 年修正	《刑法》1995 年
波黑		《刑法》2003 年	《预防洗钱法》2000 年；《塞族共和国预防洗钱法》2001 年	《刑法》2003 年，《塞族共和国刑法》2003 年
保加利亚	是	《打击非法贩卖人类法》2004 年	《反洗钱实施细则》2001 年	《刑法》1968 年，2003 年修正
克罗地亚	是	《刑法》2003 年，2004 年修正	《预防洗钱法》2003 年；《预防洗钱实施细则》2003 年	《刑法》1998 年，2004 年和 2006 年修正；《履行公共职责利益冲突法》2003 年；《公务员道德规范》2006 年；《反腐败和打击有组织犯罪办公室法》2001 年
黑山	是	《刑法》2003 年，2004 年修正	《预防洗钱法》2003 年	《刑法》2003 年，2004 年和 2006 年修正；《公共采购法》2001 年；《政党融资法》2004 年
摩尔多瓦	是	《预防、打击人口贩运法》2005 年	《预防、打击洗钱法》2001 年	《刑法》2002 年；《打击腐败和裙带关系 900 条》；《国家政要、检察官、公务员和重要人员收入与资产监管 1264 法案》2002 年
罗马尼亚	是	《预防、打击人口贩运法》2001 年	《洗钱预防与惩罚法》1999 年	《刑法》；《腐败行为预防、侦查与惩罚法》2000 年；《高官、法官、办事员和管理重要资产监管法》1996 年
塞尔维亚	是	《刑法》2005 年；《联合国科索沃特派团 2001/4 关于科索沃人口贩运规范》	《洗钱法案》2001 年；《洗钱、预防资助恐怖主义法案》2003 年，2005 年修正	
马其顿	是	《刑法》2004 年	《预防洗钱和其他款赃物法》2004 年	

注：表中各国法律除特别标明外，其名称均为各国名，表中考虑字数而将其删除。

资料来源：UNODC，"Crime and its Impact on the Balkans and Affected Countries"，March 2008, http://www.unodc.org/documents/Balkan_ study. pdf, p.111。

对于西巴尔干国家来说，20 世纪 90 年代是失去的十年。[1] 波兰政治活动家莱赫·瓦文萨（Lech Walesa）对社会主义向资本主义的转型做了这样生动的比喻：它就好比将做熟的鱼倒回鱼缸，只是对于大多数西巴尔干国家的经济来说，鱼缸已经破裂，鱼也将在战争中死去。[2] 战争与冲突不仅对西巴尔干国家的经济和社会产生了巨大的破坏作用，也使它们比其他中东欧国家的转型延迟了十年。进入 21 世纪，西巴尔干国家构建的主要障碍仍然没能得到彻底解决，比如波黑的主权与稳定、科索沃最终地位、马其顿国名以及跨界民族问题[3]（包括跨界塞尔维亚族人、跨界阿尔巴尼亚族人、跨界土耳其族人等）。尽管欧盟由于各种原因出现"扩大疲劳症"，但将所有西巴尔干国家纳入欧洲一体化的进程是其不变的战略。因此，西巴尔干国家建构（特别是波黑和科索沃）的进程仍会遭遇一些困难甚至是倒退性的灾难，并由此影响其欧洲化的前景，反过来，其欧洲化的水平也在一定程度上制约着国家建构的进程。

不仅西巴尔干国家如此，其他新入盟国家同样如此。哈贝马斯认为，"欧洲性"的特质包括：政治上的世俗主义（严格的政教分离）、平息资本主义"创造性破坏"风暴的共识、重视科技进步的悖论与陷阱、整体伦理重于个人特权、深知国家力量的潜在暴力性、承认国家统治主权的有限性，以及以自省的态度面对去殖民化所衍生出来的边缘局势。[4] 在这些要素当中，西巴尔干国家和其他新入盟国家甚至老成员国都缺乏这种或那种要素，或者说存在抵制国家拥抱欧洲性的要素。对于西巴尔干国家来说，自省以及正确面对过去的历史显然存在不少困难，好在它们都愿意为此而努力。但是，承认国家主权有限性

---

① Bertelsmann Foundation, "Rethinking the Balkans Incongruities of State and Nation Building, Regional Stabilisation and European Integration", Berlin, Discussion paper Balkan Forum, June 17 – 18, 2004, p. 2; Jacques Rupnik, "The Western Balkans and the EU: 'The Hour of Europe'", Paris: Institute for Security Studies, *Chaillot Papers*, No. 126, 2011, p. 17.

② 转引自 Judy Batt, "The Western Balkans: Moving On", Institute for Security Studies, *Chaillot Paper*, No. 70, October 2004, p. 18。

③ 关于中东欧国家跨界民族问题的历史、现状及其对相关国家间关系的影响的分析，参见徐刚《东欧国家跨界民族问题探析：以匈牙利族人为例》，《俄罗斯中亚东欧研究》2013 年第 3 期，第 36～43 页。

④ 〔德〕尤尔根·哈贝马斯等：《旧欧洲·新欧洲·核心欧洲》，邓伯宸译，北京：中央编译出版社 2010 年中文版，第 6 页。

恐怕最为困难，尽管这些国家努力获得加入欧盟的许可，但对于"来之不易"或者有的国家重新拾回的主权，显然不太愿意再被套上枷锁，这在老成员国也广泛存在。更加不幸的是，"新欧洲"将得来不易（因而格外珍惜）的国家认同带进了"旧欧洲"，然而这与欧洲的历史格格不入，甚至因此唤醒了"旧欧洲"民族主义保守派的分裂种子。① 而欧盟自身缺乏迅速销蚀这些国家破除上述问题的能力。克劳斯·奥菲（Claus Offe）的解释很到位，他认为"欧洲"之所以无法抓住其成员国人民的归属感有一个很重要的原因：新国家诞生的典型动力，来自一个力量足以扫除不正当的政治统治，或排除外来的宰制，欧盟联盟所缺乏的，正是这种关键性的解放功能。到目前为止，人民看不到欧洲之统一具有这种解放的远景，其热情有限实属自然。②

从理念和设计上看，欧盟犹如一座使所有欧洲人摆脱落后、冲突、分裂而走向进步、和平、联合的"巴别塔"，但现实是，各民族国家数百甚至几千年的历史记忆（基于本民族语言、文化和历史等要素）无须上帝制造已是客观存在，再加上欧盟大厦本身又距理想中的"巴别塔"相去甚远，这就注定在通向所有人希冀到达的彼岸过程中，将会付出时间的成本和统一意志的合作博弈。倘若出现重大意外，如同上帝驱散了"巴别塔"中的人类一样，也不排除欧盟大厦走向坍塌、欧盟各国"作鸟兽散"的可能。这便是欧盟范式下的欧洲图像，既不能诋毁它，也不能神化它。

---

① 〔德〕尤尔根·哈贝马斯等：《旧欧洲·新欧洲·核心欧洲》，邓伯宸译，北京：中央编译出版社 2010 年中文版，第 42 页。
② 转引自〔德〕尤尔根·哈贝马斯等《旧欧洲·新欧洲·核心欧洲》，邓伯宸译，北京：中央编译出版社 2010 年中文版，第 14 页。

结语 通向欧洲"巴别塔"？

一 在欧洲大历史中讨论巴尔干：站好队了

巴尔干是什么？巴尔干基本问题是什么？本书虽然集中于对冷战结束以来的巴尔干地区进程进行论述，但从未游移于这两个问题之外。事实上，回答不清楚这两个问题，就不能深入了解这个地区的过去、现在和未来。而这两个看似仅具有地区属性的问题却具有欧洲甚至世界的一般意义。所以，对巴尔干地区的讨论理应被置于欧洲历史进程甚至是世界大历史中来进行。

第一次世界大战是欧洲近现代史的一个重要节点，这场战争的历史影响无论怎么评价都不为过。第一次世界大战的战火是 1914 年 6 月由发生在巴尔干半岛的"萨拉热窝刺杀王储事件"引燃。这场战争共有 33 个国家卷入，大约有 6500 万人参战，约 1000 万人丧生，约 2000 万人受伤，战争造成的经济损失约合 1700 亿美元（当时币值），成为人类历史上破坏性最强的战争之一。[①]除了人员伤亡和财产损失之外，这场战争的毁灭性影响在于它冲击了人们对人类文明的看法和信念，改变了世界发展的走势与格局。对于欧洲来说，这

---

① 关于协约国与同盟国各个国家参加战争、死伤和失踪等具体人数，参见 "First World War Casualties", http://www.historylearningsite.co.uk/FWWcasualties.htm; H. E. Goemans, *War and Punishment: The Causes of War Termination and the First World War*, Princeton: Princeton University Press, 2000; David M. Kennedy, *Over Here: The First World War and American Society*, Oxford: Oxford University Press, 2004; David Noonan, *Those We Forget: Recounting Australian Casualties of the First World War*, Melbourne: Melbourne University Publishing, 2014; J. M. Winter, "Britain's 'Lost generation' of the First World War", *Population Studies: A Journal of Demography*, Vol. 31, No. 3, 1977, pp. 449 – 466。

场战争（和之后的二战）是对欧洲文明、欧洲几百年来的世界主导地位的毁灭性冲击，随之而来的是合作与联合的实践。而对于巴尔干地区来说，这场战争（和早前的两次巴尔干战争）在帮助一些民族国家实现独立的同时使这块区域从此播下了撕裂的种子。两者合起来，反映的是欧洲过去百年来战争与和平的较量，分裂与联合的对抗。从趋势上看，和平、联合越来越成为主流。

历史在发展，2014 年的到来意味着离第一次世界大战爆发已经过去了 100 周年。不管出于何种考虑，人们行动了起来。为总结历史教训、理解战略环境以及把握世界走势，从 2013 年底开始，国际学术界、媒体舆论界掀起"一战爆发 100 周年"讨论潮，许多知名专家学者、评论家、政治家都参与其中。这些讨论的焦点主要集中于 1914 年与 2014 年的国际体系比较、大国关系是否具有相似性以及何种相似性，以及当前热点地区的局部纠纷是否有可能在特定条件下升级为大国冲突。一方面，人们不加隐讳地直接指向"当前中美关系与一战前德英关系的对比"；另一方面，人们担心 2013 年底爆发的乌克兰危机日益升级，将成为"萨拉热窝事件"的翻版。一言以蔽之，人们关注的是崛起大国与守成大国的竞争以及相应的战争与和平问题。对于多数欧洲人来说，他们对于世界形势的关注以不使欧洲一体化进程发生逆转为基石。

在这个重大历史事件纪念年前后，除了担心当前的国际形势错综复杂并有危险升级的可能，以及对一战浩劫挥之不去的阴影及由此生发的对大规模战争的恐惧以外，回顾和讨论一战爆发 100 周年、世界历史发展的 100 周年恐怕还有许多值得我们去深刻认识和总结的地方。就欧洲范围来说，引燃第一次世界大战的"巴尔干火药桶"历经 100 年的发展发生了怎样的根本性变化？100 年来欧洲内部的变革及其对人类社会的进步价值有哪些方面？不理解这些变化及其价值，人类的未来仍然充满危险性。事实上，20 世纪的巨大灾难以及与之并行的人类在未来能够阻止此类灾难发生的莫大希望，使人们意识到必须重新找到通向历史经验的新入口，以新的诠释观点加以领会和加工。①

---

① 〔德〕约恩·吕森：《历史思考的新途径》，綦甲福、来炯译，上海：上海人民出版社 2005 年中文版，第 6~7 页。

整个 20 世纪，特别是一头一尾，巴尔干地区牵动着世界的神经，成为世界大局势变动的一个不可分割的组成部分。本书主要讨论了 20 世纪末期以来巴尔干地区的变化，并将其置于欧洲一体化以及全球化的背景下，深入剖析巴尔干地区合作与欧洲一体化之间的互动与关联。进行这个讨论的初衷是考察欧洲人在（主要）经历两次世界大战后对欧洲命运的思考与举动如何以及在多大程度上在巴尔干地区得到扩散。同时，如何从过去 20 多年来巴尔干欧洲化的实践成效与困难来透视欧洲一体化的价值以及面临的挑战与阻力。更有一点值得强调的是，有关巴尔干"欧洲火药桶"的"刻板形象"应给予客观的解读，在这个过程中应该看到巴尔干人的自主性和进步的一面。

回过去看，在巴尔干历史演进的过程中有许多重要的节点。20 世纪的第一个节点便是第一次世界大战的结束。它开启了巴尔干国家从原宗主国独立出来的高潮，也是这些国家首次拥有走向现代化、成为现代国际关系体系中平等一员的重要机遇。一战的结束无疑直接推动了巴尔干国家的独立，但并没有保证所有国家领土的完整和主权的平等。凡尔赛体系的破裂加速了第二次世界大战的到来，存在于巴尔干国家间的诸多问题看似在战后获得了解决，实际上只是由于两大阵营的冷对峙使它们得以冰封。这个被视为第二次现代化的机会在随后的社会主义实践中逐渐丧失。冷战的结束也是一个极其重要的节点，它虽然不是"历史的终结"，却改变了人类历史的诸多进程，它使得国家间可以通过理性、协商而非武力与杀戮来解决冲突，国家可以遥过不是在一个他人的帝国内消失的方式来保护其民众，国家可以通过自由国家的联合而非结成一个联盟来保护自己。① 冷战的结束改变了巴尔干地区的发展进程。尽管在巴尔干地区尤其是前南斯拉夫地区付出了沉重的战争代价，甚至一些问题至今仍没有完全获得解决，但从大的趋势看，冷战结束后的欧洲化进程使巴尔干地区的面貌得到了实质性改变。

这种变化至少可以分为三个方面。其一，巴尔干国家的地位和角色发生了重大变化，它由"国际关系的客体"转变为"国际关系的主体"。无论是一战

---

① Fatos Tarifa, "The Adriatic Europe: Albania, Croatia, and Macedonia", *Mediterranean Quarterly*, Vol. 16, No. 4, 2005, p. 8.

结束还是二战结束，巴尔干国家均没有摆脱附属体系或大国的命运，也从来没有成为真正国际社会平等的一员。冷战的结束，使巴尔干国家以独立、自主的方式出现在国际舞台上，并拥有自主选择发展道路的权利与环境。其二，巴尔干国家回归了欧洲属性，欧盟首次有可能通过和平的方式实现全欧洲大陆的联合与统一。巴尔干曾经是欧洲文明的发源地，也就是欧洲不可或缺的组成部分。但是，在近代以来的历史进程中，这个区域要么处于欧洲的边缘地带，要么处于两极对抗的前沿阵地，没有也不可能找到自己应有的归属。在回归欧洲的进程中，巴尔干与欧洲的关系逐渐从"中心—边缘"回归到欧洲（联盟）内部关系。其三，巴尔干回归其地理意义，从冲突带转为融合区（一定程度上说是实验区）。在相当长的一段时期内，巴尔干一词充满了负面的含义，承载着很深的地缘政治和意识形态色彩。随着回归欧洲进程的推进，地理意义的巴尔干特征凸显，地区的安全化也将得到保证。当然，要彻底完成这个进程尚需要时日，仍然面临诸多困难。

可见，讨论巴尔干问题不仅仅具有特殊性，更具有欧洲的一般价值。同样，巴尔干地区的一体化实践不仅仅包含区域内部的互动，也关涉欧洲观念与欧洲意识的发展。本书通过从历史、文明、政治、经济、外交等层面对巴尔干国家间的合作及其欧洲化的进程进行探讨，并总结出了如下一些看法。

第一，巴尔干地区合作的历史早在冷战甚至更早时期便已经出现。20 世纪 50 年代，南斯拉夫、希腊和土耳其成立了巴尔干同盟；1959 年，罗马尼亚提出建立巴尔干无核区的倡议；1960 年初，巴尔干合作与谅解委员会成立；1975 年，希腊提出最小限度合作的思想，从次年开始巴尔干国家各类专家会议相继举行；1987 年，南斯拉夫提出召开巴尔干国家外交部长会议的倡议。这些合作尝试表明，在两极体系的对峙与分割下，巴尔干国家合作的意愿与实践一直存在，它们为冷战后的地区合作奠定了基础，有的合作倡议如巴尔干外交部长会议到后来直接发展成为更高级别的合作形式——"东南欧合作进程"。更加令人深思的是，巴尔干人民追求联合的尝试在近代中期甚至更早时期已经如火如荼地展开，特别是 19 世纪民族解放运动时期的爱国人士、社会主义人士——先是社会民主党人后是共产党人以及两次世界大战期间的二轨外交活动家都在他们所处的那个时代提出了自身对于巴尔干命运和巴尔干国家之间联合的设想，并为之奋斗。将这些历史客观地纳入巴尔干近现代史进程，将为我们呈现一幅多面的巴尔干镜像。而这也是本书强调长时段研究的重要原因和价值。

第二，冷战结束，特别是1995年《代顿协议》的签署开启了巴尔干地区合作的新时期。过去20多年来，一系列地区合作组织相继成立，其中，既有政府间合作机制，也有非政府间合作机制；既有政治、安全、外交等高政治领域的合作机制，也有经济、贸易、能源等低政治领域的合作机制；既有域外国家或国际组织推动建立的组织，也有巴尔干国家自身倡议成立的组织。它们成为推进巴尔干国家间关系发展的重要力量，也为巴尔干国家融入欧洲—大西洋结构奠定了基础。不过，总体上看，这些机制的合作水平仍有待提高，尤其是巴尔干国家间的固有矛盾成为阻碍它们发展的重要因素。这些尝试表明，与世界上其他地区一样，巴尔干地区没有脱离世界的发展轨道，尽管它们的努力常常遭受一些挫折，或者是与预期的效果相比有不少差距。

第三，巴尔干国家欧洲化的进程早在冷战时期便已开始，确切地说几乎与欧盟自身发展同步。1959年6月，希腊就提出加入欧洲经济共同体的申请。1961年6月，希腊成为欧共体第一个联系国。1981年，希腊成为第二批扩大、第十个欧共体成员国。另外，土耳其早在1963年就已经成为欧共体联系国，并于1987年正式向欧共体递交加入申请。北约更是早在1952年就将希腊和土耳其纳入麾下。南斯拉夫在20世纪60年代末就与欧共体建立了外交关系，罗马尼亚与美国、欧共体的经贸关系也在同时期得到加强。所以说，巴尔干欧洲化几乎应该与欧洲一体化的进程同步来考察。从中人们还能进一步深入理解两极格局在巴尔干地区的影响，以及欧共体（欧盟）在美苏对峙中所处的角色和所发挥的作用。这些要素与巴尔干国家的欧洲化息息相关。

第四，在巴尔干（以及中欧）国家入盟进程中，欧共体（欧盟）用足了"条件性"战略，"条件性"的内容也越来越多，欧盟与候选国之间的博弈可见一斑。从历次扩大的经验来看，欧盟还会不断增强条件限制的使用，增加条件的数量，并灵活运用条件限制的优先顺序。尽管候选国会在条件限制的时差上做文章，但总体上没有与欧盟就"条件性"进行讨价还价的空间和可能，它们只有在谈判过程中就如何消化"条件性"而进行努力。欧盟也从中得到学习，在未来巴尔干国家的入盟进程中，不仅会重视入盟确切日期的赋予，也会强调谈判启动和完成的"基始标准"。在数次扩大进程中，欧盟积累经验，掌握了在任何一个节点对候选国进行控制的手段。稍加拓展地看，欧盟在与外部世界打交道时同样注重其主张的理念与原则，特别是政治领域的规范。所以，我们在研究巴尔干国家入盟时，实际上从一个侧面为了解欧盟外部治理以及中国如何与欧盟、欧洲国家打交道提供了分析基础。

第五，欧盟东扩是一个双向化运动，既对候选国达标有促动作用，也对欧盟政策与机制调整具有反向作用。一方面，从巴尔干地区来讲，该地区在"回归欧洲"进程中所呈现出来的问题和取得的进步都会投射、反馈给欧盟，欧盟不同国家对巴尔干并非完全一致的政策将影响欧盟的运作。另一方面，（西）巴尔干国家对于欧盟促进安全稳定、推动贸易市场以及增强话语影响力等方面均具有重要意义。① 举欧盟共同安全与防务政策的例子来说，它的形成在很大程度上得益于欧盟对自身在巴尔干危机中的认识，而它本身也为解决巴尔干危机以及维持该地区的安全与稳定起到了重要的作用，进而增强了欧盟安全。若忽视了双向视角，仅仅自上而下，仅从机构到国家，无疑不利于理解欧盟的内在机理，也无法准确地理解欧洲联合的应有之义。

第六，接受欧盟的改造是巴尔干国家进行国家建构的一个重要路径，但也将引起国家主权与欧盟身份、国家认同与欧洲认同之间的"冲突"，这在此前入盟的中东欧国家中也普遍存在。而且，在这些国家中还存在民族认同引发的族群问题。特别是在西巴尔干国家，"国家性"问题尤为重要，一定程度上关乎国家的稳定。因此，考察巴尔干国家欧洲化的进程，不能离开民族认同、国家认同以及欧洲认同三者之间的互动分析。实际上，这种分析框架不仅仅可以运用于为入盟作准备的国家中，同样也适用于已经入盟国家与欧盟关系的分析，如英国。当然，在分析不同的国家时，变量可能发生变化，认同的要素或处于首要位置，或处于次要位置。正如哈贝马斯等人直指的："在国际舞台上，要想有一个有足够分量的'欧洲'，在感情上，就需要有一个足以为一般

---

① 更为详细的分析参见孔寒冰《欧盟与西巴尔干国家的互利与互动及其前景》，《欧洲研究》2014 年第 4 期，第 3~5 页。

欧洲人民普遍认同的实体，像目前的状况绝对是不够的。到目前为止，除了一种共同的货币与一个不伦不类的政治架构外，'欧洲'既不成其为一个邦国，也算不上是一个联邦，顶多只是在布鲁塞尔有一个不痛不痒的机构而已，就实质意义来说，也称不上是一个'民族'，难以要求如此众多民众效忠，乃至于为其慨然赴死。"① 因此，"欧洲认同"对于欧盟而言居于核心地位②，但同时也是欧盟的"软肋"，至少目前是如此。

第七，从后冷战的发展进程看，巴尔干问题在"回归欧洲"的框架内得到了更好的解决，甚至说巴尔干国家在欧盟的改造下逐渐回归正常国家，真正回归国际关系的平等主体，融入欧洲，走向世界。反过来说，巴尔干问题的解决是对欧盟价值观的一种检验，也是以欧盟为载体的"欧洲梦"的进一步延伸。从目前的情况看，巴尔干国家仍然存在各种各样的问题，这些问题的解决不仅考验相关国家，也考验欧盟的意愿与能力。因此，目前对于巴尔干国家和欧盟来说均是一个关键的时期。从历史与未来相结合的角度看，如何有序地将所有巴尔干国家整合到欧盟框架内，是对"欧洲"、"欧洲观念"、"欧洲统一"等理念与实践的最好回答。

由以上总结可以看出，欧盟改造巴尔干的进程其实是传播其欧洲观念、规范的过程，虽然该过程不可能一蹴而就，但其方向得到了巴尔干人的认可，对于世界上其他地区具有非常强的示范价值。因为，"欧洲决不只是一个市场，而是一种在历史中发展壮大起来的社会模式"。③ 从这个意义上讲，欧洲人一直在努力通过一体化的方式来引导人类文明的进步，指明人类的福祉，通往精心设计的"巴别塔"。与此同时，与此同时要强调的是，巴尔干地区除了战争与冲突外，这里的人民很早就有联合的尝试、追求和平的渴望，一俟获得这样的机会，他们绝不轻易放弃，尽管这个过程会有一些艰难、很多努力也会付之东流。冷战结束特别是《代顿协议》签署后，巴尔干国家试图通过融入欧洲—大西洋结构来避免纷争、冲突，欧盟和北约也逐渐将所有巴尔干国家纳入框

---

① 〔德〕尤尔根·哈贝马斯等：《旧欧洲·新欧洲·核心欧洲》，邓伯宸译，北京：中央编译出版社 2010 年中文版，第 4 页。

② Perry Anderson and Peter Gowan, eds., *The Question of Europe*, London：Verso, 1997.

③ 曹卫东编《欧洲为何需要一部宪法》，北京：中国人民大学出版社 2004 年版，第 44 页。

架内，销蚀巴尔干区域内的大民族主义情结和独裁主义历史。因此，除了加（欧）盟入（北）约外，它们还"需要构建自己的跨国家组织，这样的组织应当是自愿形成的，有足够能力仲裁成员国之间的纠纷，保持国家间贸易的开放并确保少数民族的人权"。如果这些国家意欲消除地区冲突、不稳定、民族救世主情结以及附随而来的各种集权主义、军事独裁、宗教或种族—文化集体主义回潮的危险，那么它们的政治形式就需要转型，从原来排外、不宽容和自我中心的"种族性"民族—国家转变为更开放、更包容和更宽容的社会，而后者根植于超国家的、联邦式的、宽松的"公民联合体"。① 冷战结束以来的巴尔干国家正是在这样两个轨道上发展的。然而，如果说进入联合体和实现政治形式转型是可能努力并将达到的事，那么要真正使该地区所有问题得到解决并建立起"巴尔干区域意识"甚至"欧洲意识"，仍然是很漫长的事。换言之，对于多数欧洲国家来说，器物层面的统一（欧元货币、申根区等）已经实现，但精神上的一致却任重道远。因为"人们可以放弃自己国家范围内使用的货币，但是源于某一民族或地区的历史认同却永远不会在一个总括性的欧洲认同当中消失"。②

回到篇首，欧洲是什么？客观地讲，它是"一个高度复杂的多元素的混合体，它调和了多种多样的归属感，并在这个多样性中融入了欧洲的归属感。如果欧洲人概念确实应当成为一种生活力量的话，那就需要具备高度的灵活性和活跃性，以超越目前存在的归属感和界限的精神力量"。③ 对于每个欧洲国家来说，所谓欧洲即经济和政治领域的欧盟以及军事和安全领域的北约，因而严格意义上说是欧洲—大西洋结构。一位欧洲学者这样描述欧盟："作为一个全球行为体，欧盟要发挥与美国、北约不同的作用，而不是模仿它们。即使在武力维和与军事冲突管理上作用颇小，欧盟也能在民主化、市民社会、可持续

---

① 〔英〕罗伯特·拜德勒克斯、〔英〕伊恩·杰弗里斯：《东欧史》（下册），韩炯等译，上海：东方出版中心2013年中文版，第989页。

② 〔德〕约恩·吕森：《历史思考的新途径》，綦甲福、来炯译，上海：上海人民出版社2005年中文版，第115页。

③ 〔德〕约恩·吕森：《历史思考的新途径》，綦甲福、来炯译，上海：上海人民出版社2005年中文版，第116页。

发展这些对全球安全与稳定至关重要的领域发挥强有力的作用。"① 通过在中欧和巴尔干地区的实践，完全有理由说，欧盟正在以其规范、价值引领欧洲、改造欧洲，所有国家也都基本认同并加以实践。

当然，要对欧盟说三道四也在情理之中。时下欧盟内部出现的诸多不顺，如希腊债务危机的恶化、英国脱离欧盟的"蠢蠢欲动"、欧洲极右势力的抬头、欧盟内部改革的滞后，特别是愈演愈烈的难民危机，均对欧盟一体化事业产生不同程度的冲击。而要将所有巴尔干国家纳入欧盟大厦也尚需时日。也许诚如英国哲学家卡尔·波普尔（Karl Popper）所言：历史未来发展的方向从来是不可能被预测的。但是，欧洲人的行动一直在朝维克多·雨果（Victor Hugo）坚守的信念前进："总有一天，你们会看到，在你们中间不再存在法兰西人、俄国人、意大利人、英国人、德国人，但是，在不失去欧洲大陆各民族特性的前提下，更不会失去他们曾经拥有过的光辉，他们将在走向最高联合时，真诚地建立起欧洲的博爱。"② 在实践中，具体的欧洲人对于"欧洲联盟"的某些政策、举措可以有各种不同的意见，甚至相反的意见，但是，都有"欧洲是欧洲人的欧洲"这样的一种欧洲内向意识（in-group）。③ 从这个角度讲，巴尔干以及整个欧洲的未来都会变得更好，在统一的欧洲历史意识下调和多样性的归属感是欧盟不变也是唯一的发展方向——实现多样性中的同一性。当然，这个过程会很长，恐怕将会是一项无法确定竣工时限的"工程"。

那么，巴尔干又是什么？欧洲一体化实践下的巴尔干具有什么样的含义？从冷战结束特别是进入 21 世纪以来的历史不难得出，若不是出于尊重历史的需要，巴尔干山脉无法挪动、更名，这个区域完全可以由东南欧来代替——事实上，前面已经提到国际学术界已经越来越多地使用东南欧表述。理由简单而充分。进入 21 世纪以来，巴尔干区域出现的进步已经使战争退回到历史记忆和博物馆中去了，"巴尔干化"一词更多被用于表述中东、北非、乌克兰以及

---

① Michael E. Smith, *Europe's Foreign and Security Policy: the Institutionalism of Governance*, New York: Cambridge University Press, 2004, p. 261.

② 转引自〔意〕玛丽娅·格拉齐娅·梅吉奥妮《欧洲统一 贤哲之梦：欧洲统一思想史》，陈宝顺、沈亦缘译，北京：世界知识出版社 2004 年中文版，第 46 页。

③ 陈乐民：《欧洲——分与合，衰落与中兴》，资中筠主编《冷眼向洋：百年风云启示录》（上卷），北京：生活·读书·新知三联书店 2001 年版，第 371 页。

中亚地域的冲突与战乱。巴尔干一词之于本地区的意义，除了历史学研究的价值外，更多的只是它本身的地理含义。而这是本书坚持使用巴尔干而非东南欧一词的重要原因，它不仅具有历史感，又富含学术客观性与中立性。

按照这样的发展趋势，巴尔干的确成了斯托扬诺维奇所言的"最后的欧洲"①，欧洲也在朝着以欧盟为核心的合众国方向前行。不管存在怎样的差距，巴尔干国家已经站好队了，也许它们会"东张西望"，甚至"东倒西歪"，但它们不敢离队。它们努力与其他欧洲国家一起通往欧盟的"巴别塔"，在这座塔中解决自身存在的各种问题并追求进步与繁荣。但是，这个过程是漫长且充满艰辛的，越到"巴别塔"塔尖，环境会越复杂、越险恶。由于巴尔干国家排在队伍的最后端，它们必须紧跟队伍才能接收前方传来的前进信息——每个信息都主要由打头阵的国家释放，进而调整自己的步伐，才不至于落队，更不至于被甩出塔外。

二 从巴尔干反观欧洲和国际社会：未尽的研究

我虽然博士毕业于北京大学国际关系学院，本书也是基于我在中国社会科学院国际政治专业博士后流动站工作期间撰写的出站报告修改而成，但由于国际关系理论与方法训练的不系统，对理论与生俱来的不自信，以及文笔的不娴熟，使我在书中不敢执迷于理论的运用，也不敢妄言理论创新，更不敢成为理论（尤其是西方理论）的囚徒，生怕任何一个举动都会成为笑料，尽管本书难免仍会如此；同时使我不敢贸然另辟一节"是为方法"，因为与严肃的社会科学的方法论相比，书中一再强调的长时段历史视野（大历史观）和巴尔干本体立场（地方史全球化）显得随意了许多。不可否定，理论是重要的，但是学者不能拿枯燥的理论吓人，学富五车式的新学究，可能只是某种理论的齿轮传动装置。教科书般的思维模式与创造性的思想探索虽然都是头脑的产物，但它们之间的不同，就像辞典与珍贵书籍的差异、枯燥的教条与奇妙的智慧的区别，又如画中的灯火与真实灯烛的不同，灯烛的光亮即使微弱如豆，也是颤抖的，有势头和活力的，有可能照亮前方的道路。② 即使如此，仍有读者不禁会问，写

---

① Traian Stoianovich, *Balkan Worlds: The First and Last Europe*, London: Routledge, 2015.
② 郭小聪：《守夜人与夜莺：国际关系领域的文化思考》，北京：北京大学出版社 2014 年版，第 279~280 页。

作本书的意义何在？本书的创新何在？本书写作的科学性何在？

在回答这一系列挑战性的问题之前，我不由自主地想到了美国著名社会心理学家马斯洛（Abraham Maslow）对醉汉和庸医的暗讽："这最终会使我们想起那个有名的醉汉，他不在丢失的地方，而是在路灯下寻找钱包，理由是'那儿光线好'。或者，使我们想起这样一个医生，他使自己的病人大为光火，因为他只知道一种治病的方法，用唯一的药方对付所有的疾病。"① 我本没有暗讽的本领，更不想成为马斯洛笔下的醉汉或庸医。事实上，贯穿本书的基点是讨论巴尔干基本问题及其在后冷战时代的表现，并借助地区合作和欧洲化两个视角来进行长时段分析和本土化解读。换言之，本书主要以问题为中心，并不打算在理论创新、方法运用上有所突破。

以问题为中心进行写作，虽不是自卖自夸，但也是难度不小的挑战。在硕士、博士、博士后的学术训练中，在学术论文、学位论文甚至一般政论的写作中，问题意识、问题导向一直像"紧箍咒"一样悬在我脑中。诚如哲学家波普尔所言："科学只能从问题开始。"科学家爱因斯坦也说道："提出一个问题往往比解决一个问题更重要。"可见，无论是科学实验，还是科学研究，问题意识是核心，是灵魂，是关键。同时，"对一个问题的每一种解决都会引出新的未解决的问题，原初的问题越是深刻，它的解决越是大胆，就越是这样"。② 应当承认，巴尔干基本问题的提出本身是"深刻"的，是切中要害的，但本书解决得如何当由读者来判断。然而，由于水平能力有限，由巴尔干基本问题延伸出来的许多相关问题并没有在书中得到展开。其中最为重要的一点是，冷战结束以来的巴尔干地区发展与欧洲以及世界的发展存在什么样的关联？如何通过巴尔干地区的发展来反衬欧洲及世界的发展？从学术研究的视角来看，则是后冷战时代的巴尔干区域进程为国际关系以及其他学科带来了怎样的思考？提供了怎样的素材？只有回答了这些问题，本书一再强调的"欧洲的巴尔干"才具有深远的意义。

---

① 〔美〕马斯洛：《动机与人格》，许金声等译，北京：华夏出版社 1987 年中文版，第 16 ~ 17 页。

② 〔英〕卡尔·波普尔：《猜想与反驳：科学知识的增长》，傅季重等译，上海：上海译文出版社 2015 年中文版，第 40 ~ 41 页。

不妨让我们先回到冷战结束的起点。当时，东欧国家纷纷改制，"历史终结论"甚嚣尘上，但中东欧人对走向理想的目的地前将会经历怎样的行程不得而知。或者说，它们尚不清楚欧洲主要大国设计"欧盟巴别塔"的终极意图以及自身每前进一步所带来的意义。东欧国家改制过去四分之一个世纪了，欧盟东扩也启动了三个批次，怀抱"事后诸葛亮"的心态对这一进程给欧洲乃至整个国际格局产生的影响进行分析显得轻松多了。

然而，令人敬佩的是，欧洲总不乏历史的先见。早在 1990 年，德国思想家哈贝马斯就提出了影响欧洲公民身份和民族认同之间关系的三个历史性运动：第一，德国统一，中东欧各国摆脱苏联监护，席卷整个东欧的民族冲突，这些都给各民族国家之未来的问题造成了一个始料未及的局面；第二，欧洲各国共同体的共同成长，加上 1993 年将要生效的统一的内部市场这一重大事件，突出了民族国家和民主之间的关系：相对于跨国层次上发生的经济一体化来说，其宪法基础在于民族国家层次的民主过程，落后得让人感到丧气；第三，来自贫穷的东部地区和南部地区——未来几年中西欧将与之发生更加密集的遭遇——的大规模移民，使难民问题具有了新的重要性和紧迫性。[①] 概括哈贝马斯的创见即是，在欧洲共同体大厦建高筑牢的过程中，必然伴随空间地理的扩大和民族人数的增加，进而产生基于数量扩大的欧洲与维系原始情感的民族之间的张力。这个总结不仅简明扼要地叙述了欧洲过去几十年的发展历程，也切中要害地抓住了欧洲一体化问题的本质。今天欧洲一体化的扩大与深化也基本围绕这三大问题展开。特别是对难民问题的预见正印证了时下的欧盟现实，在拍手叫绝的同时不得不令人肃然起敬。

辩证地看，巴尔干国家的欧洲化进程既面临哈氏提出的这些问题，也诱发这些问题。本书的核心就是努力解析巴尔干国家在回归欧洲进程中一体化与巴尔干化、欧洲化与民族化之间的张力，解读欧洲历史进程中的巴尔干性。在这个过程中，除了哈氏提出的以及本书涉猎的问题外，仍有许多本书未加展开但又颇具价值的议题。

---

① 〔德〕尤尔根·哈贝马斯：《在事实与规范之间》，童世骏译，北京：生活·读书·新知三联书店 2011 年中文版，第 652~653 页。

第一，东欧政局剧变后开始的转型实验（包含巴尔干国家）具有什么样历史意义？对于"1989 年"及其之后进程的重要性，美国巴特勒大学教授大卫·梅森（David S. Mason）认为它等同于"1789 年"。① 牛津大学政治学教授蒂莫西·阿什（Timothy Garton Ash）则认为，1989 年是整个欧洲大陆历史的转折点。② 对东欧政局剧变及其后发生的多重转型进行讨论"已越出了学术畛域，深入分析这一过程中的问题及其解决之道，不仅有助于拓展和深化对人类社会发展规律和模式多样性的认识，也会让我们更深刻地理解中国坚持改革开放的必要性和深化各项改革的紧迫性"。③ 概言之，1989 年开启的中东欧转型进程是一个宏大的系统工程，而要深刻地理解它，亦要置于人类历史（主要是欧洲历史）的大变迁背景之下。

第二，中东欧国家回归欧洲的一体化进程对国际格局有什么样的影响？再次引用前欧盟委员会主席普罗迪的话说，这是欧洲历史上首次有机会通过和平的方式实现全欧洲的统一。德国前外交部长菲舍尔（Joseph Martin Fischer）也强调，欧盟东扩是将我们这个几百年来饱受战争蹂躏的大洲统一到和平、安全、民主和福祉之下的绝佳机会。④ 通过吸纳新成员，欧盟的地理疆域不断扩大，经济总量成为世界第一，并且正在成长为一个具有一定影响力的政治行为体，在国际事务中发挥着举足轻重的作用。甚至说，欧洲传统大国对于国际格局的影响通过欧盟扩员以及扩大后形成的"合力"得以延续。所以，反过来讲，国际格局的变化以及国际形势的发展也从欧盟扩大的进程获得不一样的推力。

第三，如何从民族国家的构建解读冷战结束以来巴尔干区域不断出现新国家独立的现象？冷战结束以来，南斯拉夫解体（始于 1990 年）、捷克斯洛伐克"天鹅绒离婚"（1992 年 12 月）、黑山与塞尔维亚分家（2006 年 5 月）、科索沃单方面宣布独立（2008 年 2 月）以及波黑内部的不稳定等现象足以说明

---

① David S. Mason, *Revolutionary Europe* 1789 – 1989: *Liberty*, *Equality*, *Solidarity*, New York: Rowman and Littlefield, 2004。
② Timothy Garton Ash, "1989!", *The New York Review of Books*, Vol. 56, No. 17, 2009.
③ 朱晓中：《七问中东欧转型》，《同舟共进》2012 年第 1 期，第 5 页。
④ 转引自曹卫东编《欧洲为何需要一部宪法》，北京：中国人民大学出版社 2004 年版，第 7 页。

肇始于欧洲大陆的现代民族国家构建进程仍没有结束。那么，怎样理解民族国家的含义、建立民族国家的标准、民族国家形成与国际环境的关系以及民族主义的政治正当性等问题既具有理论价值，也颇具现实意义。巴尔干地区是一个极好的考察场域。

第四，与上述问题相关的是，吸纳了所有巴尔干国家（正在进行）的欧盟边界在哪里？欧盟的终极形式将是什么？换言之，当前欧盟已经在自身改革上遭遇了一系列困境，共同刺激的缺失和认同层面的不一致使得人们对欧盟的前景心生忧虑。① 进一步讲，欧盟及成员国在对待新入盟国家和推动候选国家改革时，究竟反映的是一种条件的客观约束，还是不断扩大的主观不适，抑或是兑现承诺的"台阶"？在欧盟困境频现且西巴尔干国家挑战欧盟能力的问题相交织时，人们对欧盟前景的担忧将有足够的理由延续。扩大与深化可以相向，也可能相悖。

第五，怎么看待区域发展的"欧洲模式"或"欧洲方式"？经过60多年的发展，以欧共体/欧盟为载体的欧洲一体化发展模式与价值理念既自成体系，又在世界范围内产生了很大影响。欧盟扩大和深化的经验对国际组织扩员及一体化实践具有较强的导向价值，在亚洲、北美、非洲等区域合作的发展中可以清楚地看到这一点。② 在欧盟内部，虽然实践中遭遇各种困难，但政治、经

---

① 安东尼·吉登斯（Anthony Giddens）指出，欧盟不会消逝，短时间内肯定不会，但可能衰落到不起眼的地步。参见〔英〕安东尼·吉登斯《全球时代的欧洲》，潘华凌译，上海：上海译文出版社2015年中文版，第229页。尼尔·弗格森进一步描绘了这种衰落：欧盟是一个处在衰落边缘的实体，或许最后要发展到毁灭的边缘。如同经合组织一样，将来有一天欧盟也可能只是个微不足道的数据收集机构，在布鲁塞尔或其他什么城市设有昂贵但作用不大的办公机构。参见 Niall Ferguson, "The End of Europe?", Amercian Enterprise Institute Bradley Lecture, Washinton, March 1, 2004, p. 2。

② 关于"欧洲模式"对其他区域借鉴的分析，参见李富有、于静《欧洲模式借鉴：东亚货币合作的路径选择与政策协调》，《当代经济科学》2004年第2期；张浚《从亚欧会议进程看发展国际关系的"欧洲模式"》，《欧洲研究》2006年第1期；伍贻康《关于欧洲模式的探索和思辨》，《欧洲研究》2008年第4期；Peter Vale, "Prospects for Transplanting European Models of Regional Integration to Southern Africa", Politikon, Vol. 9, No. 2, 1982, pp. 32 – 41；Wallace Swan, "The European Union: Model for the World", International Journal of Public Administration, Vol. 25, No. 1, 2002, pp. 91 – 94。

济、社会等诸多领域均朝着一个共有的模式发展。① 欧洲模式的核心和基础是欧洲一体化和区域共同治理，这是一种没有先例的政治体制和制度创新，是对传统国家模式的超越、对现有国际关系的突破，开创了民族主权国家体制和超国家治理体制并存的新的历史发展阶段。客观评价欧洲模式，它既具有时空局限性、意识形态色彩和利己主义思考，又体现了历史发展进程的一个基本趋势，其蕴含的理念、经验和精神具有启迪和借鉴意义，有一定的普遍性。②

第六，怎么看待非国家实体之于国际政治的意义？在经济全球化背景下，除了主权国家外，世界政治舞台上出现了众多的非国家行为体。在巴尔干地区，尤其是在波黑和科索沃，国际组织、跨国企业和非政府组织的影响非常大，它们在一定程度上影响着这些国家的发展。仅以波黑为例，看不到欧盟、北约、联合国等国际组织在该国的影响，就不懂得这个国家的运转机制；看不到这些非国家行为体在波黑的重要影响，就理解不了波黑国家发展暴露的和隐藏的诸类问题。

第七，美国对欧洲一体化以及巴尔干地区合作的态度如何？布热津斯基直言不讳地指出：只有当欧洲的统一愿望得到美国的鼓励甚至支持的时候，历史

---

① 对"欧洲模式"在各领域表现的讨论，参见周弘、〔德〕贝娅特·科勒-科赫主编《欧盟治理模式》，北京：社会科学文献出版社 2008 年版；罗红波主编《欧洲经济社会模式与改革》，北京：社会科学文献出版社 2010 年版；伍贻康《多元一体：欧洲区域共治模式探析》，上海：上海社会科学院出版社 2010 年版；〔英〕安东尼·吉登斯等主编《欧洲模式》，沈晓雷译，北京：社会科学文献出版社 2010 年中文版；Brigid Laffan, "The European Union: a distinctive model of internationalization", *Journal of European Public Policy*, Vol. 5, No. 2, 1998; Andrew Martin and George Ross, eds., *Euros and Europeans: Monetary Integration and the European Model of Society*, Cambridge: Cambridge University Press, 2004; Walter Lorenz, "Towards a European Model of Social Work", *Australian Social Work*, Vol. 61, No. 1, 2008; Angelo Pichierri, "Social Cohesion and Economic Competitiveness: Tools for analyzing the European model", *European Journal of Social Theory*, Vol. 16, No. 1, 2013。近几年，欧洲经济不景气，欧债危机尚未探底，由此引发了人们对欧盟社会模式的疑问与思考。参见 Charles Dannreuther, "The European Social Model after the Crisis: the end of a functionalist fantasy?", *Journal of Contemporary European Studies*, Vol. 22, No. 3, 2014; Daniel Vaughan-Whitehead, *The European Social Model in Crisis: Is Europe Losing its Soul?*, Geneva: International Labor Office with Edward Elgar, 2015; Jon Erik Dolvik and Andrew Martin, eds., *European Social Models From Crisis to Crisis: Employment and Inequality in the Era of Monetary Integration*, Oxford: Oxford University Press, 2015。

② 伍贻康：《关于欧洲模式的探索和思辨》，《欧洲研究》2008 年第 4 期，第 145 页。

性时间表才能得以实现。[1] 考察 60 多年欧洲一体化的进程，可以清楚地看到，实力关系和制度关系的紧张导致美国对欧洲地区一体化的态度越来越不满，并逐步采取了打压的措施。[2] 在后冷战时代，欧盟并非在所有政策上与美国亦步亦趋，相反，在发动战争、推动金融秩序改革等方面与美国分歧很深。[3] 早在 2002 年，美国学者查尔斯·库普乾（Charles A. Kupchan）就指出，国际关系的竞争主要会在美国和一体化的欧洲之间进行，是欧盟，而不是别的大国将会成为美国主要的挑战者。[4] 联想到巴尔干地区，美国通过北约介入该区域，对科索沃人道主义的干预，利用罗马尼亚和保加利亚的军事基地，创议成立了多个地区合作组织等也都表明了美国对巴尔干国家间的合作与欧洲一体化进程有重要影响。至于有少数评论将时下的欧洲难民危机归咎于美国对欧盟布下的棋局，虽不可深信，但不乏其中关联。

此外，还有诸多具体和微观的议题值得提及。比如，科索沃和波黑关涉国际托管、国际监督、危机管理的研究价值；欧洲—大西洋进程中西巴尔干国家入盟与入约先后逻辑关系；科索沃问题对"保护的责任"理论的"贡献"；希腊债务危机的扩大对欧洲一体化进程的根本性影响；乌克兰危机的蔓延对欧盟共同外交、安全与防务政策的冲击；波黑的走向对巴尔干以及欧洲安全与稳定的影响；伊斯兰问题对欧洲一体化的潜在影响；移民/难民问题对巴尔干国家间合作及欧洲一体化进程的影响；巴尔干地区在欧洲能源安全议程上的地位；社会福利制度转型在巴尔干国家欧洲化进程中的体现；历史遗产与历史记忆对巴尔干国家转型的影响；巴尔干国家非政府组织和公民社会的发展；右翼和民

---

① 〔美〕兹比格纽·布热津斯基：《大棋局——美国的首要地位及其地缘战略》，中国国际问题研究所译，上海：上海人民出版社 1998 年中文版，第 257 页。

② 宋伟：《捍卫霸权利益：美国地区一体化战略的演变（1945～2005）》，北京：北京大学出版社 2014 年版，第 190 页。

③ 2003 年，在美国人为响应欧盟国家支持其发动的伊拉克战争制造了"新欧洲"（New Europe）的同时，欧洲公共知识界认为反对欧洲民众为此发动的两次世界大战结束以来最大规模的示威意味着一个"欧洲国"在街头诞生了。这个"欧洲国"意味着欧洲自 1945 年以来向美国"一边倒"政策的结束，甚至被视为一篇欧洲独立宣言。参见〔德〕尤尔根·哈贝马斯等《旧欧洲·新欧洲·核心欧洲》，邓伯宸译，北京：中央编译出版社 2010 年中文版，第 3～7 页。

④ Charles A. Kupchan, "The End of the West", *The Atlantic*, November 2002.

粹思潮兴起对巴尔干国家欧洲化的影响，以及长期对巴尔干地区有深远影响的宗教问题，等等。其中，近来出现的重大难民危机及其对欧洲社会、政治、经济、安全甚至发展体制产生的冲击较大，巴尔干国家既是难民源之一，又是重要的"取道国"。这次难民潮被许多政治家和评论人士视为二战结束后最为严重的一次，影响广泛。它到底是冲击欧盟现有秩序和安排的危难，还是从长远看的对劳动力不足的欧盟国家来说的机遇，切不可轻下结论，亦不能有短视之见，更不能以偏见作取舍。颇具意味的是，对于巴尔干及中欧国家来说，这次的大规模难民潮是否会在未来与其所赴的西欧国家的劳动力形成竞争，使欧洲国家的劳动力供应发生新的革命，都值得深入分析。

可见，冷战结束以来的巴尔干区域甚至更大的中东欧区域是诸多国际政治问题的"出发源"和"思想源"，对于国际关系理论以及其他学科来说具有"标本意义"。同时，巴尔干地区也是美国、欧盟等大国或国际组织推行与调整政策的实验场。从这个意义上说，本书的研究是微不足道的，上述未尽的研究就当作勉励自己继续从事巴尔干研究的动力吧！

附　录

巴尔干地区合作与各国入盟进程大事记

1988～1994 年

1988 年 2 月 6～25 日　首届巴尔干国家外交部长会议在贝尔格莱德举行

1990 年 10 月 5～24 日　第二届巴尔干国家外交部长会议在地拉那举行

1991 年 6 月　斯洛文尼亚、克罗地亚相继爆发战争

1992 年 4 月　波黑战争爆发

1992 年 6 月 25 日　黑海经济合作组织在伊斯坦布尔成立

1992 年 11～12 月　罗马尼亚、保加利亚分别与欧盟签署《联系国协定》

1993 年 6 月　欧盟理事会发布哥本哈根入盟标准

1994 年 1 月 10～11 日　北约布鲁塞尔首脑会议通过与中东欧国家以及俄罗斯建立"和平伙伴关系"计划

1994 年 1～3 月　罗马尼亚、保加利亚、阿尔巴尼亚和斯洛文尼亚加入北约"和平伙伴关系"计划

1995 年

6 月 22 日　罗马尼亚递交入盟申请

8 月 26 日　希腊、保加利亚、罗马尼亚外交部长于爱奥尼亚会晤，强调重启 1980 年代举办的巴尔干国家外交部长会议

9 月 13 日　希腊与马其顿签署《关系正常化过渡协定》

11 月 15 日　马其顿加入北约"和平伙伴关系"计划

11 月 21 日/12 月 14 日　《代顿协议》签署

12 月 13 日　鲁瓦约蒙进程启动

12 月 16 日　保加利亚递交入盟申请

1996 年

2 月 19 日　塞尔维亚总统米洛舍维奇、克罗地亚总统图季曼、波黑总统伊泽特贝戈维奇在罗马会晤，承诺执行《代顿协议》

2 月 7～26 日　欧盟理事会启动西巴尔干"地区立场"

2 月 27 日　欧盟理事会通过了鲁瓦约蒙进程目标的共同立场

3 月 21 日　东南欧国家国防部长会晤机制建立

7 月 6～7 日　巴尔干外交部长会议时隔六年后再次在索菲亚召开，东南欧合作进程启动

10 月 2 日　欧盟委员会提出"地区立场"框架

12 月 5～6 日　在《美国—欧盟协定》签订后，东南欧合作倡议启动

1997 年

4 月 29～30 日　欧盟理事会制定关于波黑、克罗地亚和南联盟的"条件性"标准

6 月 9～10 日　东南欧合作进程成员国外交部长在萨洛尼卡会晤

7 月 1 日　罗马尼亚加入"中欧自由贸易协定"

10 月 3 日　第二届东南欧国家国防部长会议在索菲亚召开

11 月 3～4 日　巴尔干第一届首脑会议在克里特举行

12 月 12～13 日　欧盟理事会邀请一些候选国在卢森堡启动成员资格谈判，将保加利亚和罗马尼亚排除在外

1998 年

3 月 10 日　保加利亚、罗马尼亚、希腊、马其顿和土耳其就科索沃危机

达成一致立场

6 月 5 日　黑海经济合作组织首脑峰会在雅尔塔举行,签署《黑海经济合作组织章程》

9 月 26 日　阿尔巴尼亚、保加利亚、希腊、意大利、马其顿、罗马尼亚和土耳其的国防部长在斯科普里签署《东南欧多国和平部队协议》

10 月 13 日　东南欧合作进程首脑峰会在土耳其安塔利亚召开,与会各国支持科索沃在南联盟内部实行自治

1999 年

1 月　保加利亚加入"中欧自由贸易协定"

3 ~ 6 月　科索沃战争爆发

5 月　东南欧合作倡议组织同意在布加勒斯特建立跨国犯罪中心

6 月　在马其顿进行的东南欧合作进程峰会被迫取消,理由是塞尔维亚反对邀请科索沃参会,而阿尔巴尼亚再次拒绝与会

6 月 10 日　由欧盟发起并主持的东南欧问题外交部长会议在德国科隆举行,会议通过《东南欧稳定公约》

7 月 30 日　《东南欧稳定公约》在萨拉热窝启动,德国政治家博多·洪巴赫被任命为特别协调员

8 月 31 日　东南欧多国和平部队——东南欧多国旅设在保加利亚普罗夫迪夫

9 月　土耳其西部地震之后,希腊—土耳其和解启动

12 月 10 ~ 11 日　欧盟赫尔辛基会议决定启动与保加利亚、罗马尼亚的成员资格谈判,同时给予土耳其候选国地位

2000 年

1 月　克罗地亚议会大选举行,社会民主党主席伊维察·拉昌领导的中左翼联盟执政

2 月 7 日　拉昌以中间人身份促成保加利亚和罗马尼亚第二个多瑙河桥梁

协定达成

5 月 19~20 日 "亚得里亚—爱奥尼亚倡议"在安卡拉启动

5 月 25 日 克罗地亚加入北约"和平伙伴关系计划"

6 月 19~20 日 在葡萄牙费拉举行的欧盟理事会会议宣布五个西巴尔干国家拥有潜在欧盟成员资格

7 月 14 日 东南欧合作进程外交部长会议在奥赫里德举行，会后发表联合声明

9 月 18 日 欧盟通过了与西巴尔干国家贸易自由化的规定

10 月 5 日 《东南欧稳定公约》启动"反对有组织犯罪倡议"（SPOC）；米洛舍维奇下台

10 月 20 日 巴尔干地区武器控制中心（RACVIAC）在萨格勒布成立

10 月 6~25 日 东南欧合作进程斯科普里特别峰会举行，塞尔维亚和黑山重新加入，并加入《东南欧稳定公约》

11 月 24 日 第一次欧盟—西巴尔干峰会在萨格勒布召开

12 月 15 日 为西巴尔干国家设定的"共同体援助重建、发展和稳定计划"（CARDS）项目启动

2001 年

2 月 3~22 日 东南欧合作进程斯科普里会议通过一项经济合作计划

2~3 月 马其顿国内爆发冲突

4 月 5 日 巴尔干国家对在马其顿部署东南欧多国旅未能达成一致意见

4 月 9 日 马其顿与欧盟签署《稳定与联系协议》

5 月 16 日 克罗地亚以观察员身份参加东南欧合作进程在地拉那举行的外交部长会议

6 月 28 日 摩尔多瓦加入《东南欧稳定公约》

8 月 13 日 《奥赫里德框架协定》结束了马其顿的冲突

10 月 30 日 克罗地亚与欧盟签署《稳定与联系协议》

11 月 28 日 斯洛文尼亚、克罗地亚、波黑和南联盟同意萨瓦河国际化，同时建立一个共同管理委员会

12 月 20 日　在东南欧国家国防部长会议上，美国敦促参与国在巴尔干国家部署东南欧多国维和部队

2002 年

3 月 28 日　东南欧合作进程地拉那峰会要求深化经济合作

7 月 15 日　克罗地亚总统斯捷潘·梅西奇、塞尔维亚总理科什图尼察和波黑主席团三个成员在萨拉热窝就难民回返、前南刑庭、经济事务和有组织犯罪等问题加强合作

11 月 6 日　巴尔干有组织犯罪政府间会议在伦敦召开

11 月 11 日　欧盟能源部长会议提议加强东南欧地区电力市场一体化

11 月 2～21 日　欧盟布拉格峰会邀请保加利亚、罗马尼亚和斯洛文尼亚加入北约

12 月 12～13 日　欧盟哥本哈根会议确定保加利亚、罗马尼亚将于 2007 年入盟

2003 年

2 月 21 日　克罗地亚递交入盟申请

3 月　克罗地亚加入"中欧自由贸易协定"

3 月 3 日　东南欧合作进程内务部长会议在贝尔格莱德举行

4 月 9 日　东南欧合作进程第六次首脑峰会在贝尔格莱德举行，波黑担任主席国

4 月 16 日　塞浦路斯、马耳他和八个中东欧、波罗的海国家在雅典签署入盟条约

5 月 2 日　阿尔巴尼亚、克罗地亚、马其顿签署《亚得里亚宪章》，旨在推动加入北约的进程

6 月 3 日　西巴尔干国家首脑发表联合宣言，要求欧盟加快一体化进程

6 月 21 日　欧盟—西巴尔干国家峰会在萨洛尼卡举行，首次确认所有西巴尔干国家拥有入盟前景

9 月 10 日　塞尔维亚和黑山与克罗地亚首脑对 20 世纪 90 年代战争期间的暴行相互致歉

12 月 8 日　第二份《雅典备忘录》出台，要求建立东南欧能源共同体

2004 年

3 月　马其顿递交入盟申请

4 月 21 日　东南欧合作进程峰会在萨拉热窝举行，罗马尼亚担任主席国

5 月 1 日　第一批东扩国家正式加入欧盟

6 月 11 日　西巴尔干部长会议签署《核心地区运输网络备忘录》，并在贝尔格莱德建立运输观察站

6 月 18 日　克罗地亚成为入盟候选国

12 月 6 日　塞尔维亚总统塔迪奇向波黑民众道歉

2005 年

1 月　波黑、塞尔维亚、克罗地亚政府在萨拉热窝启动难民回返倡议（3 × 4 倡议）

5 月 11 日　东南欧合作进程峰会在布加勒斯特举行，希腊担任主席国

6 月　贸易部长会议通过 CEFTA-2006 协定

10 月 3 日　欧盟启动克罗地亚入盟谈判

10 月　《能源共同体条约》在雅典签订

12 月　乌克兰加入东南欧国家国防部长会议机制

12 月 17 日　马其顿成为欧盟候选国

2006 年

3 月 11 日　欧盟—西巴尔干部长会议在萨尔茨堡举行

5 月 4 日　东南欧合作进程峰会在萨洛尼卡举行，摩尔多瓦正式加入，克罗地亚担任主席国

5 月 21 日　黑山多数民众在公投中赞同独立

6 月 9 日　《欧洲民用航空条约》签订

6 月 12 日　阿尔巴尼亚与欧盟签署《稳定与联系协议》

7 月　马其顿加入"中欧自由贸易协定"

11 月　塞尔维亚、黑山、波黑加入北约"和平伙伴关系计划"

11 月 13～14 日　欧盟外交部长会议同意签证便利化，重新接纳与西巴尔干国家的协定

12 月 1 日　东南欧运输部长会议在布鲁塞尔召开

12 月　波黑、黑山和塞尔维亚签署《能源共同体条约》

12 月 19 日　CEFTA2006 在布加勒斯特签署

2007 年

1 月 1 日　保加利亚、罗马尼亚加入欧盟，欧盟启动入盟援助工具取代共同体援助重建、发展和稳定计划

5 月 11 日　东南欧合作进程萨格勒布峰会召开，保加利亚担任主席国

10 月 15 日　黑山与欧盟签署《稳定与联系协议》

10 月　能源共同体社会论坛启动

12 月　欧盟正式启动与波黑签署《稳定与联系协议》的谈判

2008 年

1 月 28 日　欧盟启动与马其顿、塞尔维亚、黑山和阿尔巴尼亚关于签证自由化的对话

2 月 17 日　科索沃议会单方面宣布从塞尔维亚独立

2 月　地区合作委员会取代《东南欧稳定公约》

4 月 29 日　塞尔维亚与欧盟签署《稳定与联系协议》

5 月 21 日　东南欧合作进程峰会在保加利亚帕莫瑞举行，摩尔多瓦担任主席国，有关各方在科索沃问题上出现严重摩擦

6 月 16 日　波黑与欧盟签署《稳定与联系协议》

6 月 19 日　"亚得里亚—爱奥尼亚倡议"在意大利安科纳成立秘书处

9 月 "东南欧警察合作大会"（PCC）在卢布尔雅那成立秘书处

12 月 能源共同体石油论坛建立

12 月 4 日 波黑、黑山加入《亚得里亚宪章》

12 月 15 日 黑山递交入盟申请

2009 年

3 月 波黑和阿尔巴尼亚取消双边签证机制

4 月 欧盟理事会达成谅解，同意给予黑山候选国地位

4 月 1 日 阿尔巴尼亚和克罗地亚加入北约，马其顿由于与希腊存在国名争端推迟

4 月 29 日 阿尔巴尼亚递交入盟申请

6 月 1 日 塞尔维亚和土耳其签订自由贸易协定

6 月 5 日 地区合作委员会年会召开后，紧接着东南欧合作进程基希讷乌峰会召开，土耳其担任主席国

7 月 13 日 纳布科管道协定在安卡拉签订

7 月 31 日 克罗地亚总理亚德兰卡·科索尔和斯洛文尼亚总理博鲁特·帕霍尔就克斯边界争端处理达成协定，斯洛文尼亚不阻碍克罗地亚入盟谈判

10 月 希腊债务危机爆发

10 月 9 日 东南欧合作进程非正式峰会在伊斯坦布尔举行

12 月 9 日 东南欧合作倡议成员国在布加勒斯特签订 SELEC

12 月 19 日 塞尔维亚、黑山和马其顿的申根短期旅行签证废除，享受免签证进入申根区国家

12 月 23 日 塞尔维亚递交入盟申请

2010 年

1 月 塞尔维亚成为东南欧国家国防部长会议机制成员

2 月 波黑与克罗地亚、塞尔维亚签署引渡条约

3 月 17 日 摩尔多瓦加入能源共同体

277

3 月 20 日　塞尔维亚总统塔迪奇抵制西巴尔干峰会

3 月 31 日　塞尔维亚议会以微弱多数通过谴责斯雷布雷尼大屠杀事件的决议

4 月 13 日　克罗地亚总统伊沃·约西波维奇为其国家介入波斯尼亚战争道歉

5 月 1 日　黑山与欧盟签署的《稳定与联系协议》正式生效

6 月 23 日　东南欧合作进程峰会在伊斯坦布尔举行，会议发表《伊斯坦布尔宣言》，黑山担任主席国

7 月 22 日　国际法院裁定 2008 年科索沃的独立合法

8 月 30 日　斯洛文尼亚、克罗地亚和塞尔维亚共同组建一家铁路公司

11 月 8 日　欧盟同意取消阿尔巴尼亚和波黑的签证

11 月 9 日　欧盟委员会建议给予黑山候选国地位

12 月 17 日　黑山正式获得欧盟候选国地位，但没有确定开启谈判的日期

2011 年

10 月　东南欧合作倡议组织更名为东南欧执法中心

12 月　欧盟峰会通过决议，表示拟就与黑山举行入盟谈判制定框架

12 月 9 日　克罗地亚与欧盟正式签署入盟条约，确定入盟时间表

2012 年

3 月 1 日　塞尔维亚获得欧盟候选国地位

3 月 29 日　欧盟启动和马其顿的高级别入盟对话，并就司法和基本权利问题展开技术性谈判

6 月 17 日　东南欧合作进程峰会在贝尔格莱德举行，本届峰会有史以来第一次未能通过合作宣言

6 月 26 日　欧盟与波黑进行高级别对话，公布了波黑加入欧盟的路线图

6 月 29 日　欧盟正式同意启动与黑山的入盟谈判

12 月 18 日　欧盟与黑山关于"科学与研究"的谈判结束

2013 年

4 月 19 日　塞尔维亚与科索沃达成关系正常化的《布鲁塞尔协议》

5 月 28 日　东南欧合作进程议长会议在马其顿奥赫里德镇举行

5 月底　原本在马其顿举行的东南欧合作进程峰会被迫取消，原因是塞尔维亚反对科索沃参会，阿尔巴尼亚则因科索沃未被邀请拒绝与会

6 月中旬　黑山外交和一体化部长提出成立"西巴尔干六国集团"倡议

6 月 28 日　欧盟峰会决定于 2014 年 1 月启动塞尔维亚入盟谈判

7 月 1 日　克罗地亚正式加入欧盟

7 月中旬　在黑山举行"西巴尔干六国＋1"政治领导人咨询会，决定新启动的倡议在地区合作委员会框架下运作

7 月 25 日　布尔多—布里俄尼进程第一次首脑会议在斯洛文尼亚布尔多召开

11 月 12 日　欧盟与阿尔巴尼亚就一些关键性问题举行首次高级别对话

11 月 21 日　地区合作委员会提出《东南欧 2020 年战略》文件

12 月 18 日　欧盟与黑山开启第 23 章"司法与基本权利"和第 24 章"公正、自由与安全"的谈判

2014 年

1 月 21 日　塞尔维亚入盟谈判正式启动

3 月 31 日　欧盟与黑山开启第 7 章"知识产权"和第 10 章"信息社会与媒体"的谈判

6 月 4 日　欧盟正式给予阿尔巴尼亚候选国地位

6 月 24 日　欧盟与黑山开启第 4 章"资本自由流通"、第 31 章"共同外交、安全与防御政策"和第 32 章"财政监管"的谈判

7 月 15 日　布尔多—布里俄尼进程第二次首脑会议在克罗地亚杜布罗夫尼克召开

7 月 25 日　欧盟就签署《稳定与联系协议》与科索沃达成协定

8 月 28 日　首届西巴尔干峰会在德国柏林举行，"柏林进程"启动

10 月 23 日　西巴尔干六国部长级磋商在塞尔维亚贝尔格莱德举行

11 月 10～11 日　阿尔巴尼亚总理拉马访问塞尔维亚，这是近 68 年来阿尔巴尼亚领导人首次访问塞尔维亚

12 月 16 日　欧盟与黑山开启第 18 章"统计"、第 28 章"消费者保护与健康保障"、第 29 章"关税同盟"和第 33 章"金融与预算"的谈判

2015 年

3 月 30 日　欧盟与黑山开启第 16 章"税收政策"和第 30 章"对外关系"的谈判

3 月 25 日　西巴尔干六国外交部长和交通部长会议在科索沃普里什蒂纳举行，并发表共同宣言

4 月 24 日　西巴尔干六国布鲁塞尔峰会举行；罗马尼亚提议的克拉约瓦集团成立

6 月 1 日　波黑与欧盟签署的《稳定与联系协议》正式生效

6 月 8 日　布尔多—布里俄尼进程第三次首脑会议在黑山布德瓦召开

6 月 22 日　欧盟与黑山开启第 9 章"金融服务"和第 21 章"泛欧洲网络"的谈判

8 月 27 日　第二届西巴尔干峰会在奥地利维也纳举行；黑山分别与科索沃和波黑签署边界协议

10 月 27 日　科索沃与欧盟正式签署《稳定与联系协议》

11 月 4 日　波黑和塞尔维亚举行首次政府联席会议

11 月 25 日　"布尔多—布里俄尼进程"特别会议在克罗地亚萨格勒布召开

12 月 2 日　北约批准决定启动黑山入约谈判

12 月 21 日　欧盟与黑山开启第 14 章"运输政策"和第 15 章"能源"的谈判

2016 年

2 月 15 日　波黑向欧盟递交入盟申请

参考文献

一　中文部分

（一）专著

〔俄〕А. Г. 扎多欣、А. Ю. 尼佐夫斯基：《欧洲的火药桶——20 世纪的巴尔干战争》，徐锦栋等译，北京：东方出版社 2004 年中文版。

〔法〕阿尔弗雷德·格罗塞：《身份认同的困境》，王鲲译，北京：社会科学文献出版社 2010 年中文版。

〔英〕爱德华·莫迪默、〔英〕罗伯特·法恩主编《人民·民族·国家——族性与民族主义含义》，刘泓、黄海慧译，北京：中央民族大学出版社 2009 年中文版。

〔美〕爱德华·W. 萨义德：《东方学》，王宇根译，北京：生活·读书·新知三联书店 2007 年中文版。

〔法〕埃德加·莫兰：《反思欧洲》，康征、齐小曼译，北京：生活·读书·新知三联书店 2005 年中文版。

〔英〕艾伦·帕尔默：《夹缝中的六国——维也纳会议以来的中东欧历史》，于亚伦等译，北京：商务印书馆 1997 年中文版。

〔英〕安东尼·吉登斯：《民族 - 国家与暴力》，胡宗泽、赵力涛译，北京：生活·读书·新知三联书店 1998 年中文版。

〔英〕安东尼·吉登斯等主编《欧洲模式》，沈晓雷译，北京：社会科学文献出版社 2010 年中文版。

〔英〕安东尼·吉登斯：《全球时代的欧洲》，潘华凌译，上海：上海译文出版社 2015 年中文版。

〔英〕安东尼·史密斯：《全球化时代的民族与民族主义》，龚维斌、良警宇译，北京：中央编译出版社 2002 年中文版。

〔英〕安特耶·维纳、〔德〕托马斯·迪兹主编《欧洲一体化理论》，朱立群等译，北京：世界知识出版社 2009 年中文版。

〔英〕巴里·布赞、〔丹〕奥利·维夫：《地区安全复合体与国际安全结构》，潘忠岐等译，上海：上海人民出版社 2010 年版。

〔德〕贝娅特·科勒－科赫等：《欧洲一体化与欧盟治理》，顾俊礼等译，北京：中国社会科学出版社 2010 年中文版。

〔美〕本尼迪克特·安德森：《想象的共同体：民族主义的起源与散布》，吴叡人译，上海：上海人民出版社 2005 年中文版。

〔美〕彼得·卡赞斯坦：《地区构成的世界：美国帝权中的亚洲和欧洲》，秦亚青、魏玲译，北京：北京大学出版社 2007 年中文版。

〔美〕彼得·卡赞斯坦主编《世界政治中的文明：多元多维的视角》，秦亚青译，上海：上海人民出版社 2012 年中文版。

〔比〕布鲁诺·考彼尔特斯、宋新宁主编《欧洲化与冲突解决：关于欧洲边缘地带的个案研究》，北京：法律出版社 2006 年中文版。

曹卫东编《欧洲为何需要一部宪法》，北京：中国人民大学出版社 2004 年版。

〔美〕查尔斯·金：《黑海史》，苏圣捷译，上海：东方出版中心 2011 年中文版。

〔加拿大〕查尔斯·泰勒：《自我的根源：现代认同的形成》，韩震等译，南京：译林出版社 2001 年中文版。

陈乐民：《"欧洲观念"的历史哲学》，北京：东方出版社 1988 年版。

陈乐民、周弘：《欧洲文明的进程》，北京：生活·读书·新知三联书店 2003 年版。

陈志强：《巴尔干古代史》，北京：中华书局 2007 年版。

陈志强：《拜占庭帝国通史》，上海：上海社会科学院出版社 2013 年版。

陈志敏、〔比〕古斯塔夫·盖拉茨：《欧洲联盟对外政策一体化——不可能的使命？》，北京：时事出版社 2003 年版。

程伟主编《中东欧独联体国家转型比较研究》，北京：经济科学出版社 2012 年版。

〔英〕大卫·索斯韦尔：《有组织犯罪的历史：黑帮的真实故事》，邱颖萍译，上海：文汇出版社 2012 年中文版。

〔美〕丹尼尔·R. 布劳尔：《20 世纪世界史》，洪庆明译，上海：东方出版中心 2015 年中文版。

〔法〕德尼兹·加亚尔等：《欧洲史》，蔡鸿滨、桂裕芳译，海口：海南出版社 2000 年中文版。

邓宗豪：《欧洲一体化进程：历史、现状与启示》，成都：四川大学出版社 2011 年版。

〔德〕迪特·卡塞尔、〔德〕保罗·J. J. 维尔芬斯主编《欧洲区域一体化：理论纲领、实践转换与存在的问题》，马颖总校译，武汉：武汉大学出版社 2007 年中文版。

〔英〕厄内斯特·盖尔纳：《民族与民族主义》，韩红译，北京：中央编译出版社 2002 年中文版。

〔法〕法布里斯·拉哈：《欧洲一体化史（1945～2004）》，彭姝祎、陈志瑞译，北京：中国社会科学出版社 2005 年中文版。

房乐宪：《欧洲政治一体化：理论与实践》，北京：中国人民大学出版社 2009 年版。

〔美〕弗朗西斯·福山：《国家构建：21 世纪的国家治理与世界秩序》，黄胜强、许铭原译，北京：中国社会科学出版社 2007 年中文版。

〔波兰〕格泽戈尔兹·W. 科勒德克：《从休克到治疗：后社会主义转轨的政治经济》，刘晓勇、应春子等译，上海：上海远东出版社 2000 年中文版。

古莉亚：《欧洲一体化的悖论》，长春：吉林大学出版社 2010 年版。

关凯：《族群政治》，北京：中央民族大学出版社 2007 年版。

郭华榕、徐天新主编《欧洲的分与合》，北京：人民出版社 2015 年版。

郝时远：《帝国霸权与巴尔干"火药桶"》，北京：社会科学文献出版社 1999 年版。

〔英〕赫德利·布尔、〔英〕亚当·沃森主编《国际社会的扩展》，周桂银、储召锋译，北京：中国社会科学出版社 2014 年中文版。

〔美〕亨利·基辛格：《大外交》，顾淑馨、林添贵译，海口：海南出版社 2012 年中文版。

弘杉：《巴尔干百年风云》，北京：知识出版社 2000 年版。

洪霞：《欧洲的灵魂：欧洲认同与民族国家的重新整合》，北京：中国大百科全书出版社 2010 年版。

〔美〕胡安·J. 林茨、〔美〕阿尔弗莱德·斯泰潘：《民主转型与巩固的问题：南欧、南美和后共产主义欧洲》，孙龙等译，杭州：浙江人民出版社 2008 年中文版。

〔西班牙〕胡安·诺格：《民族主义与领土》，徐鹤林、朱伦译，北京：中央民族大学出版社 2009 年中文版。

黄正柏：《欧洲一体化进程中的国家主权问题研究》，武汉：湖北人民出版社 2011 年版。

惠一鸣：《欧盟联盟发展史》（上、下），北京：中国社会科学出版社 2008 年版。

〔英〕霍布斯鲍姆：《民族与民族主义》，李金梅译，上海：上海人民出版社 2006 年中文版。

〔美〕霍华德·威亚尔达主编《全球化时代的欧洲政治》，陈玉刚等译，北京：北京大学出版社 2010 年中文版。

贾瑞霞：《中东欧国家区域合作转型》，北京：中国发展出版社 2013 年版。

姜南：《民族国家与欧洲一体化（1945~1973）》，北京：中国社会科学出版社 2013 年版。

金重远：《百年风云巴尔干》，上海：复旦大学出版社 2010 年版。

金雁：《从"东欧"到"新欧洲"——20 年转轨再回首》，北京：北京大学出版社 2011 年版。

金雁、秦晖：《十年沧桑：东欧诸国的经济社会转轨与思想变迁》，北京：东方出版社 2012 年版。

〔美〕卡齐米耶日·Z. 波兹南斯基：《全球化的负面影响——东欧国家的民族资本被剥夺》，佟宪国译，北京：经济管理出版社 2004 年中文版。

〔英〕凯杜里：《民族主义》，张明明译，北京：中央编译出版社 2002 年中文版。

孔刚：《欧盟共同安全与防务政策》，北京：军事谊文出版社 2010 年版。

孔寒冰：《东欧史》，上海：上海人民出版社 2010 年版。

孔田平：《东欧经济改革之路——经济转轨与制度变迁》，广州：广东人民出版社 2003 年版。

〔南斯拉夫〕兰科·佩特科维奇：《巴尔干既非"火药桶"又非"和平区"》，石继成等译，北京：商务印书馆 1982 年中文版。

李丹琳：《东南欧政治生态论析：冷战后地区冲突的起源和地区稳定机制的建立》，北京：社会科学文献出版社 2013 年版。

李小圣：《欧洲一体化起源与发展研究》，北京：世界知识出版社 2007 年版。

刘泓：《欧洲联盟：一种新型人们共同体的建构》，北京：中国社会科学出版社 2008 年版。

刘军、曹亚雄主编《大构想——2020 年的欧盟》，上海：华东师范大学出版社 2010 年版。

刘文秀：《欧盟的超国家治理》，北京：中国社会科学出版社 2009 年版。

刘祖熙、朱晓中主编《多元与冲突：俄罗斯中东欧文明之路》，北京：人民出版社 2011 年版。

刘祖熙主编《斯拉夫文化》，杭州：浙江人民出版社 1993 年版。

刘作奎：《国家建构的"欧洲方式"——欧盟对西巴尔干政策研究（1991～2014）》，北京：社会科学文献出版社 2015 年版。

〔英〕罗伯特·拜德勒克斯、〔英〕伊恩·杰弗里斯：《东欧史》（上下册），韩炯等译，上海：东方出版中心 2013 年中文版。

〔奥〕马丁·赛迪克、〔奥〕米歇尔·施瓦青格：《欧盟扩大——背景、发展、史实》，卫延生译，北京：中央编译出版社 2012 年中文版。

〔英〕马克·马佐尔：《巴尔干：被误解的"欧洲火药库"》，刘会梁译，天津：天津人民出版社 2007 年中文版。

马珂：《后民族主义的认同建构及其启示：争论中的哈贝马斯国际政治理念》，上海：上海人民出版社 2010 年版。

〔意〕马里奥·泰洛：《国际关系理论：欧洲视角》，潘忠岐等译，上海：上海人民出版社 2011 年中文版。

〔意〕玛丽娅·格拉齐娅·梅吉奥妮：《欧洲统一 贤哲之梦：欧洲统一思想史》，陈宝顺、沈亦缘译，北京：世界知识出版社 2004 年中文版。

马胜利、邝杨主编《欧洲认同研究》，北京：社会科学文献出版社 2008 年版。

马细谱：《巴尔干纷争》，北京：北京大学出版社 1999 年版。

马细谱：《南斯拉夫兴亡》，北京：社会科学文献出版社 2010 年版。

马细谱、李少捷主编《中东欧转轨 25 年：观察与思考》，北京：中央编译出版社 2014 年版。

马细谱、辛田：《古代斯拉夫人》，北京：商务印书馆 1986 年版。

〔法〕莫里斯·哈布瓦赫：《论集体记忆》，毕然、郭金华译，上海：上海人民出版社 2002 年中文版。

〔英〕齐亚乌丁·萨达尔：《东方主义》，马雪峰、苏敏译，长春：吉林人民出版社 2005 年中文版。

钱乘旦主编《欧洲文明：民族的整合与冲突》，贵阳：贵州人民出版社 1999 年版。

乔丽萍：《跨世纪的外交热点："东方问题"始末》，北京：中央编译出版社 2004 年版。

秦亚青主编《观念、制度与政策：欧盟软权力研究》，北京：世界知识出版社 2008 年版。

〔美〕塞缪尔·亨廷顿：《文明的冲突与世界秩序的重建》，周琪等译，北京：新华出版社 2010 年中文版。

沈洪波：《欧洲一体化进程：在理论与实证之间》，北京：中国社会科学出版社 2015 年版 。

〔西班牙〕圣地亚哥·加奥纳·弗拉加：《欧洲一体化进程——过去与现

在》，朱伦等译，北京：社会科学文献出版社 2009 年中文版。

〔美〕斯塔夫里阿诺斯：《全球通史：1500 年以前的世界》，吴象婴、梁赤民译，上海：上海社会科学院出版社 1988 年中文版。

宋黎磊：《欧盟周边治理中的睦邻政策研究》，上海：上海人民出版社 2011 年版。

宋伟：《捍卫霸权利益：美国地区一体化战略的演变（1945～2005）》，北京：北京大学出版社 2014 年版。

〔美〕特里萨·拉科夫斯卡 - 哈姆斯通、〔美〕安德鲁·捷尔吉主编《东欧共产主义》，林穗芳译，哈尔滨：黑龙江人民出版社 1984 年中文版。

童世骏、曹卫东编《老欧洲新欧洲》，上海：华东师范大学出版社 2004 年版。

〔美〕托尼·朱特：《战后欧洲史》（下），林骧华等译，北京：新星出版社 2010 年中文版。

王倩主编《欧盟区域政策——从资金支持视角的分析》，长春：吉林大学出版社 2007 年版。

王展鹏：《跨国民主及其限度——欧盟制宪进程研究》，北京：人民出版社 2010 年版。

魏坤：《喋血巴尔干：南联邦解体与波黑冲突》，北京：世界知识出版社 1997 年版。

伍贻康：《多元一体：欧洲区域共治模式探析》，上海：上海社会科学院出版社 2010 年版。

肖元恺：《世界的防线——欧洲安全与国际政治》，北京：新华出版社 2001 年版。

肖欢容：《地区主义：理论的历史演进》，北京：北京广播学院出版社 2002 年版。

〔英〕休 - 希顿·沃森：《民族与国家——对民族起源与民族主义政治的探讨》，吴洪英、黄群译，北京：中央民族大学出版社 2009 年中文版。

薛君度、朱晓中主编《转轨中的中东欧》，北京：人民出版社 2002 年版。

〔保〕亚历山大·利洛夫：《文明的对话：世界地缘政治大趋势》，马细谱等译，北京：社会科学文献出版社 2007 年中文版。

杨烨、〔捷克〕梅耶斯特克主编《欧盟一体化、结构变迁与对外政策》，上海：华东师范大学出版社 2009 年版。

杨友孙：《欧盟东扩与制度互动：从一个入盟标准说起》，北京：世界知识出版社 2008 年版。

易文彬：《欧盟东扩的安全因素分析》，北京：社会科学文献出版社 2013 年版。

殷红、王志远：《中东欧转型研究》，北京：经济科学出版社 2013 年版。

〔德〕尤尔根·哈贝马斯：《后民族结构》，曹卫东译，上海：上海人民出版社 2002 年中文版。

〔德〕尤尔根·哈贝马斯等：《旧欧洲·新欧洲·核心欧洲》，邓伯宸译，北京：中央编译出版社 2010 年中文版。

〔德〕尤尔根·哈贝马斯：《在事实与规范之间》，童世骏译，北京：生活·读书·新知三联书店 2011 年中文版。

〔德〕尤尔根·哈贝马斯：《关于欧洲宪法的思考》，伍慧萍、朱苗苗译，上海：上海人民出版社 2013 年中文版。

〔比〕尤利·德沃伊斯特、门镜：《欧洲一体化进程——欧盟的决策与对外关系》，门镜译，北京：中国人民大学出版社 2007 年中文版。

余建华：《民族主义、国家结构与国际化：南斯拉夫民族问题研究》，北京：民族出版社 2004 年版。

余南平主编《欧盟一体化：共同安全与外交政策》，上海：华东师范大学出版社 2009 年版。

于文杰、成伯清主编《欧洲社会的整合与欧洲认同》，北京：中国大百科全书出版社 2010 年版。

翟金秀：《解读西欧后民族主义——传统与后现代语境下的多维视角》，济南：山东大学出版社 2012 年版。

昝涛：《现代国家与民族建构：20 世纪前期土耳其民族主义研究》，北京：生活·读书·新知三联书店 2011 年版。

张骥：《欧洲化的双向运动：法国与欧盟共同安全与防务政策》，上海：

上海人民出版社 2014 年版。

张立淦、曹其宁：《欧洲火药桶——巴尔干史话》，成都：四川人民出版社 1993 年版。

张鹏：《对外援助的"欧洲模式"——以欧盟援助西巴尔干为例（1991～2010）》，北京：经济科学出版社 2013 年版。

张淑静：《欧盟东扩后的经济一体化》，北京：北京大学出版社 2006 年版。

张涛华：《欧洲民族主义与欧洲一体化研究》，北京：世界图书出版公司 2013 年版。

张晓静：《欧盟东扩：区域差距与经济凝聚》，北京：经济科学出版社 2008 年版。

张迎红：《欧盟共同安全与防务政策研究》，北京：时事出版社 2011 年版。

赵乃斌、汪丽敏主编《南斯拉夫的变迁》，广州：广东人民出版社 2002 年版。

郑启荣主编《全球视野下的欧盟共同外交和安全政策》，北京：世界知识出版社 2008 年版。

周弘主编《欧盟是怎样的力量》，北京：社会科学文献出版社 2008 年版。

周弘、〔德〕贝娅特·科勒－科赫主编《欧盟治理模式》，北京：社会科学文献出版社 2008 年版。

周弘主编《认识变化中的欧洲》，北京：社会科学文献出版社 2013 年版。

朱贵昌：《多层治理理论与欧洲一体化》，济南：山东大学出版社 2009 年版。

朱明权：《欧盟共同外交和安全政策与欧美协调》，上海：文汇出版社 2002 年版。

朱庭光主编《外国历史名人传》近代部分中、下册，北京、重庆：中国社会科学出版社、重庆出版社，1981～1982 年版。

朱晓中：《中东欧与欧洲一体化》，北京：社会科学文献出版社 2002 年版。

朱晓中主编《十年巨变（中东欧卷）》，北京：中共党史出版社 2004 年版。

朱晓中主编《中东欧转型 20 年》，北京：社会科学文献出版社 2013 年版。

〔美〕兹比格纽·布热津斯基：《大棋局——美国的首要地位及其地缘战略》，中国国际问题研究所译，上海：上海人民出版社 1998 年中文版。

资中筠主编《冷眼向洋：百年风云启示录》（上卷），北京：生活·读书·新知三联书店 2001 年版。

（二）期刊论文

〔土耳其〕奥马尔·法鲁克·根奇卡亚：《黑海经济合作计划：对欧洲一体化的来自于一个地区的挑战》，张莉、黄为葳译，《国际社会科学杂志（中文版）》1994 年第 4 期。

〔克〕白伊维：《欧洲主义与民族主义：克罗地亚社民党的演变》，《当代世界与社会主义》2013 年第 3 期。

鲍宏铮：《中东欧新成员国在欧盟中的行为能力分析》，北京：中国社会科学院研究生院 2014 年博士学位论文。

陈广嗣：《中欧自由贸易区》，《东欧中亚市场研究》1997 年第 7 期。

陈乐民：《"欧洲观念"探源》，《西欧研究》1988 年第 3 期。

丁纯：《从希腊债务危机看后危机时代欧盟的经济社会状况》，《求是》2010 年第 7 期。

方雷：《欧盟东扩的正负效应分析》，《欧洲研究》2003 年第 4 期。

古启永：《战后巴尔干国家双边经济合作和多边合作关系及其新阶段》，《世界经济与政治》1989 年第 6 期。

高歌：《对中东欧国家发展道路的思考》，《俄罗斯东欧中亚研究》2011 年第 2 期。

高歌：《西方民主制度在中东欧的命运——析外部因素对"民主化"进程的影响》，《俄罗斯学刊》2012 年第 1 期。

高歌：《中东欧国家"欧洲化"道路的动力与风险》，《国外理论动态》2013 年第 10 期。

高歌：《中东欧国家在欧盟中的地位和作为》，《俄罗斯中亚东欧研究》

2014 年第 3 期。

古莉亚：《"欧洲化"：欧盟研究的一个新视角》，《现代国际关系》2007 年第 9 期。

郭洁：《东欧转型国家公民社会探析》，《科学社会主义》2009 年第 4 期。

郭永斌：《巴尔干地区的"新马歇尔计划"——〈东南欧稳定公约〉评析》，《国际展望》1999 年第 16 期。

贺刚：《身份进化与欧洲化进程——克罗地亚和塞尔维亚两国入盟进程比较研究》，《欧洲研究》2015 年第 1 期。

何奇松：《欧盟防务一体化的最初尝试——欧洲防务共同体》，《军事历史研究》2006 年第 4 期。

扈大威：《欧盟对西巴尔干地区政策评析》，《国际问题研究》2006 年第 2 期。

胡健：《马其顿国名问题中的历史因素》，《中南大学学报（社会科学版）》2008 年第 3 期。

胡勇：《欧盟扩大视野下的东南欧地区主义与地区合作》，《俄罗斯东欧中亚研究》2015 年第 4 期。

黄振民：《一次谋求睦邻与合作的会议——评巴尔干半岛国家外长会议》，《国际问题研究》1988 年第 3 期。

简军波：《民族国家的社会化：区域一体化对东南亚和中东欧国家的影响之比较研究》，《欧洲研究》2010 年第 1 期。

金重远：《巴尔干：历史与现实》，《复旦学报（社会科学学报）》1996 年第 6 期。

柯静：《西巴尔干入欧盟前景分析》，《国际论坛》2007 年第 6 期。

孔寒冰：《欧盟与西巴尔干国家的互利与互动及其前景》，《欧洲研究》2014 年第 4 期。

孔田平：《对东南欧"巴尔干化"的历史解读》，《欧洲研究》2006 年第 4 期。

孔田平：《欧盟的东南欧战略与"东南欧"的欧洲化》，《东欧中亚研究》2003 年第 3 期。

孔田平：《试论国际金融危机对中东欧国家的影响》，《俄罗斯东欧中亚研究》2009 年第 4 期。

邝杨：《欧洲观念的变迁：1492～1992》，《欧洲研究》2008 年第 1 期。

李秉忠：《欧盟的扩大与土耳其入盟问题》，《南京大学学报（哲学·人文科学·社会科学）》2007 年第 4 期。

李丹琳：《〈东南欧稳定公约〉——新区域主义的一个积极尝试》，《东欧中亚研究》2002 年第 2 期。

李俊：《塞尔维亚与科索沃"关系正常化"协议略论》，《国际研究参考》2013 年第 6 期。

李乐曾：《欧盟决定与土耳其展开入盟谈判述评》，《德国研究》2005 年第 1 期。

李明：《巴尔干风云——简析科索沃问题的由来》，《地图》1999 年第 3 期。

李明明：《包容与排斥：土耳其加入欧盟的认同问题》，《世界经济与政治》2005 年第 12 期。

李文：《巴尔干区域合作跨入新阶段》，《国际问题资料》1984 年第 5 期。

李兴：《论欧盟共同防务的特点、问题及其前景》，《武汉大学学报（社会科学版）》2001 年第 1 期。

林民旺：《欧洲化：欧盟共同外交与安全政策研究新视角》，《国际论坛》2009 年第 2 期。

林尚立：《现代国家认同建构的政治逻辑》，《中国社会科学》2013 年第 8 期。

刘祖熙：《中东欧国家"回归欧洲"的历史思考》，《西伯利亚研究》1999 年第 1 期。

刘作奎：《国家构建的欧洲方式——欧盟对波黑政策的实证分析》，《欧洲研究》2009 年第 4 期。

刘作奎：《"深化"还是"扩大"？——东扩十年欧洲一体化走向分析（2004～2014 年）》，《欧洲研究》2014 年第 4 期。

鲁茉莉：《对欧盟扩大过程中条件限制有效性的分析》，《复旦国际关系评论》2009 年。

马胜利：《欧洲一体化中的"公民欧洲"建设》，《欧洲》1999 年第 5 期。

马细谱：《20 世纪的巴尔干民族主义问题》，《世界历史》1999 年第 5 期。

聂元贞：《论中欧自由贸易区的建立和发展》，《今日东欧中亚》2000 年第 2 期。

聂元贞：《"CEFTA"的运行特征、取向与进程》，《东欧中亚研究》2000 年第 3 期。

〔德〕普拉门·K. 格奥尔基耶夫：《东南欧的腐败网络：保加利亚视角》，郑静东译，《公共行政评论》2010 年第 2 期。

邱芝：《欧洲一体化进程中集体认同的建构》，《世界经济与政治论坛》2007 年第 4 期。

曲岩：《中东欧国家吸收欧盟基金及绩效——以罗马尼亚为例》，《欧亚经济》2015 年第 1 期。

时殷弘：《小国合作和大国的阻滞——美国与 1954 年巴尔干同盟的形成》，《美国研究》1993 年第 4 期。

田烨：《欧洲一体化：区域民族主义与国家民族三义的交织》，《世界民族》2011 年第 4 期。

童天齐：《〈东南欧稳定公约〉及其实施前景》，《国际问题研究》2000 年第 2 期。

王洪起：《巴尔干国家寻求进一步合作》，《世界知识》1990 年第 22 期。

王洪起：《马其顿危机折射美俄在巴尔干地缘博弈》，《世界知识》2015 年第 12 期。

王建娥：《欧洲一体化进程中的国家、地区关系以及地区民族主义的嬗变》，《西北师大学报（社会科学版）》2014 年第 1 期。

王志强、戴启秀：《后冷战欧洲界定与欧盟东扩》，《国际观察》2001 年第 2 期。

王卓君、何华玲：《全球化时代的国家认同：危机与重构》，《中国社会科学》2013 年第 9 期。

汪丽敏：《前南各国关系与地区合作问题》，《东欧中亚研究》1998 年第

3 期。

汪丽敏:《斯洛文尼亚的入盟谈判》,《东欧中亚市场研究》2002 年第 3 期。

伍贻康:《关于欧洲模式的探索和思辨》,《欧洲研究》2008 年第 4 期。

吴薇:《东南欧有组织犯罪研究》,《法制与经济》2007 年第 2 期。

吴锡俊:《今日巴尔干——对抗阴影下的共存》,《瞭望周刊》1984 年第 14 期。

吴志成、龚苗子:《欧洲一体化进程中的欧洲认同论析》,《南开学报(哲学社会科学版)》2007 年第 1 期。

吴志成、王霞:《欧洲化及其对成员国政治的影响》,《欧洲研究》2007 年第 4 期。

现代国际关系研究所欧盟课题组:《欧盟战略态势评估》,《现代国际关系》2007 年第 3 期。

徐刚:《欧盟"东部伙伴关系"计划评析》,《国际论坛》2010 年第 5 期。

徐刚:《欧盟外部治理方式的转变及其困境:邻国政策的视角》,《国际关系研究》2013 年第 3 期。

徐刚:《影响东欧国家间关系的跨界民族问题探析:以匈牙利族人为例》,《俄罗斯东欧中亚研究》2013 年第 3 期。

徐刚:《塞尔维亚与科索沃谈判:背景、进程与展望》,《俄罗斯研究》2013 年第 5 期。

徐刚:《西巴尔干国家社会福利制度转型评析》,《欧亚经济》2014 年第 5 期。

徐坤明:《求同存异发展合作——写在巴尔干国家外长会议前夕》,《瞭望周刊》1988 年第 Z1 期。

张骥:《"欧洲化"与政治社会学——欧盟安全与防务政策理论研究的新视角》,《欧洲研究》2009 年第 2 期。

张骥:《欧洲化的双向运动:一个新的研究框架》,《欧洲研究》2011 年第 6 期。

张金岭:《欧洲一体化中民族国家的外在边界》,《云南社会科学》2014

年第 5 期。

张林初：《试析曲折发展中的欧洲防务联合》，《欧洲研究》2006 年第 3 期。

张鹏：《欧盟援助西巴尔干政策评析》，《欧洲研究》2014 年第 2 期。

张世满：《试析克罗地亚走向独立的历史进程》，《世界历史》1997 年第 4 期。

张学昆：《土耳其的欧洲身份认同与入盟问题》，《欧洲研究》2006 年第 4 期。

张学昆：《欧盟的西巴尔干政策及西巴尔干国家的入盟前景》，《德国研究》2011 年第 1 期。

张业亮：《当前欧盟防务联合的进展与前景》，《欧洲》2001 年第 1 期。

赵光锐：《欧洲公民与国家公民：欧盟双重公民身份问题研究》，《同济大学学报（社会科学版）》2008 年第 5 期。

郑得兴：《中东欧市民社会与民主发展之研究》，《台湾国际研究季刊》2008 年第 1 期。

周弘：《民族建设、国家转型与欧洲一体化》，《欧洲研究》2007 年第 5 期。

朱虹：《地缘利益与文明的整合——欧盟启动土耳其入盟谈判的意义》，《新远见》2006 年第 12 期。

朱晓中：《"欧洲协定"与东西欧经济关系》，《东欧中亚研究》1995 年第 2 期。

朱晓中：《从巴尔干到东南欧——冷战后巴尔干地缘政治变迁》，《东欧中亚研究》1998 年第 3 期。

朱晓中：《巴尔干欧洲化：玫瑰与荆棘》，《世界知识》2004 年第 12 期。

朱晓中：《欧洲一体化与巴尔干欧洲化》，《欧洲研究》2006 年第 4 期。

朱晓中：《逮捕卡拉季奇的多重涵义》，《世界知识》2008 年第 16 期。

朱晓中：《从欧洲邻国政策到东方伙伴关系——欧盟东方政策的新视线》，《俄罗斯中亚东欧研究》2009 年第 5 期。

朱晓中：《转轨九问——写在中东欧转型 20 周年之际》，《俄罗斯东欧中亚研究》2009 年第 6 期。

　　朱晓中：《入盟后中东欧国家的发展困境》，《国际政治研究》2010 年第 4 期。

　　朱晓中：《欧盟东扩 10 周年与中东欧国家在欧洲的利益》，《国外理论动态》2014 年第 7 期。

　　左娅：《克罗地亚与欧洲一体化》，《欧洲研究》2006 年第 4 期。

　　左娅：《克罗地亚入盟及其对西巴尔干国家的启示》，《俄罗斯东欧中亚研究》2013 年第 6 期。

二　英文部分

（一）专著

Adam Fagan and Indiraneel Sircar, *Europeanization of the Western Balkans: Environmental Governance in Bosnia-Herzegovina and Serbia*, Basingstoke: Palgrave Macmillan, 2015.

Alex Warleigh-Lack, Nick Robinson and Ben Rosamond, eds., *New Regionalism and the European Union: Dialogues, Comparisons and New Research Direction* Abingdon: Routledge, 2011.

Alexander Kleibrink, *Political Elites and Decentralization Reforms in the Post-Socialist Balkans: Regional Patronage Networks in Serbia and Croatia*, Basingstoke: Palgrave Macmillan, 2015.

Andrew Taylor, Andrew Geddes and Charles Lees, *The European Union and South East Europe: The dynamics of Europeanization and Multilevel Governance*, London: Routledge, 2012.

Anastasios Karasavvoglouand Persefoni Polychronidou, eds., *Balkan and Eastern European Countries in the Midst of the Global Economic Crisis*, Physica, 2013.

Anastasios Karasavvoglouand Persefoni Polychronidou, eds., *Economic Crisis in Europe and the Balkans: Problems and Prospects*, NewYork: Springer International Publishing, 2014.

Antoaneta L. Dimitrova, *Driven to Change: The European Union's Enlargement*

Viewed from the East, Manchester: Manchester University Press, 2004.

Anna Maria Mostetschni, *CEFTA and The European Single Market: an appropriate preparatory exercise?* Warsaw: College of Europe Natolin Campus, 2011.

Arolda Elbasani ed. , *European Integration and Transformation in the Western Balkans: Europeanization or Business as Usual?* London: Routledge, 2013.

August Zeune, *Goea. Versuch einer wissenschaftlichen Erdbeschreibung*, Berlin, 1808.

Balázs Trencsényi and Michal Kopeček, eds. , *Discourses of Collective Identity in Central and Southeast Europe (1770 – 1945): Texts and Commentaries*, Budapest and New York: Central European University Press, 2007.

Augusta Dimou, *Transition and the Politics of History Education in Southeast Europe*, Göttingen: Vandenhoeck & Ruprecht, 2009.

Barbara Jelavich, *A History of the Balkans*, London: Cambridge University Press, 1983.

Balkan Colleges Foundation ed. , *The Image of the Other-Analysis of the High-School Textbooks in History from the Balkan Countries*, Sofia: Balkan Colleges Foundation, 1998.

Barry Buzan and Ole Wæver, *Regions and Powers: The Structure of International Security*, Cambridge: Cambridge University Press, 2003.

Belgin Akçay and Bahri Yilmaz, eds. , *Turkey's Accession to the European Union: Political and Economic Challenges*, Lanham, MD: Lexington Books, 2012.

Bob Deacon and Paul Stubbs, eds. , *Social Policy and International Interventions in South East Europe*, Cheltenham: Edward Elgar, 2007.

Bozidar Jezermik, *Wild Europe: The Balkans Through the Gaze of Western Travellers*, London: Saqi Books, 2003.

Christophe Solioz and Paul Stubbs, eds. , *Towards Open Regionalism in South East Europe*, Berlin: Nomos Publishers, 2012.

Christopher Dawson, *The Making of Europe: An Introduction to the History of European Unity*, Washington, DC: The Catholic University of America

Press, 2002.

Christopher Merrill, *The Old Bridge: The Third Balkan War and the Age of the Refugee*, Minneapolis: Milkweed Editions, 1995.

Commission of the European Communities, *Report from the Commission to the Council on Regional Cooperation in Europe*, COM (97) 659 final, Brussels, 1997.

Commission of the European Communities, *Communication to the Council and EP on the Stabilisation and Association Process for Countries of South Eastern Europe*, COM (99) 235, Brussels, 1999.

Commission of the European Communities, *CARDS Assistance Programme to the Western Balkans: Regional Strategy Paper* 2002 – 2006, External Relations Directorate General, 2001.

Commission of the European Communities, *The Stabilisation and Association Process for South East Europe*; *First Annual Report*, COM (2002) 163, Brussels, 2002.

Cottey, A ed., *Subregional Cooperation in the New Europe: Building Security, Prosperity and Solidarity from the Barents to the Black Sea*, London: Macmillan Press, 1999.

Council of Europe, *Similarities and Differences of Instruments and Policies of the Council of Europe and The European Union in the Field of Transfrontier Co-operation*, Strasbourg, 2005.

Council of the European Union, *The Thessaloniki agenda for the Western Balkans: Moving towards European integration*, General Affairs and External Relations, 10369/03 (Presse 166), 16 June 2003.

Council of the European Union, *Council Conclusions on Enlargement and Stabilisation. and Association Process*, 3132nd General Affairs Council meeting, Brussels, 5 December 2011.

Council of the European Union, *Council Conclusions on Enlargement and Stabilisation and Association Process*, 3210th General Affairs Council meeting, Brussels, 11 December 2012.

Cviic, C, *Remaking the Balkans*, London: Pinter Publishers, 1995.

Daniel Vaughan-Whitehead, *The European Social Model in Crisis: Is Europe Losing its Soul?* Geneva: International Labor Office with Edward Elgar, 2015.

David Phillips, *Liberating Kosovo: Coercive Diplomacy and U. S. Intervention*, Cambridge: The MIT Press, 2014.

Delina Cici, *Regional Cooperation and European Integration in the Western Balkans: The Effectiveness of Regional Cooperation Policies on Albania Achievements and Shortcomings*, LAP Lambert Academic Publishing, 2011.

Denisa Kostovicova and Vesna Bojicic-Dzelilovic, eds., *Transnationalism in the Balkans*, London and New York: Routledge, 2008.

Denise Groves, *The European Union's Common Foreign, Security, and Defense Policy*, Berlin: Berlin Information-center for Transatlantic Security, 2000.

Dimitar Bechev, *Constructing South East Europe: the Politics of Balkan Regional Cooperation*, Basingstoke: Palgrave Macmillan, 2011.

Dimitri A. Sotiropoulos and Thanos Veremis, eds., *Is Southeastern Europe Doomed to Instability? A Regional Perspective*, London: Frank Cass & Co. Ltd., 2002.

Dusan I. Bjelic and Obrad Savic, eds., *Balkan as Metaphor: Between Globalization and Fragmentation*, Cambridge: The MIT Press, 2005.

Duško Lopand, *Regional Initiatives in South Eastern Europe*, Belgrade: European Movement in Serbia, 2002.

Duško Lopand and Jasminka Kronja, *Regional Initiatives and Multilateral Cooperation in the Balkans*, Belgrade: European Movement in Serbia, 2010.

Edel Hughes, *Turkey's Accession to the European Union: The Politics of Exclusion?* London: Routledge, 2010.

Elton Skendaj, *Creating Kosovo: International Oversight and the Making of Ethical Institutions*, Cornell: Cornell University Press, 2014.

EU General Affairs Council, 2003rd Council meeting, Luxembourg, April 29 - 30, 1997.

European Commission, *The Thessaloniki Summit: a Milestone in the European*

Union's Relations with the Western Balkans, Press Release, IP/03/860, Brussels, 18 June 2003.

European Commission, *Enlargement Strategy and Main Challenges* 2007 – 2008, COM (2007) 663 final, Brussels, 6 November 2007.

European Commission, *Proposal for a Regulation of the European Parliament and of the Council on the Instrument for Pre-accession Assistance (IPA II)*, COM (2011) 838. final 2011/0404 (COD), Brussels, 7 December 2011.

European Commission, *EU Candidate and Pre-Accession Countries Economic Quarterly*, 3/2012, Brussels, 2012.

European Commission, *Central and Eastern Eurobarometer*, No. 7, Annex Figure 46, March 1997.

European Court of Auditors, *European Union Assistance to Kosovo Related to the Rule of Law*, Special Report no 18, Luxembourg, 2012.

European Stability Initiative (ESI), *The White List Project: EU policies on Visa-free.*

Travel for the Western Balkans, Background paper, Berlin: ESI, 8 November 2008.

EUROPOL, *Trafficking in Human Beings in the EU*, 2011.

EUROPOL, *EU Organised Crime Threat Assessment* (OCTA), 2011.

EUROPOL, *EU Serious and Organised Crime Threat Assessment* (SOCTA), 2013.

Francis W. Carter ed., *A Historical Geography of the Balkans*, London: Academic Press, 1977.

FrankSchimmelfennig and Ulrich Sedelmeier, eds., *The Europeanization of Central and Eastern Europe*, Ithaca and London: Cornell University Press, 2005.

George F. Kennan, *The Other Balkan Wars*, Washington, DC: Carnegie Endowment for International Peace, 1993.

Georgios Karyotis and Roman Gerodimos, *The Politics of Extreme Austerity: Greece in the Eurozone Crisis*, Basingstoke: Palgrave Macmillan, 2015.

Gerard Delanty, *Inventing Europe*, London: Palgrave Macmillan, 1995.

Gergana Noutcheva, *European Foreign Policy and the Challenges of Balkan Accession: Conditionality, Legitimacy and Compliance*, London; New York: Routledge, 2012.

Giovanni Grevi, Damien Helly and Daniel Keohane, eds., *European Security and Defence Policy: The First 10 Years (1999 – 2009)*, EUISS, 2010.

Gordana P. Crnkovic, *Post-Yugoslav Literature and Film: Fires, Foundations, Flourishes*, London: Bloomsbury Academic, 2014.

International Commission on the Balkans, *The Balkans in Europe's Future*, Sofia: Centre for Liberal Strategies, 2005.

IvanT. Berend, *Central and Eastern Europe, 1944 – 1993: Detour from the Periphery to the Periphery*, Cambridge: Cambridge University Press, 1999.

John R. Lampe, *Balkans into Southeastern Europe: A Century of War and Transition*, London: Palgrave, 2006.

John R. Lampe, *Yugoslavia as History: Twice There was a Country*, Cambridge: Cambridge University Press, 2000.

John R. Lampeand Mark Mazower, eds., *Ideologies and National Identities: The Case of Twentieth-Century Southeastern Europe*, Budapest: Central European University Press, 2004.

Jon Erik Dolvik and Andrew Martin, eds., *European Social Models From Crisis to Crisis: Employment and Inequality in the Era of Monetary Integration*, Oxford: Oxford University Press, 2015.

Josette Baer, ed., *From Post-communism toward the Third Millennium: Aspects of Political and Economic Development in Eastern and South-Eastern Europe from 2000 – 2005*, Bern and New York: Peter Lang, 2011.

Juho Topias Korhonen, *Construing Transitology: A Contribution to the Critique of the Political Economy of Post-Socialist Transition*, Department of Political and Economic Studies, Helsinki University, 2012.

Karin Aggestam and Annika Björkdahl, *Rethinking Peacebuilding: The Quest for

Just Peace in the Middle East and the Western Balkans, London: Routledge, 2012.

Kerner, R. J. and H. N. Howard, *The Balkan Conferences and the Balkan Entente 1930 – 1935*, Berkeley: University of California press, 1936.

Kostovicova, et al. , *Civil Society and Transitions in the Western Balkans*, Routledge, London, 2013.

L. S. Stavrianos, *Balkan Federation*, *A History of the Movement toward Balkan Unity in Modern Times*, Wisconsin: George Banta Publishing Co. , 1944.

L. S. Stavrianos, *The Balkans since* 1453, New York: Rinehart, 1958.

Larry Wolff, *Inventing Eastern Europe: The Map of Civilization on the Mind of the Enlightenment*, Stanford: Stanford University Press, 1994.

Lucia Vesnic-Alujevic, *European Integration of Western Balkans: From Reconciliation To European Future*, Brussels: Centre for European Studies, 2012.

Maria Todorova ed. , *Balkan Identities: Nation and Memory*, New York: New York University Press, 2004.

Maria Todorova, *Imagining the Balkans*, New York: Oxford University Press, 2009.

Máire Braniff, *Integrating the Balkans: Conflict Resolution and the Impact of EU Expansion*, London: I. B. Tauris & Co Ltd. , 2011.

Mario Telo ed. , *European Union and New Regionalism: Regional Actors and Global Governancein a Post-Hegemonic Era*, Aldershot: Ashgate, 2007.

Matio Telò, ed. , *European Union and New Regionalism*, Aldershot: Ashgate, 2007.

Michael Emerson and Eva Gross, *Evaluating the EU's Crisis Missions in the Balkans*, Brussels: Centre for European Policy Studies, 2007.

Michael Weichert, ed. , *Dialogues: From International Intervention to National / Local Ownership?* Sarajevo: Friedrich Ebert Stiftung, 2006.

MichaelWeichert, ed. , *Dialogues: Ownership for Regional Cooperation in the Western Balkan Countries*, Sarajevo: Friedrich Ebert Stiftung, 2009.

Mikael af Malmborg and Bo Stråth, eds. , *The Meaning of Europe: Variety and*

Contention within and among Nations, New York: Berg, 2002.

Milada Anna Vachudova, *Europe Undivided: Democracy, Leverage, and Integration after Communism*, Oxford: Oxford University Press, 2005.

Mirela Bogdani, *Turkey and the Dilemma of EU Accession: When Religion Meets Politics*, London: I. B. Tauris, 2010.

Misha Glenny, *The Fall of Yugoslavia: The Third Balkan War*, Lodnon: Penguin Books Ltd, 1996.

Meltem Müftüler-Bac, *Turkey's Relations with a Changing Europe*, Manchester, New York: Manchester University Press, 1997.

Mohammad-Mahmoud Ould Mohamedou and Timothy D. Sisk, *Bringing Back Transitology: Democratisation in the 21st Century*, Geneva: The Geneva Centre for Security Policy, 2013.

Nicholas V. Gianaris, *Geopolitical and Economic Changes in the Balkan Countries*, Westport, Conn. : Praeger, 1996.

Nicolas Hayoz, Leszek Jesień, Daniela Koleva, eds. , *20 Years after the Collapse of Communism: Expectations, Achievements and Disillusions of 1989*, Bern and New York: Peter Lang, 2011.

Nicole Gnesotto, ed. , *EU Security and Defence Policy: the First Five Years (1999 – 2004)*, Paris: Institute for Security Studies, 2004.

Norman J. Padelford, *Peace in the Balkans: the Movement toward International Organization in the Balkan*, New York: Oxford University Press, 1935.

Olivera Simic, Zala Volcic and Catherine R. Philpot, eds. , *Peace Psychology in the Balkans: Dealing with a Violent Past while Building Peace*, Berlin: Springer, 2014.

Othon Anastasakis and Vesna Bojicic-Dzelilovic, *Balkan Regional Cooperation & European Integration*, London: The Hellenic Observatory, 2002.

Panagiota Manoli, *The Dynamics of Black Sea Subregionalism*, Burlington: Ashgate Publishing, Ltd. , 2012.

Panayiotis Getimis and GrigorisKafkalas, eds. , *Overcoming Fragmentation in Southeast Europe: Spatial Development Trends and Integration Potential*, Aldershot: Ashgate,

2007.

Peter A. Kraus, *A Union of Diversity Language, Identity and Polity-Building in Europe*, Cambridge: Cambridge University Press, 2008.

Regional Cooperation Council (RCC), *Strategy and Work Programme* 2011 – 2013, 2010.

Regional Cooperation Council (RCC), *Western Balkans in* 2020: *Building a Regional Vision for Development and Growth*, RCC Background Note, May 2010.

Regional Cooperation Council (RCC), *Briefing to the diplomatic corps in Sarajevo*, JelicaMinic, Deputy Secretary General, 5 July 2011.

Regional Cooperation Council (RCC), *South East Europe* 2020: *Proposed Outline and Main Features of the Job Creation and EU Integration Strategy*, June 2013.

Regional Cooperation Council (RCC), *Strategy and Work Programme* 2014 – 2016, 2013.

Rhigas Velestinlis, *Revolutionary Scripts*, trans. Vassilis K. Zervoulakos, Athens: Scientific Society of Studies Pheres-Velestino-Rhigas, 2002.

Robert Bartlett, *The Making of Europe: Conquest, Colonization and Cultural Change*, 950 – 1350, Princeton: Princeton University Press, 1994.

Robert Bideleux and Ian Jeffries, *A History of Eastern Europe: Crisis and Change*, New York: Routledge, 2007.

Rodney Bruce Hall, *National Collective Identity: Social Constructs and International Systems*, New York: Columbia University Press, 1999.

Ruxandra Ivan, *New Regionalism or No Regionalism? Emerging Regionalism in the Black Sea Area*, Burlington: Ashgate Publishing, Ltd., 2012.

SEECP Bucharest Charter, *Charter on Good Neighbourly Relations, Stability, Security and Cooperation in SEE*, Bucharest, October 2000.

Sharyl Cross, et al., *Shaping South East Europe's Security Community for the Twenty-First Century: Trust, Partnership, Integration*, Basingstoke: Palgrave Macmillan, 2013.

Shqipe Kajtazi, *Common Interests as Impetus for Regional Integration: Regional*

Cooperation of Western Balkan Countries, LAP Lambert Academic Publishing, 2010.

Soeren Keil and Bernhard Stahl, eds. , *The Foreign Policies of Post-Yugoslav States: From Yugoslavia to Europe*, London: Palgrave Macmillan, 2014.

Stefan Dehnert and Dane Taleski, eds. , *Monitoring Regional Cooperation in South East Europe*, Sarajevo: Friedrich Ebert Stiftung, 2013.

Lotte Machon ed. , *Security and Peace building in South Eastern Europe*, Copenhagen: Report from Danish Institute of International Affairs Conference, 2000.

Theodore I. Geshkoff, *Balkan Union: A Road to Peace in Southeastern Europe*, New York: Columbia University Press, 1940.

Tobias Flessenkemper and Damien Helly, eds. , *Ten years after: lessons from the EUPM in Bosnia and Herzegovina* (2002–2012), EUISS, Paris, January 2013.

Traian Stoianovich, *A Study in Balkan Civilization*, New York: Alfred A. Knopf, 1967.

Traian Stoianovich, *Balkan Worlds: The First and Last Europe*, London: Routledge, 2015.

Uvalic, Milica, *Serbia's Transition: Towards a Better Future*, Palgrave Macmillan, Basingstoke, 2010.

Václav Havel, *Toward a Civil Society: Selected Speeches and Writings*, 1990–1994, Prague: Lidové Noviny, 1994.

Vedran Dzihic and Daniel S. Hamilton, eds. , *Unfinished Business: The Western Balkans and the International Community*, Center for Transatlantic Relations, Johns Hopkins U. -SAIS, 2012.

Varban N. Todorov, *Greek Federalism during the Nineteenth Century*, New York: Columbia University Press, 1994.

Vesna Bojicic-Dzelilovic and James Ker-Lindsay, *Civil Society and Transitions in the Western Balkans*, Basingstoke: Palgrave Macmillan, 2013.

Vesna Goldsworthy, *Inventing Ruritania: the Imperialism of the Imagination*, London, U. K. : Yale University Press, 2002.

Vladimir Ortakovski, *Minorities in the Balkans*, New York: Transnational Publishers, Inc., 2000.

Warren Treadgold, *A History of the Byzantine State and Society*, Stanford: Stanford University Press, 1997.

Will Bartlett, *Europe's Troubled Region. Economic Development*, *Institutional Reform and Social Welfare in the Western Balkans*, Routledge, 2008.

WillBartlett and Milica Uvalic, eds., *The Social Consequences of the Global Economic Crisis in South Eastern Europe*, London School of Economics, LSEE-Research on South Eastern Europe, 2013.

Wolfgang Benedek, eds., *Transnational Terrorism*, *Organized Crime and Peace-Building*: *Human Security in the Western Balkans*, Basingstoke: Palgrave Macmillan, 2010.

Wolfgang Petritsch and Christophe Solioz, eds., *Regional Cooperation in South East Europe and Beyond*, Baden-Baden: Nomas, 2008.

（二）期刊论文

"BSEC-EU Interaction: The BSEC Approach", *Southeast European and Black Sea Studies*, Vol. 7, No. 2, 2007.

"Regional Coopetation in Southeast Europe the Post-Stability Pact Period", *Analytica Report*, No. 31, Skopje, October 2009.

"Thessaloniki 2014: In quest of a renewed credibility of the EU enlargement process", *European Movement in Albania Policy Paper*, January 2011.

Alban Bala, "Mixed Messages at Balkan Parliamentary Gathering", *RFE/RL Balkan Repert*, Vol. 3, No. 13, 2002.

Aleksandar Palavestra and Staša Babić, "Balkanology, Archaeology and Long-term History", *Balcanica*, Vol. 25, No. 1, 1994.

Andrew Hyde, "Seizingthe Initiative: The Importance of Regional Cooperation in Southeast Europe and the Prominent Role of the Southeast European Cooperation Process", *Journal of Southeast European and Black Sea Studies*, Vol. 4,

No. 1, 2004.

Andrew J. Taylor, "The European Union and State Building in the Western Balkans", *Politics and Governance*, Vol. 1, No. 2, 2013.

Anne-Marie le Gloannec, "Is Turkey Euro-Compatible? French and German Debates about the 'Non-Criteria'", *Constellations*, Vol. 13, No. 2, 2006.

Aneta B. Spendzharova and Milada Ana Vachudova, "Catching up? Consolidating Liberal Democracy in Bulgaria and Romania after Accession", *West European Politics*, Vol. 35, No. 1, 2012.

Anna Szolucha, "The EU and Enlargement Fatigue: Why has the European Union not Been Able to Counter Enlargement Fatigue", *Journal of Contemporary European Research*, Vol. 6, No. 1, 2010.

Aristotle Tziampiris, "The Macedonian Name Dispute and European Union Accession", *Southeast European and Black Sea Studies*, Vol. 12, No. 1, 2012.

Arolda Elbasani, "The Stabilisation and Association Process in the Balkans: Overloaded Agenda and Weak Incentives?", *European University Institute SPS Working Papers*, No. 3, 2008.

Bartlomiej Kaminski and Manuel Rocha, "Stabilization and Association Process in the Balkans: Integration Options and their Assessment", *Word Bank Policy Research Working Papers*, August 2003.

Bertelsmann Foundation, "Rethinking the Balkans Incongruities of State and Nation Building, Regional Stabilisation and European Integration", Berlin, Discussion paper Balkan Forum, June 17 – 18, 2004.

Biljana Popovska, "The Role of Teaching History for a Nation-Building Process in a Post-Conflict Society: The Case of Macedonia", *Connections Quarterly Journal*, Vol. 12, No. 1, 2012.

Biukovic Ljiljana, "The New Face of CEFTA and its Dispute Resolution Mechanisms", *Review of Central and East European Law*, Vol. 33, No. 3, 2008.

Bodo Hombach, "Stability Pact for South-Eastern Europe: A New Perspective for the Region", *Perceptions*, Vol. 5, No. 3, 2000.

Boyko Vassilev, "Balkan Eye: The Region No One Could Name", *Transitions Online*, April 27, 2010.

Cabada Ladislav, "Political culture and its types in the post-Yugoslav Area", *Politics in Central Europe*, Vol. 5, No. 2, 2009.

Charles A. Kupchan, "The End of the West", *The Atlantic*, November 2002.

Christophe Hillion and Alan Mayhew, "The Eastern Partnership-something new or window-dressing", *Sussex European Institute Working Paper*, No. 109, 2009.

Christophe Solioz and Paul Stubbs, "Emergent Regional Co-operation in South East Europe: Towards 'Open Regionalism'?", *Southeast European and Black Sea Studies*, Vol. 9, No. 1 – 2, 2009.

Claus Offe, "Capitalism by Democratic Design? Democratic Theory Facing the Tripie Transition in East Central Europe", *Social Research: An International Quarterly*, Vol. 71, No. 3, 2004.

Dan Saxon, "Exporting Justice: Perceptions of the ICTY Among the Serbian, Croatian, and Muslim Communities in the Former Yugoslavia", *Jouranl of Human Rights*, Vol. 4, Issue 4, 2005.

Daniel Warner and Valérie Clerc, eds., "The OSCE in the Landscape of European Security (2000)", Paper presented at the 5th UACES Research Conference, Budapest, 2000.

David Miliband, "Europe 2030: Model Power Not Superpower", speech at the College of Europe, November 15, 2007.

Deda Ilir, "The View from Kosovo: challenges to peace-building and state-building", *Connection: The Quarterly Journal*, Vol. 4, No. 3, 2010.

Dejan Jovic, "Croatia after Tudjman: the ICTY andIssues of Transitional Justice", *European Union Institute for Security Studies Chaillot Paper*, No. 116, 2009.

Delevic Milica, "Regional Cooperation in the Western Balkans", *Chaillot Paper* no. 104, EUISS, Paris, July 2007.

Denise M. Groves, "The European Union's Common Foreign, Security, and Defense Policy", *BITS Research Report*, No. 3, November 2000.

Dessù, M, "Europe and the Balkans, A Year After Milosevic", *Europa South-East Monitor*, CEPS, Issue 27, 2001.

Dimitar Bechev, "Carrots, Sticks and Norms: the EU and regional cooperation in Southeast Europe", *Journal of Southern Europe and the Balkans*, Vol. 8, Issue 1, 2006.

Dimitar Bechev, "The periphery of the periphery: the Western Balkans and the euro crisis", *ECFR Policy Brief*, August 2012.

Dimitris Papadimitriou and Petrov Petar, "Whose rule, Whose law? Contested statehood, external leverage and the European Union's rule of law mission in Kosovo", *Journal of Common Market Studies*, Vol. 50, No. 5, 2012.

Đorđe Tomić, "On the 'right' side? The Radical Right in the Post-Yugoslav Area and the Serbian Case", *Fascism*, Vol. 2, No. 1, 2013.

Eben Friedman, "A Heaping Handful of Balkan Identities", *Transitions Online*, June 28, 2013.

Enriko Ceko, "South East Europe: Trade Liberalization, Economic Integration, Quality, Security and Guarantee of Products and Services", *Mediterranean Journal of Social Sciences*, Vol. 4, No. 9, 2013.

European Movement Albania (EMA), "Thessaloniki 2014: In quest of a renewed credibility of the EU enlargement process", EMA Policy Paper, Albania, January 2011.

Fabrizio Pagani, "A New Gear in the CFSP Machinery: Integration of the Petersberg Tasks in the Treaty on European Union", *European Journal of International Law*, Vol. 9, No. 4, 1998.

Fabrizio Saccomanni, "The Stability Pact for Southeastern Europe: A New Approach to a Regional Problem", *The International Spectator: Italian Journal of International Affairs*, Vol. 35, No. 1, 2000.

Fatos Tarifa, "The Adriatic Europe: Albania, Croatia, and Macedonia", *Mediterranean Quarterly*, Vol. 16, No. 4, 2005.

Fotis Mavromatidis, "The Role of the European Union in the Name Dispute between Greece and FYR Macedonia", *Journal of Contemporary European Studies*, Vol. 18, No. 1, 2010.

Frank Schimmelfennig, "European Neighborhood Policy: Political Conditionality and its Impact on Democracy in Non-Candidate Neighboring Countries", Paper prepared for the EUSA Ninth Biennial International Conference, Austin, March 31-April 2, 2005.

Frank Schimmelfennig, "European Regional Organizations, Political Conditionality, and Democratic Transformation in Eastern Europe", Paper prepared for Club of Madrid, IV General Assembly, Prague, November10 – 12, 2007.

Gábor Hunya, "FDI in South-Eastern Europe in the early 2000s", *WIIW Research Reports*, Vienna, July 2002.

George Christou, "European Union Security Logics to the East: the European Neighbourhood Policy and the Eastern Partnership", *European Security*, Vol. 19, No. 3, 2010.

Elena A. Korosteleva, "Change or Continuity Is the Eastern Partnership an Adequate Tool for the European Neighbourhood?", *International Relations*, Vol. 25, No. 2, 2011.

Hanns-D. Jacobsen, "The Stability Pact for South East-Europe: Did it Work?", Contribution to the Isodarco 15th Winter Course "South-Eastern Europe-Internal Dynamics and External Intervention", Andalo, Italy, January 20 – 27, 2002.

Haralambos Kondonis, "Prospects for Balkan Cooperation after the Disintegration of Yugoslavia", *East European Quarterly*, Vol. 32, No. 3, 1998.

Isabelle Ioannides and Gema Collantes Celator "The Internal-External Security Nexus and EU Police/Rule of Law Missions in the Western Balkans", *Conflict, Security & Development*, Vol. 11, No. 4, 2011.

Ivan Grdešić, "US-Adriatic Charter of Partnership: Securing the NATO Open Door Policy", *Politička Misao*, Vol. 41, No. 5, 2005.

Ivana Boži ć Miljkovi ć, "Economic and Political Dialogue in The Balkans:

Necessity, Obstacles and Perspectives", *Philosophy, Sociology, Psychology and History*, Vol. 12, No. 1, 2013.

Jacques Rupnik, "The Western Balkans and the EU: 'The Hour of Europe'", Paris: Institute for Security Studies, Chaillot Papers, No. 126, 2011.

Jasminka Kronja and Dusko Lopandic, "Regional Cooperation in Southeast Europe and the European Integration Process-Searching for Necessary Complementarity", co-organised by the European Movement in Serbia and the Friedrich Ebert Foundation, Belgrade, June 6, 2012.

Joachim Remak, "1914-The Third Balkan War: Origins Reconsidered", *The Journal of Modern History*, Vol. 43, No. 3, 1971.

Judah, Tim, "Yugoslavia is dead, long live the Yugosphere", London School of Economics, LSEE Research on South Eastern Europe, 2009.

Judy Batt, "The Western Balkans: Moving On", *Institute for Security Studies Chaillot Paper*, No. 70, October 2004.

Judy Batt and Jelena Obradovic-Wochnik, "War Crimes, Conditionality and EU Integrationin the Western Balkans", *Institute for Security Studies Chaillot Paper*, No. 116, Paris, June 2009.

Julie Kim, "Balkan Cooperation on War Crimes Issues", *CRS Report for Congress*, January 14, 2008.

Jürgen Gerhards and Silke Hans, "Why not Turkey? Attitudes towards Turkish Membership in the EU among Citizens in 27 European Countries", *Journal of Common Market Studies*, Vol. 49, No. 4, 2011.

Laure Delcour and Panagiota Manoli, "The EU's Black Sea Synergy: results and Possible Ways Forward", European Parliament Directorate-General for External Policies, September 2010.

Lene Hansen, "Past as Preface: Civilizational Politics and the 'Third' Balkan War", *Journal of Peace Research*, Vol. 37, No. 3, 2000.

Joakim Ekman and Jonas Linde, "Communist Nostalgia and the Consolidation of Democracy in Central and Eastern Europe", *Journal of Communist Studies and*

Transition Politics, Vol. 21, No. 3, 2005.

Loukianos Hassiotis, "The Ideal of Balkan Unity from a European Perspective (1789 – 1945)", *Balcanica*, Vol. 41, 2010.

Lykke Friis and Anna Murphy, " 'Turbo-charged negotiations': the EU and the Stability Pact for South Eastern Europe", *Journal of European Public Policy*, Vol. 7, Issue 5, 2000.

Maria Todorova, "What Is or Is There a Balkan Culture, and Do or Should the Balkans Have a Regional Identity?", *Journal of Southeast European and Black Sea Studies*, Vol. 4, Issue 1, 2004.

Markus Perkmann, "Cross-Border Regions in Europe: Significance and Drivers of Regional Cross-Border Co-operation", *European Urban and Regional Studies*, Vol. 10, No. 2, 2003.

Maroje Mihovilovi, "Europe Halts Serbia-Merkel: EU will accept Croatia and no one else", *Nacional*, No. 763, June 29, 2010.

Michel Foucher, "The Geopolitics of Southeastern Europe", *EUROBALKANS*, summer, 1994.

Milan Nič, "The EU's Role in the Western Balkans after Croatian Accession", *Central European Policy Institute Policy Brief*, Bratislava, April 18 – 20, 2013.

Milica Uvalic, "Regional Co-operation in South-Eastern Europe", *Journal of Southeast Europe and Black Sea Studies*, Vol. 1, No. 1, 2001.

Mojmir Križan, "New SerbianNationalism and the Third Balkan War", *Studies in East European Thought*, Vol. 46, Issue 1 – 2, 1994.

Montanaro-Jankowski Lucia, "Good Cops, Bad Mobs? EU Policies to Fight Trans-national Organised Crime in the Western Balkans", *European Policy Centre Issue Paper*, No. 40, 2005.

Mustafa Türke, "The Balkan Pact and Its Immediate Implications for the Balkan States, 1930 – 34", *Middle Eastern Studies*, Vol. 30, No. 1, 1994.

Mustafa Türkes and Göksu Gökgöz, "The European Union's Strategy towards the Western Balkans: Exclusion or Integration?", *East European Politics & Societies*,

Vol. 20, No. 4, 2006.

Nataša Golubović and Srdjan Golubović, "Regional Cooperation in Southeastern Europe", *Economics and Organization*, Vol. 2, No. 1, 2003.

Oral Sander, "The Balkan Cooperation in Perspective", *The Turkish Yearbook of International Relations*, Vol. 7, 1966.

Othon Anastasakis and Vesna Bojicic-Dzelilovic, "Balkan Regional Cooperation and European Integration", The Hellenic Observatory, The London School of Economics and Political Science, July 2002.

Othon Anastasakis, "From Fatigue to Insignificance: Eurozone Crisis and Enlargement", Paper presented at ELIAMEP's 9th European Seminar, Poros, June 21 – 24, 2012.

Panagiota Manoli, "Where is Black Sea regionalism heading?", *Southeast European and Black Sea Studies*, Vol. 10, No. 3, 2010.

Patrice C. McMahon and David P. Forsythe, "The ICTY's Impact on Serbia: Judicial Romanticism meets Network Politics", *Human Rights Quarterly*, Vol. 30, No. 2, 2008.

Paul Stubbs, "Stretching Concepts too far? Multi-level Governance, Policy Transfer and the Politics of Scale in South East Europe", *Southeast European Politics*, Vol. 6, No. 2, 2005.

Pere Engjëll, "Economic Trade Relation in Focus of Regional Integration of West Balkans Countries", *International Conference on Balkan Studies Procedings*, 2008.

Peter Van Ham, "Europe's Common Defense Policy: Implications for the Trans-Atlantic Relationship", *Security Dialogue*, Vol. 31, No. 2, 2000.

Philippe C. Schmier and Terry Lynn Karl, "The Conceptual Travels of Transitologists and Consolidologists: How Far to the East Should should They Attempt to Go?", *Slavic Review*, Vol. 53, No. 1, 1994.

Philip Cunliffe, "Suffering from the Eurocrisis and Enlargement Fatigue, the EU's Influence on Serbia and Kosovo is on the Wane", *LSE Blogs*, November 23, 2012.

Richter Solveig, "Two at One Blow? The EU and its Quest for Security and Democracy by Political Conditionality in the Western Balkans", *Democratization*, Vol. 19, No. 3, 2012.

Risto Karajkov, "Balkans: Farewell, But Not Forgotten", *Transitions Online*, October 25, 2007.

Ritsa Panagiotou, "The Greek Crisis as a Crisis of EU Enlargement: How Will the Western Balkans be Affected?", *Journal of Southeast European and Blacksea Studies*, Vol. 13, No. 1, 2013.

Ronald H. Linden and Lisa M. Pohlman, "Now You See it, Now You Don't: Anti-EU Politics in Central and Southeast Europe", *Journal of European Integration*, Vol. 25, Issue 4, 2003.

Rudolf L Tőkés, "Transitions and Transitology-A Report from the Field", paper presented at the Annual Meeting of British Association of Slavic and East European Studies (BASEES), Fitzwilliam College, Cambridge University, 25 March 1995.

Rudolf L Tőkés, "'Transitology': Global Dreams and Post-Communist Realities", *Central Europe Review*, Vol. 2, No. 10, 2000.

Selcen Öner, "The Role of Member States in EU Enlargement Policy: The Eastern Enlargement and Turkey's Accession Process", Centre for Policy and Research on Turkey, October 28, 2013.

Simon Pirani, et al., "What the Ukraine Crisis Means for EU Gas Markets", Oxford Institute for Energy Studies, March 10, 2014.

Sonia Hinkova, "Bulgaria and Rregional Cooperation in Southeast Europe", *SouthEast Europe Review for Labour and Social Affairs*, No. 2, 2002.

Spoerri, Marlene and Freyberg-Inan, Annette, "From Prosecution to Persecution: Perceptions of the International Criminal Tribunal for the Former Yugoslavia (ICTY) in Serbian Domestic Politics", *Journal of International Relations and Development*, Vol. 11, No. 4, 2008.

Stefan Füle, "10 Years after Thessaloniki: An appraisal of the EU perspective and challenges in the Western Balkans", Conference organised by the Irish EU presidency, Dublin, Ireland, 24 May 2013.

Stephan Renner, "The Energy Community of Southeast Europe: A neo-functionalist project of regional integration", *European Integration Online Papers*, Vol. 13, 2009.

Szilvia Dora, "Eastern Europe and the European Union: the Accession Negotiations", *International Relations*, Vol. 13, No. 6, 1997.

Tanja A. Börzel, "When Europeanization Hits Limited Statehood: The Western Balkans as a Test Case for the Transformative Power of Europe", *KFG Working Paper*, No. 30, September 2011.

Taras Kuzio, "Transition in Post-Communist States: Triple or Quadruple?", *Politics*, Vol. 21, No. 3, 2001.

Terry Lynn Karl and Philippe C. Schmitter, "From an Iron Curtain to a Paper Curtain: Grounding Transitologists or Students of Post-Communism?", *Slavic Review*, Vol. 54, No. 4, 1995.

Timothy Garton Ash, "1989!", *The New York Review of Books*, Vol. 56, No. 17, 2009.

Tito Favaretto, "Paving the Way for Possible Balkan Regional Cooperation", *The International Spectator: Italian Journal of International Affairs*, Vol. 35, No. 1, 2000.

Tomasz Żornaczuk, "Will Croatia Become a Champion of EU Enlargement in the Western Balkans?", *The Polish Institute of International Affairs Bulletin*, No. 140, December 19, 2013.

Tomasz Żornaczuk, "The Prospects of EU Enlargement to the Western Balkans in 2013", *The Polish Institute of International Affairs Bulletin*, No. 24, March 8, 2013.

Václav Havel, "A New European Order?", translated by Paul Wilson, *The New York Review of Books*, March 2, 1995.

Valerie Bunce, "Should Transitologists Be Grounded?", *Slavic Review*, Vol. 54, No. 1, 1995.

Vassilis Monastiriotis, "Quo Vadis Southeast Europe? EU Accession, Regional Cooperation and the need for a Balkan Development Strategy", Hellenic Observatory Papers on Greece and Southeast Europe, January 2008.

Vedran Džihić and Dieter Segert, "Lessons from 'Post-Yugoslav' Democratization Functional Problems of Stateness and the Limits of Democracy", *East European Politics & Societies*, Vol. 26, No. 2, 2012.

Vedran Džihić, Dieter Segert and Angela Wieser, "The Crisis of Representative Democracy in the Post-Yugoslav Region. Discrepancies of Elite Policies and Citizens' Expectations", *Southeastern Europe*, Vol. 36, No. 1, 2012.

Věra Stojarová, "Organized Crime in the Western Balkans", *HUMSEC Journal*, Issue 1, 2007.

Victor A Friedman, "Balkanology and Turcology: West Rumelian Turkish in Yugoslavia as reflected in prescriptive grammar", *Studies in Slavic and General Linguistics*, Vol. 2, 1982.

Victor Peskin and Mieczysław P. Boduszynski, "International Justice and Domestic Politics: Post-Tudjman Croatia and the International Criminal Tribunal for the Former Yugoslavia", *Europe-Asia Studies*, Vol. 55, Issue7, 2003.

Will Bartlett and Wiśnja Samardžija, "The Reconstruction of South East Europe, the Stability Pact and the Role of the EU: An Overview", *Economic Policy in Transitional Economies*, Vol. 10, Issue 2, 2000.

Wolfgang Petritsch and Christophe Solioz, "Europeanisation at the Crossroads", *SEER Journal for Labour and Social Affairs in Eastern Europe*, Vol. 15, No. 3, 2012.

三　相关网站

1. 欧盟官网：http://europa. eu/index_ en. htm
2. 欧洲复兴开发银行官网：http://www. ebrd. com/

3. 东南欧合作进程官网：http：//rspcsee. org/

4. 东南欧稳定公约官网：http：//www. stabilitypact. org/

5. 地区合作委员会官网：http：//www. rcc. int/

6. 中欧自由贸易协定官网：http：//www. cefta2006. com/

7. 黑海经济合作组织官网：http：//www. bsec-organization. org/

8. 能源共同体官网：http：//www. energy-community. org

9. 亚得里亚—爱奥尼亚海倡议官网：http：//www. aii-ps. org/

10. 萨瓦河盆地国际委员会官网：http：//www. savacommission. org/

11. 巴尔干医疗联盟网站：http：//www. umbalk. org/

12. 中欧倡议国组织网站：http：//www. cei. int/

13. 东南欧执法中心网站：http：//www. secicenter. org/

14. 东南欧多国和平部队网站：http：//www. seebrig. org/

15. 多瑙河合作进程官网：http：//danubecooperationprocess. com/

16. 东南欧运输观察站官网：http：//www. seetoint. org/

17. 巴尔干公民社会发展网络：http：//www. balkancsd. net/

18. "多瑙河合作"国际科学论坛：http：//danube-cooperation. com/

19. 东南欧民主与和解中心网站：http：//www. cdsee. org/

20. 东南欧教育合作网络：http：//www. see-educoop. net/

21. 东南欧教科书网络：http：//www. see-textbook. net/

22. 盖洛普巴尔干调查网站：http：//www. balkan-monitor. eu/

23. 欧洲中央银行网站：http：//www. ecb. europa. eu/

24. 欧洲统计局网站：http：//ec. europa. eu/eurostat

25. 维也纳国际经济研究所网站：http：//www. wiiw. ac. at/

26. 贝塔斯曼基金会网站：http：//www. bti-project. org/

27. 自由之家网站：www. freedomhouse. org

28. 世界银行全球治理指数网：http：//info. worldbank. org/governance/wgi/index. aspx#home

29. 联合国毒品和犯罪办公室网：http：//www. unodc. org/

30. 《东南欧时报》网：http：//www. setimes. com/

31. 塞尔维亚《B92》：http：//www. b92. net/

32. 美国中央情报局网：https：//www. cia. gov/

33. 大选指南网：http：//www. electionguide. org/results. php？ID = 329

34. 透明国际网站：http：//www. transparency. org/

35. 中华人民共和国商务部网站：http：//www. mofcom. gov. cn/

36. 中东欧与巴尔干研究门户网：http：//www. pecob. eu/

37. 欧洲西巴干网：http：//www. european western balkans. com/

38. 巴尔干观察网：http：//www. balkanalysis. com/

39. 透视巴尔干网：http：//www. balkaninsight. com/

后　记

本书基于我的博士后出站报告写成，它是我的第一本专著。从写作时间上看，本书虽没有"十年磨剑"的历练，但绝不仅仅是两年在站时间（2012年10月~2014年7月）的堆积，它是我接触巴尔干问题、从事国际问题研究以来长期思考、积累并最终形成的一个结果，也是我博士论文——《巴尔干联合思想与实践研究》——的思维拓展和研究延伸。

真正从事国际问题学习与研究、接触中东欧问题，是2008年进入北京大学国际关系学院攻读博士学位以后的事情，确切地说是孔凡君教授将我领进了门。掐指数来，也不过是几年的工夫而已，在研究上我仍是一名新兵。加之我天资不高、悟性平平，做学术恐怕需要更长时间来磨砺。好在北大"自由求索"的学术精神、孔老师"以中东欧为家"的专业风度以及博士学位论文对中东欧问题的初体验，都为我选定并坚定中东欧研究铺就了基石。

曾几何时，（中）东欧研究与苏联研究一道是中国国际问题研究的重阵和"显学"，然而随着国际形势的变化和中国国际问题研究的发展，这种情况不复存在，尤其是中东欧研究已经到了边缘化甚至濒危（在中国社会科学院，中东欧学科即是濒危学科）的地步。2012年中国—中东欧"16＋1"合作机制的确立和2013年"一带一路"倡议的提出为中东欧研究提供了一个"翻身"的机会，但这并不是短期内就可以实现的事情。即便如此，无论在无人问津还是在蜂拥而至的情形下，中国中东欧学界仍有一些以科学态度从事研究的学者，孔凡君老师是其一，他的学友朱晓中研究员亦是其一。

应该说，知悉朱老师与我接触中东欧问题是同步的。同样，学习、研究中东欧问题更是直接、间接地与他分不开。他的论著、讲座甚至个别场合下的交谈都成为我提升认识的给养、培育兴趣的推力。在博士学习期间，在博士学位论文写作与答辩期间，这种认知逐渐在加深。于是，他就成了我继续追求学术进步的"目标"。身边不少人问我为什么从事博士后研究，这是我最想告知的理由之一。所以，能够来到俄罗斯东欧中亚研究所从事博士后研究，除了对朱老师无尽的感激外，恐怕最多的就是为"愿望的实现"——成为他的弟子——而沾沾自喜。

依然记得也不能忘记在即将进站前朱老师与我的一番谈话，其要点是：学术只有两条"捷径"，即写好文、发好言。其实，朱老师原本是想告诉我，学术没有捷径，要想在这条路上"走得远"，唯此六字。可以说，这六个字比钻石还珍贵，也比《圣经》更"戒条"。两年博士后期间，虽说我不是去找钻石，但也时常念记这个"戒条"，希冀未来能在学术上"致富"，在思想上"得道"。

一进站，朱老师就指导我确立了博士后工作计划和研究报告大纲。在这份小报告的写作、完成和出版过程中，朱老师为我指点迷津、答疑解问，倾注了大量的时间和宝贵的智慧。有很长一段时间，由于我们乘车方向相同，每次在回去的地铁上，他总是要被我"全部占有"，为我解惑，有时还恰巧碰上他刚开完一天会或者嗓子不太舒服。但朱老师每每告诉我的是，在同他人交流或回答问题的时候自身也是受益的，即便所说的内容是自己的专长。这种气度、风范何处寻觅，尤其是在当下虚浮的社会？正是这样，我非常期待每周一次的返所，享受"地铁上特殊的学习方式"，日积月累地成长，尽管我的领悟有点慢。可以说，这本小书倘若有任何闪光的思想和密严的逻辑，那么无一不蕴藏着朱老师的智慧和学识。特别是朱老师为本书所作的序，说少了它本书的价值会减半毫不夸张，因为它不仅对本书进行了"高屋建瓴"的总结和评价，更加超越了本书，为我点明了努力的方向。除此之外，朱老师在工作、生活等许多方面都对我悉心关怀，总是争取研究所、研究室"对我一个不能少"（特别是博士后在站期间），他和董师母还在相当多场合下对我和爱人给予了关怀。

得知本书将要付梓的消息，我爱人十分开心，她和我同样认为，这是我们共同向二位老师表达衷心谢意的最好机会！

在中国中东欧学界，马细谱研究员无人不知、无人不晓，他是巴尔干问题研究专家。知道马老师是因为读了他的专著。后来有幸在研讨会上结识马老师，并多次向他讨教问题。每次请教问题的时候，马老师总是倾其所有，娓娓道来，从未见他有停下来的意思，反而往往都是我来中断，这是因为考虑到马老师年岁已高，尽管他的身体特别棒。慢慢熟悉了，马老师也偶尔会主动联系我，甚至介绍我参与一些讨论和研究，让我既产生了有高人护身的"得意"，又有了加足马力学习的动力。后来我的博士论文，马老师虽不是答辩组专家，但他没有拒绝我的请求，不仅给了我鼓励的评价，还给了我许多宝贵的建议。在毕业找工作时，他也给了我很多帮助。我的博士后出站报告同样吸收了马老师的宝贵意见，当我因为此书写作序言的要求和他交流时，他丝毫没有犹豫地答应了，要知道当时他正在波兰休假，完全有理由拒绝，更加可以应付了事。果真如此，读者朋友们可能就会错失一次向马老师求教的好机会了！

同样要感谢的人还有很多很多。如果说感谢俄欧亚所给了我继续追求学术进步的机会，那么，在与俄欧亚所领导和老师相处的两年期间，我实实在在、真真切切地感受到了三位所领导爱才、惜才、用才、重才的大将气度，领略到了各位专家学者的大家风范，目睹了各个管理部门老师的友好和谐。李进峰书记、李永全所长和孙力副所长在多个场合下给我鼓励和支持，高歌研究员、张盛发研究员、常玢研究员以及庞大鹏研究员等专家学者在博士后出站报告写作和答辩过程中给予了我精心指导并提出了宝贵建议，东欧室其他研究者（姜琍、左娅、李丽娜、贺婷和曲岩）更是对我关心备至，我们不相亲却比一家人。俄欧亚所领导、同事对我的帮助、关心以及包容，都是这本小书能够出版的基石，更是我追求学术进步的动力。有许多专家学者这里没有一一列举，但我已经将他们牢记在心。

博士后是一段相对特殊的经历，因此需要表达一些特别的谢意！感谢中国社会科学院博管办各位老师在进出站和日常事务管理上事无巨细的帮助！感谢中国博士后科学基金给予的二等面上资助（批准号：2013M541126），为出站报告以及本书写作提供了强有力的物质支持！特别要感谢俄欧亚所人事处的何燕老师、康静老师，科研处的冯育民老师，她们可谓是从百忙工作中抽身"为我服务"。冯育民老师更是为本书出版牵线搭桥。俄欧亚所财务处的几位老师同样为我付出了额外的精力，在此一并感谢！幸运的是，顺利留所工作，为我用实际行动来答谢他们提供了可能。

从进站以来，我一直尝试拓展自己的学术圈子，以在学术提升和人际交往上有所作为。北京大学国际关系学院王缉思教授、许振洲教授、王逸舟教授、张清敏教授、李寒梅教授、唐士其教授、张光明教授、关贵海副教授、于铁军副教授、郭洁副教授、项佐涛副教授以及刘春梅老师，国家行政学院政治学部于军教授，清华大学国际关系学院陈琪教授，以及中国国际问题研究院战略研究所陈须隆研究员都以不同的方式给予了我莫大的指导与帮助，在此一并致以深深谢意！

一个人不管在什么成长阶段，最要感谢和常要感恩的是家人。更加欣喜和得意的是，我在博士后期间成就了人生最重要的大事之一——成了家。妻子、父母、岳父母、哥嫂以及结义兄嫂都给了我最大的支持、理解和包容。特别是妻子梁嘉真默默无闻的付出与谅解，我只能在书的字里行间来回报。我的岳父母虽然没有上过大学，但是在我看来（实际他们身边的朋友也是如此认为），他们的文化水平和情商修养远远超过现在一般的大学生，他们对生活的理解特别是对亲朋好友的关切使我这个书生受益无穷，更加明白事理。我的父母更是小学都没有毕业，但是他们朴实善良的人格、对知识的尊重以及对我的期望都一直激励着我，让我坚信人格的力量和知识的能量。

每一本著作出版后漂漂亮亮、整整洁洁，殊不知它背后倾注了编辑们的多少心血。每一个表达、文字甚至标点符号都要再次加工。把书说成编辑的"孩子"一点都不为过，他/她总是希望将"孩子"打扮得最好甚至与众不同。的确如此，社会科学文献出版社的帮助是莫大的，特别是在文字的运用和言语的表达上，着实让我再进了一次"语文课堂"。特别要感谢项目统筹祝得彬老师、责任编辑仇扬和杨慧老师的辛勤付出和无私帮助，本书同样是他们的一个成果！

寥寥数语，难尽感激之情。学习中的老师和同学，工作中的领导和同事，生活中的家人和朋友，他（她）们都在不同时期给了我不一样的帮助和支持，无以一一致谢，唯有希望在未来的日子中努力工作、好好生活，善待每一个人，做好每一件事！

初稿于北京大学蔚秀园学生公寓

2014 年 6 月

二稿于北京市东城区灯市口西街 38 号楼宿舍

2015 年 2 月

终稿于北京市丰台区郭公庄北京方向寓所

2015 年 8 月

图书在版编目（CIP）数据

巴尔干地区合作与欧洲一体化／徐刚著.—北京：
社会科学文献出版社，2016.3
（当代俄罗斯东欧中亚研究丛书）
ISBN 978 - 7 - 5097 - 8714 - 4

Ⅰ.①巴…　Ⅱ.①徐…　Ⅲ.①巴尔干问题 - 研究 ②欧
洲一体化 - 研究　Ⅳ.①D815.9 ②D85

中国版本图书馆 CIP 数据核字（2016）第 022430 号

当代俄罗斯东欧中亚研究丛书
巴尔干地区合作与欧洲一体化

著　　者／徐　刚

出 版 人／谢寿光
项目统筹／祝得彬
责任编辑／仇　扬　杨　慧

出　　版／社会科学文献出版社·当代世界出版分社（010）59367004
　　　　　　地址：北京市北三环中路甲29号院华龙大厦　邮编：100029
　　　　　　网址：www. ssap. com. cn
发　　行／市场营销中心（010）59367081　59367018
印　　装／北京季蜂印刷有限公司

规　　格／开　本：787mm × 1092mm　1/16
　　　　　　印　张：21.5　字　数：348 千字
版　　次／2016 年 3 月第 1 版　2016 年 3 月第 1 次印刷
书　　号／ISBN 978 - 7 - 5097 - 8714 - 4
定　　价／89.00 元

本书如有印装质量问题，请与读者服务中心（010 - 59367028）联系